国际工程总承包项目管理及高铁综合案例分析

International Project Management with Case Study of High-speed Railway

路铁军　王　岩
黄鹏飞　魏玉坤　编著

中 国 铁 道 出 版 社

2017年·北 京

内 容 简 介

本书从我国对外承包业务的实际需要出发，结合国际工程项目管理基本理论与实践发展，对国际工程总承包项目管理所涉及的各项业务概念、内容、流程、方法和注意事项等进行了系统阐述与分析，并提出对策建议，旨在为我国对外承包企业和项目管理者提供参考和支持，为我国实施"一带一路"倡议和对外承包事业的可持续发展贡献微薄之力。

本书可供广大从事对外承包经营管理相关业务的人士参考，也可作为高等院校相关专业本科生和研究生涉及国际工程管理课程的教材和参考书。

图书在版编目(CIP)数据

国际工程总承包项目管理及高铁综合案例分析/路铁军等编著. —北京：中国铁道出版社，2017.9
ISBN 978-7-113-23464-5

Ⅰ.①国… Ⅱ.①路… Ⅲ.①高速铁路—铁路工程—国际承包工程—工程项目管理—案例—中国 Ⅳ.①F532.3

中国版本图书馆CIP数据核字(2017)第184134号

书　　名：国际工程总承包项目管理及高铁综合案例分析
作　　者：路铁军　王　岩　黄鹏飞　魏玉坤

策　　划：
责任编辑：张　悦
封面设计：郑春鹏
责任校对：苗　丹
责任印制：高春晓

出版发行：中国铁道出版社(100054，北京市西城区右安门西街8号)
网　　址：http://www.tdpress.com
印　　刷：虎彩印艺股份有限公司
版　　次：2017年9月第1版　2017年9月第1次印刷
开　　本：710 mm×1 000 mm　1/16　印张：26.5　字数：516千
书　　号：ISBN 978-7-113-23464-5
定　　价：80.00元

前　言

对外承包工程是我国对外经济贸易事业的重要组成部分，改革开放以来，这项事业从无到有、从小到大，获得了长足的发展。依据商务部与住建部制订颁布的《对外承包工程资格管理办法》（2009 年发布，2015 年修订），截至 2017 年 5 月，我国具有对外承包工程资质的企业达 4 445 家。2016 年《美国工程新闻纪录》（ENR）公布的全球最大 250 家国际承包商名单中，中国内地企业共有 65 家上榜，实现海外营业收入总额 946.2 亿美元。截至 2016 年底，我国对外承包工程已累计完成营业额 12 000 亿美元，新签合同额 17 000 亿美元。这些数据反映出我国对外承包工程业取得的巨大成就。但另一方面，我们也清醒地认识到，无论是对外承包企业自身存在的问题，还是国际承包市场出现的新变化，都使我们在已经取得的辉煌成绩面前不敢有半点松懈，更不能高枕无忧。

其一，与国际著名大型承包商相比，我国企业的竞争实力仍有一定差距。以 2015 年为例，全球最大 250 家国际承包商平均完成海外营业额为 20.86 亿美元，而中国企业的平均海外营业额为 13.78 亿美元。全球排名前十位的公司去年海外营业额为 1 949.69 亿美元，我国排名前十位的海外营业额为 284.55 亿美元。与国际著名大型承包商相比，我国企业仍存在明显不足。

其二，近年来世界政治经济形势颇不平静。发达国家经济未现强劲增长，新兴经济体国家经济迅速下挫，恐怖主义阴霾在欧洲久久不散，大规模恐怖主义极端事件在中东时有爆发，世界原油价格大幅波动，资源出口型国家的经济遭受重创，地缘政治博弈加剧，中东、非洲等地区安全风险不断上升。这些不利因素对国际工程承包市场形成明显抑制，很多国家财政预算紧张，项目得不到顺利执行，签约困难增加。承包商出于风险考虑，纷纷涌向政治稳定、经济增长预期较好的市场，造成局部市场拥挤不堪，竞争普遍加剧。

其三，国际工程市场需求形势发生新变化。近年来，我国对外承包企业在国际工程市场承担业务的模式发生了很大的变化，其中以 EPC 等为代表的总承包模式所占的比例越来越大，这与我国对外承包企业在早期主要承接传统的住房和路桥等土建工程、承包模式主要以施工承包为主的情况形成较大反差。随着我国对外承包企业实力的增强和市场规模的扩大，其业务范围从土建施工为主逐步发展到公路、铁路、城轨、电站、水利、石油、化工、矿山和通信等大型基础设施和工业生产领域的大型项目，这些项目技术复杂、专业性强，并且往往又是业主一揽子投资计划(如 BOT 项目)的重要环节,业主一般采用总承包(如 EPC)的模式进行发包。“一带一路”倡议的不断推进将为区域内国家及地区的基础设施承包市场带来繁荣。东道国资金短缺和各方利益权衡将导致采用 PPP 等复杂模式的项目增多。这一切对于我国对外承包企业来说,既是机遇,也是挑战。

面对新形势、新问题,只有通过不断学习,锐意进取,不断增强企业的核心竞争力,才能使企业在日益激烈的国际竞争中砥砺前行,才能使我国对外承包工程业务获得更大的可持续发展。期待为我国对外经贸事业的发展,为“走出去”战略和“一带一路”倡议向纵深实施做出更大的贡献。

基于对我国对外承包工程事业发展现状和未来的思考,作者结合长期从事国际工程管理教学、研究和参与国际工程的经验,在查阅大量文献资料基础上,撰写了《国际工程总承包项目管理及高铁综合案例分析》一书。其中第三章由黄鹏飞、路铁军撰写,第四章由王岩、路铁军撰写,第十一章由黄鹏飞、路铁军、魏玉坤撰写,其他各部分均为路铁军撰写,全书由路铁军统稿。本书从我国对外承包工程业务的实际需要出发,结合国际工程项目管理基本理论与实践发展,对国际工程总承包项目管理涉及的各项业务概念、内容、流程、方法和注意事项等进行了系统阐述与分析,并提出对策建议,旨在为我国对外承包企业和项目管理者提供参考和支持,为我国实施“一带一路”倡议和对外承包事业的可持续发展贡献微薄之力。

绪论部分结合项目管理的发展历程,介绍了项目管理的相关概念和项目管理知识体系。

第一章阐述了国际工程的概念和特点、国际工程承包方式、国际工程联营承包、国际工程承包环境、国际工程承包市场的发展趋势及中国企业的对策。

第二章阐述了国际工程的招标方式、招标流程、招标方的主要工作;国际工程项目投标的程序、影响投标的因素、投标的前期工作、投标报价和投标书编制、合同谈判和签约等,并针对国际工程总承包项目投标提出了建议。

第三章阐述了项目风险管理的基本理论,结合 FIDIC 合同条件对国际工程总承包中的典型模式进行了风险分析,包括生产设备与设计-建造总承包的风险分析、EPC 交钥匙工程总承包的风险分析、DBO 总承包的分析等,针对国际工程项目常见的风险提出了对策建议。

第四章阐述了国际工程总承包项目目标控制的概念及质量、进度、成本控制三者间的辩证关系,并分别对目标控制的三个方面进行了详细分析论述。结合国际工程实践,就如何做好项目三大目标控制之间的权衡提出了建议。

第五章阐述了国际工程总承包项目采购管理的概念、采购管理的目标、采购计划的编制、采购的实施过程、常用国际贸易条件、货物运输方式及对应的保险种类,结合国际总承包项目采购管理过程存在的问题提出了建议。

第六章阐述了安全管理的概念、内涵和意义;安全管理的内容和措施,包括安全管理教育、组织、制度、技术措施等;职业安全健康管理体系介绍;安全事故的处理程序与方法;国际工程项目应急预案,包括应急组织、职能及应急程序等。

第七章阐述了国际工程总承包项目合同管理的概念和内涵;主合同管理和分包合同管理;总承包商合同管理的任务和内容;合同变更、索赔、争端解决的程序和注意事项;国际工程承包常用合同条件简介。

第八章阐述了国际工程总承包项目人员管理的概念、组织机构及岗位设置、人员计划的编制、人员的招聘、人员的培训、人员管理制度体系和项目团队文化建设等,针对属地化用工存在的问题提出了对策建议。

第九章阐述了沟通原则、沟通计划、沟通方式、沟通制度等;分别对总承包商与业主方的沟通、总承包商与各分包商的沟通进行了分析;结合跨文化因素对沟通的影响提出了基于跨文化的沟通管理对策。

第十章介绍了 BOT 项目融资的概念、特征及操作程序;分析阐述企业参与 BOT 项目的方式和注意事项、BOT 的衍变方式及其他项目融资模式等。

第十一章重点分析了某国际高铁工程总承包项目管理的综合案例。

附录介绍了与铁路行业相关的部分国际标准和规范。

本书可供广大从事对外承包工程经营管理相关业务的人士参考,也可作为高等院校相关专业本科生和研究生涉及国际工程管理课程的教材和参考书。

本书的编写得到了中国铁建、中国中铁、中国中车、石家庄铁道大学等单位有关领导和同仁的大力支持,在此致以衷心感谢。编写过程中参考了大量文献资料,对这些文献资料的提供者和原作者谨致谢意。由于时间和水平所限,书中难免存在错漏和不足之处,敬请同仁和读者指正。

路陕军(执笔)

2017 年 5 月

目　录

绪论　项目管理知识简介……………………………………………… 1

第一节　项目管理发展史………………………………………………………… 1

一、项目管理的形成与发展 …………………………………………………… 1

二、项目管理在中国 …………………………………………………………… 3

第二节　项目管理基本概念……………………………………………………… 4

一、项目(Project) …………………………………………………………… 4

二、项目管理(Project Management,简称 PM) ……………………………… 5

三、项目的生命周期(Project Life Cycle) …………………………………… 6

四、项目干系人(Project Stakeholders) ……………………………………… 7

五、项目管理办公室(Project Management Office,简称 PMO) …………… 8

六、项目经理(Project Manager) …………………………………………… 9

第三节　项目管理的内容 ……………………………………………………… 11

一、项目整体管理(Project Integration Management) ……………………… 11

二、项目范围管理(Project Scope Management) …………………………… 11

三、项目时间管理(Project Time Management) …………………………… 12

四、项目成本管理(Project Cost Management) …………………………… 12

五、项目质量管理(Project Quality Management) ………………………… 12

六、人力资源管理(Project Human Resource Management) ……………… 12

七、项目沟通管理(Project Communications Management) ……………… 13

八、项目风险管理(Project Risk Management) …………………………… 13

九、项目采购管理(Project Procurement Management) …………………… 14

十、干系人管理(Project Stakeholders Management) ……………………… 14

第四节　项目管理的过程 ……………………………………………………… 14

一、项目启动过程组…………………………………………………………… 15

二、项目规划过程组…………………………………………………………… 15

三、项目执行过程组…………………………………………………………… 16

四、项目监控过程组…………………………………………………………… 17

五、项目收尾过程组…………………………………………………………… 17

六、各项目过程组之间的联系………………………………………………… 18

第五节　项目管理方法 …… 18
一、目标管理法(Objective Management) …… 18
二、价值管理法(Value Management) …… 19
三、RAMS(Reliability, Availability, Maintainability and Safety)管理法 …… 19
四、全生命周期管理法(Life-cycle Management) …… 19
第六节　国际项目管理软件工具 …… 20
一、P3(Primavera Project Planner) …… 20
二、P3e (Primavera Project Planner for Enterprise) …… 21
三、P6(Oracle Primavera P6) …… 21
第七节　项目管理知识体系 …… 22
一、美国项目管理协会(PMI)知识体系:PMBOK …… 22
二、国际项目管理协会(IPMA)知识体系:ICB …… 25
三、英国政府商务办公室(OGC)知识体系:PRINCE …… 25
四、中国项目管理研究委员会(PMRC)知识体系:C-PMBOK …… 26

第一章　国际工程承包概述 …… 28

第一节　国际工程的概念及其特点 …… 28
一、国际工程的概念 …… 28
二、国际工程的特点 …… 29
第二节　国际工程承包的分类 …… 30
一、按国际工程承包的范围 …… 30
二、按承包商的组成性质 …… 33
三、按价格支付方式 …… 33
四、按工程的类别 …… 35
第三节　国际工程联营承包 …… 36
一、联营承包的意义 …… 36
二、联营承包的注意事项 …… 37
三、联营承包的形式 …… 38
四、联营承包的组织机构 …… 40
五、联营承包协议或合同 …… 40
第四节　国际工程承包环境 …… 41
一、市场环境 …… 41
二、技术环境 …… 42
三、经济环境 …… 42
四、社会环境 …… 43
五、政策环境 …… 43

六、合同环境 …… 43
七、法律环境 …… 44
八、自然环境 …… 44
第五节　我国企业应对国际市场挑战的对策 …… 45
一、国际工程承包市场的发展趋势 …… 45
二、中国企业对外承包现状及应对市场挑战的对策 …… 46

第二章　国际工程总承包项目招标与投标 …… 48

第一节　国际工程总承包项目招标 …… 48
一、国际工程总承包项目招标概述 …… 48
二、国际工程总承包项目招标的主要工作 …… 60
第二节　国际工程总承包项目投标 …… 68
一、国际工程总承包项目投标概述 …… 68
二、国际工程市场机会跟踪与调查 …… 70
三、投标前期工作 …… 73
四、投标决策 …… 76
五、投标组织 …… 82
六、投标报价 …… 85
七、投标书的编制 …… 103
八、总承包合同的谈判与签约 …… 105
九、对国际工程总承包项目投标的建议 …… 106

第三章　国际工程总承包项目风险管理 …… 109

第一节　国际工程总承包项目风险管理基本理论 …… 109
一、国际工程总承包项目风险管理概述 …… 109
二、国际工程总承包项目风险规划 …… 118
三、国际工程总承包项目风险识别 …… 120
四、国际工程总承包项目风险分析 …… 122
五、国际工程总承包项目风险应对 …… 124
六、国际工程总承包项目风险监控 …… 128
七、国际工程总承包项目危机事件管理 …… 128
八、国际工程总承包项目保险 …… 132
第二节　国际工程总承包典型模式的风险分析 …… 138
一、国际工程总承包典型模式风险概述 …… 138
二、生产设备与设计-建造总承包的风险分析 …… 140
三、EPC 交钥匙工程总承包的风险分析 …… 145

四、DBO 设计-建造-运营总承包的风险分析 …… 149
第三节　我国海外工程常见风险分析与措施建议 …… 154
一、我国海外工程常见风险分析 …… 154
二、我国承包商海外项目风险管理措施 …… 156

第四章　国际工程总承包项目目标控制 …… 159

第一节　项目目标控制概述 …… 159
第二节　国际工程总承包项目质量控制 …… 161
一、国际工程总承包项目质量控制概述 …… 162
二、国际工程总承包项目质量控制体系 …… 166
三、国际工程总承包项目质量过程控制 …… 172
第三节　国际工程总承包项目进度控制 …… 177
一、国际工程总承包项目进度控制概述 …… 177
二、国际工程总承包项目活动 …… 180
三、国际工程总承包项目进度计划编制 …… 185
四、国际工程总承包项目进度计划控制 …… 192
第四节　国际工程总承包项目成本控制 …… 203
一、国际工程项目成本控制步骤 …… 204
二、国际工程总承包项目全过程成本控制 …… 211
第五节　国际工程总承包项目目标控制的权衡 …… 215

第五章　国际工程总承包项目采购管理 …… 217

第一节　采购管理的概念 …… 217
一、采购管理的目标 …… 217
二、物资采购的方式 …… 218
第二节　国际工程总承包项目物资计划 …… 219
一、物资计划的概念和任务 …… 219
二、施工设备计划 …… 220
三、工程材料计划 …… 223
四、永久工程设备计划 …… 225
第三节　采购的实施 …… 226
一、物资采买 …… 226
二、催交(Expediting) …… 238
三、检验(Inspection) …… 239
四、索赔(Claim) …… 240
五、物资采购单证工作 …… 240

第四节　国际物资采购常用的贸易条件 …… 246
一、EXW …… 246
二、FCA …… 247
三、CPT …… 248
四、CIP …… 249
五、DAT …… 250
六、DAP …… 251
七、DDP …… 252
八、FAS …… 253
九、FOB …… 253
第五节　国际货物运输与保险 …… 256
一、国际货物运输主要方式 …… 256
二、国际货物运输保险种类 …… 258
三、国际货物运输保险程序 …… 263
第六章　国际工程总承包项目安全管理 …… 265
第一节　安全管理概述 …… 265
一、安全管理的内涵 …… 265
二、安全管理的意义 …… 266
第二节　安全管理的具体实施 …… 266
一、安全管理教育 …… 266
二、安全管理组织 …… 267
三、安全管理制度 …… 268
四、安全管理投入保障 …… 269
五、安全管理技术措施 …… 270
第三节　职业健康安全管理体系(OHSMS) …… 273
一、OHSMS 概念和背景 …… 273
二、OHSMS 模式简介 …… 273
三、OHSMS 适用范围 …… 274
四、OHSMS 主要作用 …… 274
第四节　安全事故的处理 …… 274
一、现场紧急救护 …… 274
二、处理善后事宜 …… 275
三、安全事故上报 …… 275
四、事故原因调查 …… 275
五、事故损失赔偿 …… 276

第五节　应急预案……………………………………………………………………… 276
一、国际工程应急组织与职能 ……………………………………………………… 276
二、国际工程应急程序 ……………………………………………………………… 277

第七章　国际工程总承包项目合同管理……………………………………………… 279

第一节　国际工程总承包合同管理概述……………………………………………… 279
一、国际工程合同管理的概念 ……………………………………………………… 279
二、总承包商的合同管理 …………………………………………………………… 279
第二节　承包商的主合同管理………………………………………………………… 280
一、投标前的合同管理准备 ………………………………………………………… 280
二、投标阶段的合同管理 …………………………………………………………… 280
三、项目实施阶段的合同管理 ……………………………………………………… 282
第三节　承包商的分包合同管理……………………………………………………… 284
一、设计分包合同管理 ……………………………………………………………… 284
二、施工分包合同管理 ……………………………………………………………… 285
三、运营分包合同管理 ……………………………………………………………… 285
第四节　合同变更调整………………………………………………………………… 286
一、合同变更的含义 ………………………………………………………………… 286
二、合同变更程序 …………………………………………………………………… 287
三、合同变更中应注意的问题 ……………………………………………………… 288
第五节　国际工程索赔………………………………………………………………… 288
一、索赔的条件 ……………………………………………………………………… 288
二、索赔的内容 ……………………………………………………………………… 289
三、索赔的程序 ……………………………………………………………………… 289
第六节　国际工程争端解决机制……………………………………………………… 290
一、争端适用的法律 ………………………………………………………………… 290
二、解决争端的方式 ………………………………………………………………… 291
第七节　国际工程合同条件…………………………………………………………… 294
一、国际工程合同条件概述 ………………………………………………………… 294
二、FIDIC 合同条件 ………………………………………………………………… 295
三、ICE 与 AIA 合同条件简介 ……………………………………………………… 301
四、对合同条件的解释原则 ………………………………………………………… 302

第八章　国际工程总承包项目组织与人员管理……………………………………… 304

第一节　项目人员管理概述…………………………………………………………… 304
第二节　项目组织机构的设置原则…………………………………………………… 304
一、目的性原则 ……………………………………………………………………… 304

二、精干高效原则 …… 304
三、管理幅度和层次统一的原则 …… 305
四、专业搭配原则 …… 305
五、弹性与流动性原则 …… 305
六、项目组织与企业组织协调原则 …… 305
第三节　项目人员计划 …… 305
一、项目人员的岗位设置 …… 305
二、项目的组织机构 …… 307
三、项目人员配备 …… 308
第四节　项目人员的招聘 …… 308
一、项目人员的招聘方式 …… 309
二、项目人员招聘的原则 …… 309
三、项目人员招聘的一般步骤 …… 310
第五节　项目人员培训 …… 311
一、企业文化培训 …… 311
二、业务培训 …… 312
三、安全措施培训 …… 312
四、出国前教育 …… 313
五、心理教育 …… 313
第六节　项目人员管理制度 …… 313
一、招聘录用制度 …… 314
二、解聘制度 …… 314
三、考勤制度 …… 314
四、薪酬福利制度 …… 314
五、行政管理制度 …… 315
六、会议管理制度 …… 315
七、员工培训制度 …… 315
八、奖惩制度 …… 315
九、绩效考评管理制度 …… 315
第七节　项目团队文化建设 …… 316
一、团队文化的概念 …… 316
二、项目团队文化建设的意义 …… 316
三、对新进人员的企业文化培训 …… 316
四、团队文化建设的要点 …… 316
第八节　项目属地化用工管理 …… 318
一、属地化用工管理概述 …… 318
二、属地化用工中常见的问题 …… 319

三、属地化用工的注意事项 …… 319

第九章　国际工程总承包项目沟通管理 …… 321

第一节　国际工程沟通管理概述 …… 321
一、沟通原则 …… 321
二、沟通计划 …… 322
三、沟通方式 …… 323
四、沟通制度 …… 325
第二节　国际工程总承包项目各方简介 …… 325
一、总承包商 …… 326
二、业主 …… 326
三、设计单位 …… 326
四、监理单位(业主代表) …… 326
五、政府部门 …… 326
第三节　总承包商与业主方的沟通 …… 327
一、总承包商与业主(业主代表)沟通的内容 …… 327
二、总承包商与业主方沟通的注意事项 …… 334
第四节　总承包商与分包商的沟通 …… 335
一、总承包商与设计分包商的沟通 …… 335
二、总承包商与施工分包商的沟通 …… 336
第五节　跨文化沟通 …… 337
一、文化和跨文化的概念 …… 337
二、跨文化因素对沟通的影响 …… 337
三、基于跨文化的沟通管理对策 …… 338

第十章　BOT 与项目融资 …… 340

第一节　BOT 简介 …… 340
一、BOT 概念 …… 340
二、BOT 特征 …… 341
三、BOT 模式的理论依据 …… 342
四、BOT 项目的操作程序 …… 342
五、BOT 项目的参与方 …… 343
六、BOT 项目参与方之间的主要合同关系 …… 344
七、企业参与 BOT …… 348
第二节　BOT 的衍变形式 …… 352
一、BOOT …… 352
二、BOO …… 353

三、BLT …… 354
四、BTO …… 354
五、BT …… 355
六、DBFO …… 355
七、ROT …… 356
八、IOT …… 356
第三节　PPP 简介 …… 357
第四节　ABS 简介 …… 358
一、组建 SPC …… 358
二、SPC 与项目结合 …… 359
三、进行信用增级 …… 359
四、SPC 发行债券 …… 359
五、SPC 偿债 …… 359
第五节　BOT 应用典型实例 …… 359
一、英法海峡隧道 …… 359
二、我国第一个国家正式批准的 BOT 试点项目:广西来宾电厂 B 厂 …… 360
三、柬埔寨基里隆水电站修复 BOT 项目 …… 361
四、南京长江隧道 BOT 项目 …… 361
五、青岛海湾大桥项目 …… 361
第十一章　某国际高铁工程总承包项目管理综合案例分析 …… 363
第一节　项目简介 …… 363
一、地形条件复杂 …… 364
二、该国政府、社会民众非常支持项目的建设 …… 364
三、工期紧迫 …… 364
四、我国的 A、B 两家公司缺乏以总承包形式在海外建设高铁的经验 …… 365
五、语言困难 …… 365
六、整体采用中国标准建设 …… 365
七、实施具有艰巨性 …… 365
第二节　项目授标 …… 365
一、项目授标过程 …… 365
二、项目报价 …… 366
三、洽谈 …… 367
第三节　项目总体目标及项目风险分析 …… 368
一、项目总体目标的制定及分解 …… 368
二、项目目标的风险分析与应对 …… 369
第四节　项目组织机构的制定及人员管理 …… 372

一、总承包组织管理模式 …… 372
二、总承包商项目经理部组织机构设置 …… 373
三、基层人员管理 …… 375
第五节 项目合同管理 …… 377
一、与业主方的合同管理 …… 377
二、分包合同管理 …… 377
三、索赔管理 …… 379
四、合同管理的收尾工作 …… 379
第六节 项目采购管理 …… 380
一、采购准备 …… 380
二、材料设备的采购与运输 …… 381
三、项目采购管理的措施 …… 383
第七节 项目三大目标控制 …… 384
一、质量控制 …… 384
二、进度控制 …… 384
三、成本控制 …… 388
第八节 项目安全管理 …… 390
一、组织结构 …… 390
二、安全管理措施 …… 391
三、安全管理计划的检查与评估 …… 393
四、安全管理的改进 …… 396
第九节 项目沟通管理 …… 397
一、入乡随俗 …… 397
二、处理好公共关系 …… 397
第十节 项目总结 …… 398
一、合同是前提 …… 398
二、设计是关键 …… 398
三、合理的施工组织是脉络 …… 399
四、合同理解与管理是基础 …… 399
五、设计施工一体化是优势 …… 399
六、验工计价是效益 …… 399

附录 部分与铁路行业相关的国际标准和规范简介 …… 400

参考文献 …… 405

绪论　项目管理知识简介

绪论部分介绍了项目管理发展史和项目管理基本概念、项目管理的内容与过程、项目管理常用方法和工具简介、国际上影响最大的三大项目管理知识体系、中国的项目管理知识体系简介等内容。

第一节　项目管理发展史

一、项目管理的形成与发展

自从有了人类的活动就有了项目。小到一次集会、一次郊游，大到一场比赛、一次教育活动、一项建筑工程等，都属于不同形式的项目，只是人类当初并没有意识到他们在从事着项目管理活动。在长期的项目管理实践中，人类创造出许多不朽的工程，如中国古代修建的万里长城、都江堰，古埃及的金字塔等，体现了建设者们在项目管理方面杰出的聪明才智。

在20世纪以前，项目管理还没有形成一门科学，人们只是凭借经验和直觉进行着潜意识的项目管理活动，不具有科学性和系统性。第二次世界大战期间，由于战争对新式武器，新型设备的需求催生了许多新的军用项目，时间紧迫，技术复杂，需要大量的技术人员参与，此时人们更加关注如何通过项目管理来提高效率，实现既定的目标，“项目管理”这个词逐渐被人们认识。

一般认为，项目管理最早起源于美国，其发展大致经历了以下几个阶段，参见表0-1。

表0-1　项目管理发展阶段

阶段	时间	特征	典型事件
形成阶段	20世纪30~40年代	甘特图的应用	美国胡佛水坝和州际高速公路系统
发展阶段	20世纪50~60年代	关键路线法和计划评审技术的应用	美国海军制北极星导弹计划
成熟与完善阶段	20世纪60年代之后	项目管理与其他学科交叉渗透	IPMA和PMI成立

1. 项目管理的形成阶段(20世纪30~40年代)

使用“甘特图(Gantt Chart)”进行项目的规划和控制是这一阶段的特征。1917

年，美国工程师亨利·甘特（Henry Gantt）发明了著名的甘特图，甘特图被用于包括美国胡佛水坝和州际高速公路系统等大型计划中，直到现在依然是项目管理的重要工具。20世纪40年代，项目管理主要应用于发达国家的国防和军事工程建设方面。早期的项目管理活动还只在一个相对较小的范围内进行，重点在于项目的预算和规划。随着社会进步和科技的发展，项目管理的应用领域不断扩大。美国把研制第一颗原子弹的任务作为一个项目来管理，命名"曼哈顿计划"，曼哈顿计划的项目管理活动侧重于项目的计划和协调。

2. 项目管理的发展阶段（20世纪50~60年代）

这一阶段的主要特征是网络计划技术的开发和推广。20世纪50年代，项目管理方法取得了一些突破性成就。在五十年代后期，美国出现了关键路线法（Critical Path Method，简称CPM）和计划评审技术（Program/Project Evaluation and Review Technique，简称PERT）。

1957年，美国的路易斯维化工厂由于生产过程的要求，必须昼夜连续进行生产。为了保障工厂的正常运行，需要每年都安排特定的一段时间，暂停生产线对设备进行全面检修。以前检修时间通常为125个小时，后来他们把检修流程进行了精细的分解，发现检修时按照不同的路线，工作的总时间是不一样的。减少工作时间最长的路线上工序的工期，就能够缩短整个检修的时间。经过反复比较和优化，最后仅用了78个小时就完成了对设备的检修工作，大大减少了设备停产的时间，增加了工厂的效益，使得当年的效益达到100多万美元，在当时产生了很大的影响。这就是至今仍被广泛用于建筑施工和大修工程的一种项目计划管理方法："关键路径法（CPM）"。

在这一方法发明一年后，美国海军开始实施研制北极星导弹计划。该项目非常具有挑战性，采用的技术先进，工程量巨大，当时美国有近三分之一的科学家参与了这个项目。要对如此庞大的尖端项目进行管理，难度不言而喻。项目组织者结合已有的项目管理方法设计了一个新方法：为每个任务估计一个悲观的、一个乐观的和一个最可能情况下的工期，在关键路径法的基础上，用"三值加权"方法进行计划编排，最后只用了4年的时间完成了预定6年完成的项目。这就是控制工程进度的新方法，即计划评审技术（PERT）。这种方法在工程管理中产生的效益引起了人们的关注，促进了系统工程被广泛应用于管理实践。

3. 项目管理的成熟与完善阶段（20世纪60年代之后）

这一阶段的主要特点是项目管理范围的扩大，其他学科的交叉渗透和相互促进。网络方法的出现，不仅促进了1957年出现的系统工程，而且使第二次世界大战中发展起来的运筹学也得到了充实，项目管理已逐渐形成了科学的系统方法，并不断发展和完善。前后历时11年左右，由几十万人参加，耗资几百亿美元的"阿波罗"载人登月计划（1961~1972年）应用先进的项目管理方法，取得了巨大成功，也使得项目管理方法在实践中得到了很大发展，奠定了项目管理在实践中的科学地位。

与此同时，许多国家相继成立了项目管理协会进行项目管理工作的研究，积极推动项目管理的发展。其中以 1965 年在瑞士成立的以欧洲国家为主的国际项目管理协会(International Project Management Association，IPMA)和 1969 年在美国宾州成立的以美洲国家为首的美国项目管理协会(Project Management Institute，PMI)，在世界范围内影响最大。

美国项目管理学会(PMI)是一个有着近 5 万名会员的国际性学会，是项目管理专业领域中最大的由研究人员、学者、顾问和经理组成的全球性专业组织。这个组织的出现极大地推动了项目管理的发展。PMI 一直致力于项目管理领域的研究工作，通过不懈的努力于 1987 年推出了项目管理知识体系指南(Project Management Body of Knowledge)，简称 PMBOK。这是项目管理领域的一个里程碑。PMBOK 后来分别在 1996、2000、2004、2008、2012 和 2016 年进行了修订，使得该体系更加成熟和完整。

1997 年，国际标准化组织(ISO)还以美国项目管理协会(PMI)的项目管理知识体系指南(Guide to Project Management Body of Knowledge)等文件为框架，制订了关于现代项目管理的标准(ISO 10006)。

现如今，随着现代科学技术的飞速发展，以及管理科学领域内部的革新和知识结构的重组，项目管理已发展成为一种科学的知识体系，受到现代企业、政府部门和各类组织的极大重视，被广泛应用到各行各业。各国都在努力将国际化的项目管理标准融入到自己国家的实际情况中，构建自己的项目管理知识体系。

二、项目管理在中国

我国对项目管理进行系统、科学的研究并将其应用到实际项目中的时间比较晚。虽然早在两千多年前我国就有了闻名于世的万里长城、都江堰水利工程、京杭大运河等伟大的项目，但直到 20 世纪 60 年代，著名科学家华罗庚教授将国外的网络计划技术引进我国，并且考虑到我国的国情，结合“统筹兼顾，全面安排”的指导思想，将这一技术命名为统筹法，我国的项目管理工作才正式发展起来。

华罗庚教授于 1964 年开始在全国倡导“统筹法”(Overall Planning Method)，并于 1965 年出版了《统筹方法平话及其补充》，这本书提出了一套较系统的、适合我国国情的项目管理方法，包括调查研究、绘制箭头图、主要矛盾线以及在设定目标条件下优化资源配置等。华罗庚组织小分队在全国范围内深入重点工程进行推广统筹法，在铁道线路、桥梁、隧道等工程项目管理上取得了成功。

20 世纪 80 年代初，由于改革开放，我国开始吸收引进外资，伴随着国际项目的引进，现代项目管理模式也随之被引进中国。在 1984 年利用世界银行贷款建设的云南鲁布格水电站工程项目中，日本建筑企业采取了项目管理的方法，取得了非常好的效果。云南鲁布革水电站是我国第一个应用项目管理方法并按照国际标准进行建设的水电工程项目，它的成功给我国的整个建筑业带来重要影响。1987

年，国家计委、建设部等部门联合通知，要求在一批试点企业和建筑单位中推广项目管理施工方法，并开始建设中国的项目经理认证制度。同时，项目管理软件也陆续开发出来，使建筑业的项目管理水平大大提高。

20世纪90年代，我国的项目管理研究工作开始全面展开，成立了专门的机构进行项目管理的研究，并同时开展项目管理的培训、普及工作。1991年成立了全国性的项目管理研讨会，并于同年在上海宝钢召开了“新时期大型工程项目管理理论与实践”学术研讨会。由华罗庚创建的“中国优选法统筹法与经济数学研究会”在1992年成立了项目管理研究委员会PMRC（Project Management Research Committee, China），极大地推动了我国项目管理的研究与应用。同年，国家技术监督局正式颁布了网络计划技术标准GB 13400，这是我国第一个项目管理的国家标准。1993年，我国以国外的项目管理知识体系为依据，开始进行项目管理知识的专题研讨工作，并于第二年获得国家自然科学基金委员会的批准，正式开始了我国“项目管理知识体系结构的分析与研究”。PMRC成立了专家小组进行“中国项目管理知识体系（Chinese Project Management Body of Knowledge，简称C-PMBOK）”的起草工作。

2001年5月，《中国项目管理知识体系》第一版C-PMBOK1.0正式推出，同时建立了符合中国国情的《国际工程项目管理专业资质认证标准》（C-NCB）。这对我国的项目管理工作发展具有重要意义，标志着中国项目管理科学体系的成熟。2002年，中国首届项目管理国际研讨会在北京召开，美国、欧洲各国、澳大利亚、日本等国际项目组织都参与进来，500多位著名项目管理专家和学者与中外企业家汇聚一堂，交流项目管理的经验和最新成果。2006年我国推出了中国项目管理知识体系第二版（C-PMBOK2.0）。

第二节　项目管理基本概念

一、项目（Project）

不同的企业和机构从不同的角度对“项目”的理解和阐述是不一样的。广义上的项目是一系列活动的统称，是指一组相互关联的活动，通过某种过程，在资金、时间、资源等约束条件下，最终达到预期目标。狭义上理解的项目指工程项目，即投入一定的人力、物力等资源，通过特定的劳动最后创造出某种工程实体的过程。

（一）项目的特点

1. 唯一性。项目的唯一性也称为项目的单件性或一次性，是项目最主要的特征。每个项目所处的环境、具备的条件都是不同的，而且每个项目都有自己独特的功能以及要实现的目标，因此，必须根据项目的具体特点和特殊要求有针对性地进行管理，才能保证项目的顺利完成。

2. 有约束条件。任何项目在实施过程中都要受到一定条件的限制，比如工作的最迟完成时间、成本的最高限额以及项目必须满足的一些规定性的标准等。约束条件是项目的必备条件,不存在没有约束条件的项目。只有满足了约束条件的项目才能是成功的项目。

3. 目标明确。项目的组织者在项目开始之前就已经设想好项目最后要满足的功能要求,这是项目产生的依据。每一个项目都有明确的目标,在实施过程中要以目标为要求,把项目的各方协调起来,确保任务能够完成。

4. 具有生命周期。项目是一种一次性的任务,既然是一次性的,必然有它的开始时间和结束时间。项目都会经历决策、筹划、实施、完成等阶段,这些阶段构成项目的生命周期。比如一个建设项目,包括前期的项目建议书、可行性研究阶段,中期进行项目相关的设计工作、建设准备和项目的实施两个阶段,最后就是项目的竣工验收和试运营阶段。对项目进行阶段划分有利于项目的管理工作和最终目标的实现。

5. 系统性。每一个项目都是一个系统,都是由若干个要素构成的,这些要素通过某种方式密切的联系起来,只有把这些要素相互协调起来才能有效地实现项目的目标。项目的系统性也说明必须从整体的角度对项目进行管理,项目只能有一个总体目标,不管这些要素在实施过程中怎样结合,都要以这一个目标为准。

6. 不确定性。一般来说项目是一系列工作的统称,在实施的过程中存在诸多不确定性因素,哪一个环节出现问题都会影响到项目的顺利进行,甚至对项目造成毁灭性的伤害,而且许多因素是无法提前预料到的,所以每一个项目都有一定的风险。

(二)项目的分类

由于项目自身的广泛性,按照不同的标准划分就会产生不同的项目分类,如以项目的专业特征为依据进行划分,有工程项目、科研项目、咨询项目、IT 项目、农业项目、国防项目等;若以项目的规模为依据进行分类,有大型项目、中型项日和小型项目;按照项目的所有者为依据进行划分又可以分为:政府项目、企业项目、私人项目等。对于每一类项目我们又可以根据实际需要进一步划分,比如工程项目,还可以分为建筑工程、公路工程、水电工程、铁路建设工程等。

就铁路建设项目来说,按照铁路所属主体不同又可以分为国家铁路项目、地方铁路项目、专用铁路项目和合资铁路项目等;按照铁路的形式可以分为轻轨铁路项目(城市轨道交通项目)、重载铁路项目、高速铁路项目等;按照铁路建设项目具体的施工内容可以分为:轨道工程、路基工程、桥涵工程、隧道工程、给水排水工程、站场工程、运输通信工程、信号工程、电力工程、电力牵引供电工程以及其他铁路各专业相关工程等。

二、项目管理(Project Management,简称 PM)

项目管理是指项目的管理者在项目的启动、执行、实施等过程中借助科学的理论、观点以及从实践中总结出来的方法对项目及其相关的所有活动在一定的约束条件下进行有效的管理,最终实现项目特定的目标。

项目管理的目标至少反映在三个方面:采用科学的项目管理方法(如横道图、网络计划等)对项目的进度进行管理,确保项目如期实现;运用相应的成本管理方法,对项目的费用进行管理,确保项目的支出处于正常范围内,最终使得项目的总投资处于可控状态;按照相应的质量标准和规范对项目的每一部分的质量进行管理,确保工程质量的实现,顺利完成项目。

1. 项目组合管理(Portfolio Management)

项目组合管理不同于传统的项目管理,不是单纯对单个项目进行管理,或对多个项目的简单管理,而是把项目和企业的战略目标结合起来,以实现企业的最终目标为目的。组合项目的管理不是项目经理可以独立完成的,它是一种有关企业战略的管理活动,面对的是多个项目,是一个组织决策的过程。

项目组合管理的关键是审核各个项目,确定资源分配的优先顺序和保证项目组合的实施与战略目标一致。项目组合管理的一般过程是首先识别选择项目、项目集,筛选完成后将这些项目按照组织目标的要求进行排序,优先安排重要的项目;其次委派项目经理进行项目的具体执行工作;然后项目组合管理人员需要对各项目、项目集的实施过程进行管理和监控。

2. 大项目管理

大项目是指那些资金投入量大、建设周期长、技术复杂、参与干系方及人员多、覆盖范围广的项目。大项目管理不同于一般的项目管理,因为其规模大,建设过程中的不确定性多,对项目经理及承包商要求更高。大项目管理的成功与否是检验一个企业综合管理能力的试金石。

三、项目的生命周期(Project Life Cycle)

任何项目都有自己的开始时间和结束时间,从开始到结束的整个过程构成了项目的生命周期。虽然项目不同,其内容会有很大的差异,但是从总体看,项目在实施的过程中大致都会经历几个特定的阶段,一般包括决策阶段、设计和计划阶段、执行阶段、完成交付使用阶段。对项目进行阶段划分是为了更便于进行管理,便于对项目的整个过程进行监测和控制。

1. 决策阶段

决策阶段是项目最早的阶段,这个阶段的主要任务是通过进行一系列的调查和研究决定是否开始一个项目。这个阶段的工作主要包括分析投资机会,确定投资方向;将投资机会具体化,做出项目建议书;对项目的技术、经济、财务、组织机构、社会环境等方面的可行性进行研究,提出项目的可行性研究报告;对项目的可行性研究报告进行科学的评估,为项目决策提供依据。决策阶段对于项目的命运和前景有着直接的影响。

2. 设计和计划阶段

在决定了投资的方向、确定了项目之后,需要任命项目经理及项目团队来执行具体的项目管理工作。这个阶段主要进行项目选址、项目设计、项目招标及承包商的选定、实施计划的制定以及项目开工前的准备工作,这个阶段是把项目构思具体化的过程,很大程度上决定了项目能否顺利的开始和完成。

3. 执行阶段

执行阶段是项目能否成功的关键阶段,是前期和使用期之间的重要连接点。这个阶段就是将设想变成实体,实现投资者的意图。通过投入大量的人力、物力及其他资源,按照项目的设计要求进行建设,并且通过运用先进的科学技术和方法使项目能够在规定的时间、成本、质量要求范围内高效率的完成项目。

4. 完成、交付使用阶段

项目建成后,在移交给业主正式使用前一般需要进行竣工检验,并做好各项生产准备工作,开展项目的试运营。项目能够正常工作并获得业主的认可后,项目的建设工作即告结束,项目转交给业主,进入生产使用期。经过一段时间的生产运行之后,需要对该投资项目做出后评价。

上述关于项目阶段的划分并非是固定的,也有人将项目周期划分为三个阶段或五个阶段,但是不管项目划分为几个阶段,每一个阶段都有一些共同的特征,都以完成一个或数个有形的、可验证的工作成果为标志。按照项目实施的顺序将项目各阶段可交付成果连接起来,即形成项目的成果。在一个阶段结束时,一般要对可交付成果进行审查,确定是否可以开始下一阶段,或是仍然需要完善本阶段的工作。根据实际需要,有时也可以在不结束当前阶段的条件下开始下一个阶段。

四、项目干系人(Project Stakeholders)

项目干系人即项目在实际的建设过程中涉及的组织或个人。他们的利益与项目紧密相连,项目的成功与否会对他们产生各种直接或间接的影响。在进行项目管理时,很重要的一点事要识别项目干系人,明确他们对项目有什么样的要求和期望,然后对这些期望和要求进行分析和管理,保障项目的顺利进行,最终完成项目。项目的主要干系人通常由下列构成。

1. 投资商。他们为项目提供资金保障,以获得相应的投资回报或社会效益为目的。投资商可以是不同的主体,如政府、公司、个人等,不同的投资者可能有不同的投资目的。

2. 业主。是项目的所有者,从宏观上对项目的全过程进行管理,并要承担项目的各种风险。业主一般不直接对项目进行管理,主要是对项目的管理者和承包商进行管理,授予他们相应的权力,并对他们应承担的责任进行监督。有时也把用户称为业主,如在房屋建设的项目中,房屋购买者也被称为业主。

3. 承包商。是指按照相应的协议,在一定的条件下向业主呈交特定成果的组织或个人。主要包括:咨询单位、设计单位、施工单位及供应商等。不同的承包方式会使得承包商的工作范围不同。

4. 项目团队。项目团队包括项目经理、项目的管理人员及其他参与项目的成员,他们是项目的具体实施者,在项目中起到枢纽的作用,具有较大的权力和责任。因此,项目经理需要熟练掌握项目管理的相关知识,有很强的领导能力以及良好的沟通协调能力。

5. 运营商。即项目完成后,对项目的运营进行管理的人或组织。如住宅项目后期的物业管理单位、工业性项目后期的生产运营单位等。

6. 用户。有时也称为客户,是指项目产品的使用者或消费者,可以是个人,也可以是某个组织。

7. 政府相关部门。任何项目的实施都是在国家政策下进行的,脱离不了社会经济环境。政府对项目的审批、管理制度等也会影响项目能否顺利完工。

8. 其他组织。由于项目的复杂性,还有很多不同类别的干系人会对项目产生影响,如市场中的竞争对手、新闻媒体机构、社会组织、公民等。

不同项目干系人的责任和权力是不同的,甚至有很大的差别,并会随着项目的进行而发生变化。有的只是参与了项目某项相对不重要的工作,如某项调查活动;有的却对项目的全局产生重要影响,如提供资金和行政支持。从项目干系人的对项目的态度来说,可以分为积极干系人和消极干系人两种。积极干系人是指能从成功的项目中获得利益的干系人,他们会在项目实施的过程中提供支持和帮助,以期项目建成后获得相应的利益;消极干系人是指那些只看到项目负面影响的干系人,他们倾向于阻碍项目的进行以维护自己的利益。管理者需要识别不同类型的项目干系人,分析他们的期望以及对项目的影响,协调好各方的利益关系。尤其不能忽视项目的消极干系人,对于他们的影响如果处理不当,可能会使项目不能按期完成,甚至失败。

五、项目管理办公室(Project Management Office,简称 PMO)

随着项目管理知识的普及、项目管理理念的深入以及项目管理价值的凸显,企业管理层意识到项目管理对提高企业的经济效益和利润有重要的意义,企业开始以项目为单元对制定的战略进行分解和执行。为了在这些项目间进行合理的资源分配,管理各项目的风险以保障每个项目的顺利进行,由此产生了项目管理办公室。项目管理办公室是企业为了科学管理多个项目、最大程度实现组织目标而设立的,是企业一个职能机构的名称。

PMO 的成员应该包括企业的高层主管和金融、技术、项目管理等方面的专家,能够在各方面对项目提供支持。PMO 在企业中的功能主要如下。

1. 对企业项目管理工作提供支持和监督。主要包括引入先进的项目管理标准和规范,制定项目管理的流程,设定和调整项目管理的模式;总结企业以往的项目,分析项目成功或失败经验和教训,在企业内部进行传播和学习;组织项目管理人员及员工进行专业知识和技能的培训,提升项目人员的整体素质;最大限度集中项目管理专家,为项目管理者提供咨询和指导,使项目能够顺利进行;关注企业各个项目的实施情况,对项目做出的独立评审报告,向管理层提出项目绩效报告等。

2. 为项目提供行政支持。主要包括为项目提供人力资源方面的帮助,协调好项目部与其原部门的关系,确保项目工作的顺利展开;协调各项目间的资源分配问题,努力使企业的整体利益最大化;参与或负责项目经理的选择和任免工作,辅助项目经理开展工作,特殊情况下也可以直接参与具体项目,对重点项目给与重点支持等。

PMO 的责任和作用不是一成不变的,随着企业经营规模发展,在企业中的作用也越来越重要。企业成立 PMO,有利于企业形成统一的管理流程体系,便于管理层监控项目的进行,能对企业的整体资源合理的调配,通过把各项目的实践和项目管理理论相结合,形成公司的项目知识管理系统,促进企业管理走向更新的高度。

六、项目经理(Project Manager)

项目经理是企业法人在项目上的代表人,是项目的负责人,需要对项目从开始到结束的整个过程负责,确保项目的顺利完成,实现项目应达到的目标。项目经理是项目的核心,是项目管理小组的灵魂。

(一)项目经理的责任

项目经理的工作是对项目进行全面的管理,保证项目目标的实现。项目经理应充分理解项目目标,保证项目的目标与企业的目标一致,科学决策,合理利用企业分配给项目的资源,定期向上级汇报项目情况;负责组建项目团队,为项目组成员创造良好的工作环境,并进行绩效考评,激励他们高效地完成任务;负责制定项目实施计划,并实时监测项目计划的进展,预防和应对项目实施过程中可能出现的各种问题,将质量、时间、成本控制在计划目标要求的范围内。

(二)项目经理的权力

项目经理权力大小是由多方面因素共同决定的,如企业的组织结构形式、项目在企业中的地位、项目的规模和复杂程度、项目的目标要求和风险程度、项目经理个人的能力及其团队成员的素质等。一般来说,项目经理具有以下几个方面的权力:

对项目资源进行分配的权力。当企业把一定资源给项目后,各种资源的分配与使用权就掌握在项目经理的手中,项目经理可以决定各个阶段资源的使用情况。

组建项目团队的权力。项目经理有权决定该项目的管理人员和项目团队的成员,并对他们进行任务分配和管理。

进行项目决策的权力。项目的实施是一个非常复杂的过程,项目经理必然会面临各种决策,不可能任何决策都要请示上级,等待上级的指示,这样既增加了高层的工作量,也不利于项目的顺利进行,授予项目经理决策权对于项目目标的实现非常重要。

(三)项目经理的素质

由于项目经理在项目中具有非常重要的作用,因此对于项目经理的任命有很严格的要求,2002 年执行的《建造师执业资格制度暂行规定》明确规定,大中型项目的项目经理必须取得注册建造师职业资格。在现代社会中,一个称职的项目经理不仅需要具备各种能力和相关的知识素养,还需要一定的人格魅力。

项目经理作为项目的主要管理者,需要具有良好的个人素养和综合管理能力。不仅要有管理意识,还要掌握一定的管理知识和方法。项目经理的管理能力体现在以下多个方面:

1. 决策能力主要体现在项目前期战略战术的制定及方案的选择和项目实施过程中为各种问题确定解决方案。

2. 组织能力是指项目经理设立组织机构、配备组织成员并制定相应规范,保证组织正常运转的能力。

3. 控制能力是指项目经理能够借助一定的工具和自身的实践经验对项目的实施过程进行控制,实现项目的质量、进度、费用等目标要求的能力。

4. 沟通协调能力是项目经理管理能力的一个非常重要的方面,项目越大对项目经理的沟通协调能力要求越高。对外,项目经理要协调好项目与政府、社会和其他干系人之间的关系,尽可能降低外界因素对项目产生的干扰和风险。对内,项目经理需要与企业高层领导进行良好沟通,争取组织对项目的支持和帮助,还要协调好项目团队成员之间的关系,创造良好的工作氛围。

5. 应对危机的能力也是项目经理需要必备的能力。任何项目的实施过程都不是一帆风顺的,会遇到很多的问题和危机,项目经理必须具备能够预防、识别和解决这些问题与危机的能力。

6. 激励能力是项目经理对下属进行有效管理所必需的能力。项目的成功实施需要依靠所有参与人员,对下属采取必要的激励措施有助于增强他们对工作的热情,提高工作效率。

7. 具备技术与创新能力。项目经理必须具备相关的专业知识,虽然不要求其技术知识多么精通,但是一定要全面,这样项目经理才能对项目成员的工作进行适当的判断和评价。创新能力是指项目经理的思维不能局限于现有的管理模式和经验,一定要开阔自己的思路,能够提出一些新颖的观点的方法,这是竞争环境下非常重要的一种能力。

8. 此外,项目经理还需要具备必要的知识素养和人格魅力。任何能力都是以知识为基础的,项目经理需要不断积累自己各方面的知识,从而提升自己的能力。项目经理所具备的知识主要分为两大类,基础知识和业务知识。基础知识是指进行管理时一些通用的知识,即对一般的项目都适用的知识;业务知识是指针对于该项目或该类项目适用的知识。

项目经理个人的品格也会对项目组的成员产生重要的影响,当人们对一个项目经理的人格感到敬畏,认可他的行为作风时,人们更愿意去相信他及他的团队,这对项目计划的实施有重要的作用。一个成功的项目经理所应具备的品质主要有:正直诚实、言行一致、认真负责、果断、有激情、冷静、吃苦耐劳、坚忍不拔等。

第三节　项目管理的内容

项目管理是一项非常复杂的工作,要对项目的各个方面进行管理,按照PMBOK 知识体系的划分,项目管理内容主要包括十个方面:项目整体管理、项目范围管理、项目时间管理、项目成本管理、项目质量管理、项目人力资源管理、项目沟通管理、项目风险管理、项目采购管理、项目干系人管理。

一、项目整体管理(Project Integration Management)

项目整体管理是对项目进行的综合性和全局性的管理,是一种宏观的管理。目的在于使项目的各项工作能够相互协调和配合,将各目标之间的冲突最小化,尽量满足项目干系人的利益要求和期望,成功地完成项目。项目整体管理主要包括:

1. 制定项目章程和计划。项目章程是一份需要送交有关部门审批的文件,章程得到批准以后,项目才能进入启动阶段。当项目正式启动后,编制项目的实施计划,包括整体计划和详细计划。

2. 执行项目的计划。按照项目的各项计划开展项目的各项工作,创造可交付的成果。

3. 监控项目的变动。对项目的实施过程进行跟踪、审查,并对项目过程中提出的变更进行审查、确定,保证项目目标的实现。

二、项目范围管理(Project Scope Management)

项目范围管理是对项目所应包括的内容进行的管理,使项目计划能够涵盖为完成项目所必需的全部工作。项目的范围管理主要包括:

1. 项目范围的界定。对项目的目标和项目干系人的要求进行分析,编制详细的项目说明,确定项目的工作范围。

2. 项目范围的规划。将项目可交付成果进行分解并对项目工作进行细化,以便于领导者进行管理。

3. 项目范围的控制。在项目的执行过程中,项目的范围可能会发生变化,要对这些变化进行分析,将范围的变化控制在允许的范围内。

三、项目时间管理(Project Time Management)

项目时间管理是对项目开始到结束的过程中项目进度的管理,最终目的是确保项目能够在规定的时间内完成。项目时间管理主要包括:

1. 定义活动及排序。识别为完成项目所需的具体活动,确定活动之间的先后逻辑顺序,整理成一份详细的文件。

2. 估算活动所需的时间。估算活动所需的时间之前,要对各活动所需材料、人员、设备的数量和种类进行估算,在此基础上,估算完成各活动所需要的时间。

3. 制定进度计划。分析活动进行的顺序、持续的时间以及各种约束条件,编制项目进度计划。

4. 控制项目进度。通过各种管理方法和手段,对项目的进度进行控制,确保项目的工期。

四、项目成本管理(Project Cost Management)

项目成本管理是通过制定成本计划,控制项目的费用,使项目能够在批准的预算内完成。项目成本管理的内容主要包括:

1. 估算项目成本。对各单项活动所要资金进行估算,包括所需要的人力、物力、设备的费用及其他可能的费用。

2. 制定项目成本预算。将所有单项活动的估算成本进行汇总,进行适当的调整,使预算获得上级批准。

3. 控制项目成本。对项目各阶段的费用支出进行监测,当项目的成本与预算存在差距时,要采取必要的措施将项目的成本控制在既定的预算范围内。

五、项目质量管理(Project Quality Management)

项目质量管理是指为了使项目达到现行的相关法律、法规、技术标准及项目干系人在质量方面的要求而进行的技术作业和活动。项目质量管理也是一个全过程的管理,主要包括:

1. 项目质量计划的制定。首先要明确项目及项目各个细部所应达到的质量标准,然后编制项目质量管理的计划,明确质量管理人员和应采用的程序、方法。

2. 项目实施质量保证。定期评估项目的结果是否满足质量要求,使项目的工作符合质量计划的要求,保证项目质量系统的正常运转。

3. 项目质量的控制。记录质量活动的结果并进行评估,判断是否达到规定的质量要求。当某项工作没有达到要求时,找出问题并提出改进措施。

六、人力资源管理(Project Human Resource Management)

人是项目中最基本也是最关键的因素,一个项目人力资源管理的好坏很大程度上决定着项目成败。项目人力资源管理就是通过对项目人员进行管理,使其能力和积极性得到充分发挥,高效地完成所承担的工作。主要包括:

1. 制定人员计划。对项目各个阶段所需的人员类型、数量和岗位职责进行设置、汇总,做出项目人员计划。

2. 组建项目团队。根据项目人员计划安排,通过适当渠道和方法进行人员招聘,组建项目团队,并对岗位与人员进行合理匹配。

3. 建设和管理团队。项目团队成员都是来自不同的部门临时组建在一起的,为了提高他们的工作效率,需要对项目成员的表现及所出现的问题进行管理,促进团队成员间的互动,营造一个良好的工作氛围。

七、项目沟通管理(Project Communications Management)

项目的沟通管理就是对项目信息的管理,通过收集项目信息,并把它传播出去,使得项目干系人能够获得他们关注的项目信息。项目的沟通管理主要包括:

1. 编制沟通计划。确定项目干系人需要的信息及信息传递的时间和方式等要求,并对这些要求进行沟通和协调。

2. 传播项目信息。按照项目干系人的要求,进行信息的收集和整理,并及时将信息传递到项目干系人。

3. 报告项目绩效。收集并发布项目的绩效信息,包括项目的状态报告,项目的进展结果及对项目下一阶段情况的预测。

八、项目风险管理(Project Risk Management)

项目的风险体现着项目的不确定性,在项目没有完成之前,项目可能存在各种各样的风险,一旦发生至少会对项目的某一目标造成影响,所以要使项日获得成功,一定要对项目的风险进行管理,以提高项目成功的概率。项目风险管理的过程主要包括:

1. 识别项目风险。判断可能会对项目目标造成影响的风险,并且找出风险的特征。

2. 分析项目风险。对项目的风险进行定性和定量分析。通过定性分析评估风险发生的可能性和可能造成的影响,对风险发生的概率和影响进行排序;对可量化的风险进行定量分析,即通过数学方法对风险发生的可能性和影响进行量化,得出项目风险量化指标。

3. 应对项目风险。针对不同的风险提出不同的应对措施如转移、降低、接受等。

4. 监控项目风险。在项目的整个实施过程中,需要不断监测对已识别风险的管理,确保把风险对项目的负面影响降到最低。此外,还要注意识别新的风险。

九、项目采购管理(Project Procurement Management)

项目采购管理是指为了从项目实施组织外部获得所需要的资源和服务所采取的管理措施。项目的采购管理是围绕着合同来进行的,主要包括:

1. 制定采购计划。根据项目工作的需要,列出需要采购的物资及时间;明确所选用的采购方式;识别潜在的供应方。

2. 实施采购。与各资源的供应商进行谈判和协商,选择最佳卖方,讨论合同内容并签订合同。

3. 进行采购管理。项目资源的采购过程是一个复杂的过程,在采购期间需要协调双方的关系,监督合同的执行,采取必要的措施保证采购管理的顺利进行。

此外,由于项目的特殊性,还需要特别关注两方面的管理,项目合同管理和项目安全管理。这里的合同管理是对整个项目所涉及到的合同进行的管理,合同管理是企业经济手段法律化的一种形式。通过有效的合同管理,可以提高企业的效率和保障企业的利益。安全管理越来越多地受到人们的重视,它与项目的其他管理内容之间有很大的联系,是项目正常进行的重要条件。安全管理主要是指对人身和财产的管理,不管是哪一方面的安全受到损失,都会影响到其他内容的管理,比如当项目的人员受到伤害时,就可能影响项目的进度,增加项目的成本,从而增加了项目的风险,影响到项目的正常进行。

十、干系人管理(Project Stakeholders Management)

每个项目都有干系人,他们受项目的积极或消极影响,或者能对项目施加积极或消极的影响。有些项目关系人对项目的影响有限,有些可能对项目及其结果有重大影响。项目经理正确识别并合理管理干系人的能力,能决定项目的成败。

项目干系人管理用于开展下列工作的各个过程:识别能影响项目或受项目影响的全部人员、群体和组织,分析干系人对项目的期望和影响,制定适合的管理策略来有效调动关系人参与项目决策和执行。干系人管理还关注与关系人保持持续沟通,以便了解干系人的需要和期望,管理利益冲突,解决实际发生问题。

第四节　项目管理的过程

过程是指事物发展所经过的程序,是为了达到目标而需要执行的一系列的活动,这些活动并不是孤立的,而是相互联系,彼此制约的。一般来说,不论是哪一领域或行业的项目管理都有着共同的管理过程。按照时间的顺序,项目管理过程组(Project Management Process Group)包括:启动过程组、规划过程组、执行过程组、监测过程组、收尾过程组。这五个过程组相互依赖,前一个过程的结果可能是下一个过程的依据。项目的过程不同于项目的阶段,项目的每一个阶段都要经历上述的五个过程组及其子过程。因此,在一个项目中,项目管理的各过程反复出现,尤其在项目的实施阶段,需要对各过程不断重复和修改直至项目完成。

项目经理及其团队要对项目管理的过程负责,他们需要确定各项目过程组的时间及过程组的子过程中哪些是项目需要的,明确各过程的负责人,并制定执行过程时应遵守的标准等。

一、项目启动过程组

项目的启动过程组是对一个项目进行审查,确定项目的过程。一般来讲项目的启动过程是由项目外的组织或个人来进行的。该过程的主要工作有:识别项目机会、明确项目目标、收集相关数据和资料、进行可行性研究、任命项目经理和组建项目团队、确定项目干系人。

1. 制定项目章程

市场上的需求很多,但不是所有的需求都是企业所需要的,必须对这些机会进行判断,选择与企业的发展战略目标一致的项目。当项目的方向确定后,需要做进一步的调查研究,收集与项目相关的数据和资料,进行项目的可行性研究,从商业的角度考虑项目是否值得投资。同时综合考虑项目的其他因素,定义项目的初步范围和项目工作的说明书,编制项目的章程。项目章程的通过标志着项目的正式开始。

2. 任命项目经理

当项目正式立项后,必须确定该项目的负责人即项目经理,并授予项目经理一定的权限,负责对项目从开始到结束的整个过程的管理。项目经理需要综合考虑项目的需要,招聘项目团队人员,组建自己的项目团队。

3. 识别项目干系人

项目干系人的确定也是该过程中一个非常重要的工作。在该过程中,项目经理及其团队需要辨别出可能会对项目产生影响的个人或组织,并确定他们参与项目的程度、对项目的要求和期望、相互之间的利益关系等。

对于那些大型的、复杂的项目,一般的做法是将该项目划分为若干阶段,在每一个阶段开始时都要有启动过程,这样有助于使项目按照既定的目标进行,同时审查已经完成的工作,决定是否继续项目的后续工作。

二、项目规划过程组

规划过程组是界定项目范围,确定项目目标,并制定各种计划或方案来实现项目目标的过程。在这个过程中,项目经理及其团队要制定项目整体的管理计划,在这个总计划的指导下,制定项目在时间、成本、质量、风险等实施计划。由于项目的动态性,计划的制定不是一蹴而就的,随着项目信息的不断增多和项目变更的发生,项目可能需要多个规划过程。通过这种不断的修改能够在规划阶段结束时做出一个比较完善的项目规划方案。

1. 确定项目范围，制定项目管理计划

项目的范围是指为了完成项目的目标、实现项目的功能而必须完成的所有工作。在规划过程中要明确项目工作范围的构成，便于下一阶段项目范围管理工作的进行。项目管理计划是从整个项目出发，整合规划过程中所有子计划所必需的活动，主要包括项目各阶段采用的过程、项目管理过程、执行每个过程所采用的方法、工具和执行标准、变更管理计划、配置管理计划及针对项目管理内容的各项计划等。项目管理计划是指导项目实施的纲领性文件。

2. 编制项目的各项子计划

在项目管理计划的指导下，制定项目的各子计划，包括：通过识别为完成项目所需的具体行动、行动之间的逻辑关系、各行动所需的人员、材料、设备等资源，估算完成每一行动所需的时间，编制项目的进度计划；估算完成各单个活动或工作所需的成本，进行汇总并制定项目的预算，编制项目的成本计划；确定项目及其产品应满足的质量要求和标准，并明确指出怎样达到这些要求和标准，编制项目的质量管理计划；对项目人员的角色、职责及必备的能力进行说明，合理安置项目人员，编制项目人力资源计划；确定项目干系人对项目信息的需求，并对信息收集与传达的方式进行确定，编制项目沟通计划；识别可能会对项目产生影响的风险因素，对这些因素进行分析，并提出规避风险、提高项目成功率的措施，编制项目的风险管理计划；对项目的物资采购进行确认，确定采购方法，识别最佳的卖方，编制项目采购计划。

三、项目执行过程组

执行过程组就是按照项目的计划，投入必要的人力、物力和设备资源完成项目目标的过程。执行过程组是将计划变成实体的关键过程，不仅仅是按照项目管理计划实施项目活动，而且还要协调项目的人和资源，处理项目的变更要求。项目执行过程组主要包括的过程如下：

1. 实施采购，获取资源

根据项目的采购计划，选择供应单位，并与供应单位签订合同，督促供应单位及时并保质保量地供应项目所需的资源。

2. 执行项目的计划

按照项目管理计划，对项目的执行过程进行管理和指导；按照制定的各项具体的子计划，将项目人员以及其他资源投入到项目中，实施项目的各项具体工作。

3. 管理项目团队和项目干系人

项目团队成员是为了完成项目任务临时组建在一起的，在一个新的环境中所扮演的角色和承担的任务都是不同的，项目管理人员要采取适当措施为他们创造良好的工作氛围，充分发挥他们的工作潜力，促进团队成员之间的合作，发现并解决存在的问题，促使他们高效地完成工作任务。

在项目的执行过程中，还要按照计划的要求向各项目干系人提供项目的信息。当项目的实际执行情况与项目干系人的期望存在不一致时，要及时与项目干系人进行沟通协调，解决存在的问题，保证项目能够顺利地进行。

四、项目监控过程组

项目的监测过程组就是由特定的项目管理人员对项目的全程进行监控，以便及时、全面地了解项目的实施情况，识别项目的各项计划在执行中的偏差和存在的问题并采取措施，使项目按照计划进行。项目的监控过程组还包括对实施过程中的变更进行控制，在发生问题前采取预防措施，减少项目的变更。项目监控过程组的主要过程如下：

1. 监测各计划的执行情况

对项目的全程进行跟踪、调查，对照项目管理计划及其各项子计划监视项目各项工作的进展情况，对项目的范围、成本、进度、质量、风险进行控制，使项目能够按照既定的计划进行，保证项目目标的实现。

2. 监督项目采购工作

项目的采购工作涉及到大量的合同，合同能否被正确执行很大程度上影响着项目其他计划的执行，因此项目管理人员要对项目的合同执行情况进行监测，防范问题的产生，确保项目的资源供应不出现问题，为项目的正常进行提供基本保障。

3. 控制项目的变更

项目的计划是项目未实施前的一种较理想的安排，在实际执行过程中不可避免遇到与计划不一致的状况，产生变更的需求，这时要对这些变更进行分析、处理，向上级报告需要变更的具体工作，获得批准后才可以实施。项目的变更往往涉及费用的变化，因此要从严控制，做好变更控制很重要一点是要严格按照合同规定的变更程序实施变更和对变更工作进行估价。

4. 进行绩效评估，报告项目进展状况

项目管理人员需要跟踪、调查项目的工作进展，定期对已完成的项目工作进行评估，察看实际工作与计划的偏差情况，评定项目的绩效成绩，编制绩效报告，并及时向上级汇报。

五、项目收尾过程组

收尾过程组是项目或项目阶段的最后一个过程组，是结束项目或项目阶段的所有活动并验收成果的一组过程。收尾过程组的完成标志着项目或项目阶段的所有工作已经完成，即标志着该项目或项目阶段的结束。该过程组的主要内容如下：

1. 结束项目或项目阶段的所有工作

按计划对项目或项目阶段进行收尾工作，并对项目的合同的执行情况进行检查,负责缺陷责任的维修,适时终结项目有关合同。

2. 验收、移交项目或项目成果

对完成的项目或项目成果进行验收、评审,合格后,进行项目的移交或是进行下一阶段的工作。此外,还需要进行项目后评价或项目阶段工作评价,整理项目的相关文件,记录在项目或阶段的执行过程中发生的变更及其他信息,总结项目经验教训,为下一项目或项目阶段提供参考。

六、各项目过程组之间的联系

项目的各管理过程组并不是独立的,它们彼此之间存在着某种联系并相互影响,一个过程的成果往往会成为另一过程的依据,两个过程的交接是以可交付成果来连接的。例如项目规划过程组制定的项目管理计划和项目范围是项目执行过程组的依据,而在执行过程中的变更又会更新项目管理计划。

项目的各过程组不是一次性的,它们按照一定的顺序在项目中进行着多次"启动、规划、执行、监控、收尾过程"的循环。尤其是当项目划分为阶段时,每一阶段都有这五个过程的循环,而且各过程的持续的时间和投入的资源都是不同的。

每个项目过程组都涉及项目管理方面的诸多事务,这些不同的事务构成了项目组的各个子过程。项目的子过程会因项目的不同而存在某些差异,因此在进行项目的过程管理时要特别注意识别项目所需的子过程。

第五节　项目管理方法

项目管理方法就是为实现项目的目标而进行项目管理时所采用的方法。项目管理方法的选择不是随意的,必须要服从项目的目标;项目是从属于企业的,项目管理方法的确定也必须要考虑到企业的管理方法。

项目管理的方法很多,有的是针对整个项目的管理方法,有的是针对项目某一方面的管理方法,有的是行政管理方法,有的是经济管理方法,有的是技术管理方法等。不同项目管理方法之间并不是完全独立的,一种管理方法可以独立地使用,也可以和其他的方法结合起来使用。下面简单介绍几种常用的项目管理方法。

一、目标管理法(Objective Management)

目标管理法是在项目的总目标确定后,以项目的目标为核心进行目标的分解并逐级展开,具体到项目的各个阶段和各个项目单元上,进而确定项目的各个子目标,通过对各子目标进行管理,最终实现项目目标。

项目的目标管理法需要制定一份完成目标的详细计划,使各项工作都有所依据,并定期对项目目标的实现情况进行检查。目标管理法的基本步骤包括确定目标、分解目标、实施目标、评价目标等。

二、价值管理法(Value Management)

价值管理法是源于设备的价值分析理论,把项目要实现的功能与项目的成本结合起来,通过努力寻找项目成本与项目功能间的最佳结合点,提高项目或产品的价值。项目的价值管理是一个过程,从项目的决策阶段到结束的整个过程中,追求业主的功能性价值最大化。

三、RAMS(Reliability,Availability,Maintainability and Safety)管理法

RAMS 指的是可靠性、可用性、维修性及安全性,它是一种对产品生产的系统管理方法,最早只是应用于航空业,如今在铁路等其他行业也得到广泛应用。可靠性(Reliability)是指产品在规定的条件和规定的时间内,完成规定功能的能力,主要包括可靠性工程,可靠性设计,可靠性采购,可靠性制造,可靠性试验,可靠性防护和可靠性使用;可用性(Availability)是指可以维修的产品在某时刻具有或维持规定功能的能力,主要是指故障间隔时间,维修时间和等待时间等内容;可维修性(Maintainability)是指在规定条件下,并按规定的程序和手段实施维修时产品在规定的适用条件下保持或恢复执行规定功能状态的能力,主要提出维修性术语,维修性的因素等内容;安全性(Safety)是指产品在一定的功能、时间、成本等制约条件下,使人员和设备蒙受伤害和损失最小的能力,主要提出了风险评估,安全设计等内容。

企业通过采用 RAMS 系统管理方法,不仅能够有效地提高产品的整体水平(如功能、成本、性能等方面),满足顾客对产品的特殊要求,提高企业的市场竞争力,而且可以提高产品的成功率和系统的安全性,降低项目产品的全寿命周期费用,为企业带来更多的收益。

四、全生命周期管理法(Life-cycle Management)

生命周期法是以项目生命周期的各阶段为管理对象,通过对项目的决策阶段、设计阶段、执行阶段、结束阶段的管理来实现对整个项目的管理。项目的生命周期法是设备生命周期管理方法在项目上的应用和扩展。它既可以应用于对项目整体的管理,也可以应用于对项目具体内容的管理,在实践中应用最多的是对项目成本的管理,因此也称全生命周期成本(Life Cycle Cost)管理。

LCC(Life Cycle Cost)指的是项目的生命周期成本,即项目或设备在生命周期内从开始的规划、设计直至维修、报废的整个过程中所有与项目或设备有关的一切费用的总和。LCC 管理方法就是指通过借助一定的工具使生命周期成本最小的管理方法和理念,其核心在于项目之初就要,进行 LCC 分析,做出决策,把成本管理工作做好。

LCC 方法主要包括 LCC 分析、LCC 评价和 LCC 管理三大部分。LCC 分析是指

对生命周期成本的各组成部分进行识别、量化,并确定各部分费用间的相互关系和各部分费用对项目或设备总费用的影响程度,这是 LCC 管理法中最基础的内容;LCC 评价是指对各部分进行权衡和评价,主要是在可靠性、维修性、维修保障系统费用与使用维修费用之间进行权衡,使 LCC 最小;LCC 管理,是通过计划、组织、指挥协调和控制等一般的管理职能对项目或设备的生命周期成本进行管理。

五、BIM 技术

BIM 是建筑信息模型(Building Information Modeling)或建筑信息管理(Building Information Management)的英文缩写。它是以建筑工程项目的各项相关信息数据为基础建立起的三维建筑模型,通过数字信息仿真模拟建筑物的真实信息。它具有信息完备性、信息关联性、信息一致性、可视化、协调性、模拟性、优化性、可出图性八大特点。

BIM 不是简单地将数字信息进行集成,而是一种数字信息的应用,并可以用于设计、建造、管理的数字化方法。这种方法支持建筑工程的集成管理环境,在项目的不同阶段,不同利益相关方通过在 BIM 中插入、提取、更新和修改信息,以支持和反映其各自职责的协同作业,使建筑工程在其整个进程中显著提高效率、大量减少风险。

BIM 可以将建设单位、设计单位、施工单位、监理单位等项目参与方在同一平台上,共享同一建筑信息模型,为项目从建设到拆除的全生命周期中的所有决策提供可靠依据,利于项目的可视化、精细化建造。最近几年,BIM 在建筑行业的应用越来越广泛,并从 3D-BIM 向 4D-BIM 以至 nD-BIM 发展。

除了上述项目管理方法外,还有很多其他具体的管理方法或工具,如进度管理方法有网络计划法、横道图法等;成本费用管理方法有挣得值法、目标成本法等;质量管理方法有全面质量管理、因果分析法等。随着管理需求和科技的发展,又会不断产生各种新的项目管理方法。

第六节　国际项目管理软件工具

项目管理人员往往需要借助于一定的工具,随着计算机和互联网技术的发展,项目管理软件工具为项目的管理工作带来极大方便。下面介绍几种常用的国际项目管理软件。

一、P3(Primavera Project Planner)

P3 是 Primavera Project Planner 的缩写,是美国 Primavera System Inc. 公司研发的一款成熟的项目管理软件,现在已成为项目管理的标准软件之一,也是在我国应用比较普遍的项目管理软件。

P3 软件将网络计划技术等许多成熟的项目管理方法与现代计算机技术有机地结合起来，在项目进度计划、动态控制、成本控制和资源管理等方面发挥了巨大的作用。P3 软件的强大功能可以提供项目可能的各种情况和多个目标计划，可以根据项目的分解结构进行分解，可以进行信息交换，可以平衡项目资源，可以有效控制大型复杂的项目，可以同时进行多个项目的管理等。因此，P3 软件被广泛应用于各类项目的管理中，并在多项目管理和大项目管理方面显示出巨大的优越性。

P3 最早在 PC 机的 DOS 系统下开发运行，之后经历过微软 Windows 的各种平台，其版本从 1.0 升级到 3.1。在 2000 年左右，3.1 版成为 P3 这个系列的最终版本，Primavera 公司将 P3 移植到一个新的划时代产品中——Primavera Enterprise。随着新软件的研发升级，版本从 2.0 到 3.5、4.1、5.0，其间曾使用过多种品牌名称：P3E、P3e/c、TeamPlay、Primaver e&c 等。在 2007 年 7 月 1 日正式发布 6.0 版本，Primavera 公司将此品牌定名为 P6。

二、P3e（Primavera Project Planner for Enterprise）

P3e 是 Primavera 公司专门为企业研发的一款项目管理软件，已在多个大企业中得到应用。P3e 软件是一个全面的、综合的项目管理软件，涉及项目的各个阶段，主要由五个部分组成：项目管理器、网络查询分析工具、方法论管理器、项目组合分析工具、进度汇报工具。利用 P3e 软件，可以进行多个项目的管理和进度计划安排；可以有效地管理项目的资源；可以对项目进行动态跟踪，快速的分析项目的执行情况，制定项目变更计划；可以全面进行项目的进度、成本、资源的图表和报告分析；具有风险分析及预警系统，可以提高项目成功地概率；可以共享项目的成功经验，加强团队成员的协作能力等。

通过使用 P3e 项目管理软件，可以将项目管理系统与企业的其他管埋系统整合起来，有效地提升企业的经营管理能力。P3e 软件既可以独立的使用，也可以和其他的 Primavera 软件（如 P3、SureTrak ）结合使用。

三、P6（Oracle Primavera P6）

P6 原是美国 Primavera System Inc. 公司研发的项目管理软件 Primavera 6.0（2007 年 7 月 1 日全球正式发布）的缩写，Primavera 公司于 2008 年 10 月被 Oracle（甲骨文）公司收购，最新的产品名对外统一称作 Oracle Primavera P6。Oracle Primavera P6 EPPM 荟萃了 P3 软件 20 年的项目管理精髓和经验，采用最新的 IT 技术，在大型关系数据库 Oracle 和 MS SQL Server 上构架起企业级的、包涵现代项目管理知识体系的、具有高度灵活性和开放性的、以计划-协同-跟踪-控制-积累为主线的企业级工程项目管理软件。P3 适用管理单一的大型项目，而 P6 软件可以使企业在优化有限的、共享的资源（包括人、材、机等）的前提下来对多项目进行预算、确定项目的优先级、编制项目的计划并且对多个项目进行管理。它可以给企业的各个管理层次提供广泛的信息,各个管理层次都可以分析、记录和交流这些信息并且及时地做出符合公司目标的决定。P6包含进行企业级项目管理的一组软件,可以在同一时间跨专业、跨部门,在企业的不同层次上对不同地点进行的项目进行管理。

除了上述的项目管理软件之外,还有很多如小P3软件、Project Schedule软件、Power On软件、维新项目管理系统、风险分析系统PriskA等。国内市场上许多公司如新中大、普华科技、同望科技、广联达、斯维尔、广安科技、邦永科技等开发的各类项目管理软件基本上是在借鉴国外项目管理软件的基础上,按照我国标准或习惯实现项目管理功能,并增强了产品的易用性。企业具体采用哪种软件应由项目管理者根据项目的特点决定。

第七节 项目管理知识体系

由于项目的复杂性和多面性,管理项目的过程中往往需要很多的知识和方法。项目管理知识体系就是对项目管理的各项活动中所涉及的理论知识、方法技能和工具等一系列内容的统称。项目管理知识体系主要包括三方面的内容:项目管理学科独有的知识和方法,如项目生命周期、网络计划技术等,这是项目管理学科的主体;通用的管理知识和方法,如领导、激励、决策、控制等;各应用领域特有的知识和方法。

项目管理知识体系最早是由美国的项目管理协会(PMI)提出的,PMI首次为项目管理学科建立了理论和实践的标准规范。随着项目管理的发展和社会的需要,很多机构和组织也开始研究自己的项目管理知识体系。

目前,在世界范围内应用最广、影响最大的项目管理知识体系主要有三个:第一个是美国项目管理协会(Project Management Institute,PMI)编制的项目管理知识体系PMBOK(Project Management Body Of Knowledge);第二个是国际项目管理协会(International Project Management Association ,IPMA)编制的项目管理知识体系ICB(IPMA Competence Baseline);第三个是英国政府商务办公室(Office of Government Commerce,OGC)编制的项目管理知识体系PRINCE(Project In Controlled Environment)。

一、美国项目管理协会(PMI)知识体系:PMBOK

PMBOK是一部在世界范围内公认的项目管理标准,是项目管理专家对项目管理经验总结和理论研究的成果。自美国项目管理协会1981年批准以来,经过200多名世界各国项目管理专家耗时四年的努力,于1996年推出了项目管理知识体系PMBOK第1版,汇集了世界各国项目管理专家的智慧,得到了广泛的认可。

PMBOK 之所以能成为一种国际标准,主要是因为它的科学性和与时俱进的特点。美国项目管理协会每隔四年对 PMBOK 进行一次修订,不断地充实和改进,使体系能够适应社会的发展以保持它的权威性。

2008 年出版的《项目管理知识体系指南(第 4 版)》包括项目的 9 大知识领域、5 个过程组、42 个子过程。

2012 年底,PMI 出版发行了《PMBOK 知识体系指南(第 5 版)》。其中的重要改变主要包括:由原来的九大知识领域,新加入干系人管理,增至十个领域;原来 42 个子过程,新加入了规划范围管理、规划进度管理、规划成本管理、规划干系人管理、管理干系人参与等,增加至 47 个子过程。最新的《PMBOK 知识体系指南(第 6 版)》正在修订之中,根据 PMI 发布的信息,PMBOK 第 6 版将于 2017 年 3 月出版,2018 年第 1 季度正式启用。

目前,PMBOK 把项目管理划分为 10 大知识领域,即:项目整体管理、项目范围管理、项目时间管理、项目成本管理、项目质量管理、项目人力资源管理、项目沟通管理、项目风险管理、项目采购管理、项目干系人管理;5 大过程组:项目启动过程组、项目规划过程组、项目计划过程组、项目监控过程组和项目收尾过程组。

项目管理 10 大领域包含的 47 个子过程如下:

1.项目整体管理,包括 6 个子过程:制订项目章程;制定项目管理计划;指导与管理项目执行;监控项目工作;实施整体变更控制;结束项目或阶段。

2.项目范围管理,包括 6 个子过程:规划范围管理;收集需求;定义范围;创建 WBS;确认范围;控制范围。

3.项目进度管理,包括 7 个子过程:规划进度管理;定义活动;排列活动顺序;估算活动资源;估算活动持续时间;制定进度计划;控制进度。

4.项目成本管理,包括 4 个子过程:规划成本管理;估算成本;制定预算;控制成本。

5.项目质量管理,包括 3 个子过程:规划质量管理;实施质量保证;控制质量。

6.项目人力资源管理,包括 4 个子过程:规划人力资源管理;组建项目团队;建设项目团队;管理项目团队。

7.项目沟通管理,包括 3 个子过程:规划沟通管理;管理沟通;控制沟通。

8.项目风险管理,包括 6 个子过程:规划风险管理;识别风险;实施定性风险分析;实施定量风险分析;规划风险应对;控制风险。

9.项目采购管理,包括 4 个子过程:规划采购管理;实施采购;控制采购;结束采购。

10.干系人管理,包括 4 个过程:识别干系人;规划干系人管理;管理关系人参与;控制干系人参与。

PMBOK 知识体系内容见表 0-2。

表 0-2 PMBOK 知识体系内容

项目知识领域	项目过程组				
	启动过程组	规划过程组	执行过程组	监测过程组	收尾过程组
整体管理	制定项目章程	制定项目管理计划	指导与管理项目执行	监控项目工作;实施整体变更控制	结束项目或阶段
范围管理		规划范围管理;收集需求;定义范围;创建WBS		确认范围;控制范围	
进度管理		规划进度管理;定义活动;排列活动顺序;估算活动资源;估算活动持续时间;制定进度计划		控制进度	
成本管理		规划成本管理;估算成本;制定预算		控制成本	
质量管理		规划质量管理	实施质量保证	控制质量	
人力资源管理		规划人力资源管理	组建项目团队;建设项目团队;管理项目团队		
沟通管理		规划沟通管理	管理沟通	控制沟通	
风险管理		规划风险管理;识别风险;实施定性风险分析;实施定量风险分析;规划风险应对		控制风险	
采购管理		规划采购管理	实施采购	管理采购	结束采购
干系人管理	识别干系人	规划干系人管理	管理关系人参与	控制干系人参与	

二、国际项目管理协会(IPMA)知识体系:ICB

国际项目管理协会(IPMA)于 1965 年在瑞士成立,是国际上成立最早的项目管理专业组织,这个非盈利性组织为项目管理的发展做出了很大贡献,促进了项目管理的国际化。IPMA 的主要成员是各个国家的项目管理协会,目前已经有 32 个成员。ICB 是 IPMA 对项目管理人员进行评估所采用的规范性标准,可以广泛用于认证各种不同类型的项目经理,IPMA 于 2006 年发布了最新版 ICB3.0。ICB 既是进行 IPMP 认证和评估的标准,又是项目管理人员学习的参考资料。

ICB 是一套全面、系统的认证体系标准,它将项目管理知识和经验分为 28 个核心要素和 14 个附加要素,8 项个人素质和 10 个方面的总体印象考察。

(一)28 个核心要素:1. 项目和项目管理。2. 项目管理实施。3. 项目化管理。4. 系统方法整合。5. 项目范畴。6. 项目阶段和生命周期。7. 项目发展和评估。8. 项目目标和战略。9. 项目成功和失败标准。10. 项目启动。11. 项目结束。12. 项目结构。13. 内容和范围。14. 时间表。15. 资源。16. 项目成本和财务。17. 配置和调整。18. 项目风险。19. 绩效度量。20. 项目控制。21. 信息、文件和报告。22. 项目组织。23. 团队合作。24. 领导力。25. 沟通。26. 冲突和危机。27. 采购、合同。28. 项目质量管理。

(二) 14 个附加要素:1. 项目信息系统。2. 标准和规章。3. 问题处理。4. 谈判、会议。5. 永久组织。6. 业务流程。7. 个人发展。8. 组织学习。9. 变革管理。10. 营销和产品管理。11. 系统管理。12. 安全、健康与环境。13. 法律事务。14. 金融和会计。

对于上述的 42 个要素又可以分为 5 类:基本项目管理、方法和技术、组织能力、社会能力、一般管理。

(三)8 项个人素质:1. 沟通能力。2. 动机。3. 关联能力。4. 价值升值能力。5. 说服能力。6. 解决问题能力。7. 忠诚度。8. 领导力。

(四) 10 项总体印象:1. 逻辑。2. 思维的结构性。3. 无错。4. 清晰。5. 常识。6. 透明度。7. 简要。8. 中庸。9. 经验视野。10. 技巧。

三、英国政府商务办公室(OGC)知识体系:PRINCE

PRINCE(受控环境下的项目管理)最早是在 1989 年提出的,在 1996 年正式推出第一版,一经推出就得到了广泛的认可,随着不断的改进和完善,它的应用领域已由最初的 IT 业迅速扩展到社会的各行各业中。PRINCE 描述了如何以一种有组织的方法,按照明确的步骤对项目进行管理。它是一种结构化的项目管理流程,易于调整和升级,因而适用于所有类型项目的管理。最新版的 PRINCE2 标准于 2009 年推出,该标准可以归纳为 3742 结构:7 个项目管理原则,7 个项目管理主题,7 个项目管理流程,4 层项目管理组织结构和 2 项项目管理技术。

7 个项目管理原则包括:项目开展过程中必须持续进行商业论证;要从项目经验中学习;明确项目的角色和责任;分阶段进行管理;例外管理;聚焦于产品(项目成果);根据项目环境裁剪。

与上述原则相对应的 7 个项目主题包括:业务论证、组织、质量、计划、风险、变更、进展;7 大流程有:项目指导(Directing a Project,DP)、项目发起(Starting up a Project,SU)、项目准备(Initiating a Project,IP)、项目阶段边界管理(Managing Stage Boundaries,SB)、项目阶段控制(Controlling a Stage,CS)、项目产品交付(Managing Product Delivery,MP)、项目收尾(Closing a Project,CP),实现了项目的环环相扣。

项目的管理结构分为 4 层:最高层是公司战略管理层,其次是项目委员会,再次是项目经理,最后一层是项目小组经理;2 项项目管理技术是指基于产品的规划技术和质量评审技术。

PRINCE2(2009)通过这 7 个项目管理原则、7 个项目主题、7 个项目流程、4 层项目管理结构和 2 大管理技术的完美结合,保证了项目的整个过程的顺利进行,确保项目的各个环节符合项目要求,最终实现项目的目标。

四、中国项目管理研究委员会(PMRC)知识体系:C-PMBOK

中国项目管理研究委员会(Project Management Research Committee,China)简称 PMRC,成立于 1991 年,是我国唯一的跨行业、非盈利的全国性项目管理专业学术组织,并于 1996 年加入国际项目管理协会 IPMA。PMRC 自成立至今,为推动我国的项目管理事业做出了很大贡献,特别是在推进我国项目管理专业化和国际化方面发挥了重要作用。我国 1994 年开始进行项目管理知识体系的研究工作,经过几年的努力,于 2001 年正式推出了中国项目管理知识体系 C-PMBOK,对于指导我国的项目管理工作具有重要的意义。同时按照 IPMA 的要求,参照 ICB 并结合我国的实际情况于同年推出了《国际项目管理专业资质认证中国标准》(C-NCB),2006 年推出了中国项目管理知识体系第二版。

C-PMBOK 按照“与国际接轨并具有中国特色、兼顾知识体系的完整性和开放性、逐步完善和取得广泛的认同”的原则来编写,借鉴其他国家的项目管理知识体系,并与中国项目管理的实际情况相结合,注重反映在中国的项目实践中证明是正确的、适用的以及能够被广泛接受的内容。C-PMBOK 的特色主要表现在:它是以项目的生命周期为基线展开,按照项目开发的四个阶段:概念阶段、规划阶段、实施阶段及收尾阶段进行项目管理知识的阐述,并采用“模块化的组合结构”,对项目管理知识进行划分和组织。

C-PMBOK 主要分为 6 个部分:第一部分介绍了项目管理的概念、范畴、原则,包括项目的概念和属性、项目相关范畴和内外环境、项目管理的概念与特点等;第二部分介绍了项目的生命期和阶段,包括项目孵化、启动、规划、实施、收尾与交接;

第三部分介绍了项目管理的知识领域和技术方法，包括整合管理、范围管理、时间管理、费用管理、质量管理、人力资源管理、沟通与信息管理、采购管理、风险管理和基于计算机网络的项目管理技术；第四部分介绍了应用领域的特性知识；第五部分介绍了组织机构与项目管理；第六部分介绍了项目管理人员道德规范，包括工作态度、行为作风、处事原则等。

第一章　国际工程承包概述

本章主要介绍了国际工程的概念和特点、国际工程承包方式、国际工程联营承包分析、国际工程承包环境、国际工程承包市场的发展趋势及中国企业的对策等内容。

第一节　国际工程的概念及其特点

一、国际工程的概念

广义地讲，国际工程是指一个工程项目从咨询、投资，到招标承包（包括分包）、设备采购及监理等各个阶段的参与者来自不止一个国家，并且按照国际上通用的工程项目管理模式进行管理的工程。根据这个定义，国际工程包括我国去国外投资的工程、我国的咨询和施工单位去国外参与咨询、监理和承包的工程（也称“海外工程”），以及我国境内有外国公司参与投资、咨询、承包、监理的工程（也称“涉外工程”）。由此可见，国际工程的概念涵盖了各国的投资单位、咨询公司和工程承包公司在本国以外地区参与投资和建设的工程的总和。

本书所称国际工程是一个狭义概念，仅指我国承包商在海外参与承包建设的工程，即对外承包工程。根据2008年9月起实行的《对外承包工程管理条例》，对外承包工程是指中国的企业或者其他单位承包境外建设工程项目的活动，包括但不限于对外承包公司以招标或议标承包方式承揽的下列业务：

1. 承包国外工程建设项目；
2. 承包我国对外援助项目；
3. 承包我国驻外机构的工程建设项目；
4. 与外国公司合营或联合承包工程项目中我国公司分包的部分；
5. 对外承包兼营的房屋开发业务。

对外承包工程项目分为11类，包括：房屋建筑项目、制造及加工业项目、石油化工项目、电力工业项目、电子通信项目、交通运输项目、供排水项目、环保产业项目、航空航天项目、矿山建设项目及其他项目等。

对外承包工程业务的主要指标包括新签合同额和完成营业额。新签合同额是指企业在报告期（年）内签订的合法有效的对外承包工程项目的金额；完成营业额是指企业在报告期内完成的以货币形式表现的工作量。表1-1为最近十年来我国对外承包工程业务统计。

表 1-1　2007~2016 年度我国对外承包工程业务统计(单位:亿美元)

年度	完成营业额	新签合同额	同比增长
2007	406.4	776.2	35.5%, 17.6%
2008	566	1 046	39%,35%
2009	777	1 262	37.3%,20.7%
2010	922	1 344	18.7%,6.5%
2011	1 034.2	1 423.3	12.2%,5.9%
2012	1 166	1 565.3	12.7%,10%
2013	1 371.4	1 716.3	17.6%,9.6%
2014	1 424.1	1 917.6	3.8%,11.7%
2015	1 540.7	2 100.7	8.2%, 9.5%
2016	1 594.2	2 440.1	3.5%, 16.2%

二、国际工程的特点

1. 合同主体的多国性

由于签约各方属于不同国别,可能会受多国不同法律制度的制约。如招标投标法、建筑法、公司法、合同法、劳动法、投资法、金融法、外汇管制法、社会保险法、税法、外贸法等。许多发展中国家的法律并不完备,还有许多是不成文的行业习惯做法,以及并未明示"有约束力"的国际惯例。对于大型和复杂的国际工程项目,可能涉及许多国家,如工程所在国、总包商的注册国等,还有贷款金融机构、咨询、设计、设备供货和安装公司及各类专业工程分包商及劳务等都可能属于不同的国家,因而有多个不同的合同和协议来规定他们之间的法律关系,所有这些合同和协议并不一定都适用工程所在国法律。特别是解决他们之间的争议,并不一定都是采取仲裁程序或司法程序,也不可能在同一仲裁地点和机构,或者由同一个有专属管辖权的法院处理争议。这一国际性特征使得国际工程承包的法律关系问题变得极为复杂和难以处理。

2. 货币和支付方式的多样性

国际工程承包要使用多种货币,如承包商要使用部分国内货币来支付其国内应缴纳的费用和总部开支,要使用工程所在国的货币支付当地费用,还要使用多种外汇用以支付材料和设备的采购费用等。除了用现金和支票支付外,国际工程还采用银行信用证、国际托收、银行汇付等不同的支付方式。由于业主支付的货币和承包商实际使用的货币不同,而且是在整个漫长的工期内按完成的工程内容逐步支付,这就使承包商时刻处于货币汇率浮动和利率变化的复杂国际金融环境之中。

3. 受国际政治、经济形势的影响大

国际工程项目容易受到国际政治和经济形势变化的影响。例如,某些国家对于承包商实行地区和国别的限制或者歧视性政策，有些项目会受到国际资金来源的制约，还有的因为国际政治经济形势变动（如制裁、禁运等）而中止，因工程所在国的政治形势变化（如内乱、战争、派别斗争等）而使工程中断的情况更是屡见不鲜。

4. 技术规范和标准的国际性

国际工程合同文件中需要详细规定材料、设备、工艺等各种技术要求，通常采用国际上被广泛接受的标准、规范和规程。如 ANSI（美国国家标准协会标准）、BS（英国国家标准）等，但也涉及工程所在国使用的标准、规范和规程，而有些发展中国家则经常使用自己的尚待完善的"暂行规定"，这些技术规则的庞杂性无疑会给工程的实施造成一定困难。承包商进入国际工程市场，就必须熟悉国际常用的各种技术标准和规范，并使自己的施工技术和管理适应国际标准、规范和有关惯例的要求。

5. 按照严格的合同条件和国际惯例管理

国际工程的参与者不能完全按某一国的法律法规或者某一方的行政指令来管理，而是依据严格的合同条件和国际惯例进行管理。一个国际工程项目从开始建设至投产的实施具有一定规范化的程序，为保证工程项目的顺利实施，参与者必须不折不扣地按合同条件履行自己应尽的责任和义务，同时获得自己应有的权利。而合同条件中的未尽事宜通常应受国际惯例的约束，使得经济利益产生矛盾的各方尽可能取得一致。

第二节　国际工程承包的分类

国际工程承包名目繁多，包罗万象，承包方式也林林总总，为了方便学习和研究，可以按照不同的标准对其进行分类，见表 1-2。

表 1-2　国际工程承包分类

分类标准	承包方式
按承包范围	施工承包、设计咨询承包、工程总承包、管理承包、BOT 项目
按承包商组成	独立承包、分包、联营承包
按支付方式	单价合同、总价合同、成本补偿合同
按工程性质	房建、制造加工、石化、交通运输等

一、按国际工程承包的范围

按照承担国际工程的公司依据其与业主签订的合同所应承担的工作范围和性质，国际工程承包可以分为施工承包、设计（咨询）承包、设计-建造总承包、EPC 交钥匙工程、BOT 项目等。

(一)施工承包

业主在委托设计或咨询人员完成工程项目的设计后,通过招标将工程项目的施工发包给承包商,施工承包商按照与业主之间签订的施工承包合同完成施工、竣工和修补缺陷。

按照参与施工的各方之间的关系,施工承包可进一步分为施工总承包和平行的施工承包。

1. 施工总承包

业主根据需要,可以将整个项目的施工发包给一家公司,该公司即成为项目的施工总承包商,这种承包方式称为施工总承包。

总承包商根据自己的技术和设备等情况,可以将工程项目中某些部分的施工分包给其他公司,总承包商与分包商之间应签订分包合同,分包合同应服从于业主与承包商之间的主合同,分包商依照分包合同对总承包商负责,完成分包合同规定部分的施工、竣工和修补缺陷,此即为施工分包。

在施工总承包中,业主与设计单位/监理单位签订设计/监理合同,业主与施工总承包商签订施工总承包合同,施工总承包商与分包商签订分包合同。工程师代表业主监督承包商履行合同,分包商在总承包商管理下工作。这种模式实际上就是国际上传统的设计-招标-建造(DBB)模式,世界银行、亚洲开发银行贷款项目都采用这种模式。设计一般由业主雇用的设计单位负责,承包商主要负责施工,有时根据合同规定,承包商也可承担部分设计。

施工总承包长期以来在世界各地广泛应用,程序和方法都已经比较成熟。

2. 平行的施工承包

业主将整个工程项目的施工分成若干部分进行招标,分别发包给多个施工承包商,各个施工承包商之间的关系是平行的,业主需要与各个施工承包商分别签订施工合同。这种施工承包方式称为平行承包。这种方式下业主的管理工作量大,要求业主具备较高的管理能力。

(二)设计和咨询承包

业主通过设计招标或直接选定设计和咨询公司,双方签订设计委托合同,设计和咨询公司依照合同按时完成符合项目功能和投资要求的工程设计并协助实施。

(三)管理承包

也称为建筑管理(Construction Management, CM)。为了能雇到最有技术和经验的设计师,并将承包商的经验体现在设计中,以得到既便于施工又能有效利用资金的设计,并更好地对工程进行计划、协调和管理,业主聘用项目管理公司做建筑经理(Construction Manager),对设计和(或)施工进行管理和协调。建筑管理公司一般只负责对设计和(或)施工的管理,不承担设计或施工任务。根据建筑管理公司是否承担风险以及与设计和施工单位是否存在合同关系,即是否承担经济风险,可分为代理型建筑管理(Agency CM)和风险型建筑管理(At-risk CM)。

(四)工程总承包

在项目原则确定以后,在专业咨询机构的协助下,业主通过招标只选择一家实体作为设计-建造总承包商。负责项目的设计与施工,并与之签订设计-建造总承包合同,因此也称为D-B(Design-build)模式。设计-建造总承包的基本出发点是促进设计与施工的早期结合,以便发挥设计和施工相互协作的优势,利于减少变更和索赔,同时也利于采用快速轨道方式实现设计与施工的合理搭接,缩短项目工期。这种模式也往往被称为交钥匙(Turnkey)工程,近年来出现的设计-采购-施工(Engineering, Procurement, Construction, EPC)模式实际上是设计-建造总承包模式的延伸,这种模式中的EPC总承包的工作内容和范围比设计-建造总承包更宽。需要强调指出,业主采用EPC模式的出发点是最大限度地确定工期和造价,因此一般采用固定工期、固定价格合同,除非"业主的要求"发生变化,一般不能变更和索赔,承包商承担几乎所有风险。EPC总承包商对工程设计、采购、施工全面负责,直至最后竣工,在交付时业主就能立即运营。因而也常称为EPC交钥匙工程(EPC Turn-key),这里的设计(Engineering)不仅包括工程设计工作本身,还包括工程规划和设计过程的管理工作。工程总承包的范围还可以向后延伸,把一定时段的运营也包括进来,即所谓的DBO总承包项目。当然,对于工程总承包项目所包含的内容,总承包商可根据需要将部分工作分包给分包商。工程总承包模式主要适用于设计、采购、施工、试运行交叉,协调关系密切的项目,以及承包商拥有专利和专有技术的项目。

(五)BOT项目

BOT(Build-Operate-Transfer),即建设-运营-移交,是20世纪80年代中后期发展起来的一种主要用于公共基础设施建设的项目融资模式。这种模式的基本思路是:由项目所在国政府或其所属机构为项目的建设和经营提供一种特许权协议(Concession Agreement),作为项目融资的基础,由项目公司,即作为项目的投资者和经营者的本国或外国公司,安排融资,承担风险,开发建设项目并在特许权协议期间经营项目,获取商业利润。特许期满后,根据协议将该项目无偿或以很低的名义价格转让给相应的政府机构。

从本质上说,DB、EPC、DBO等,都属于总承包方式,虽然承包商承担的工作范围以及相应的风险大小不同,但本质上都是"干活拿钱",而BOT模式下,与政府签订特许协议的私人机构或项目公司,严格说不是承包商而是投资商,因此BOT本质上说属于广义上的资本经营。当然,BOT项目公司根据自己的特点和市场情况,可以通过招标为项目设计、施工、运营选择不同的承包商,也可以选择一家EPC总承包商或者DBO总承包商。

需要指出,无论是承包模式还是项目融资模式,都不是固定的、僵化的模式,包括各方义务、风险、操作程序等,没有一个必须如何的概念,本着风险与利润并存、责权相应、互利共赢的原则,各方通过谈判对相关事项做出约定,任何一种模式,结合具体项目,都可能有创新的空间。如近年我国出现了由投资人即项目公司联合体成员自己完成设计、施工和运营的 BOT 项目,是一种新的探索。如中国交通建设股份有限公司旗下三家公司组成的联合体,以 BOT+EPC 方式投资建设贵州至都匀高速公路,2011 年 3 月 31 日建成通车。由河北交通投资集团及其子公司共同投资建设、2015 年 11 月建成通车的衡德高速公路故城支线项目也是采用了 BOT+EPC 模式。

二、按承包商的组成性质

1. 独立承包。也叫独资承包,是相对于联营承包而言,是指承包商独立地参与工程项目的投标,中标后独立地与业主签订承包合同并负责项目实施,按合同要求完成工程项目的各项工作内容,项目实施所需要的资源主要由承包商提供,承包商自担风险,自享利润。根据需要,独立承包的承包商也可以将部分工程分包给分包商。

2. 分包。是指施工企业根据自己在特定专业方面的特长和设备优势,通过投标从总承包商处获得部分工程的施工任务,并与总承包商签订分包合同,接受总承包商的管理,对总承包商负责。一般说来,总承包商在递交投标书之前,先就计划分包的部分向分包商询价,然后根据分包商的报价和承包商自己的成本估算确定投标报价和编制投标书,并在投标书中说明拟分包的部分和拟雇用的分包商。如果承包商中标,即说明其分包计划已得到业主批准。而施工过程中如果发生新的分包,则承包商应事先取得业主(或代表业主的工程师)的批准。

3. 联营承包。是指两个或多个企业联合起来,组成联营体,以增强投标竞争力,中标后各方分别承担按事先约定分配的任务。联营体一般由其中一个公司做牵头公司,代表联营体成员负责与业主和工程师的沟通和协调。联营承包根据联营体组成的性质还可分合资和合作两种类型。合资是指与当地公司或其他国家的公司组成并在工程所在国注册为具有独立法人资格的联营体公司来进行项目投标和实施,联营体成员共担风险,共享利润。合作是指与当地公司或其他国家的承包商成立不具有法人资格的联营体,以联营体名义投标,中标后由联营体与业主签订意向合同或称基本合同,并负责协调项目的实施,但各成员公司还要按事先商定的项目分工分别与业主签订工程承包合同,各自按合同负责完成自己分工的那部分工程,并承担相应的风险和利润。有关联营体的详细论述见第三节。

三、按价格支付方式

(一)单价合同项目

单价合同(Unit Price Contract)是国际工程承包中最常用的一种合同类型,适用于工期较长、实施过程中不可预见因素可能较多的工程,以及为缩短工期,在初步设计完成后就进行招标,工程项目的内容和设计指标不十分确定或工程量可能出入较大的工程。承包商根据招标文件中给出的分项工程一览表，报出各分项工程的单价，在合同执行期间按照承包商完成的各分项工程的实测工程量乘以相应的单价来计算业主应向承包商支付的工程款。

单价合同主要有工程量清单合同和纯单价合同两类。

1. 工程量清单合同

这种合同也称估计工程量单价合同，适用于可以根据设计图纸估算出大致工程量的项目。业主委托咨询公司在招标文件中列出工程量表，工程量表是根据设计图纸和采用一种标准方法划分的分项工程进行编制的，每个分项工程包含工程的简要说明和估算工程量。所有投标人的报价都基于相同的工程量表，以便他们的报价建立在平等的可以比较的基础上。工程量表中列出的工程量只是估算工程量，而不是准确的或施工过程中实际发生的工程量。

这种合同的基础是按照承包商完成的工程量支付工程款，对完成的工程必须加以测量，然后再根据承包商在工程量表中填报的单价或价格来确定工程款额，因此又称实测工程量合同。

工程量清单合同按照在合同履行过程中是否可以进行价格调整可分为固定单价的工程量清单合同和可调整单价的工程量清单合同。前者适用于工期较短，物价水平变动较小的项目，后者适用于工期较长，市场物价水平上涨可能较大的项目。

在工程量清单合同中，对于工作内容简单、工程数量比较确定的分项工程，也可按包干项目对待，即要求承包商报出完成该分项工程的总价，必要时可将其分为若干部分以方便工程计价和支付。

2. 纯单价合同

在设计单位还来不及提供详细的设计图纸，或出于某种原因，虽有设计图纸，但未计算工程量时，可采用纯单价合同。采用这种合同时，招标文件只向投标人提供各分项工程的工作项目、工程范围和说明，不提供工程量表。投标人报出各工作项目的单价，合同实施过程中按实际完成的工程量结算。

(二)总价合同项目

在这种合同中，招标文件一般没有工程量表，要求投标人根据工程图纸和技术规范报出一个总价，这个总价应包括完成工程图纸规定的所有工作所发生的一切费用。为了便于进行阶段性付款，可以把工程划分为几个阶段。

总价合同适用于技术不太复杂、设计达到足够深度且施工内容明确的项目。

根据项目工期长短和物价水平变动大小的可能性，总价合同可分为固定总价合同和可调值总价合同：

1. 固定总价合同

固定总价合同(Firm-Lump Sum)是指业主和承包商以有关资料(图纸、有关规定、规范等)为基础，就工程项目协商一个固定的总价，这个总价一般情况不能变化，只有当设计和工程范围发生变化时，才能更改合同总价。对于这类合同，承包商要承担设计和工程范围内的工程量变化和一切超支的风险，一般只适用于规模较小、工期不超过一年的项目。

2. 调值总价合同

调值总价合同（Escalation-Lump Sum）是指在合同执行过程中，由于通货膨胀等原因造成的费用增加，可以按照合同约定的方式进行相应的调值。调值总价合同和固定总价合同的不同在于：固定总价合同要求承包商承担设计和工程范围内的一切风险，而调值总价合同则对合同实施过程中出现的风险进行分摊，由业主承担通货膨胀等原因带来的费用增加，承包商一般只承担设计和工程范围内的工程量变化带来的费用增加。

（三）成本补偿合同项目

这也称为成本加酬金合同（Cost Plus Fee Contract），是一种根据工程的实际成本加上一笔支付给承包商的酬金作为工程报价的合同方式。采用成本加酬金合同时，业主向承包商支付经审核后确定的实际工程成本直接费，再按事先议定的方式支付酬金，作为承包商的管理费和利润。这种合同方式只适用于某些急于建设、边设计边施工的工程或设计工作不深入的工程，尤其是一些灾后（或战后）重建工程、涉及承包商专有技术的工程等。由于成本加酬金合同方式的竞争性差，而且业主很难控制投资，因此，在国际工程承包中较少被采用。

成本加酬金合同根据其酬金的确定方法不同可分为如下几种形式：

1. 成本加百分比酬金合同

这种合同方式是指承包商除收回实际成本外，还可得到按实际成本的百分比计取的酬金；这个百分比由双方在签订合同时商定。

2. 成本加固定酬金合同

这种合同方式是指按工程实际成本加上一个双方事先商定的固定的数额作为酬金的计价方法。与前一种不同的是，采用这种方式时，酬金不随成本的变动而变动。

3. 目标成本合同

业主与承包商事先商定一个目标成本，并据此确定一个预期酬金水平。当实际成本等于目标成本时，按预期水平支付；当实际成本低于目标成本时，增加承包商的酬金；当实际成本高于预期成本时，减少承包商的酬金。采用这种方式，使承包商可以分享成本节余的利益或分担成本超额的风险，从而促使承包商节约成本。目标成本应由业主和承包商谈判确定，并随着工程进展，根据实际发生的工程量进行必要的调整。

四、按工程的类别

工程承包也可按不同的工程性质分类。例如，根据《对外承包工程管理条例》,对外承包工程项目分为11类,包括:房屋建筑项目、制造及加工业项目、石油化工项目、电力工业项目、电子通信项目、交通运输项目、供排水项目、环保产业项目、航空航天项目、矿山建设项目及其他项目等。

每个大类还可以细分为若干子类。如铁路工程可以视为交通运输项目的一个子类。传统的铁路工程包括与铁路有关的土木(轨道、路基、桥梁、隧道、站场)、机械(机车、车辆)和信号等工程。随着建设的发展和技术的进一步分工,其中一些工程逐渐形成为独立的学科,如机车工程、车辆工程、信号工程;另外一些工程逐渐归入各自的本门学科,如桥梁工程,隧道工程。现在狭义的铁路工程一词在我国已仅指铁路选线、铁路轨道、路基和铁路站场及枢纽。站前专业工程如路基、桥涵、隧道、站场等也称线下工程,站后专业工程如通信、信号、电力、电气化等也称线上工程。铁路工程有时也可按所涉及的铁路的类别划分,比如干线、支线和山区线;轻轨铁路、重载铁路、高速铁路等。

第三节　国际工程联营承包

所谓联营承包,是指两家或多家公司共同组成一个联营体(Joint Venture),一起参与工程项目承包的竞争,中标后共同实施,直至项目竣工验收和移交。鉴于国际工程项目承包中大型项目较多,以及联营体对于各方的种种便利,联营承包在国际工程承包中已成为一种很普遍的经营方式。

一、联营承包的意义

(一)技术方面

当今国际工程市场上的项目常常属于大型复杂工程项目,如香港新机场的建设和中国的长江三峡工程,涉及多个领域的专门技术和知识,又往往需要使用各种大型尖端仪器和设备,而这往往是某一家企业能力所不及的。通过与其他公司组成联营体,可以弥补自身在某些技术方面的不足从而增强竞争实力,或者无须购买某些昂贵的大型设备而节省大量资金。

(二)融资方面

大型项目的业主如今越来越注重承包商的融资渠道和能力,要求承包商按照合同规定提供足额的各种担保、保证、保险、流动资金和购买主要设备的资金等。对于一些新的项目发包模式,如交钥匙工程或BOT项目,承包商的融资能力更显得重要,甚至是承包商能否中标的关键,也是项目成败的关键。有些大型项目涉及流动资金金额巨大,融资要求高,不是一家企业所能承担,只能由数家公司组成联营体共同承担。以中建集团与数家外国和香港公司共同承建的香港新机场客运大楼为例,合同金额101亿港元,工期30个月,施工高峰期每个月要完成5~6亿港元的工程量,合同规定采用里程碑付款方法,而且如果某个里程碑未在规定日期内完工,业主有权拒绝付款甚至罚款,承包商需要自行解决的周转资金达数亿港元,对承包商融资能力要求之高是显而易见的。

(三)风险方面

国际工程承包充满各种各样的风险。无论何种风险,对于承包商来说最终是以经济损失的风险体现出来。对于大型工程来说,潜在的变数多,涉及的风险金额巨大,通过多家公司组成联营体来分散风险,不失为一种明智之举。

(四)管理和社交方面

实施当代大型工程项目对承包商的工程管理技术和经验也有着较高的要求。国际上的一些大型承包公司管理经验丰富,技术含量高,信息化程度高,管理更科学、更合理、更有效。与这些公司合作的过程,也是一个学习和提高的过程,这对于提高企业的管理水平,增强企业竞争力不无好处。而且,通过组成联营体,特别是与工程所在国的公司组成联营体,可以获得更多的社交渠道和信息来源,这无论对执行项目本身,还是对于公司在当地市场的拓展,都是有益的。

(五)政策优惠方面

业主、当地政府及一些国际金融组织常常对外国承包商有严格的限制,并对当地承包商给予这样那样的优惠。而这些优惠对于承包商能否中标常常是至关重要的。通过与当地承包商组成联营体,外国承包商则有可能获得这样的优惠。世界银行工程采购标准招标文件(Standard Bidding Documents for Works)中就有如下有关本国投标人优惠(Preference for Domestic Bidders)的规定:

本国投标人应提供所有必要的证明文件,以便在符合下列所有条件时,在与其他投标人按照投标价安排评标顺序时,可享有 7.5% 的优惠差额:在工程所在国国内注册;工程所在国公民所有权占大多数;分包给外国公司的工程量不大于合同总价(减去暂定金额)的 50%;满足招标资料表中的其他规定。

对于工程所在国承包商与外国承包商组成的联营体(JV),在具备以下条件时也可享受 7.5% 的优惠:

1. 工程所在国国内的每一个合作者都已单独满足了上述四个条件;

2. 通过 JV 协议中有关利润和损失分配等条款证明国内合作者的收益不少于 50%;

3. 本国承包商有资格并应实施 50% 以上的合同(不包括暂定金额)工程量;

4. 满足招标资料表中的其他规定。

评标时,将投标人分为享受优惠与不享受优惠两类,在不享受优惠的投标人的投标报价上加上 7.5%,再统一排队、比较。

二、联营承包的注意事项

1. 不同国家的公司,甚至同一国家的不同公司,在经营观点和经营策略等方面存在差异,可能导致意见的分歧;

2. 联营体管理层次多,利害关系复杂,各成员间可能缺乏信任,影响沟通和管理效率;

3. 联营体内部责任划分不清时,容易造成相互推委和铺张浪费;

4. 计算投标价格时各承包商倾向于提高自己施工部分的价格,可能会导致报价太高,不利于中标;

5. 承包商自身的技术诀窍和商业机密可能会被联营体的其他成员获得,有可能削弱以后承包商的相对竞争能力。

对于这些事项,承包联营体应高度重视,制定相应的规章和措施予以应对,如投标报价时可先通过联营体内部竞价来防止标价过高。各成员之间应相互信任,协调合作。同时,联营伙伴不宜选择太多,最好建立比较长期的合作关系,以增加了解,共谋发展,也防止商业机密和技术诀窍的散播。

三、联营承包的形式

(一)根据联营体是否注册为新的公司,可分为法人型联营体与合同型联营体

1. 法人型联营体(Corporate Joint Venture)

按照某些国家的相关法律,组成联营体的各个公司必须联合组成新的经济实体并注册登记为新的法人,即组成法人型联营体。法人型联营体实际上是一种合资公司,各方当事人按照其认缴的注册资本额占总注册资本额的比例分享联营体的风险和利润。这种联营体的最大特点可以说是参与各方组成一个同舟共济的团队,共同承担民事责任,相互承担连带责任,业主在签订合同时会要求有关各方都要签字确认这种连带责任。

2. 合同型联营体(Contractual Joint Venture)

在另外一些国家,具有独立法人资格的各方组成联营体时无须注册为新的法人,而是根据自己的特长通过协商就相互的职责、权利和义务达成协议,按照订立的合同开展合作和经营,这样的联营体称为合同型联营体。合同型联营体根据合同内容对各方的约束程度又可分为投资入股型(Equity JV)和协作型(Cooperative JV)。

投资入股型联营体:类似于法人型联营体,是一种合同约束关系较为密切的联营体,但不注册为新的法人,各方根据合同约定共同出资,共同经营,共同担负经营风险,同时按出资的比例或合同具体规定分享利润,承担民事责任和连带责任。

协作型联营体:是一种较为松散的联营体,其组织性较弱,各方独立核算经营,不必设立出资条款和盈亏分派条款,但可建立一个共同机构或由一个联营体成员负责对联营项目进行内外组织和协调,相互提供便利和优惠,其日常办公费用由各方共同负担,但并不具有出资的性质。各成员之间的业务往来,仍需要订立新的合同来进行。

（二）根据各方承担的任务不同，联营体也可分为分担施工型和联合施工型

1. 分担施工型

在这种联营体形式下，合伙人各自分担一部分作业，并按照各自的责任实施项目。分担方法可以按设计、设备采购和安装调试、土建施工划分，也可以按工程项目或设备划分，即把土建工程分为若干部分，由各家分别独立施工，设备也可根据情况分别采购、安装调试。

分担施工型联营体具有如下特点：

本身不具备一个单独的法人资格，因而向业主递送的投标书、合同等均要由全体合伙人签名。

一般采用各合伙人代表组成的联营体会议来决定重要事项，采用什么决定方式（如一致通过、多数通过等）要事先确定。

项目合同的大的变更和修改要得到全体合伙人的同意；一般的变更和修改可由联营体的特定的领导者（各合伙人共同商定）来处理。

在项目合同中要明确规定这个特定的领导者具有代表全体合伙人的权限，以使业主放心。

从业主处拿到项目后，定下各自分担的部分，按照各自的责任，对分担的范围进行施工和结算。

每一个合伙人对分担的施工范围，原则上和单独投标一样、要做出报价和提出条件，签订合同时确定价格；承包后，承担该施工范围内的贷款回收的风险。

每个合伙人所分担的施工范围内的责任，称为内部责任，包括以下三方面：一是按照项目合同完成分组施工范围的责任；二是由于某个合伙人自己的原因，对其他合伙人带来损害的责任；三是对业主及第三者的损失赔偿责任。无论哪一方面，基本上都由各合伙人独立承担责任。

2. 联合施工型

在这种联营体形式下，合伙者不分担作业，而是一同制定参加项目的内容，分担的权利、义务、利润和损失。因而合伙人关心的是整个项目的利润或损失和以此为基础的正确决算。即使有具体事项的分歧，但最终目的、权益还是共同的。作为一个团体，也采用合伙人代表会议方式，由一位推举的领导者负责，这种方式领导者的职责、权限更具有权威性。

联合施工型联营体具有如下特点：

施工是作为一个整体来安排的，用联营体的经费、人员和器材来统一实施项目，订立分包合同和采购合同也以联营体名义签订。

合伙人之间按所定的比例进行利润分配或损失分担，联营体所有的周转资金也由合伙人根据股份比例提供，这一点是各个合伙人最基本的，也是最重要的义务。

联营体的工作人员可由各合伙人提供，但也可以直接从外部雇佣。

内部责任包括以下三点：一是合伙人不能及时提供周转资金的责任；二是由合伙人派遣的人员给联营体造成损失的责任；三是由合伙人提供的器材不符合标准而造成损失的责任。

四、联营承包的组织机构

在联营体的组织机构中，最高权利机构可以是联营体董事会（Board of Directors）、监事会（Supervisory Board）或联营体管理委员会（JV Management Committee），它是联营体的整体决策机构，定期召开会议，对联营承包的政策性问题作出决定。董事长或管理委员会主席一般由牵头公司（Sponsor Company）的代表担任，成员由各方代表组成，一般应是本公司的领导成员，被授权决定联营体的重大问题。牵头公司一般是出资最多的公司，有时也可通过选举由最有管理经验或与业主关系最密切的公司担任。牵头公司在董事会、监事会或管理委员会的领导下负责组织和协调工作并代表联营体同业主和工程师联系，讨论决定项目的重大问题。联营体工程项目组（Project Team）或现场经理部（Site Management）是负责联营项目施工的现场管理机构，在董事会、监事会或管理委员会的领导下，负责项目的施工，代表联营体同业主和工程师进行日常工作联系，履行合同职责，进行工程款的结算，处理施工过程中出现的问题。联营体各个成员公司即各承包商在项目组或经理部的统一协调和指导下，按合同分工完成自己的施工任务，独立进行核算。

五、联营承包协议或合同

在资格预审或投标报价阶段，联营体应按照业主方面招标文件的要求，提交联营协议书及其他相关材料。如世界银行工程采购标准招标文件在投标人资格（Qualification of the Bidder）的要求中明确规定，如果投标人为联营体，除需递交一般投标人提交的材料外，还须满足以下要求：所有 JV 成员均应在投标书和中标后的协议书上签署并声明对合同的实施共同地及分别地承担责任；应推荐一家 JV 成员作为主办人，并提交 JV 全体成员的合法代表签署的授权书，使主办人有权代表 JV 全体成员承担责任、接受指示和实施合同；对于有本国投标人作为 JV 成员的联营体，如果申请 7.5% 评标优惠，应提供全部有关资料等。

为了明确联营体各成员在联营项目实施过程中的责任和权利，有必要制订联营体内部合同文件，即联营承包协议，以便各方各负其责，分担风险，独立地实施自己分工的任务。目前国际工程承包界还没有一个标准的联营承包协议或合同范本，对于具体的联营体项目，根据工程特点，各联营体成员通过谈判协商，确定联营方式和联营协议或合同的内容。根据国际工程联营承包的经验，在准备联营承包合同时，一般应注重考虑以下内容：

联营合同应以联营体与业主签订的承包合同为基础，将联营体整体承担的合同责任分配给各成员公司分别承担。

联营合同应明确联营体的章程，组织机构、形式和权限分配，管理机构及费用分担，经营宗旨、范围和规模，投资总额和注册资本，各成员公司认缴资本的数额和方式及享有的权利和承担的义务，保函、保险的办理，违约、纠纷的处理及不可抗力的处理等。

在经济方面，各成员公司应独立核算，自负盈亏，完成自己负责的工程施工，承担该部分的施工费用，收入该部分的工程款。在施工进度方面，各成员公司应在项目组的协调下，按计划及时施工和竣工，对于关键部位，如果发现延误，应共同努力挽回工期，但应明确责任和损失。

在施工质量方面，各成员公司应对自己施工的质量负责，任何因质量原因造成的损失由负责相应施工的成员公司承担。

为了保证各方在联营项目实施过程中的良好合作，尽量避免纠纷，联营体合同还应规定各成员公司在工作中应服从工程项目组或现场经理部的统一协调和领导，发扬协作精神，相互支持，并维护承包联营体的经济利益和业务信誉，共同完成联营项目，争取联营承包的整体成果。

第四节　国际工程承包环境

任何一项事物都是依赖周围的环境而发生与发展的。随着我国政府不断加大对外开放的政策力度，越来越多的中资企业参与国际工程承包市场的竞争，国外市场不断拓展，经营规模不断扩大，而环境因素作为工程项目建设的基础条件日益受到工程承包界的重视。

一、市场环境

市场是企业生存与发展的根本。市场环境的好坏与市场竞争机制有着密切的联系，好的市场竞争机制会促进市场的良性竞争，而恶性竞争的结果将导致市场环境的不断恶化。任何企业进入一个新的市场领域都要先做好市场调查。首先要了解业主的信誉和市场的整体信誉，市场的供应能力，配套协调的机制，以及相关的经济法规政策等。这是为建立市场，以及将来发展和巩固市场所必须开展的工作。此外，还要了解市场的竞争机制，掌握有关的游戏规则，了解参与投标各方的有关背景和竞争对手投标水平，调查同类工程的造价情况、收集相关的市场信息，搞清市场要素，如当地市场的人工、材料、机械、交通运输，税收等都将直接影响到工程的造价。

就我国对外承包企业而言，使馆经参处等驻外机构在信息收集和市场调查方面可以提供重要帮助。在培育和开拓新市场的同时，还要注意维护现有的市场。

对外承包工程商会等行业组织应在这方面积极协调，尽力避免出现中国公司之间为争夺项目竞相压价、恶性竞争的情况。

二、技术环境

任何工程项目的建设都要在一定的技术环境约束条件下进行，国际工程承包大都是采用国际通用的标准、技术规范和合同条件，如美国ASTM和英国BS标准，FIDIC合同及ICE合同等 。因此，了解和熟悉国际通用的技术标准和规范及合同条件是承包商参与国际竞争的必要条件。只有这样才能适应国际竞争的技术环境。当然，技术环境并不只是针对技术标准和技术规范而言，还包括技术装备、技术条件、技术开发和新技术的应用等。

中国加入WTO后，极力提倡各项工作要与国际接轨，但目前许多中国公司在国际工程的投标、设计、施工中仍习惯地延用中国的标准。有些公司投标时先按照中国标准来做方案，投标不中就算了，投中了标则再找相应的标准。这是一种很不正确的做法，因为工程项目所采用的技术标准与工程造价有着密切的关系，同时也说明我们在技术上存在的差距和不能适应国际承包工程技术环境的要求。要适应技术环境就要从头做起，从一开始投标就应按照标书的要求来严格实施。适应国际市场的技术环境不仅是承包商应该做到的，也是中国的设备材料生产厂家应该做到的，这对于通过国际承包工程带动我国机电产品出口有着极其重要的意义。对于那些积极走出去参与国际竞争的企业和国际承包商来说，应该充分认识到适应工程技术环境的重要性，并重视这方面人才的培养。

三、经济环境

影响国际工程承包的经济环境因素主要包括：关税、税收、货币汇率、当地材料设备价格、人员工资水平、融资要求、贷款条件、国家的经济政策、有利于降低工程成本可利用的优惠条件等，这对于承包商控制工程成本，降低工程造价和获取利润有着直接联系。这就要求承包商要充分了解项目所处的经济环境，掌握市场经济信息和所在国家政府的经济政策，并针对工程项目建设有重大影响的资金筹措方式、融资渠道、税收等重要环节制定具体的解决方案。

在中国公司参与国际工程承包竞争的早期，主要依赖国内较低的人工费用和材料价格为优势竞标，以较低的价格中标。随着经济技术逐步与国际接轨，中国的人均工资水平和材料价格已有了大幅度的上涨，中国的承包企业不能再以过低的标价来竞标。另一方面，国际工程承包市场新材料、新技术广泛应用，管理水平不断提高，对承包商的要求也越来越高。此外，各国基础设施需求增加的同时，政府财力资源却很有限，尤其在发展中国家更是如此，因而承包商融资能力往往成为参与竞争的重要前提。

四、社会环境

项目建设所在国家和地区的社会环境对承包商执行项目的结果有着重要的影响。承包商在进入一个市场前,应该对该国家社会状况、经济状况、宗教文化、国民经济整体发展水平、业主的信誉和政治背景、社会的整体稳定性进行全方位的调查。尤其是对工程项目所在地区的社会治安、人文民风、种族分布、武装冲突、社会犯罪、流行疾病等情况予以充分调查,分析对项目的投资和实施是否有安全保障。一个国家的社会稳定性与该国的经济发展水平、政治动态、与周边国家的睦邻关系、政府官员的廉洁性、宗教信仰等都有着直接关系。一个工程项目的建设时间少则二、三年,长则十几年,在如此长的工程建设期内任何社会上的不利因素都会给工程项目的执行带来负面的影响。承包商尤其是投资项目的总承包商在进入市场之前,以及在工程投标阶段必须充分考虑社会环境将可能会给工程项目带来的风险。

五、政策环境

国家的政策法规对于市场的稳定、发展和活跃市场的经济起着主导和调控作用,国际承包工程市场亦是如此。不论是参与投标竞争承包项目还是以融资方式承揽工程项目,其工程项目所在国家的政治、经济政策对项目的执行结果都有着重要的影响。这就要求承包商在进入一个市场前要对它的经济政策、政治环境、社会秩序、民族意识进行详细地调查和了解,以评估执行项目的风险。应选择政策环境和投资环境较好、并且与中国有较好外交关系的国家市场,从而最大程度地避免因战争、社会动乱、政治骚乱、反华事件等给项目实施造成的风险损失。同时还要与国内的政策环境保持一致,尽量利用国家政策允许的优惠条件降低工程成本,争取最大的经济效益。

六、合同环境

工程承包合同是针对一项工程项目的实施而签署的具有法律效力的文件,工程项目的执行程序和工作环节都要在合同环境下予以实施,工程项目的施工过程和最终成果都要按照合同中规定的技术标准、质量要求、合同期限予以检验、验收和付款,合同管理得好坏直接影响到项目执行的成败。在通常情况下,通过加强对合同管理所取得的直接经济效益,要比通过优化技术和改进工艺所取得的经济效果显著得多。中国的承包商由于受语言能力外语水平的限制,一些项目经理往往疏于对项目合同的管理,甚至有人认为合同只是一种形式,只要把该做的工作做好,不出事就用不着去研究合同,这种认识是极端错误的。有些项目经理认为只要和业主搞好关系,有什么问题都好解决,因而对于业主提出的要求,只要能做到,就一味地满足对方,甚至有些要求是与工程无关的。可是一旦工程上出了问题,业主依然会按照合同条款进行处理,使承包商陷入很大的被动。工程项目的成功是各方合作的结果,与业主建立密切的合作关系是必要的,但承包商在做好工程项目的同时也应努力做好合同管理工作,通过签订尽量公正的合同确立公正的合同环境,利用合同维护自己的合法权益,并善于从合同条款中寻找有利于赢利的机会。很多业主为加强合同管理聘请世界知名的国际咨询公司或工程师从事工程合同管理工作,提前发现合同中的疏漏或不利于业主的因素,及时予以解决,最大限度地减少因合同争议造成承包商向业主索赔的可能性,这也从另一个侧面说明合同管理的重要性。

七、法律环境

工程建设项目的实施是一个较长的过程,经常会涉及工程所在国的政治、经济、法规、政策的调整和变化,这些都与该国的法律环境密切相关。另外,在用工制度、工作时间、经济制度、合作关系、订立分包合同等都要涉及到法律问题,因此健全的法律环境对工程的顺利实施至关重要。

承包商也必须自觉遵守项目所在国的相关法律。在工程的执行过程中,由于来自不同国家的项目参与方各自的国情和法律背景等不同,经常出现承包商与业主之间以及承包商与分包商之间的法律纠纷。一旦承包商陷入法律纠纷,即使是不大的官司,在时间上、经济上和信誉上都会遭受损失。如一家中国公司在孟加拉国执行一项承包工程时,由于不同意补偿因水泥差价而给当地分包商造成的实际损失,分包商一气之下将其告上法庭,要求赔偿经济损失 30 万当地货币(约折合 8 000美元)。中国公司聘请律师应诉,却没料想官司打了 3 年尚无结果,而中国公司花在打官司上的费用已有 2. 8 万多美元。而原告的赔偿要求也从最初的 30 万当地币变为了 30 万美元。到头来既影响了工程建设又造成了经济损失,同时还影响了自身的信誉,最后这家中国公司撤离了孟加拉国,但当地律师的法律文件还不断地寄往中国要求赔偿,该项目经理深感后悔。因此,作为海外承包商,应熟悉和了解工程项目所在国的有关法律和习俗,本着诚信、守法、公正的原则,按照合同的约定开展工作,尽量避免陷入对自己不利的法律纠纷,最大限度地降低法律风险。

八、自然环境

自然环境包括工程所在地区的气象、地形、地质、水文、交通等工程建设要素,直接影响工程的复杂程度和实施的难度。承包商应通过调查当地的历史记录了解暴雨、洪水、泥石流、地震、高温气候、瘟疫等的发生情况和规律,以减少因灾害的发生而给工程建设造成的损失。除此之外,承包商更应关注当地的自然生态环境。现在各国都越来越认识到环境保护的重要性,许多国家在标书中都明确规定了保护环境的法律条文,承包商在投标阶段做方案时就要充分考虑到环境保护的问题,尤其是对森林的砍伐、水源和大气的污染等敏感问题,必须引起足够的重视,认真对待。

第五节　我国企业应对国际市场挑战的对策

一、国际工程承包市场的发展趋势

统计数字表明，近年来全球工程市场保持着持续稳定的发展态势。虽然受2008年爆发的国际金融危机的影响，国际工程承包市场受到一定影响，但是从整体上来看，国际工程承包市场仍呈现增势，国际工程承包市场的前景还是比较乐观的。

另一方面，国际工程市场对承包商的要求越来越高。近年来承包和发包方式的变革使国际工程市场发生了巨大变化，目前国际市场上承包方式已经越来越多样化，EPC（设计、采购、施工）、BOT（建设、运营、转让）、BOO（建设、拥有、运营）、BOOT（建设、拥有、经营、转让）、PMC（项目管理总承包）以及PPP（公共私营合作）等承包方式不断升温，已成为业主解决大型工程项目资金来源广为采用的模式。

1. 国际工程市场上的垄断现象日趋明显

近年来，国际市场上的巨头垄断现象日趋形成。在国际工程承包市场上，大承包商的优势变得越来越强大。由于这些巨头在资本、技术、开发、运营和品牌等方面的优势，使得许多中小承包商被排除在EPC、BOT等项目之外。过去十几年，国际工程承包企业之间的兼并与重组不断发生，从而产生了一些巨头公司。例如，曾经多年占据ENR排行榜榜首的克瓦纳集团（Kvaerner）在短短几年内，数次经历兼并和被兼并；美国著名石化工程设计商鲁玛斯公司（Lummus），也在20世纪90年代前期被欧洲ABB财团收购等。这种趋势使得大承包商越变越大，甚至超大。

2. 融资能力的提高成为竞争的重要因素

从全球角度来看，各国基础设施建设，特别是发展中国家，需求的确在不断增大，而政府财政资源又十分有限。因此，基础设施建设的业主往往要求承包商采取BT或BOT的方式承接项目，使得承包商的融资能力成为参与国际市场竞争最重要的砝码，承包商如果没有强有力的金融支持将很难有所作为。

3. 国际工程市场准入门槛不断提高

市场上业主对承包商的技术、管理、竞标资格等要求较高。首先，他们对技术水平要求严格，一般采用英美标准；其次，项目沿用西方管理体制，即项目从设计、开工建设到竣工、验收以及项目实施，整个过程的监理都由国际知名公司控制和管理；第三，对项目的竞标资格有特殊要求，有些国家还规定，外国企业要想获得以总承包方式参与竞标的资格，必须与当地公司成立合资公司并在当地注册，否则只能分包。

4. 联营体承包越来越被普遍采用

受国际工程承发包方式变化的影响，承包商担负的责任越来越多，尤其在一些大型和超大型项目的运作上,占用资金规模大、周期长,导致一般企业很难独立承担。为了增强实力和分散风险,国际承包商越来越普遍地选择联合体的路径来承揽大型和超大型的工程项目。他们有的采用银企联合,以解决资金问题,有的采取国际同行联合体的方式,以分散风险和优势互补。

5. 工程管理手段的现代化、信息化日益重要

管理水平已成为市场准入的重要条件,国际工程界更加注重工程管理手段的现代化、信息化和规范化。大型承包商应在技术创新、电子化管理、以及质量、环境、健康、安全等国际化和规范化方面做出努力,以提高工作效率,树立品牌形象,增强核心竞争力。

6. 利润重心转移

在国际工程市场上,一方面市场恶性竞争日益加剧,行业之间的销价竞争,导致边际利润下降,利润率降低,企业抗风险能力下降;另一方面,EPC、BOT 等投资-建造-开发-运营性的承包项目越来越多,单纯的施工业务利润越来越薄。为此,许多承包商开始注重工程产业链的开发,利润获取重心从单纯施工,向项目的开发和运营转移。

二、中国企业对外承包现状及应对市场挑战的对策

作为"走出去"战略重要组成部分的对外承包工程与劳务合作在我国的对外经济合作事业中发挥着越来越重要的作用。我国的国际承包工程企业经过 30 多年的发展,从小到大,由弱到强,稳步发展,成绩斐然。我国国际承包工程的从业主体不断壮大,目前具有对外承包工程经营资格的企业已达 1 800 多家,其中各类大型专业公司所占比重不断增加,已形成一支门类齐全、具有较强实力的经营队伍。同时,民营企业也逐步成为一支参与国际承包工程市场竞争的生力军。其次,企业实力不断增强,一批在国际承包工程市场上具有较强综合竞争能力的企业脱颖而出,我国承包商在一些领域已初步形成了品牌优势。在一般建筑、电力、交通、通信、冶金等领域的工程设计、土建施工和设备制造等方面,我国企业已具备了相当的实力和优势。在一些国家,通过承揽和实施一批规模大、技术密集且具有国际顶尖水平的"总统工程"、"民心工程",中国企业树立了的良好声誉和形象。

随着工程项目规模的日益大型化,今后国际工程市场项目发包方式将继续向 EPC(设计-采购-施工)、D+B(设计施工一体化)等交钥匙工程以及 BOT(建设-运营-转让)和 PPP(公私合营)等模式发展。

我国对外承包工程行业已经取得长足进步,国际承包工程市场未来走势为我国企业提供了广阔的发展空间,为应对国际工程承包市场的新形势、新挑战,我国企业当前应重视以下几个方面:

1. 抓住机遇,加速市场多元化进程。根据美国《工程新闻记录》(ENR)和英国《国际工程周刊》对全球发包额的统计,北美和欧洲占近 54%,而目前我国企业

在上述两个地区业务比重仅占7%。有鉴于此,应抓住机遇,在巩固和深度开发目前亚、非、拉市场的同时,加大开拓欧美市场力度,加速市场多元化进程。

2. 发挥优势,推动领域多元化发展。改革开放以来,我国形成了一些具有明显比较优势的产业,其中包括前述三个最具增长潜力的领域。另一方面,我国对外承包工程行业经过30多年的锻炼,工程建设及配套工业装备制造能力也得到明显提高。我国企业应发挥比较优势,抓住重点,在更多的领域加大对外承包工程市场开拓力度。

3. 总结经验,转变增长方式,切实增强企业实力。目前,我国在以EPC、BOT等方式承揽国际工程项目方面已进行了有益的尝试,但由于融资能力欠缺、管理经验不足以及风险防控能力不够等原因,步子迈得不大。从总体上看,我国对外承包工程企业产业集中度不高,整体实力较弱,尚不具备一流国际竞争力。应进一步推动有条件的企业开展专业化、集约化和规模化的跨国经营,强强联合,加大企业间并购或联营合作,拓展经营领域和规模。另一方面,针对企业融资能力和水平与国际大型承包商相比仍存在较大差距的现实,对外承包工程企业应深入研究和运用国际通行做法,探讨和尝试更为灵活的支付方式,提高融资能力和水平。

4. 完善企业制度安排,加强人才培养。对于立志投身国际市场竞争的企业,应根据对外承包业务的需要调整目前在用人体制、财务管理、资金运营、监督审计等方面与对外承包业务发展不匹配、不合理的部分,有效发挥制度安排的监督和引领作用。同时加强对高级管理人才的培养和使用,以利于对外承包业务健康、稳定、持续发展。

第二章　国际工程总承包项目招标与投标

本章结合国际工程总承包的特点，对项目招标和投标进行了详细阐述。对于国际工程项目招标，介绍了国际上常用的招标方式、招标流程、招标的主要工作等；对于国际工程总承包项目的投标，介绍了项目的投标程序、影响投标的因素、投标的前期工作、项目的投标报价、投标书的编制、合同的谈判和签约等内容，并针对国际工程总承包项目投标提出了建议。

第一节　国际工程总承包项目招标

一、国际工程总承包项目招标概述

国际工程总承包是指在涉及不同国家的参与方的项目中，把设计、建造、采购、运营、维护等过程中的两个及以上的阶段交由一个责任主体完成的方式。国际工程总承包项目招标就是业主将上述两个或者多个阶段的工作作为一个整体，按照既定的程序为这些工作选择总承包商的一系列过程。

对于国际大型及超大型项目，业主可以选择把所有的阶段交由唯一的主体或联营体完成，也可以选择把整个项目分成几个独立的部分，各个独立的部分再进行总承包招标。例如，某大型国际高速铁路项目的业主把轨道以下部分的土建以及车站工程的设计、建造、维护等过程进行总承包招标，交由一个总承包商完成，又把轨道以上部分的运营控制中心、高低压系统、接触网、轨道、信号车辆等过程的设计、建设等内容以及上一阶段承包中没有包括的其他工作作为另外一个总承包项目，再次进行总承包招标，选择另外的与实施项目内容更加相符合的承包商参加。这样既体现了根据不同专业分别选择承包商的专业性，又体现了总承包方式的整体性。下面简要介绍国际工程总承包项目招投标的方式以及具体程序。

（一）常用招标方式及特点

从本质上来说，招标就是通过市场竞争的方式为项目选择合适的承包商。业主以事先编好的招标文件向潜在的投标人进行询价，所有投标人根据招标文件提交投标书，包括技术文件和商务报价，业主按照既定的程序和标准对承包商提交的投标文件进行评审，以选择最合适的承包商并决标。

按世界各国政府普遍接受的《世界银行贷款项目招标文件范本》、世界银行及主要国际基金组织推荐的 FIDIC《招投标程序》及各国政府间签订的《政府采购协议》规定,国际上通用的招标主要有:公开招标、邀请招标和谈判招标。其他招标方式,基本上是由这三种方式衍生的。招标人可根据招标项目的具体情况选用。

不论哪种招标方式,一般都规定承包商应提交:资格预审申请书、技术建议书和商务报价书,并提交相应的投标保证金。一般对于大型的、技术复杂的、合同额大的工程项目来说,承包商的资格预审被通过,是承包商进入技术建议书编制提交的先决条件;技术建议书被通过,是承包商进入商务报价书编制提交的先决条件。对于中小工程项目来说,承包商的资格预审被通过,是承包商提交技术建议书和商务报价书编制的先决条件。

1. 公开招标(Open Bidding)

公开招标也称无限竞争性公开招标(Unlimited Competitive Open Bidding)。这种招标方式先由招标人在国内外有关媒体上刊登招标广告,凡对该招标项目感兴趣的投标人,都有同等的机会了解投标要求,进行投标,以形成尽可能广泛的竞争。公开招标方式多用于政府投资的工程,也是世界银行贷款项目招标采购方式之一。

公开招标具有代表性的做法有世界银行贷款项目公开招标方式。公开招标方式包括国际竞争性招标和国内竞争性招标两种。

(1)国际竞争性招标。是世界银行贷款项目的一种主要招标方式,该行规定,限额以上的货物采购和工程合同,都必须采用此种招标方式。对于一般借款国,限额界限在 10 万~25 万美元。我国在世界银行贷款项目金额都比较大,故对我国的限额放宽一些,目前 100 万美元以上的工业项目须采用国际竞争性招标。国际竞争性招标最适用于采购大型设备及大型土木工程施工,对于这些项目,不同国籍的承包商往往都有兴趣参加投标。

为保证公平竞争,使世界范围内一切感兴趣并且合格的企业都可以参加投标,必须广泛通告投标机会,通告可以采用各种方式,经常是多种形式结合使用,包括:在一种官方杂志上公布;在国内报纸上登广告;通知驻该国首都的各国使馆;以及(对于大的、特殊的或重要的合同)在国际发行的报纸或有关的外贸杂志或技术杂志上刊登广告。除了使用期刊或报纸刊登广告外,世界银行、美洲开发银行、亚洲开发银行和联合国开发计划署还要求通过《联合国发展论坛报》商业版的《一般采购通告》栏目发布采购机会。

(2)国内竞争性招标。是通过在国内刊登广告,按照国内招标办法进行。在不需要或不希望外商参加投标的情况下,政府倾向于国内竞争性招标;也有些工程规模小、地点分散或属于劳动密集型工程,外商对此缺乏兴趣,也采用国内竞争性招标。

(3)国内竞争性招标与国际竞争性招标的比较。与国际竞争性招标相比,国内竞争性招标广告只限于刊登在国内报纸或官方杂志,广告语言可用本国语言,不必通知外国使馆驻工程所在国的代表;招标文件和投标文件均可用本国文字编写;投标保函可由本国银行出具;投标报价和付款一般使用本国货币;不实行国内优惠和借款人规定的其他优惠;履约保函可由本国银行出具;仲裁在本国进行;从刊登广告或发出招标文件到投标截止的时间比国际招标较短。

除上述不同点外,国内竞争性招标与国际竞争性招标其他程序相同,都必须考虑和遵守公开、经济、高效这三个原则。

此外,对于资金来源属于某一地区性组织,如阿拉伯基金会、沙特发展基金会,以及地区性开发银行贷款的工程项目等,限制该组织成员以外国家和地区的承包商参加投标,也称为地区性招标。

实践证明,尽管公开招标程序比较复杂,但确实有很多的优点。第一,由于投标竞争激烈,一般可以获得对买方有利的价格,降低造价。第二,可以保证所有合格的投标人都有参加投标的机会,体现了公平竞争。第三,公开招标保证采购工作根据预先确定并为大家所知道的程序和标准公开而客观地进行,因而减少了在采购中作弊的可能。此外,国际竞争性招标有利于采购国引进先进的设备、技术及管理经验,提高技术和管理水平,促进发展中国家的制造商和承包商提高产品和工程建造质量,提高国际竞争力。

当然,公开招标也存在一些缺陷:第一,招标费时较多。公开招标特别是国际竞争性招标有一套周密而比较复杂的程序,从招标公告、投标人做出反应、评标到授予合同,一般都要半年到一年以上的时间。第二,公开招标所需准备的文件较多。招标文件要明确规定各种技术规格、评标标准,以及买卖双方的义务等内容。招标文件中任何含糊不清或未予明确的都有可能导致执行合同意见不一致,甚至造成争执。另外,国际竞争性招标还要将大量文件译成国际通用文字,因而增加了工作量。第三,公开招标由于参加竞争的人数多,评标工作量大。且不排除有的投标人由于报价水平低或出于故意而报出过低价格的可能,从而挤掉其他态度认真且报价合理的投标人。这样的低水平的投标人一旦中标,往往会在项目实施过程中给业主带来后患,应通过严格的资格预审和评标注意防止。

2. 邀请招标(Invited Bidding)

邀请招标也称有限竞争性招标(Restricted Bidding)或选择性招标(Selective Bidding),这种方式一般不使用公开的公告形式,而由招标单位根据已掌握的数据资料或请咨询公司提供承包商的情况,参考企业的信誉、经验、技术水平、资金实力等条件,选择一定数目的企业,向其发出投标邀请书,邀请他们参加投标。一般都选择3~10个之间参加较为适宜,视具体的招标项目的规模大小而定,但不应不少于3家,投标人数太少则使招标缺乏竞争力。被邀请的企业如果接受邀请,则可以购买标书参加投标。邀请招标不事先单独进行资格预审,而是资格后审,即投标人须将资格审查资料随投标书一同递交,评标委员会正式评标前先对投标者进行资格审查,对资格审查合格的投标者再进行评标,资格审查不合格的投标者则被淘汰,不参加评标。

邀请招标与公开招标相比,因为不用刊登招标公告,招标文件只送几家,投标有效期大大缩短。有些工程或货物采购项目，如果采用国际竞争性招标，会导致开标后无人投标的结果，这样的情况在实际业务中确有发生。许多招标常常是采用国际公开招标后无人投标，才改为邀请招标，这样就会影响招标的效率。

邀请招标投标人的数量有限，使得招标工作量大大减少，招标周期缩短，可以节约招标的时间和费用；由于被邀请参加投标的竞争者都是有经验和实力较雄厚的公司，因此一般都比较可靠，也增加了投标人的中标几率，对双方都有一定的好处。但这样做的缺点是可能会漏掉一些技术水平高、报价有竞争力的后起之秀。因此，对于一些政府投资项目，由于强调自由竞争、机会均等公正原则，对招标中使用邀请招标方式制订了严格的限制条件。这些条件一般包括以下所列：

(1)项目性质特殊，只有少数企业可以承担；

(2)公开招标需要的费用太高，与招标所能得到的好处不成比例；

(3)公开招标未能产生中标单位；

(4)因工期紧迫和保密等特殊要求，不宜公开招标。

国外私人投资的项目，为提高效率，节省投标时间和费用，多采用邀请招标。

3. 谈判招标(Negotiation Bidding)

谈判招标也称议标，即通过谈判来确定中标者。该方式的特点是节约时间，容易达成协议，迅速开展工作，但无法获得有竞争性力的报价。一般用于工期紧、规模不大、专业性强或军事保密项目。

谈判招标主要有以下几种方式：

(1)直接邀请议标方式。选择中标单位不是通过公开或邀请招标，而由招标人或其代理人直接邀请某一企业进行单独协商，达成协议后签订采购合同。如果与一家协商不成，可以邀请另一家，直到协议达成为止。

(2)比价议标方式。“比价”是兼有邀请招标和协商特点的一种招标方式，一般适用于规模不大、内容简单的工程和货物采购。通常的作法是由招标人将采购的有关要求送交选定的几家企业，要求他们在约定的时间提出报价，招标单位经过分析比较，选择报价合理的企业，就工期、造价、质量、付款条件等细节进行协商，从而达成协议，签订合同。

(3)方案竞赛议标方式。它是选择工程规划设计任务的常用方式。通常组织公开竞赛，也可邀请经预先选择的规划设计机构参加竞赛。一般的作法是由招标人提出规划设计的基本要求和投资控制数额，并提供可行性研究报告或设计任务书、场地平面图、有关场地条件和环境情况的说明，以及规划、设计管理部门的有关规定等基础资料，参加竞争的单位据此提出自己的规划或设计的初步方案，阐述方案的优点和长处，并提出该项规划或设计任务的主要人员配置、完成任务的时间和进度安排，总投资估算和设计等，一并报送招标人。然后由招标人邀请有关专家组成的评选委员会，选出优胜单位，招标人与优胜者签订合同。对未中选的参审单位给予一定补偿。

另外在技术招标中,有时使用公开招标、但不公开开标的议标。招标单位在接到各投标单位的标书后,先就技术、设计、加工、资信能力等方面进行调整,并取得初步认可的基础上,选择一名最理想的预中标单位并与之商谈,对标书进行调整协商,如能取得一致意见,则可定为中标单位,若不行则再找第二家预中标单位。这样逐次协商,直至双方达成一致意见为止。这种议标方式使招标单位有更多的灵活性,可以选择到比较理想的供应商和承包商。

由于议标的中标者是通过谈判产生的,不便于公众监督,容易导致非法交易,因此,我国相关招标规定中,禁止采用这种方式。即使允许采用议标方式,也大都对议标方式做了严格限制。一般来说,只有特殊工程才采用议标,主要包括因需要专门技术或设备、军事保密性工程或设备、抢险救灾项目、小型项目等。

《联合国贸易法委员会货物、工程和服务采购示范法》规定:经颁布国批准,招标人在下述情况下可采用议标的方法进行采购。

(1)急需获得该货物、工程或服务,采用招标程序不切实际,但条件是造成此种紧迫性的情况并非采购实体所能预见,也非采购实体办事拖拉所致;

(2)由于某一灾难性事件,急需得到该货物、工程或服务,而采用其他方式因耗时太多而不可行。

为了使得议标尽可能地体现招标的公平公正原则,《联合国贸易法委员会货物、工程和服务采购示范法》还规定,在议标过程中,招标人应与足够数目的供应商或承包商举行谈判,以确保有效竞争,如果是采用邀请报价,至少应有三家;招标人向某供应商和承包商发送的与谈判有关的任何规定、准则、文件、澄清或其他资料,应在平等基础上发送给正与该招标人举行谈判的所有其他供应商或承包商;招标人与某一供应商或承包商之间的谈判应是保密的,谈判的任何一方在未征得另一方同意的情况下,不得向另外任何人透露与谈判有关的任何技术资料、价格或其他市场信息。

需要指出,不管采用何种方式,都应事先获得其主管部门的批准或报其融资贷款银行同意。

(二)总承包项目招标的方式

鉴于国际总承包项目规模比较大,包括的内容多,业主一般要求总承包商在投标时既要提交技术标(Technical Proposal),又要提交商务标(Commercial Proposal)。技术标主要覆盖工程技术方面的内容,包括设计、施工、运营、管理方法,以及项目队伍组织与计划等内容。商务标主要包括工程总报价以及对应技术标各部分工作的价格分解表、支付计划等。

按照业主是否要求技术标与商务标同时提交,招标选择承包商的方法可以分为单阶段选择法(Single-Stage Option)与两阶段选择法(Two-Stage Option)。下面分别说明采用单阶段法与两阶段法选择总承包商的过程。

1. 单阶段选择法(Single-Stage Option)

单阶段选择法是指总承包商将技术标与商务标同时提交给业主。根据技术标与商务标是否单独包装,单阶段选择法又分为单信封招标方式(One-envelope Option)与双信封招标方式(Two-envelope Option)。

(1)单阶段单信封招标方式

单阶段单信封是指总承包商将自己的技术标与商务标包装在一起提交给业主,通常被称为"单信封"方式。项目开标时,技术标与商务标同时打开,其投标报价连同备选方案当众公开宣读,并加以记录。"单信封"方式一般采用公开竞争性招标方式,经过评比,从响应标中选择最低标中标。这种单阶段单信封招标方式通常用于设计相对简单、变化不会太大的情况。因此,土木工程含量大的总承包建设项目以及管线项目、输变电线路项目等通常按此类方式选择总承包商。在这种方式下,通常要求对提交投标书的总承包商先进行资格预审查,以便只邀请那些技术实力强的公司参加。图 2-1 表示总承包项目单阶段单信封招标方式的流程。

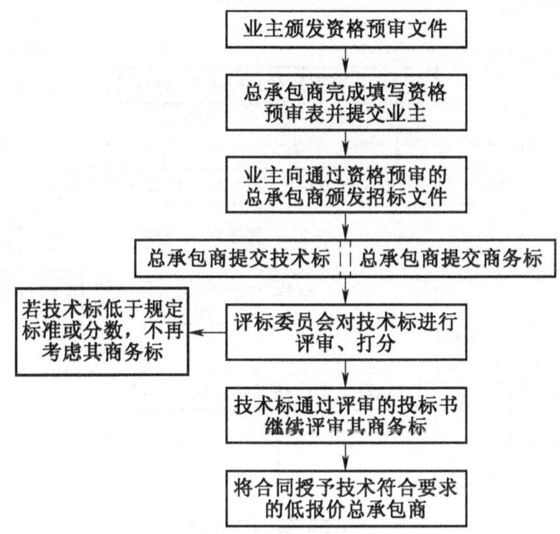

图 2-1　单阶段单信封方式选择总承包商的流程

(2)单阶段双信封招标方式

单阶段双信封是指总承包商将自己的技术标与商务标同时提交给业主,但技术标与商务标分别包装在两个单独的信封中,并分别规定技术标与商务标的开标时间。首先开技术标,并加以评比。若某些技术标虽然符合原招标文件要求,但有一定的偏差,业主可以要求投标者对其技术进行修改。投标者同时就修改原技术标造成的价格影响提出相应的价格变动,但这种价格变动只允许针对更改技术标直接涉及的内容,以避免造成对其他投标者不公平的情况。这一做法的目的是保证业主收到的技术标符合工程要求的技术标准和业主要求的技术方案。若投标者不愿意按照业主的要求修改其技术标,他可以撤回其投标。在此之后,再进行商务标的评比。若该项目为某金融机构贷款项目,业主可能需要将技术标评比结果报该机构审批,贷款机构批准后业主可对商务标开标,包括投标者提交的原商务标以及因技术标修改提交的附加商务标。根据业主的具体要求,可以采用最低标中标法,也可以采用技术标与商务标综合法,即技术标与商务标总分高者中标。

单阶段双信封方式主要适用于含有大量机电设备的项目和工业厂房。因为这些项目对于其中的机电设备的设计方案的选定有很大的灵活性,不同的投标者提出的技术方案不太一样,有的投标者甚至提出替代方案。因此,需要先进行技术评价来确保投标者的技术方案是可行的。在这类方式下,业主采用邀请招标的情况较多,所邀请前来投标的总承包商一般为知名企业,很多情况下不进行资格预审,而进行资格后审,即总承包商的资格文件调查表包含在招标文件中,并随招标文件一起颁发给总承包商,总承包商填写后随投标文件一起提交给业主。在评技术标时,先根据资格文件对总承包商的资格进行技术、财务、经验等方面的审查,对于不符合标准的,其投标书不再予以考虑。图 2-2 以 EPC 总承包方式为例说明单阶段双信封招标方式的流程。

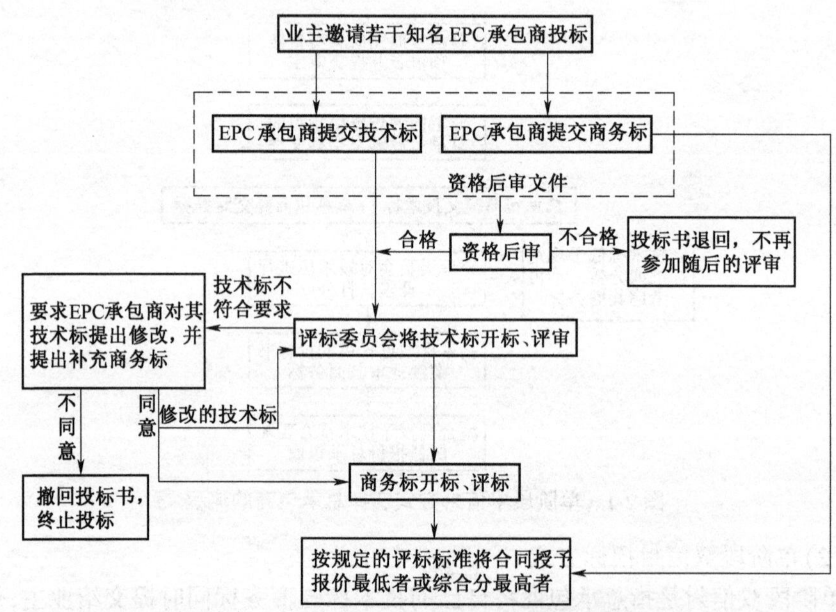

图 2-2　单阶段双信封方式选择总承包商的流程

总的来说在单阶段方式中,业主更重视商务价格,即在总承包商的技术标满足工程要求的前提下,商务标将成为决定其中标与否的核心因素。

2. 双阶段选择法(Two-stage Option)

总承包招标采用的双阶段选择法和一般复杂工程项目招标采用的两阶段招标方法相似。业主的前期工作不太深入,对拟建的项目只有一些基本要求,对项目采用的技术方案与标准也不能确定,因此希望通过招标,利用总承包商的技术力量,让总承包商提供此类标准与技术方案，双阶段选择法通常适用此类情况。

采用双阶段选择总承包商的具体做法是：业主邀请某些大型知名总承包商先提交技术标，然后对技术标加以评审、比较。由于业主的招标文件对技术方面的要求描述比较简单，每个投标者对业主要求的理解以及提出的设计方案差异很大，且此类技术标的评审工作涉及很多的技术澄清会，因此花费的时间比较长。技术标评审结束后，业主从其中选择设计方案最适合的几家总承包商，邀请他们再递交商务标。由于总承包商投标此类项目的工作量很大，投标费用也比较高，因此采用两阶段选择法时，邀请递交技术标的总承包商数目不宜太多，一般为3~5家，否则对优秀的总承包商没有太大的吸引力，导致技术标的质量不高。这类选择方法有时可以不再进行资格预审，甚至连资格后审也不做，因为业主仅仅邀请知名的大型公司前来投标。图2-3为总承包项目双阶段招标方式的流程。

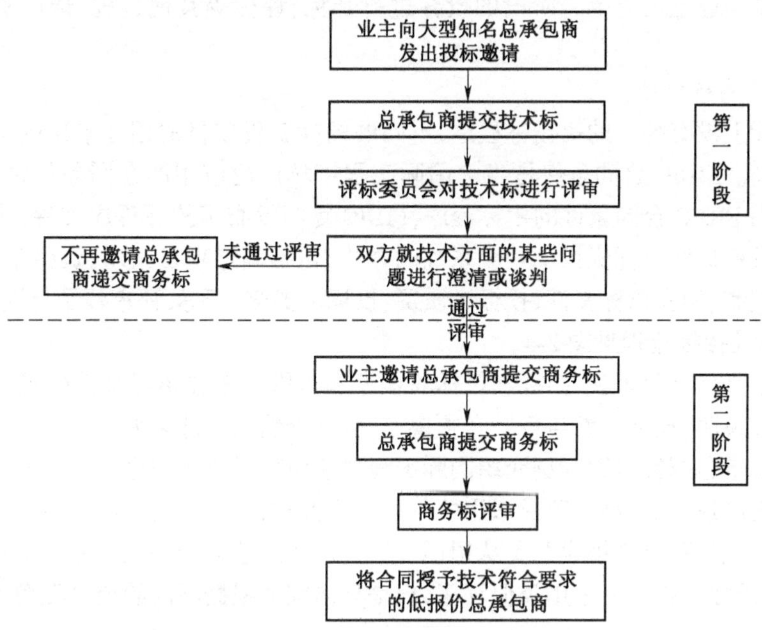

图2-3　双阶段方式选择总承包商的流程

下面以案例说明双阶段招标方式的具体过程：

某大型国际总承包招标项目的内容包括轨道以上部分的运营控制中心、高低压系统、接触网、轨道、信号车辆等部分的设计、建设、维护等过程以及轨道以下总承包部分中没有包括的其他工作。

第一阶段（Phase I），业主邀请资格预审合格的主体或联营体参加该阶段的投标，一般这些主体或联营体应具有相应的技术或专利技术及设计能力。投标人要提交以下文件：按照规定的格式完成的投标函、投标主体或者联营体的详细材料、按照招标文件规定提交的第一阶段可交付的技术文件、按照招标文件编制的设计验证证书、安全验证证书以及备选技术建议书等。该阶段投标人提交的文件应尽可能显示出投标者完成项目招标内容的水平和能力，另外还要对业主对于技术、商务、进度等多方面的要求做出实质性的响应。项目该阶段的投标书是未标价标书，不应包含任何报价信息，否则可能被拒标。该阶段投标书的格式、签署、提交、密封、标记等都要符合招标文件的规定，并且在截止日期以内提交到规定的地址。业主对标书开标并进行技术评价，最后确定该阶段的投标人是否合格。

第二阶段(Phase Ⅱ)，第一阶段合格的投标人将被邀请参加第二阶段的投标，第二阶段要提交按照规定的格式完成的投标书和投标保证金。该阶段的投标文件需要对给定的工程量清单进行报价，并按照招标文件的规定提交现金流量表、财务模板等。因为该项目是大型高速铁路项目，投标人在该阶段还需要按照该国电力公司电网的规程并根据预期的交通、铁路和车辆估算的耗电量进行模拟，并编制出供电报告。业主再对第二阶段的投标进行开标、评标等其他过程，最后确定中标单位。

(三)招标程序

国际上没有统一的招投标程序，不同的国际工程项目的招标采用的详细程序不尽相同。FIDIC 合同条件是当前国际工程市场广泛应用的合同条件之一，为了规范应用 FIDIC 合同条件的招标程序，FIDIC 专门发布了招标程序文件，为选择投标人以及招标和评标提供了一套系统的办法，包括确定项目策略、资格审查、招标文件的编制、颁发招标文件、投标者质疑、投标书提交，开标、评审授予合同等步骤，FIDIC 标准招标流程见图 2-4。

对于具体项目来说，招标和投标的程序和步骤一般在招标文件的投标人须知中有详细说明，投标人参与投标必须遵守，以下仍然以国外某大型高速铁路线上各部分的总承包招标过程为例介绍国际工程总承包项目招标程序。

如前所述，该总承包项目采用两阶段招标方式，该项目概念设计与招标文件中的投标人须知部分详细说明了从招标开始到最终的签订合同全过程。如图 2-5 所示，许多国际工程项目采用类似程序，只是具体细节根据不同的项目类型和特点有所不同。

第一阶段的标前会议由业主组织，公告拟投标人参加，但是未参加标前会议不构成投标人不合格的理由，标前会议的目的是使投标人对于该项目有更多的了解，更重要的是发现拟投标人对于项目招标部分存在的问题和疑问。对于标前会议以前和在该会议上以及该会议之后投标人提出的问题和疑问，招标人都应该在规定的时间内给予书面解答和回复，即澄清。在递交投标文件截止日期以前的任何时候，业主可以对招标文件进行修改，修改的补充文件作为招标文件的一部分，并且书面通知所有的投标人，投标人收到通知之后应发出回执。同样，在递交投标文件截止日期以前的任何时候，投标人也可以对投标文件作修改和替代，需要注意的是该阶段的投标书不能标价。业主应在投标截止日期到达时在投标人在场的情况下

对投标者资格预审的推荐程序

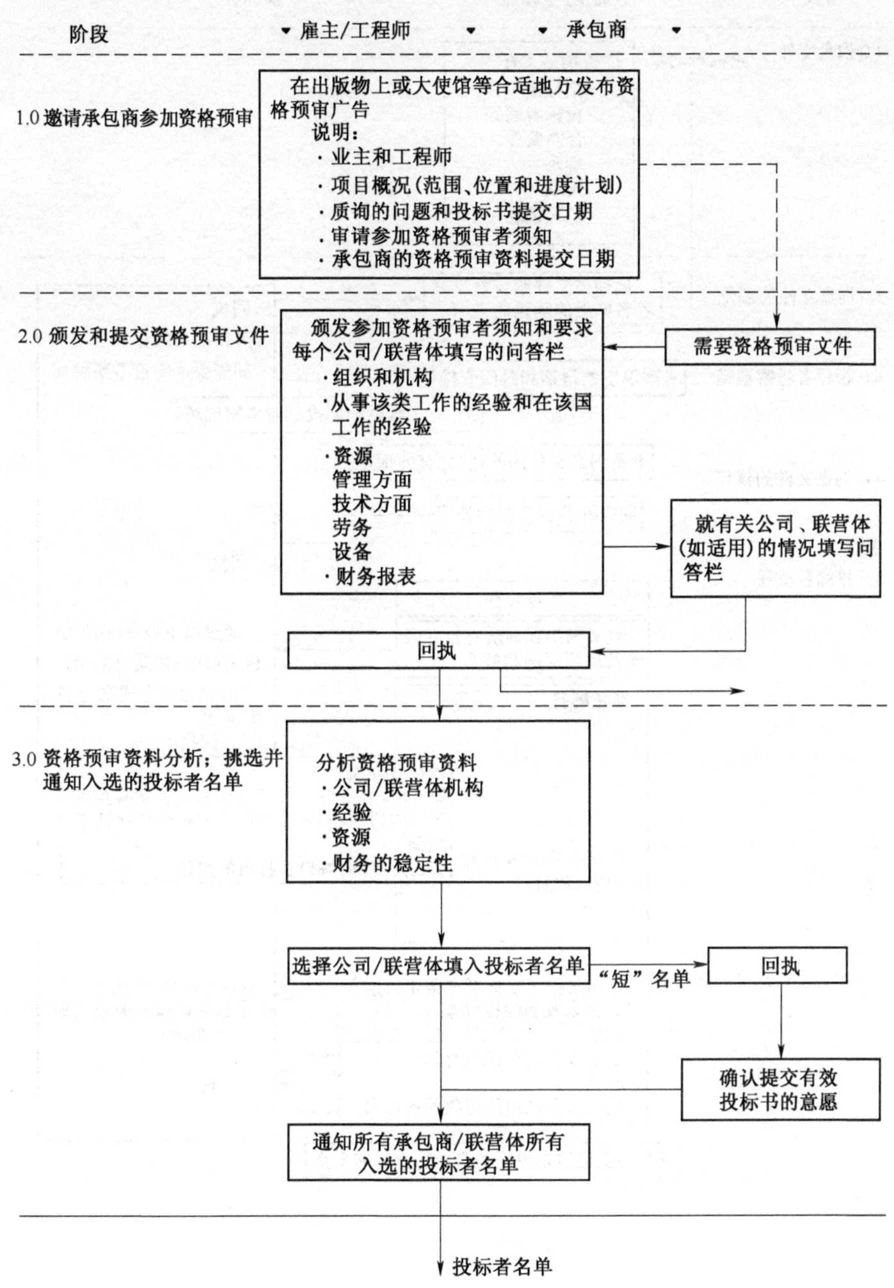

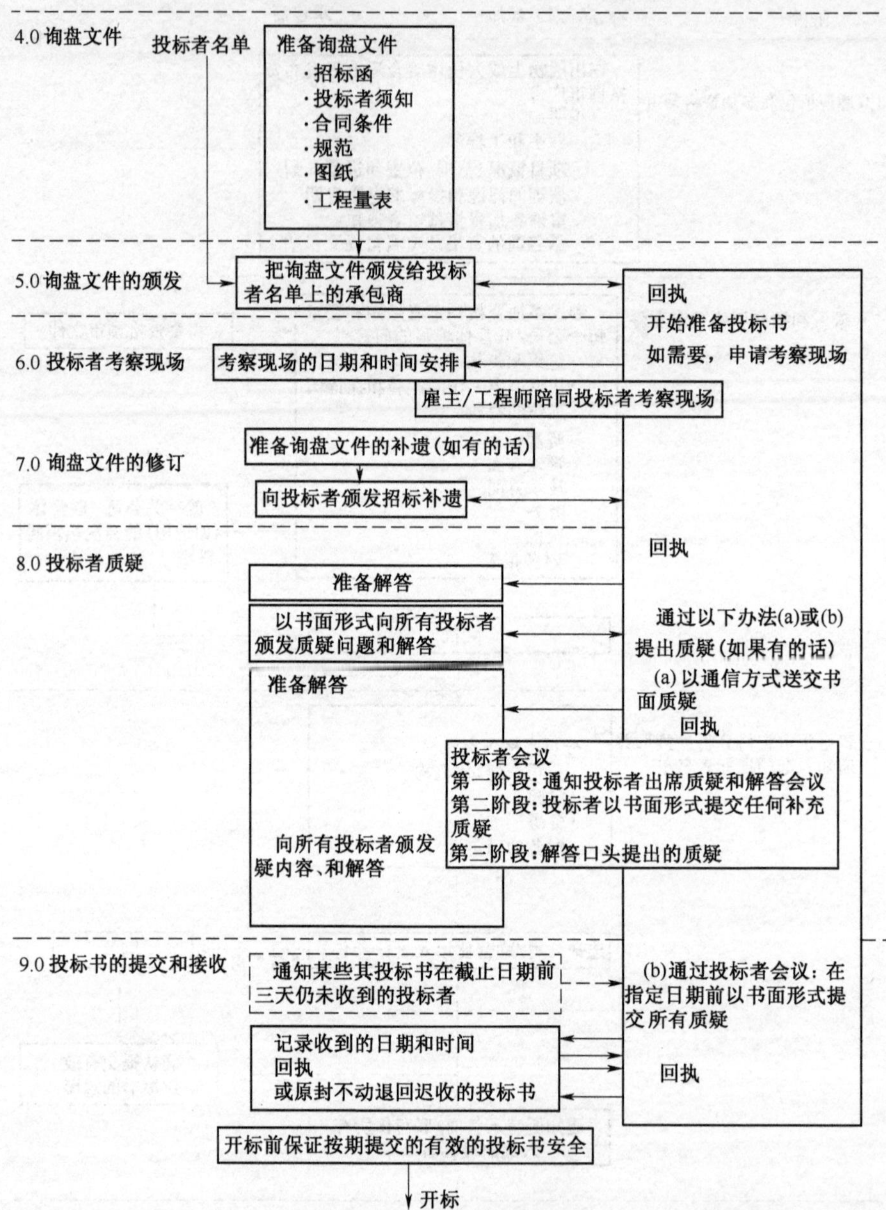
得到投标的推荐程序
阶段
雇主/工程师
投标者
4.0 询盘文件
投标者名单
准备询盘文件
·招标函
·投标者须知
·合同条件
·规范
·图纸
·工程量表
5.0 询盘文件的颁发
把询盘文件颁发给投标者名单上的承包商
回执
开始准备投标书
如需要，申请考察现场
6.0 投标者考察现场
考察现场的日期和时间安排
雇主/工程师陪同投标者考察现场
7.0 询盘文件的修订
准备询盘文件的补遗(如有的话)
向投标者颁发招标补遗
回执
8.0 投标者质疑
准备解答
以书面形式向所有投标者颁发质疑问题和解答
通过以下办法(a)或(b)提出质疑(如果有的话)
(a) 以通信方式送交书面质疑
回执
准备解答
投标者会议
第一阶段：通知投标者出席质疑和解答会议
第二阶段：投标者以书面形式提交任何补充质疑
第三阶段：解答口头提出的质疑
向所有投标者颁发疑内容、和解答
9.0 投标书的提交和接收
通知某些其投标书在截止日期前三天仍未收到的投标者
(b)通过投标者会议：在指定日期前以书面形式提交所有质疑
记录收到的日期和时间
回执
或原封不动退回迟收的投标书
回执
开标前保证按期提交的有效的投标书安全
开标

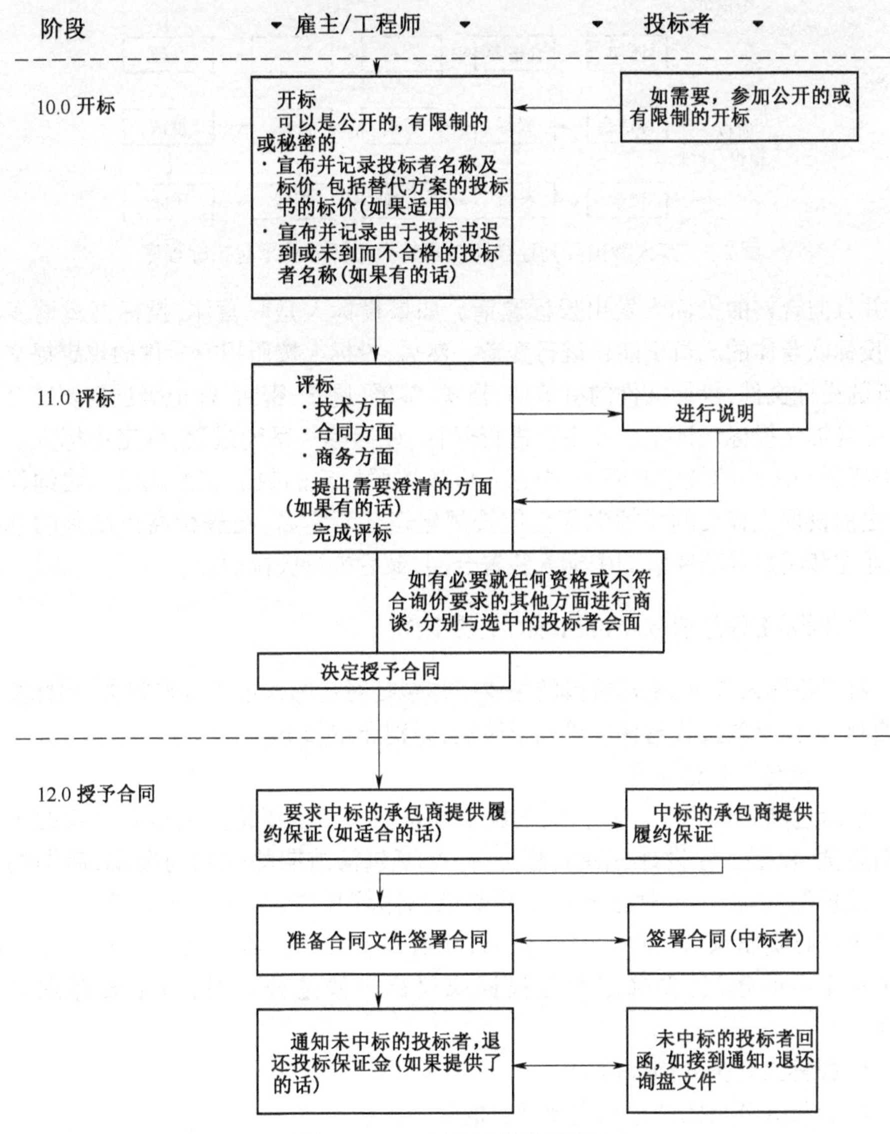

图 2-4　FIDIC 推荐的招标流程

组织开标。业主应该确定投标人的标书是否对招标文件的实质性要求做出了响应，业主也可以要求投标人在合理的时间范围内提交必要的信息或文件，校正或补充第一阶段投标书中的非实质性的遗漏，然后在对投标书进行详细的技术评价的基础上确定投标人的投标文件是否合格，并向投标人发出通知。第一阶段合格的投标人才有资格参加第二阶段的投标。

在第二阶段投标之前，同样要召开标前会议，对于发现的问题和疑问进行澄

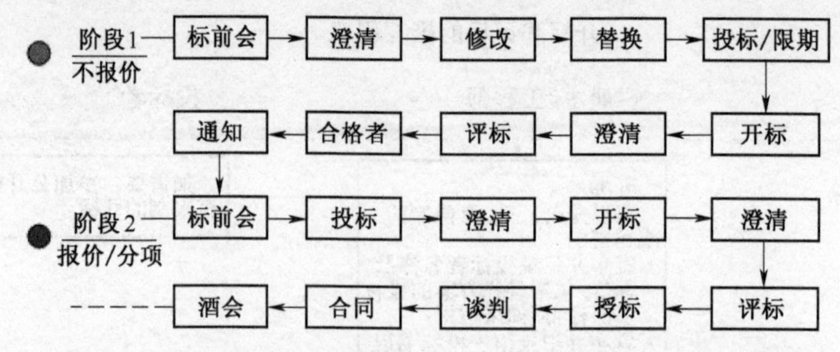

图 2-5　某大型国际高速铁路项目轨道上部分总承包招标程序

清,并且向合格的投标人发出投标邀请。如果投标人是联营体,投标书邀请发出后,投标联营体的成员不能再进行变动。然后,投标人按照招标文件的规定提交已报价的投标文件,投标文件的有效期、格式、签署、提交、密封、标记等过程要符合规定,并且提交投标保证金。业主再进行开标、评标等一系列过程,确定中标人。发出中标通知之后的规定时间内,中标人应该按照规定的数额和方式缴纳履约保证金,之前投保人提交的投标保证金应按规定退还。之后,在进行商务谈判的基础上,业主和满足各项要求的中标人签署合同,最后举行庆祝酒会。

二、国际工程总承包项目招标的主要工作

对于招标人来说,招标阶段的主要工作包括对投标人进行资格审查、招标文件的编制、投标书的接收与评审等几个阶段,分别介绍如下。

(一)投标人资格审查

总承包项目区别于一般传统的施工承包的一个主要特点就是其承担的工作范围更宽,包括工程设计、采购、施工等,甚至包括前期的规划与勘察、后期的运营与维护等,因而业主对总承包商的要求总体较高,在选择潜在的投标者时,无论是否进行资格预审,都对投标者的资格有严格要求。根据美国设计建造工程总承包学会的建议,在确定参与投标或议标的候选公司时,应主要考虑以下因素:

1. 投标人财务与担保能力;
2. 投标人项目团队承担类似项目的经验;
3. 过去的设计表现与技术特长;
4. 职员的经验;
5. 承担工程总承包项目的经验;
6. 投标人的组织与管理计划的完善性;
7. 投标人质量管理计划的完善性;
8. 投标人过去控制项目预算的表现;
9. 投标人过去控制工期的表现。

审查投标者资格的方式可以是进行正式的资格预审(Prequalification)和资格后审(Post-qualification),也可以是业主派遣其项目评审团(Jury)对潜在的投标人进行细致的实地访问(In-depth Interview),确定是否有投标或议标资格。

资格预审是指招标人在发出投标邀请书或者发售招标文件前,按照事先确定的资格条件标准对申请参加投标的投标候选人进行审查,选择合格投标人的活动。招标人根据工程的特点、规模、地理位置和时间要求,按照公开性原则,以文件形式明确资格条件标准、资格预审申请书的格式和内容,投标申请人按招标人要求的格式和内容提供资料,招标人按照资格预审文件中公布的评审方法进行评审,按照择优选择的原则确定合格投标人名单。理论上讲,资格预审合格的投标人中的任何一个投标人都应当具备能够按照合同要求完成招标项目的能力。资格预审的目的是为了创建一份具有适当的经验、资源、能力和愿意承建该工程的候选承包人名单。工程业主和国际承包商都十分重视投标前的资格预审,把资格预审看成是招标、投标的第一轮竞争。

对于招标人来说,事先通过资格预审,可以筛选出少数几家确有实力和经验的承包商参加第二轮竞争。由于进行了资格预审,招标人对潜在的中标者心中有数;同时,由于淘汰了一大批基本不合格的承包商,可以减少评标工作量,提高评标效率。对于承包商来说,通过预审,可以减少一批投标竞争对手。对于不合格的投标人,可以节省投标费用,避免参加徒劳的投标竞争。

资格后审是指在开标后对投标人进行的资格审查。资格后审通常采用的形式是业主在招标文件中或者单独发布提交资格审查的规定,要求投标人在提交技术标书、商务标书等文件的同时,提交资质标,业主委托的评标委员会在审查技术标和商务标等投标文件的同时审查投标人提交的资质标,确定投标人是否满足业主的资质要求,最后再结合其他投标文件确定最终的中标人。

鉴于资格后审是在开标后完成的,程序相对简单,下面重点介绍业主进行资格预审的详细程序。

1. 编制资格预审文件

资格预审文件的编制者一般是业主或设计咨询公司。资格预审文件通常是一系列表格,尽管不同项目的资格预审文件内容可能有所不同,但概括起来一般包括:工程简介、简要合同规定、资格预审文件说明、要求填写的各种报表等。

(1)工程简介。主要包括①工程内容介绍:工程的性质、工程范围、质量要求、开工时间、工程进度要求、竣工时间;②资金来源:政府投资、私人投资、国际金融组织贷款,资金落实程度要写清楚,已经得到资金还是正在申请资金;③当地自然条件:气候、降雨量、气温、风力、冰冻期、水文地质等;④工程合同的类型。

(2)简要合同规定。说明合格投标人的要求和条件、关税和劳务要求、支付外汇的限制、投标保证和履约保证、联营体投标、评标优惠、仲裁条款等。

(3)资格预审说明。主要包括①准备申请资格预审的投标人必须回答资格预审文件所附全部提问,并按其提供的格式填写。如以联营体或合伙公司的合伙人名义申请,各方必须提交各自的完整的资格预审格式,同时提交联营协议(由哪方负责、各自股份的比例等);②业主根据资格预审文件判断投标人资格能力的几个方面:财务、施工经验与履约情况、人员和设备等;③资格预审的评价前提和标准。前提是提交的自身材料必须真实准确,标准就是业主对投标人资格预审的评分标准,包括每项的最高和最低分数限制等要求。

(4)要求填写的各种报表。这里的报表主要包括资格预审申请表、管理人员表(拟派往本项目的关键人员和劳务)、施工机具设备表、财务状况报表、最近若干年完成工程的合同表(施工经验记录)、联营体意向声明或称联营体情况表、银行信用证、宣誓表等。

需要说明的是,具体的总承包模式不同,业主的要求也会有不同。例如有的业主前期工作比较深入,已经有了初步的设计,需要总承包商做的就是深化设计以及后期的其他工作,这时业主的要求就会相对更具体;有的业主前期工作很少,仅仅靠一份招标公告和对于基本要求的说明就直接与总承包商谈判,这时业主的要求就会更模糊,这就对总承包商提出了更高的要求。

2. 刊登资格预审广告

资格预审广告应刊登在国内外有影响的、发行面比较大的报纸或刊物上。内容应包括:工程项目名称;资金来源;工程规模(工程量);工程分包情况;投标人的合格条件;购买资格预审文件的日期、地点和价格;递交资格预审文件的日期、地点、时间。

3. 出售资格预审文件

在指定的时间、地点出售资格预审文件,资格预审文件的售价不能太高,以免影响投标人的积极性,仅收资格预审文件的成本费。资格预审文件的发售时间为从开始发售时至截止接受资格预审申请时为止。

4. 对资格预审文件的答疑

针对投标人的疑问,主要是对文件的理解困难或业主在编写文件中存在错误等,以书面形式(电传、电报、传真、信件等)进行答复,并将问题或疑问及书面回答下发给所有投标人。

5. 报送资格预审文件

投标人应在规定的截止资格预审时间之前报送资格预审文件。在报送截止时间之后,不接受任何迟到的资格预审文件,投标人在资格预审截止后不能对已报的资格预审文件进行修改。

6. 澄清资格预审文件

业主在接受投标人报送的资格预审文件后,可以找投标人澄清资格预审文件中的各种疑点,投标人应按实际情况回答,但不允许投标人修改资格预审文件的实质内容。

7. 评审资格预审文件

按照预先设定的标准对各个投标人的资格进行审查、评审、打分。

8. 向投标人通知评审结果

招标人(或业主)以书面形式向所有参加资格预审者通知评审结果,在规定的日期和地点发售招标文件。

(二)招标文件的编制

无论是竞争性招标还是议标,业主在前期都需要编制一些文件,作为招标或议标的基础。议标的文件常常由业主或业主委托的咨询公司编制,其主要文件是项目的总体功能性要求,然后邀请相关总承包商依据项目总体功能性要求来提交项目实施方案,包括设计、采购、施工、试运行、运营、维护等,同时双方对各类技术与商务条件进行谈判。对于议标项目,业主前期的文件编制工作相对较少,但后期谈判的过程较为复杂。对于招标的总承包项目,招标文件的编制相对完整,而后期的合同谈判则相对简单些。

招标文件中应明白无误地向承包商(或供货商)介绍工程项目有关内容的实施要求,包括工程基本情况、工期或供货期要求、工程或货物质量要求、支付规定等方面的各种信息,以便承包商据之投标。尽管在招标过程中业主一方可能会对招标文件的内容和要求提出补充和修改的意见,在投标和谈判过程中承包商(或供货商)一方也会对招标文件提出一些修改的要求和建议,但是无论如何,招标文件是业主一方对工程或货物采购的基本要求,是不会做大的变动的,一般说来,招标文件95%左右的内容成为合同的内容,而合同则是在整个项目实施和完成过程中最重要的文件,因此,招标文件的编制是一项非常重要的工作。

编制招标文件时要遵守以下原则:遵守国家的法律和法规;遵照国际惯例;正确处理业主和承包商的利益;反映项目客观情况;内容准确,用语严谨。

总承包项目招标文件通常由下列各部分构成:

1. 投标人须知(Instructions to Bidders):主要告诉投标者招标文件的组成、编制和递交投标书的注意事项以及开标、评标等程序。

2. 通用合同条件(General Conditions of Contract):这一部分主要告诉投标者,若投标成功,总承包合同签订时将采用的合同条件。国际上不少总承包项目直接采用FIDIC 1995年或1999年的总承包合同条件范本。

3. 专用合同条件(Particular Conditions of Contract):这主要是对通用条件相关内容的具体化、补充或修改。也有的EPC合同将通用条件与专用条件合二为一。

4. 业主的要求(Employer's Requirements):这是总承包项目招标文件中的一个核心组成部分,是总承包商投标的基本依据。它主要提出了业主对项目总体目标的要求,包括主要工作范围、质量要求以及技术标准要求等,所以有时这一部分内容也被分别称为“工作范围”(Scope of Work)和“技术规程”(Specifications)。在实践中,根据业主的前期工作的深度,该文件有时比较详细,有时却十分粗略。亚洲开发银行对编制此部分招标文件给出下列建议：

在业主的要求中，应准确地规定其完成工程的具体要求，包括范围与质量。若竣工后的工程性能可用定量条件界定，如某制造厂的产出或者某电站的最大发电能力，则在业主的要求中不但明确规定业主要求的确定值，而且还应给出业主可接受的偏差的上下限。同时有必要明确规定竣工检验，以确认竣工工程符合规定的要求。在业主要求中，还应规定承包商提供的相关服务和提供的货物，如培训业主的人员以及提供消耗品或备件。尽管对业主的要求规定应尽量精确，但应避免过分详细地规定某些细节，以便能够发挥交钥匙方式所能带来的好处与灵活性。

5. 投标函和附录格式（Letter of Tender and Appendix）：这部分是为承包商编写的投标函和附录一个标准格式，承包商投标时只需按要求简单填写。在议标项目中没有此部分文件。

6. 建议书格式（Form of Proposals）：这一部分是业主为承包商投标所编制的标准格式，承包商按要求填写。建议书通常包括技术建议书（即技术标）和商务建议书（即商务标）。

7. 各类范例格式（Sample Forms）：这些格式主要是投标或中标后需要承包商提交的各类保函格式，包括投标保函格式（Form of Bid Security）、合同协议书格式（Form of Contract Agreement）、履约保函格式（Form of Performance Security）、预付款保函格式（Form of Advance Payment Guarantee）等。

8. 各类明细表（Schedules）：这部分主要包括工程量清单表、价格表、支付计划表、调价公式表（根据具体合同的要求，该部分可选）、主要施工机具一览表、关键人员一览表、分包商一览表等。其中价格表表述的是设计、采购、施工、运营、维护等工作的分项价格，又可分为若干子表，如设计图纸与文件价格表、永久设备供货价格表、土木工程及安装与其他服务价格表、备件供应价格表等。在实践中，有的招标文件将此部分纳入技术建议书和商务建议书中，不再单独列出此类明细表。

9. 图纸与相关项目资料（Drawings and Project Information）：这部分资料主要是业主前期工作的一些文件成果。有的总承包项目的工程设计工作主要由承包商负责完成，因此在招标阶段并没有详细设计文件，但有时业主会将前期所做的概念设计图纸（Conceptual Design Drawings）以及相关资料作为一项内容纳入招标文件，作为阐释业主要求的补充内容，从而方便投标者了解业主意图，并有利于总承包商在实施期间做设计深化。

（三）投标书接收与评审

1. 标书的接收

投标书的包装方式为密封投标，并分为内外两层包装，外层不允许出现投标人任何情况，只可出现项目名称、招标人情况，而在内层封面上标记投标人的详细情况，如名称及地址等。

投标文件一定要在投标截止日期之前寄达或由专人送达招标方规定的地点。

对在投标截止时间前收到的标书，招标方要做好登记并编号。迟于投标截止时间的标书不予考虑。在投标截止时间后不得再修改投标。

2. 开标

开标应在招标文件规定的时间、地点公开进行，投标人或其代表可以参加。开标时由招标人当众打开密封的投标文件，进行唱标。公布投标人名称、投标价格、投标价格修改（折扣）、投标撤销、有无投标保证或招标方认为有必要公开的其他情况。投标人可以记录，但不得查阅标书。开标后，投标人不得更改标书的实质性内容，但在业主要求时可作一般性说明和不改变投标实质的澄清。

开标时要做好记录，世界银行贷款的招标项目还要向世界银行提交开标纪要。开标只宣布各家报价名次。开标后即进入评标阶段。

3. 评审

(1)评标组织

通常在招标机构中设置由招标机构组织的专门评审委员会或评审小组进行评标工作。由于选定最佳的承包商不能仅从其总报价的高低来判定，还要审查投标报价的一些细目价格的合理性，审查承包商的计划安排、施工技术、财务安排等。为了保证评标工作的科学性、公正性、权威性，评审委员会或评审小组一般由业主单位、咨询设计单位、资金提供单位等单位的代表以及有关方面（技术、经济、合同等）的专家组成。评审委员会或评审小组的成员不代表各自的单位或组织，也不应受任何个人或组织的干扰。

有些招标机构可能采取多途径评标的方式，即将所有投标书轮流和分别送给咨询公司、工程业主的有关管理部门和专家小组，由它们各自独立进行评审，并分别提出评审意见；而后由招标机构的评审委员会进行综合分析，写出评审对比和分析报告，交招标委员会讨论决定。

一般情况下，评标组织的权限只是评审、分析比较和推荐。决标和授标的权利属于招标委员会和工程项目的业主。

(2)评审因素与标准

无论公共工程项目还是私人投资项目，项目业主都需要通过该项目达到其所确定的目标，满足政治、经济、社会方面的需求。在总承包模式下，项目目标是通过总承包商的工作来实现的。业主通过招标以及评标，希望选择出能够实现这些目标的总承包商。一般来说，工程建设项目必须最大限度地将以下方面控制在既定目标之内：一是工程造价；二是工程质量；三是建设工期；四是工程安全；五是环境保护。其中前三个属于业主从自身利益考虑使得项目的投资具有可行性所必须达到的目标，后两个则是从满足社会、法律、环境等因素考虑需达到的目标。总承包商的技术水平、投标报价、管理水平等是决定是否达到上述目标的关键因素。从评标指标来说，上述五个方面的目标方面又可以分为商务、技术和管理三大方面的指标。

①商务指标

商务指标的评价以控制业主的工程造价为目的,因此投标报价是业主评判投标书的一个重要因素。对于工程总承包项目,在满足业主招标要求的条件下,投标者的报价可能基于不同的设计方案,因此不但需要考虑投标者的工程报价,而且还应考虑由于不同的设计方案所导致工程完成后在整个寿命周期中的运营费。运营费越高,该项指标的得分就越低。此外,还应考虑投标者投标报价组成的合理性,比如整个总承包项目报价可以分解为设计、采购、施工、运营、维护等多个大项的费用。有的投标者采用不平衡报价,也会导致业主支付一定的隐性不合理费用。这些在商务评审时都应予以考虑。商务指标分解如图 2-6 所示。

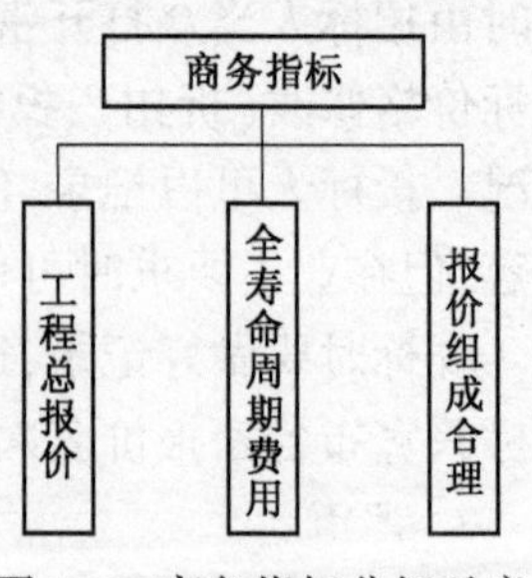

图 2-6　商务指标分解示意

②技术指标

对于总承包的投标,招标文件一般要求投标者根据对"业主的要求"(Employer's Requirements)的理解,提出自己的设计方案。在评价投标者的设计方案时,业主关心的主要因素包括:设计方案的完整性,是否符合业主的要求,是否有偏差(Deviations);设计方案的创新性以及可建造性;整体工程设施在现场地区气候和环境条件下的总体适应性;拟使用的设备和仪器的功能、质量、操作的便利性等;整体工程设施是否达到了规定的性能标准;工程运行期间所需备件的类型、数量、易购性、相应的维修服务等。就施工而言,技术指标主要看总承包商施工方法的科学合理性、先进性,施工机械设备、仪器的充分性、适用性等。技术指标分解如图 2-7 所示。

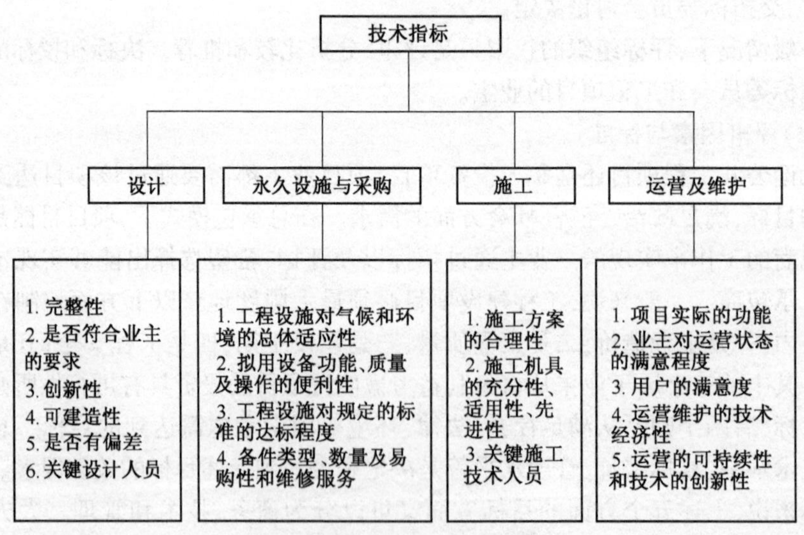

图 2-7　技术指标分解示意

③管理指标

在技术方案可行的条件下，总承包商是否能按期、保质、安全并以环保的方式顺利完成整个工程，主要取决于总承包商的管理水平，管理水平则体现在总承包商项目管理的计划、组织和各种控制程序与方法，包括选派的项目管理团队的组成、分包计划、整个工程的设计-采购-施工计划的周密性、质量管理体系与 HSE 体系的完善性等。具体而言，这主要体现在项目人力资源配置的合理性上，尤其是项目经理与其他关键管理人员的综合素质和管理经验。管理指标分解如图 2-8 所示。

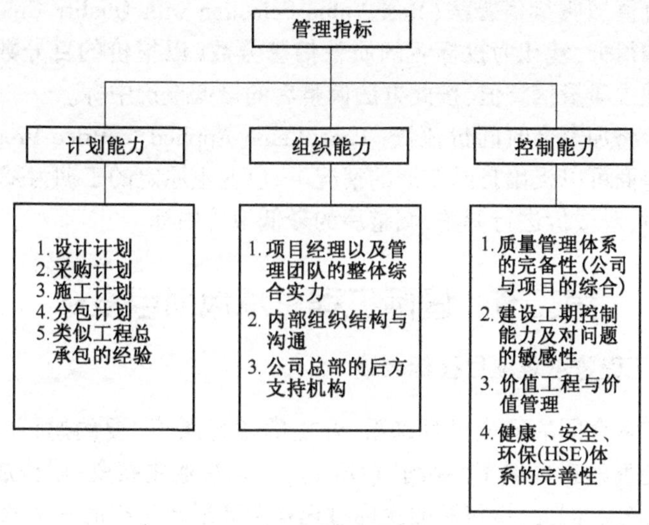

图 2-8　管理指标分解示意

（3）评审方法

按照国际工程通行做法，在选择设计、咨询单位时，主要依据的标准是技术方面的内容（Quality-based Selection），而价格处于次要地位；而选择施工承包商的依据则相反，在技术方面符合要求的情况下，主要依据投标价格。由于总承包项目的招标是将设计、采购、施工、试运行、运营、维护、培训等多项内容综合在一起，因此最常用的评标方法是采用加权综合评价法进行评标。

综合评价法简明、直观，如果能够合理分配各项指标的权重，组建高水平的专家评审委员会，这种方法可作为评选最佳总承包商的一种有效手段。

综合评价法的具体步骤是：

1）首先确定评标指标体系，将评标内容分类归纳为综合指标；

2）确定指标权重以及每一指标的评分规则（如以百分制计算，60 分以下为不符合本项要求，60~75 分为基本符合，76~90 分完全符合，90 分以上完全符合并有所创新）；

3）专家打分；

4）将各项指标的得分乘以相应权重，并累加各指标项得分，确定投标者的综合得分,分高者则中标。

技术标与商务标的权重设计对评标结果影响很大,业主根据项目的具体情况以及自身的特殊要求赋予每个指标的权重也不相同。一般来说,技术复杂的大型项目,技术标权重会高些,反之则相反。通常权重幅度可以设定为技术标占 20%~50%,商务标占 50%~80%。

除了加权综合评价之外,其他常用的方法还有:

①最佳价值得分法(Best Value Score):将技术分除以投标报价,高分者中标。

②最佳价值加质量信誉法(Best Value Selection with Quality Credit)。该方法根据技术标的得分,转化为投标者的质量信誉分数(以报价的百分数表示),然后用投标报价减去质量信誉值,按此方法调整后的最低报价中标。

③投标价格加资金时间价值法(Time Value Applied to Price Proposal)。在业主允许总承包商可以提出自己工期的情况下,以业主原定的工期为基准,在考虑资金时间价值后,对报价进行调整,调整后的最低报价中标。

第二节 国际工程总承包项目投标

一、国际工程总承包项目投标概述

从国际工程合同的形成过程来看,业主的招标属于"要约邀请"(Invitation to Offer),而承包商的投标属于"要约"(Offer),一旦被业主接受,就构成了合同的一个重要组成部分。因此,承包商的投标过程是合同形成过程的一个核心环节,也是承包商合同管理前期的一项重要工作。

国际总承包项目投标流程与其他项目类似,一般包括市场调查、项目跟踪、项目投标决策、投标组织、招标文件购买与研究、现场考察、招标文件质疑与答疑、投标书的编制与递交、投标答辩等,但由于大部分总承包项目的业主完成的前期工作一般较少,招标文件中提供的项目信息不完整。因此总承包项目的投标工作的内容相对复杂,需要关注的问题也比较多。

(一)投标程序简介

国际工程承包商,为了占领承包市场,扩大业务范围,就必须参与投标竞标工作。而参与国际投标活动,不仅要花费投标者大量的精力和时间,还要耗费大量的金钱。因此,首先应认真研究投标的可行性,包括投标成功的概率以及投标中将会遇到什么风险,以决定是否去参加投标竞争。如果决定参加投标该工程项目,则要组织本公司的投标专家,认真做好投标报价。投标工作流程如图 2-9 所示。

(二)影响投标的因素

国际工程项目投标报价需要根据工程项目所在国以及项目本身的实际情况进行具体的分析,分析和研究投标报价的影响因素及其影响程度,在此基础上确定合理的报价原则和报价水平。

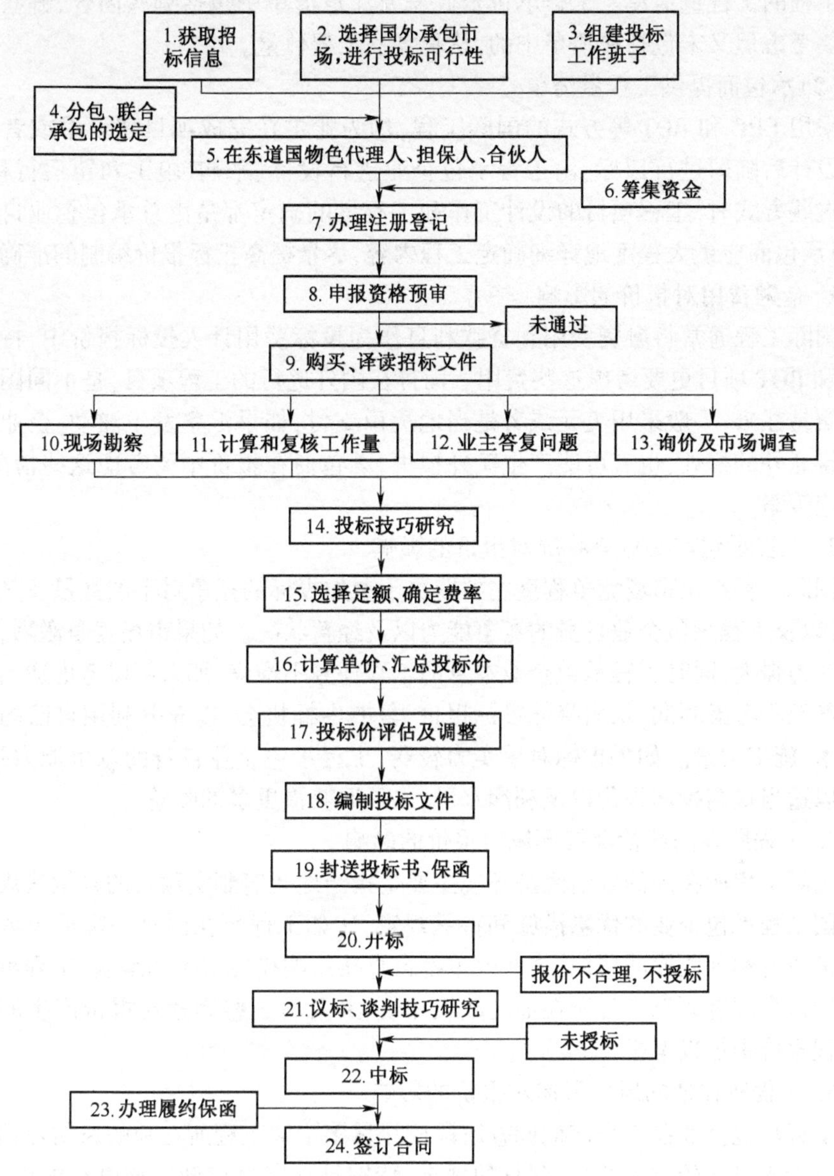

图 2-9　国际工程项目投标流程

1. 工程量准确程度对报价的影响

国际工程投标报价通常采用工程量清单计价方式,工程量清单是承包商投标报价的重要依据。有些项目业主在招标文件中已包含有编制好的工程量清单,也有的项目业主未提供工程量清单,需要承包商自己编制。

(1)业主提供工程量清单

这种方式主要用于竞争性投标的国际工程,一般由业主向工程承包企业提供招标工程的工程量清单。工程承包企业需要注意清单中包括哪些内容,哪些内容是需要考虑但又未包括在清单中的,认真复核工程数量。

(2)承包商提供工程量清单

采用EPC和BOT等方式的国际工程,均为业主在完成项目建议书或者前期方案设计后随即进行招标,由工程承包企业进行设计、采购、施工乃至运行移交。采用这些方式时,工程项目的设计工作和工程量的确定都是由总承包企业自行完成,总承包商应最大程度地详细确定工程内容,尽量提高投标报价编制的准确度。

2. 金融费用对报价的影响

国际工程通常将融资费用和贷款利息作为投标费用计入投标报价中,特别是EPC和BOT项目更要考虑这些费用。而且在国外进行的工程项目,是不同国家之间的贸易往来,一般采用美元或者是当地货币支付,如果汇率发生波动,企业有可能获得意外的好处,也有可能产生额外损失,承包商在报价中要考虑这些情况,采取相应策略。

3. 工程承包市场竞争状况对报价的影响

国际工程承包市场竞争程度主要取决于参加投标的竞争对手的数量及其竞争能力,以及工程承包企业自身的竞争能力以及经营状况。如果市场竞争激烈,投标对手实力强大,同时工程承包企业本身的工程任务不饱满,那么可以考虑适当降低利润甚至不考虑利润,从而降低投标报价,争取中标机会,以充分利用自己的闲置的技术、施工力量。如果投标对手实力较弱,工程承包企业自身的竞争能力强,那么可以适当提高投标报价以及利润水平,以争取获得更多的收益。

4. 工程所在国政治经济环境对报价的影响

国际工程所在国的政治经济环境主要是指当地政府制定颁布的政策法规以及对外国工程承包企业的优惠措施和特殊规定,比如工程所在国对外国承包者的免税政策或者额外收取的费用,这些政策都会直接影响投标报价的编制,工程承包企业必须认真调查研究工程所在地的政策法规,并且将这些因素对报价产生的影响在工程报价中加以考虑。

5. 工程所在地的风俗习惯对报价的影响

工程承包企业在工程前期调查阶段应尽量多了解工程所在地的风俗习惯以及成文或者不成文的有关节日、假日的规定,特别是在宗教信仰传统已久的国家,调查不充分常常会使工程在实施过程中陷于被动。例如,有的国家节假日非常的多,节假日当地工人不能上班,导致工程的生产效率降低,如果计划中不加考虑,将严重延误工期。

二、国际工程市场机会跟踪与调查

(一)国际工程市场机会跟踪

投标前应当进行大量准备工作,只有准备工作做得充分和完备,投标失误才会降到最低。投标前,要通过广泛收集信息和认真筛选,选择好适合本公司的项目,并密切进行跟踪,直至确定投标项目。

招标信息对投标是非常重要的。所谓招标信息,是指为决定是否参加投标所需要了解的情况,包括招标项目名称、招标货物或工程的大体内容、招标货物或工程中的“标”与“包”如何划分、资金来源、招标者名称、招标大体日程安排(如刊登招标或预审通告、发行招标文件、投标截止、开标)等方面的信息。

对于投标人来说,及早通过各种途径来获得招标信息,可以争取更多的时间准备投标。尽早获得招标信息的一种重要途径,是与潜在业主保持长期稳定的联系。在业主进行项目评估、可行性研究或准备招标阶段,积极与招标者保持沟通,并根据情况派人前往洽谈,及早了解招标者对招标的总体计划及要求。

国际工程招标,都通过一定渠道发布招标信息,以下是国际招标常用的一些信息发布渠道:

1. 通过国际金融机构的出版物

凡使用世界银行、亚洲开发银行等国际性金融机构贷款的项目,都要在世界银行的《商业发展论坛报》、亚洲开发银行的《项目机会》上发表。

2. 通过一些公开发行的国际性刊物

《发展商务报》(Development Business)、《工程新闻记录》(Engineering News Record,ENR)、《国际建设周刊》(International Construction Week)、《国际建设》(International Construction)、《中东经济文摘》(Middle East Economic Digest,MEED)等。

国内的此类刊物有《中国日报》(China Daily)、《国际经济合作》等。

3. 通过公共关系网和有关个人接触

国际承包公司可通过国外的代理或私人朋友获得一些项目的招标信息,这也是国际上很普遍的做法。企业可以通过这些渠道,以及通过宣传资料、广告等形式宣传自己的专长、实力、业绩,扩大企业的知名度,这既可增加获得信息的机会,也可能增加得到业主投标邀请的机会。

4. 通过对外承包商会、政府有关部门或驻外机构

这些机构的人员与当地政府和公司接触频繁,因此信息资源丰富。一些同家如中亚五国,在出售招标文件前会向外国使馆通报有关招标项目的具体情况,吸引外国公司参加投标。

驻外机构人员因长期生活和工作在特定国家,对当地政府的宏观投资政策以及当地的法律法规都有很详细的了解,是承包工程不可或缺的信息来源。

5. 通过与各国驻我国机构等部门

如各国使馆、联合国驻华机构或世界银行驻华机构等。

6. 通过国际信息网络

在当前的信息化社会,利用国际信息网络也是国际承包商获得项目信息的重要来源之一。

(二) 国际工程市场调查

对招标工程项目所在国的市场进行调查,是投标者决定是否参与竞争所必须的工作。为了弄清楚影响投标和工程实施的各种因素,减少工程中的风险,投标者应该结合工程项目对工程所在国或所在地区的政治、经济、法律和自然条件等进行调查分析。具体调查内容一般包括(但不限于)如下方面:

1. 政治环境

有关工程项目所在国政治环境的调查,主要是看该国政局是否稳定,有无发生政变、内战、暴乱的可能性,并分析该国政局对工程实施可能产生的影响,如是否会因政权更迭引起工程中断或取消,从而使承包商造成经济损失。还应了解工程招标国的对外关系及外交立场,以及与投标者所在国的政治、经济和外交关系。如果招标国与投标者所在国关系友好,不仅投标命中率较高,而且在工程实施过程中会得到各方面的支持和帮助,有利于工程进展。否则,会给施工承包方带来诸如人员出入境、货物运输、工程款支付等一系列困难。

2. 法律方面

①项目所在国的宪法及各种民法:

尤其是有关民事权利主体的法律地位、权利能力和行为能力的规定,所有权与合同的一般关系以及经济合同法中对买卖、供应、租赁、运输、信贷、保险等方面的规定;

②项目所在国的经济法规:

尤其是有关建筑法、公司法、劳动法、环境保护法、税收法、经济合同法、会计法、对外经济关系法、海关法以及仲裁法等方面的法律规定;

③项目所在国的有关各涉外法律规范的规定;

④项目所在国对本项目施工的有关具体规定:

如劳动力的雇佣、设备和材料的进出口、运输机械和施工机械的使用等方面的有关法令、规定等。

这些法律法规要尽可能找到最新颁布的文件原文。

3. 市场方面

市场方面内容很多,调查研究的工作量很大。诸如:当地施工用料供应情况和价格水平(特别是当地砂、石等地方建筑材料货源和价格,有无可能自己开采,是否征收开采时的矿山使用费等);当地设备采购条件,租赁费用,零配件供应和机械修理能力等;当地生活用品供应情况、食品供应及价格水平;当地劳务的技术水平、劳动态度、雇用价格及雇用当地劳务的手续、途径等;当地运输情况、车辆租赁价格、运费水平、汽车零配件供应情况、燃料价格及供应情况、公路及桥梁管理的有关规定、当地司机水平、雇用价格等;有关港口和铁路的装卸设施及能力、费用以及管理有关规定等;空运条件及价格水平;水陆联运情况及价格水平;当地近 3 年的物价指数变化情况等。

4. 金融情况

金融情况应该收集该国主要银行有关外币汇率、计息办法、工程付款确认办法、保险公司有关规定、开具保函办法等。

5. 地理环境

施工现场及其附近的地形、地貌和土壤地质情况；施工现场的水文情况，如江河、湖泊、地下水的深度与水质等；施工现场及其附近的气象情况，如年最高最低气温、冻土层深度、主导风向、风速、年降雨量及雪量；施工现场交通运输及附近的地理条件对于物资运输及施工的可能影响，如当地公路情况、桥梁情况等。

6. 项目所在地的其他情况

除以上几方面调研分析外，其他的调研还应包括文化环境、生产能力、生活水平、人均产值、当地民情风俗、宗教信仰等；还应了解业主的支付能力和信誉、该国有无自己编制的工程合同条款、条款内容与国际通用合同条款有哪些出入、有哪些特殊规定和要求、对承包商承包工程有哪些特殊要求等；此外，当地政府办事效率、当地官员廉政情况、当地工人技术水平和生产效率，也是投标报价和决策的重要因素。

7. 其他公司的投标报价资料

收集其他公司以前的投标报价资料，可做为自己投标的参考，但因牵涉到每个公司的切身利益，这种情报一般都是互相保密的，因而不易获取，但并非完全不可能。例如可找一些代理人或当地商人讨论分包或合营，找信息公司或找不同行的本国公司，调查已实施的工程价格等。

三、投标前期工作

（一）项目招标文件的研读

业主的招标文件是编制投标书的主要依据，在某些情况下甚至是惟一的依据。因此，一定要精细地研究业主的招标文件，弄清各种关系要素。收到招标文件后，首先要快速浏览相关要求，以了解标书中的规定是否与公司自身条件相符，如果符合公司业务范围及施工能力，再对标书进行详细的研读；同时通过一些业主所在国或周边国家施工兄弟单位来了解相关情况。阅读时要着重注意以下几个方面：

1. 分清承包商的责任和报价范围，不要发生任何遗漏；

2. 了解各项技术要求，以便制定先进合理的施工方案；

3. 及时调查工程所在地工、料、机等的市场价格，避免盲目估价；

4. 弄清开、竣工日期及总工期的要求及奖罚条件，以便制定合理的施工进度计划；

5. 弄清工程款支付条件、有无工程预付款、结算方式、拖延付款的责任和利息支付等，以便做好资金使用计划；

6. 弄清有无特殊材料、设备及施工方法要求，以便提前采取相应对策措施；

7. 弄清工程量清单中各分项工作包含的内容,防止漏项发生;

8. 弄清总包与分包的规定,以便当自身施工能力不足时进行合理分包及协作;

9. 弄清施工期限内的涨价补偿规定,以便报价决策时充分考虑利益风险等因素;

10. 对含糊不清的问题,及时提请招标单位予以澄清,包括合同条款、施工范围、报价等。

(二)项目投标调研

针对工程项目所在地的实地考察和项目本身具体情况的调研,对于正确考虑设计方案、施工方案及合理计算工程投标报价有重要的作用。

1. 工程项目所在地的实地考察

(1)工程项目基础数据和条件。主要是指对生产性工程项目的矿区原材料储量、埋藏深度等地质情况,以及对该地区生产人员来源的文化素质、技术素质和当地的技术经济协作条件等进行了解,以确定该项目设计原则,如,采取技术密集型或劳务密集型的生产设计原则、配套单项工程设置原则(如,机修厂能力)等,为EPC/交钥匙项目提供可靠的工程项目设计基础资料,这对工艺设计方案、地基工程设计方案、设备选型方案、工厂定员配置、施工方案和商务报价都非常重要。

(2)自然环境。主要是指工程项日所在地的气候条件、水文地质条件及自然灾害发生的可能性。水文地质情况直接关系到工程设计、施工进展和经济效益,如热带气候雨量充沛使地基基础工作难以进展,寒带的冬季不能施工,以及冻溶和膨胀对工程的影响,特别是台风、地震、暴风雪、洪水、地方性传染病等,都可给工程开展造成很大困难。若投标者在现场考察时发现水文地质情况与招标文件不符,要特别加以重视,必要时增加勘查数量,这对 EPC/交钥匙项目和施工项目都非常重要。气象与自然灾害则要求工程设计应考虑防风、防水、排水,以及应对施工受阻的措施等。

(3)当地雇佣劳工的技术素质、工种、工效、工资单价、节假日、劳动法规定等情况;租赁施工机械的质量、机型、燃料、动力消耗定额、租赁费等情况。

2. 工程项目具体情况的调查

(1)工程项目的地理位置、技术经济协作条件和交通条件。

(2)工程经过地带的地形地貌。如丘陵地带、低洼地、横坡陡处的边坡稳定、森林稠密处的清场等情况。

(3)当地的水文气象资料。如降雨量、洪水位、台风、飓风和潮水涨落等情况。

(4)地质状况方面。如异常的软土地基、流沙、泥石流、大孔土、海涂地等情况。

(5)有关工程施工的场地布置、临时生活用地等情况;进入工地现场的道路、通电、通信、供水质量及可供数量等情况。

(6)附近可利用或需新建的砂石料场的质量、储量、以及在当地购料和运输的价格等情况。

（三）投标人自身评估

1. 承包公司自我意向评估，即根据经营状况确认：

(1)本承包公司是否迫切需要该项目中标、是否仅为追求利润和扩大影响而投标；

(2)工程项目所在地区本公司是否已确立信誉；

(3)该项目中标后是否可以得到理想的利润。

2. 承包公司对所投标工程的自我技术评估，即在技术上确认：

(1)本承包公司是否具备投标工程所要求的工人技术水平；

(2)本承包公司是否具备完成投标工程所需要的机具及设备；

(3)本承包公司是否具备完成投标工程的设计施工和管理技术；

(4)本承包公司是否已有类似投标工程的经验。

（四）对业主、监理及竞争对手的调研

1. 对业主的调研

对业主的调查研究，主要是弄清其资金来源、资金安排的落实和付款的可靠性，这要分为私营工程、政府工程和国际基金组织贷款工程等来讨论。

(1)属于私营工程项目，投标者对私营业主的支付能力应详细调查，并对其投资来源、资金安排和支付信誉进行了解。国际上有很多房地产开发商，主要靠银行贷款或发行建设债券、股票等来筹集资金，一旦金融市场行情有变，物价上涨或股票下跌等，工程付款和进展就难以得到保证。因此，承包商必须事先调查清楚，才可以参加投标。

(2)属于政府和国际基金组织贷款工程项目。政府工程项目，应调查其工程项目的资金是否已列入国家批准的预算计划之内，是否列入工程项目当期的政府财政拨款计划。应特别注意，即使是国际基金组织贷款的工程项目，有时由于政府的或业主的配套资金短缺，也会导致国际基金组织的贷款不能到位。

(3)应对业主的征地拆迁的进展情况进行调研。征地拆迁不能顺利进行，也会造成拖延付款或阻挠工程顺利进行，使工期一拖再拖，对承包商非常不利。

2. 对监理工程师的调研

监理工程师的性格特点、工作作风对项目顺利实施影响较大。有的监理工程师经验丰富，强调各方的良好合作，处理问题比较灵活，有的则比较僵化，不擅沟通；有的监理对工程计量和结算非常苛刻，有的则相对宽松等。在投标报价时，应充分了解监理工程师的特点，也是正确决定投标策略和报价系数应考虑的一个方面。

3. 对竞争对手的调研

可通过当地银行、代理人或工程界的关系渠道了解竞争对手的相关情况。

(1)应了解可能参加投标竞争的公司名称、国别、及与当地合作的公司名称。对EPC/交钥匙投标项目还应了解他们所掌握的技术专利的情况,如果我们的生产工艺技术没有优势,就应放弃投标。

(2)应着重调查参加竞标公司的实力和报价水平,以及最近几年他们的工程承包业绩和对本项目的投标策略。

(3)了解他们的优势与不足,及对本项目的态度和决心,以便知己知彼,制定自己的投标策略,发挥自己的优势。

(4)如果竞争对手是项目所在国实力很强的公司,考虑是否可以采取与之联合投标。

(五)物资询价和商情调研

物资询价是投标者为购买与工程有关的物资,向供货者发出有关交易条件的询问,投标者通过询价和市场商情调研,了解并确定承包工程所需的物资价格,核算工程成本,编制投标报价。调研应包括下列内容:

1. 工程造价情况。根据招标工程的性质,如生产性工程、公路及桥梁工程、房屋工程等,了解当地刚完工的同类工程的实际造价,便于投标者编制标价时分析对比,权衡其报价是否合理。

2. 当地的建筑材料、设备和施工机械市场情况。调查当地建材市场正常供应及高峰期的市场行情,包括石灰、水泥、沥青、钢材、木材等及其制品的质量和价格,与进口的钢材、木材、水泥等进行比较;设备部分包括永久性工程的设备、部件的质量和价格,以及与进口设备、部件的价格比较;施工机械方面,对购买或租赁进行比较,对需要采购的机械,分析比较不同的采购渠道。

3. 当地的水电燃料等价格水平、供应渠道和条件,能否保证工程项目施工需要,以及应急措施等。

4. 进口材料、设备以及运输情况。主要包括清关、代理、港口、装卸、仓储、公路、铁路、内河运输,以及相关的税费情况等。

5. 当地物资近几年涨价的幅度、主要外币的汇率变化情况及金融收费标准等。以便在投标报价中考虑物价上涨的因素。

(六)其他信息调研

承包商在投标之前,已做了大量的准备和资料收集分析,但这还不够,还必须在正式报价之前,结合招标文件,尽可能多地多地收集相关信息。对于招标文件中不清楚的地方,及时向招标委员会提出质疑,以便及时得到澄清。

四、投标决策

国内外每天都有大量工程进行招标,总承包商要综合考虑各种因素,正确选定投标对象。对于一些总承包项目,招标阶段业主要求尚且模糊,要求总承包商在投标文件中对设计方案的描述达到初步设计甚至更深入的层次深度,承包商不得不投入大量的前期工作,需要消耗大量的时间、人力、物力和财力。据调查,总承包投标的投入可达总承包总报价的0.5%~2%。从发布招标广告到出售招标文件的这段时间,有经验的承包商都要对投标环境、投标项目、自身实力等方面进行客观的、详尽的分析和可行性研究,进而做出投标决策。

(一)投标决策的内容和分类

投标决策主要包括是否参加投标、如何进行投标这两方面的决策。

1. 是否参加投标的决策

是否参加投标的决策也称投标选择性决策。一般有下列情形之一的招标项目,承包商不宜决定参加。

(1)招标工程对承包商的资质要求超过本企业资质等级。

(2)招标工程超出了本企业业务范围和经营能力。

(3)本企业目前任务比较饱满,而招标工程的风险较大或盈利水平较低。

(4)招标工程需要本企业投入的投标资源量过大。

(5)竞争对手在技术等级、信誉、水平和实力等方面具有明显优势且已确定参加投标。

2. 如何投标的决策

如何投标的决策主要包括投标性质决策、投标效益决策两方面,以及投标策略和技巧等。

(1)投标性质决策

投标性质决策也称投标定位性决策。即根据对项目风险及投标人自身情况的判断,确定是否投标以及相应的策略。

①保险标。对可以预见的情况,从技术、设备、资金等重要方面都有了解决的对策之后再投标,即是保险标。对于经济实力较弱,抗风险能力低的企业,往往投保险标。当前,我国施工企业,特别是在国际工程承包市场上,多数都愿意投保险标。

②风险标。明知工程承包难度大、风险大,且技术、设备、资金上都有未解决的问题,但由于队伍窝工,或因为工程盈利丰厚,或为了开拓新技术领域而决定参加投标,同时设法解决存在的问题,即是风险标。

(2)投标效益决策

投标效益决策决定投盈利标、保本标还是亏损标。

①盈利标。盈利标是指承包商旨在获得丰厚利润的投标。

②保本标。保本标是指承包商虽不能获得多少利润但一般也不会出现亏损的投标。

③亏损标。亏损标是指承包商即使中标也会出现亏损的投标。投亏损标是一种非常手段,一般是在下列情况下采用:本企业已经大量窝工,严重亏损,中标后至少可以支付固定人工费,提取机械设备折旧费,使企业维持经营;或是为了在对手

林立的竞争中夺得头标，不惜血本压低标价；或是为了扩大企业的市场份额，挤垮竞争对手；或是为了打入新市场，取得拓宽市场的立足点而故意压低标价。

（二）投标决策的影响因素

影响投标决策的因素很多，归纳起来大致可分为工程、招标人、市场竞争和投标人四个方面。

1. 工程方面的因素。包括工程性质、工程规模、技术复杂程度、工程现场条件、工期、质量要求、交工条件等。

2. 招标人方面的因素。招标方的信誉、项目资金来源、是否要求总承包商协助融资、投标能否在公平的条件下进行、以及招标方对承包商是否有特殊要求等。

3. 市场竞争因素。参加该工程投标竞争的激烈程度、主要竞争对手情况、承揽该项目后对承包商信誉及对以后投标带来的影响等。

4. 投标人方面的因素。拟投标的项目是否在公司确定的发展区域、是否符合公司的长期市场开拓计划、公司有无承担类似工程的经历、技术力量和机械设备能力能否胜任、投入的技术工作量及所能获得的利润是否合理等。

投标要支付一笔费用，包括购买招标文件、勘察现场以及投标保证等。多次投标不中，不仅加大开支，而且有损企业信誉。因此一般来说，公司应综合考虑上述因素后，在审慎研究的基础上，才能决定是否参加投标。

（三）投标决策的重点工作

1. 市场选择

（1）市场选择的基本原则

①国际承包工程一般包括公路、桥梁、机场、港口、水利、水电、铁路、市政、火电、石油、化工、通信和房屋建筑等工程项目。其施工技术和所用施工设备多有共同之处，通常可以兼营。但是，各种工程毕竟有各自的特点，需要配备各自专用的施工机械，其施工机械费用通常占施工成本的1/3左右，如果全部重新购置施工机械，对道路工程项目来说有时其购置费最高可达合同金额的80%以上。这是选择施工投标项目必须认真考虑的重要问题。

对于近期没有后续项目的地区，除非拟议中的投标项目规模大，足以摊销所有施工设备投入，或者可能在邻近国家和地区获得后续项目，以转移和利用未摊销完的投入、施工设备投入，或者可在临近的工地转入大量施工设备，以发挥其残余价值，否则，不宜轻易选择该市场。

②项目所在国和地区的市场环境和管理法规是否有利于承包企业的经营和发展，是选择项目应考虑的又一个重要问题。市场环境不好，或竞争过于激烈，难于立足的地区，也不宜贸然进入。

③选择市场要根据市场的发展前景和本公司的战略方针，以及进入该市场的基本条件和有利时机而定。如乍得市场，虽有世界银行和非洲开发银行的投资，但其承包工程的基本条件很差；再如刚果的市场潜力很大，但社会动荡，安全风险大。

④在正常经营的过程中，在可能的情况下应该选择能更好发挥自身优势、更好体现自身竞争力的项目投标，以利于获得较好的经济效益。

(2)不同类型企业的市场选择

对具有施工能力的承包企业，承包项目除了应该符合上述基本原则之外，还应考虑以下因素：

①能充分利用企业现有施工设备，减少新设备购置、减少租用数量，从而发挥企业资产的潜力，增大资金回收率，减少资金投入。

②能充分利用企业及其人员的施工经验，充分发挥企业的管理水平，有把握创造优质工程，并降低施工成本，从而获得良好的信誉和经济效益。

③工程分项较少，工程量比较集中，工期相对较长的项目，有利于减少施工环节，提高设备工作效率，增加施工设备的利用率，减少设备停滞时间，降低施工成本，增加效益。

对具有融资能力、工程总承包能力的企业，对承包项目除应考虑上述基本原则外，还应考虑以下因素：

①提高竞争档次，拓展业务模式。由利润微薄的劳务承包、土木施工承包，走向利润空间更大的 EPC/交钥匙工程承包、BOT 项目融资承包、资源项目投资承包、项目管理承包等。

②应根据某个国家中长期发展规划的工程项目目录，选择适合本企业的工程项目，以“前伸后延”的方式协助当地政府、企业筹划运作相关项目，为其进行可行性研究、谋划早期工作、谋划融资贷款，争取更优惠的合同条件和合同价格。

③充分利用国家间政治经济友好合作的有利时机，争取政府支持、融资支持、保险支持，谋求 BOT 项目和投资项目。

2. 认真研究合同条件

合同条件是对业主和承包商权利和义务、风险与责任的详细规定，对项目投标和合同履行都具有直接约束和影响。国际工程投标过程中，应在仔细研究合同条件的基础上，制定相应的投标策略。

国际工程项目招标的合同条件，都有原则性规定的“通用条件”和具体化的“专用条件”。因为在国际工程项目招标文件中“通用条件的原则规定”基本趋于一致，所以，对通用合同条件应当在平时就应认真阅读，熟悉其内容、涵义和相互制约关系，特别是 FIDIC 合同条件范本的通用条件。一旦熟悉了通用条件，投标之前应着重研究招标项目的专用条款和特殊规范，尤其注意那些超过常规的内容、数据、条件和定量要求等。

(1)关于误期损害赔偿费

对于业主来说，工期关系到工程项目投入使用、获得经济效益和社会效益的起始时间，故工期是承包商在工程承包市场赢得信誉的关键之一，而工期延误不仅影响承包商声誉，也使承包商成本增加，还导致误期赔偿。一般每天的赔偿金额为合同总价的0.01%~0.02%,最高赔偿金额为合同总价的10%。如果延误时间太长,业主甚至有权解除合同。

(2)关于未能履约损害赔偿费

在提供生产设备/设计施工项目以及EPC/交钥匙项目上,竣工试验结果的保证目标(即商业试运行考核的保证指标,包括:合同规定的产品品质或使用要求、生产或使用功能、能力或规模、物耗等),关系到业主的工程是否部分或全部丧失了生产或使用功能,一般在合同中规定了赔偿公式或一笔赔偿金额。对此,投标人应慎重考虑标书对工程项目的“目标”及其考核指标的规定,并对赔偿公式或赔偿金额进行认真分析研究。

(3)关于预付款与保留金

预付款有开工预付款和采购预付款两种。预付款属无息贷款,缓解承包商在工程实施初期资金流动的困难。由于业主提供的预付款金额、支付条件、抵扣时间、抵扣比例各不相同。因此,投标人应注意有关条款,并在编标时予以考虑。

保留金是从每次期中付款中按约定比例暂扣部分金额,保留金的总额一般规定为合同价格的10%。在工程竣工结算时,将保留金总额的5%退给承包商;其余额,在工程最终验收后退给承包商。国外投标时,有时规定承包商在工程竣工时出具合同价格的5%的保留金保函给业主,即可收回剩余5%的保留金。

(4)关于报价方式和支付条件

国际施工工程项目一般采用工程量清单为基础的单价合同,按月或按里程碑支付进度款。国际EPC/交钥匙工程项目、提供设备的设计施工开车项目,一般也采取按付款计划表的付款方式支付进度款。不论采取那种进度款的支付方式,一般都采用部分外币和部分当地货币支付,以方便外国承包商的外汇需求。报价时按招标文件规定的“基准日期”和所指定银行的当日汇率折算成当地货币,以便评标时进行比较。外币部分可能采取固定汇率或浮动汇率。汇率波动将影响承包商的盈亏。因此要非常谨慎,设法规避外汇市场的风险,这种风险可能使原来盈利的项目变为亏损,甚至可能导致承包商破产。

(5)关于税收和保险条件

税收是因时、因地变化的重要因素。各国的税种和税率都不相同,在不同时期也会有所调整。因此,要特别注意税务法规的变化,凡是在项目实施期间适用的税法,都要在投标报价中予以考虑。因此,要仔细研究标书中有关税收的条款,并与项目所在国或地区的税法和社会经济调查结合起来,仔细研究,特别是交税条件和计算方法不能有误,以免遗漏或重复。

凡是招标文件规定由承包人支付的保险,如工程财产险、人身伤害险、施工机械险、第三方责任险,以及项目实施中个别的台风、洪水、火灾等应作为管理费摊入各分项工程细目的单价或费率中,以避免遗漏。特别是风险较大的大型项目的保险费用很高,需认真研究标书中有关投保条款的应投保方、险种、险期、理赔额、持续有效等规定,并应多方询价后弄清投保费用,以免算错或漏项。

(6)关于特殊的技术条款

国际承包工程中所采用的技术标准和规范与国内的差别很大,各个国家和地区也有所不同,甚至每个项目还有自己的特殊条款和特殊规范,投标前必须了解清楚,避免造成设计或采购失误、计算错误或漏算。如香港青马大桥,混凝土出盘温度不能高于20℃,200 m以上高度的索塔混凝土的颜色必须一致,一些中东地区的工程也有类似要求,这将使混凝土的成本增加很多。在气温高达36℃的香港地区施工,要真正做到这一点是很困难的。再如香港新机场的油管区扩建项目,油管设计规定为英国标准、土建设计规定为香港标准,如果不分别选好设备设计与土建设计的合作伙伴,可能会使工程设计费、设备材料费、安装施工费等计算错误,招致项目亏损。

3. 确定投标策略

当对投标项目所在地区进行市场调研,对项目招标文件进行研究,对市场竞争形势进行分析并进行现场考察之后,就可根据本企业的实力和发展需求,制定投标策略,作为投标的指导方针。

(1)对于刚进入新市场的首次投标:应将本项目的投标作为本公司进入该市场的首选机会。

①对于施工承包企业来说,应尽可能利用公司已有的施工设备,适当添置新型设备,制定切实可行的施工组织方案,以保本或微利报价,力争中标,为开发该市场打下有利基础;

②对尚未与国际技术、标准、设计接轨的工程总承包企业,应尽量利用自己拥有或掌握的技术、国内标准和国内设备,来承揽提供设备的工程项目和EPC/交钥匙工程项目,根据竞争者的情况保持适当盈利。或者选择与具有按国际标准设计能力的国内设计院或国外设计院合作投标。

(2)对于已经进入该市场的后续项目投标:考虑到该投标项目与本公司即将完工的项目临近,工程内容亦比较接近,可以充分利用即将退出在建项目的施工设备和人员,发挥对该市场比较熟悉、可减少动迁费和减少资金投入的优势,根据对市场竞争形势的分析,采取低成本或低利报价策略,力争中标。如某公司在巴基斯坦市场,利用即将完工的安装施工项目的有利条件,以不再从国内动迁施工设备、机具、临时设施、周转材料等优势,一举夺下了EPC/交钥匙的肥料厂承包工程。

(3)试探性投标:对施工承包项目,如果考虑到工程难度比较大,须增添大型设备,资金投入比较多,风险比较大。但公司为进一步摸清该地区市场行情,决定参加投标。对这种情况,编标时应合理考虑各种有利、不利因素,以保本低利投标。

对于提供生产设备及其设计施工开车项目和EPC/交钥匙项目,应考虑到对生产技术或使用功能的要求,凡是未指定国际先进生产工艺技术专利、未指定我们不掌握的国际标准的,一般应以掌握的技术、标准和国内采购设备主要材料,参与投标。

以上原则主要是考虑自身情况和需要。在掌握市场竞争形势和市场价格时,还要对上述原则进行修正和量化。例如,当市场竞争激烈,市场价可能低于本公司成本时,就要采取管理措施降低成本参与竞争,尽量利用当地市场有利条件,较多雇用当地廉价劳动力或寻求单项分包;利用当地施工机械租赁市场,短时租用利用率不高的施工机械和低廉的运输机械;设法充分利用自身短期停用的施工设备,寻求短期外租机械或承担额外的小包工程,以增加额外收入;为了进入一个富有开发潜力的市场,有时还可采取延缓折旧或以较低的内部租赁价提供项目经理部施工机械,以降低初期成本。总之,投标决策是一项比较复杂而细致的工作,要通盘考虑各种风险因素,做到对不利条件的量化和有效控制。

五、投标组织

(一)选择雇用代理人

国际工程承包比较复杂,一个工程投标是否成功,项目实施是否有较好的效益,很大程度上取决于是否熟悉该国的社会、政治、经济、法律、商务及金融等情况。因此,国际工程承包公司往往不惜重金在当地寻觅代理人,协助开展业务。

雇佣代理人(Agent)即是在工程所在地区找一个能代表承包商(投标者)的利益开展某些工作的人。一般代理人均由当地人充当,应在当地工商界有一定的社会活动能力,有较好的声誉,并熟悉代理业务。

有些国家的法律规定,外国公司必须有当地代理人才能在该国投标承包工程,也有些国家禁止使用或无硬性规定必须有当地代理人,但欢迎外国公司在其国家建立分支机构,他们可以与政府打交道而不必雇用代理人。因此投标人雇佣代理人之前须了解相关法律规定。

代理人可以为外国公司承办注册、投标、关系协调、信息咨询或业务代办等各种服务。

(二)选择联营体合作伙伴

从利于中标的角度出发,往往选择当地公司或发达国家公司作为合作伙伴。

借助当地公司力量是争取中标的有效手段之一。一般来说,当地公司与官方及本国经济集团关系密切,外国公司与之联合可为中标疏通渠道,有利于超越“地区保护主义”,并可分享当地公司的优惠待遇。

西方和日本等发达国家公司的技术装备比较先进,而我国公司人力资源相对丰富且比较便宜,所以对一些技术密集型的大型工程,与发达国家公司联合投标可以更容易赢得业主信任而利于中标。

在投标中对合作伙伴的选择是竞标成败的关键因素之一,也是投标决策中的要点之一。在联合投标中选择合作伙伴时,应主要考虑以下几方面。

1. 合作伙伴的资质等级及行业属性

在选择合作伙伴时,不仅要考虑其资质等级是否满足招标文件要求,更要考虑其行业属性与拟投标工程是否为同一行业,由于不同行业的行业标准,各类规范均不相同,在同等条件下,业主一般不会选择虽具备高等级资质但非本行业的企业。

2. 合作伙伴的主营业务、兼营范围

如果拟投标工程属合作伙伴的主营业务,而该公司又不拟竞投此标,则选择其联合投标是有益的,如果拟投标工程仅为其兼营业务范围,则会对竞标产生一定影响。

3. 合作伙伴已完成工程情况及历史投标情况

通过分析合作伙伴已完成工程中主营、兼营项目的数量及合同价格,可以判断出该企业的基本运行情况;从其已完成工程情况中也可分析其历史投标情况;由其中标工程的报价可判断该企业是稳健、激进还是保守;由其中标工程的类别可判断其投标重点及投标决策;由其中标工程的所在区域,可判断其实力范围及影响范围。

4. 合作伙伴的背景及与有关方面的关系

对合作伙伴的经营性质、主管部门的基本情况、法人代表的履历等问题的考察分析,都有助于判断其社会背景和沟通协调各种关系的能力,这往往对竞标成功也相当重要。

5. 合作伙伴的行业优势

合作伙伴在拟投标工程所属行业中实力的强弱、规模的大小、信誉的好坏、人员素质的高低及结构、设备的种类及台(套)数量都是联合投标必须考虑的。合作伙伴在行业内的实力和信誉尤为重要,如果在以往类似工程的施工中,暴露出解决技术难题的能力不足,或出现安全事故,将给监理和业主留下不良印象,甚至列入“黑名单”,将导致该企业与其他同等资质级别的企业相比,实质上已非同一级别的竞争对手。因此,在选择合作伙伴时,应力求避免这类历史上有不良记录的企业。

6. 合作伙伴的质量认证及各种荣誉、获奖、专利情况

如果合作伙伴通过了质量体系认证并在有效期内,则有益于投标积分,如果合作伙伴有相同、类似工程的获奖项目或国家专利,以及新技术、新工法、新材料的应用或试验资料,无疑可以加深业主及评委对其企业先进技术水平的印象。

7. 合作伙伴的财务状况

投标文件主要由预算编制文件、施工组织设计、资质及各类证照、财务报表等四部分组成。国际招标市场上,评委不仅仅由本行业的专家组成,还有财务方面的专家参与,一个资质等级高但财务管理及经营状况不良的企业难以让业主及评委放心。

对合作伙伴的财务状况,就短期合作而言,应主要分析其短期债务清偿能力比率指标即流动比率、速动比率和流动资产构成比率,以衡量该企业短期债务偿付能力。联合投标中的合作双方互为同一项目的投资者,而现金流量表结合利润表及

资产负债表则向投资者与债权人提供了全面、有用的信息。其中筹资活动产生的现金流量(包括分配利润、向银行贷款、吸收投资、发行债券、偿还债务、收到和付出的现金等)更能全面反映企业偿付利息的负担。

对合作伙伴财务状况的分析,不仅是日趋规范化的招投标市场的需要,也有助于了解合作伙伴在资金垫付、资金投入、资金周转方面的情况。因此,对合作伙伴财务状况的分析应视为不容忽视的重点之一。

8. 合作双方的主从关系、责权利的分配

合作双方的主从关系不应简单地由资质等级的高低、企业规模的大小来定,而应由合作双方承担风险的不同程度、投资的大小、承担的责任与义务以及获得的权利、利益来确定。应明确各自的权力、义务、责任及利益分配,并根据利益分配确定各自在资金周转、资金垫付、税费缴纳、拆迁补偿、生产支出、机械使用及维修等资金投入方面的比例以及在合同管理、施工资料整理等方面的义务,还应明确如果投标失败各方费用承担以及过失赔偿等问题。为避免纠纷,这些具体问题宜以联营协议或合同方式约定。选择合适的合作伙伴是联合投标中竞标成功的基础,并对企业的发展产生影响。如果不得不联合投标却选择不到合适的、理想的合作伙伴,则宁可放弃也不宜冒险或侥幸投标。

(三)承包商内部投标组织

承包商内部良好的投标组织是编制有竞争力的投标书的有力保证。投标工作一开始,承包商即应根据项目的特点和自身企业的情况成立专门的投标组织,总承包项目的投标组织一般包括综合/合同组、技术组、商务组等。

1. 综合/合同组。成员来自于公司的项目经理部和法律合同部,负责投标期间的总体协调、组织、安排以及对外法律合同事宜的处理。其具体职责如下:

(1)投标经理兼任综合/合同组组长,并向公司负责;

(2)负责整个投标阶段的总体管理和协调,编制投标计划供各组遵守;

(3)代表公司与业主方联络,并组织现场考察与标前会议,负责谈判安排;

(4)组织招标文件/投标文件等的翻译及审查,确保文件的完整性、准确性;

(5)研究招标文件/合同文件中双方的权利、义务、担保责任、索赔、仲裁等条款;

(6)审查合同条款的均衡性,并对整个合同的风险做出正确的评估,供公司领导决策;

(7)汇总整套投标文件,确保技术标与商务标的一致性以及投标文件的完整性,并向业主提交投标文件;

(8)主持投标阶段内部会议以及中标前的对外合同谈判。

2. 技术组。成员主要来自于公司设计部、施工部、控制部等与技术相关的部门,负责投标文件中技术标的编制工作,并对商务标的编制、对外协调提供技术支持。其具体职责如下:

(1)研究招标文件的技术部分的要求;

(2)会同综合/合同组进行现场考察,并提出相关质疑,要求业主解答;

(3)会同综合/合同组、商务组确定工作范围;

(4)基于上述情况提出总体设计方案,包括工艺技术的选择;

(5)提出工程实施所需的设备、材料、人工时估算;

(6)提出总体施工方案以及施工设备选型和数量;

(7)提出分包项目以及对分包方式的推荐意见;

(8)负责技术标的编写以及初步评审;

(9)派员参加各类内部审核会议以及对外谈判。

3. 商务组。成员主要来自于控制部、财务部以及采购部等。其主要工作是在技术标的基础上完成商务标的编制工作,并为整个项目的外部谈判提供支持。其具体职责如下:

(1)基于技术组提出的工作范围、方案、工程实施条件制定设备、材料采购或租赁方案,获得相关价格数据,并进行采购和租赁风险评估;

(2)分析业主价格条款和支付条件,提出付款保证建议;

(3)分析项目的资金筹措情况,并做出现金流分析;

(4)分析项目支付以及开支的货币种类、汇率等,并提出风险防范措施;

(5)通过研究税法和对外咨询确定各项税款,提出合理避税措施;

(6)研究合同保险条款要求和保险市场,提出投保要求和条件,保险询价;

(7)根据综合/合同组对合同风险的建议估算工程风险费;

(8)基于上述工作并考虑利润额度编制初步报价估算;

(9)负责商务标的编制,供全体投标人员内部讨论,并供投标经理和公司领导决策;

(10)派员参加各类内部审核会议以及对外谈判。

若是与其他公司组成联合体(Joint Venture/Consortium)共同投标,则首先考虑联合体分工,并按招标文件的规定签订投标阶段的联合投标协议。联合体各方按联合体协议分别编制投标书,同时定期开会协调投标书的整合以及结合部的处理,以免漏项。

当然,若投标的总承包项目简单,其相应的投标组织部门及人员也可适当精简;反之,如果投标的总承包项目复杂,投标组织部门及人员也可适当扩充。投标组织的设立目的就是高效率地完成投标工作,并最终赢得合同。

六、投标报价

(一)报价的构成

国际工程报价没有统一的模式,但是其基本结构可以用图 2-10 表示。

国际工程投标中,承包商对项目的总报价包括承包商编制的竞争性报价加上业主招标文件中明确标明的暂定金额(或叫备用金)。承包商编制的竞争性报价,通常包括工程直接成本和间接费,间接费也被称为待摊费。

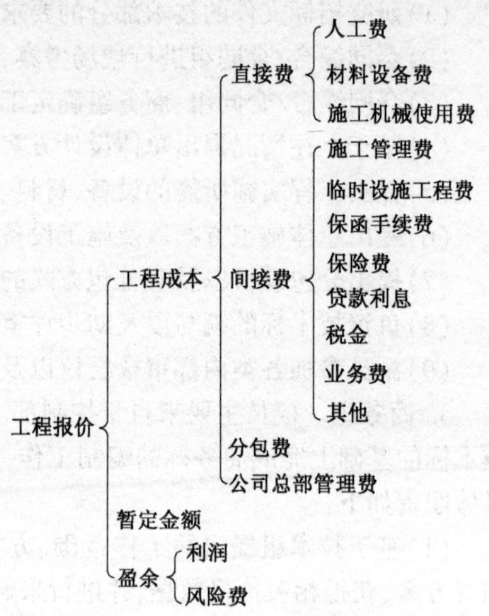

图 2-10 国际工程报价的构成

1. 直接成本费

工程直接成本是指直接消耗在工程实体上的人工费、材料和永久设备费以及施工机械费。其中人工费包括直接从事工程施工的生产工人开支的各项费用。材料和永久设备费包括各种材料和构成工程实体一部分的永久设备及安装部件的采购价格及相关费用如运费、保险费、码头费、关税等。施工机械费是指用于施工的机械台班和重要工器具的费用,包括机械折旧费、运输与保险费、安装拆卸费、维修费、燃料费、操作人员费等。工程直接成本还应包括直接参与施工的分包商的费用。某些项目是由业主指定的分包商施工或服务的项目,或者是由业主指定的供货商供货的项目,估价人员必须加上一笔有关的劳务管理费,并且还要把基价加上一个百分数,以便把其他所有费用和利润包括进去。

2. 间接费

(1)施工管理费

施工管理费是指项目经理部对工程进行经营管理,以及后勤服务和生产辅助设施所发生的各项费用。主要包括:现场管理人员、安全保卫、后勤服务人员的费用;生产辅助设备费用如测量仪器、通信设备、实验设施及仪器等;项目直接使用的办公及生活设施的费用如办公室、食堂和其他设施;后勤车辆购置和使用费用;项目日常开支如水电费、燃料费、办公用品、文体和差旅费、公关费等。

(2)临时工程和临时设施费

包括场地租用和平整、营地建设和修建临时生产生活设施(如临时便道、便桥、轨道、输电、仓库)等费用。

(3)投标费和保函手续费

包括该项目投标期间发生的各项费用如购买招标文件费用、标书编制费、差旅费等,还应包括各种保函的费用,如投标保函、履约保函、预付款保函等。银行对保函手续费有具体规定,可以根据招标文件要求的保函种类、金额和有效期进行计算。

(4)保险费

工程承包中需办理的保险一般由工程保险、第三方责任保险、工人人身意外保险、材料设备运输保险、施工机械保险等。

但对于工程量清单中单列的保险内容(如上述前两项),或在计算工料机直接成本时已经计入的保险费(如上述后三项),应注意不要再计算一次,避免重复。

(5)税金

不同国家对外国承包商征税的项目和税率有很大不同,税金应根据当地法律和招标文件的具体规定计算。常见的税种包括:合同税、利润所得税、营业税、产业税、社会福利税、社会安全税、地方政府开征的特种税等。对于机械、材料设备的关税等,以直接列入经所在国政府有关机构认可相关机械、材料设备的价格中为宜。

对于某些国家的重点项目或特殊项目,招标文件中说明给予承包商免税优惠,承包商应对此加以注意,弄清优惠的税种,投标前最好向当地税务部门核实,中标后在合同中加以明确。

(6)监理工程师设施费

监理工程师是受业主委托,负责工程监督和处理施工过程中出现的问题。招标文件一般要求承包商为监理工程师提供现场工作生活条件,包办公居住用房及必要设施、交通车辆等。除非工程量清单将这部分费用作为单独一项明确列出,否则承包商计算间接费待摊系数时应按业务费将该部分费用计入在内。

(7)顾问和代理费

顾问和代理费也属于业务费。在执行海外项目时,特别是在新开辟的市场,承包商往往需要雇用法律顾问或代理人,需根据当地行情,按双方协议支付服务费用,一般支付固定月工资,如遇重大业务时,还需增加一定数额的酬金。例如按照FIDIC合同条件,如果采用DAB(争端裁决委员会)解决争端的方式,DAB委员的费用由业主和承包商各自承担50%。

(8)贷款利息

承包商在施工各个阶段往往需要垫付不等金额的流动资金,流动资金的利息,应在编制资金流量表的基础上,根据承包商获得资金来源的利率和资金占用时间详细计算。对于规模较大、工期较长而支付条件比较苛刻的项目,需投入的流动资金数额较大,利息的数目可能相当可观,因而不应忽视。

(9)上级管理费(Overhead)

上级管理费是指上级管理部门或公司总部对项目收取的管理费,但不包括现场管理费(通常为工程总成本的2%~5%)。

3. 利润和风险费(Profit and risk)

利润和风险费可统称为盈余(Margin),国际工程一般取工程总成本的7%~15%,计算预期利润的依据是承包商为支付债务、满足股东利息、缴纳税金和再投资等所需要的最低利润,但对投标者而言,决定利润的主要因素是对市场行情的判断,通常比较繁荣或风险较多的市场预期利润率较高,例如20世纪70~80年代,国际承包市场的利润率曾高达10%~20%,但随着不同地区市场变化和竞争加剧,利润率已大幅下降至5%~10%,甚至5%以下。

风险费的估算依据是对工程所包含风险的主观估计。如果预计的风险没有发生,则预计的风险费有剩余,这部分剩余和计划利润加在一起就是盈余。如果风险费估计不足,则只好由利润来补贴,盈余自然会减少甚至成为负值。因此一般说,风险大的项目预期利润也相应提高。根据对部分投标资料的统计,风险费约为工程总成本的3%~6%,实际投标时,应根据工程项目及其所在国的具体情况,由有经验的人进行风险分析后确定一个合理的百分数。

4. 暂定金额(Provisional Sum)

暂定金额也叫备用金,是业主在招标文件中明确规定的一笔金额。可用于工程施工、提供材料设备、技术服务、指定分包商的付款及其他意外开支,但它的使用与否以及使用多少均须按照工程师的指示决定,可能部分或全部使用,也可能不用。虽然暂定金额对承包商的报价没有什么直接影响,但承包商在投标时应按招标文件要求将暂定金额列出,并计入工程总报价。估价人员不得改变暂定金额的数目。对于标书中含有暂定金额的工程,估价人员应当考虑加入一笔利润余量。

(二)报价的计算

计算报价前首先要将工程实施中实际发生的各种费项目用划分为报价项目和分摊费用项目。报价项目就是工程量清单上所列的项目,如平整场地、土方工程、混凝土工程、钢筋工程等,其具体项目随招标工程内容及招标文件规定的计算方法而异,须按文件要求划分。分摊费用项目不在工程量清单上出现,而是作为报价项目的价格组成因素隐含在每项单价或价格中。这类费用项目大体相当于国内施工预算中的施工管理费、独立费和利润之和。细分可包括投标开支费、担保费、代理费、保险费、税金、贷款利息、临时设施费、机械和工具使用费、劳动保险费,其他杂项费用以及计划利润等。有些国际招标的工程往往将属于施工管理费的若干项目在工程量清单中的"开办费"项下列出,要求逐项报价。对于这种情况,则应按报价项对待,不要再作为分摊费用项目处理。

根据上述工作以及相关因素的考虑,报价形成的过程如图2-11所示。

下面详细介绍投标报价中各项费用的计算过程。

1. 直接费

直接费是指直接用于工程的人工费、材料设备费、施工机械使用费和工程师设施费。

(1)人工费。人工费是指直接从事施工以及附属辅助性生产的工人工资,包括国内工人工资、外籍工人工资,但不包括管理人员和后勤服务人员工资。

国际工程项目的人工单价,应按国内派出工人和当地雇佣工人的平均工资单价计算。在分别计算国内派出工人和当地雇佣工人的工资后,考虑工效和其他一些因素,可以原则上确定工程总用工量中两类工人完成工日的百分比,进而用加权平均的方法求出平均工资单价。

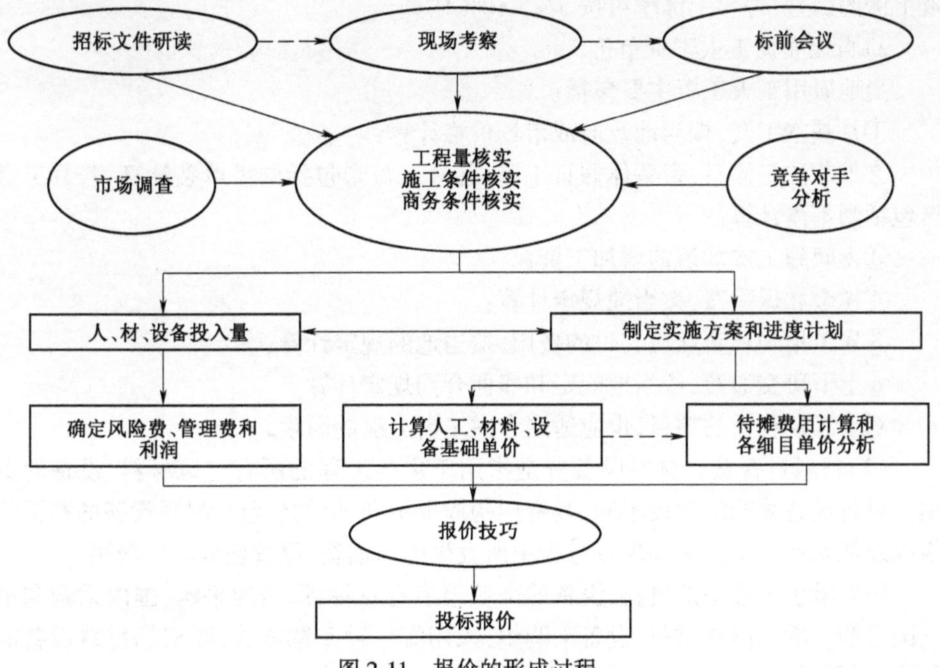

图 2-11　报价的形成过程

人工工资单价=国内派出工人工资单价×国内派出工人工日占总工日百分比+当地雇用工人工资单价×当地雇佣工人工日占总工日百分比

1)国内派出工人工资单价

国内派出工人工资单价=一个工人出国期间的费用/出国工作天数

出国期间的总费用包括出国准备到回国休整结束后的全部费用。主要包括：

①国内工资,包括标准工资、附加工资和补贴；

②派出工人的企业收取的管理费,以上两项按人月将其数额支付给派出企业；

③服装费、卧具及住房费；

④国内、国际旅费；

⑤国外津贴费、伙食费；

⑥奖金及加班工资；

⑦医疗和福利费；

⑧人身意外保险费和税金,如业主没有规定投保公司时,应争取在国内办理保险,税金这里主要是个人所得税,按当地规定标准计算；

⑨其他费用,指根据具体情况必须发生的费用,如艰苦地区补贴,特殊岗位补贴等。

从每一出国工人来看,以上所需费用大致相仿,为简单起见,计算时可执行一种平均工资标准而不必再细分技工和普工。计算年工作日时要考虑带薪休假及恶劣气候导致无法工作但必须照发工资的时间。对于工期较长的项目,还应考虑工资上涨的因素，每年上涨率可按 5% ~10% 估算。

2）当地雇佣工人工资单价

当地雇用工人工资主要包括：

①月基本工资，按当地政府或市场价格计算；

②带薪法定假日、带薪休假日工资，若月工资未包括则需单独计算，若月工资已包括则不需计算；

③夜间施工或加班的增加工资；

④税金和保险费，按当地规定计算；

⑤雇工招聘和解雇应支付的费用，按当地的规定计算；

⑥上下班交通费，按当地规定和雇佣合同规定计算。

对于工期较长的项目，也应适当考虑工资上涨的因素。

（2）材料设备费。材料设备费是指用于永久工程的所有建筑材料、设备的费用。材料设备采购的途径不同，其费用构成也不同，但均应包括材料设备的购买价格以及从采购地到达工程现场过程中所发生的运输费、保管费等其他费用。

国外承包工程中的材料、设备的来源渠道有三种，即当地采购、国内采购和第三国采购。承包商在材料、设备采购中，采用哪一种采购方式，要根据材料设备的价格、质量、供货条件、相关技术规范和当地有关规定等情况决定。

1）当地采购的材料、设备单价计算

①当地材料商供应到现场的材料、设备单价，这种情况在国外较多，即材料商直接将货物供应到施工现场或工地仓库，一般以材料商的报价为依据，并考虑材料预涨费的因素，综合计算单价；

②自行采购的材料、设备单价，由下列公式计算：

材料、设备单价＝市场价＋运杂费＋保管费＋运输保管损耗

2）从国内或第三国采购的材料、设备单价计算

直接从国外进口与当地购买进口商品比较，直接进口商品价格要便宜一些。但是直接从国外进口商品又受其海关税、港口税和进口商品数量等因素影响。因此要事先经过调查分析后作出决策。价格计算公式如下：

从国内或第三国采购材料、设备单价＝到岸价＋海关税＋港口费＋运杂费＋运输保管损耗＋其他费用

到岸价（CIF）是指物资到达海（空）港口岸的价格，包括原价与运杂费等。港口费是指物资在港口期间（指规定时间）所发生的费用，一般都按规定计算。进口物资都应向进口国交纳海关税，税率为 0~100%，不同的物资按不同税率计算。有的国家对政府投资的工程可免交海关税，但还要缴纳别的税，一般把海关税和有关税收统称为进口税。

上述材料、设备的单价估算，只是一种预测值，尚未考虑市场变化等因素。即从报价期到工程开工时，实际采购的市场材料与设备的价格可能发生变化。因此

确定材料、设备的单价时,应适当考虑预涨费。预涨费率的确定取决于对市场物价动态趋势的分析,随各国整个经济形势的变化而变化。

对于大型土木工程需要量很大的砂石材料,承包商的另一种选择是自己在当地矿山进行开采,当然这要经过当地矿产资源部门的批准,这样开采的砂石材料的单价要根据砂石开采量、需要投入的设备、台班和人工费用,结合当地市场供应情况分析确定。

(3)施工机械使用费。施工机械使用费是指用于施工的各类机械、装备的使用费,包括机械的基本折旧费、安装拆卸费、维修费、机械保险费、燃料动力费以及驾驶操作人工费等。

在计算施工机械台班单价时,其中基本折旧费的计算不能套用国内的折旧费率,一般应根据当时的工程情况而确定,或多、或少、甚至可以不考虑"残值"回收。一般考虑5年折完,较大工程甚至一次折旧完毕。因此,也就不计算大修理费用。按照国内的做法,是把机械费分别列入分部分项工程单价内,这样,待工程完工才能将机械费收回,回收时间与投入资金时间相隔太远。而在国外承包工程,承包商必须在开工时投入资金自行购买施工机械(除去租赁机械)。

施工机械台班单价一般采用两种方法(视其招标文件规定)计算。一种是单列施工机械费(例如在"开办费"中开列),即把施工中各类机械的使用台班(或台班小时)与台班单价相乘,累计得出机械费;另一种是根据施工机械使用的实际情况,分摊机械台班费。大多数招标文件不单列施工机械设备费用栏目,这时,承包商应当将这笔费用分摊到各个分项工程单价中。

施工机械台班单价计算如下:

①单列机械费时的台班单价按下列公式计算:

台班单价=(年基本折旧费+运杂费+装拆费+维修费+保险费+机上人工费+运力燃料费+管理费+利润)/年台班数。

其中,年基本折旧费=(机械总值-残值)×年折旧率。

②摊入分项工程时的机械台班单价计算,按上式减去管理费和利润。

(4)工程师设施费。承包商为工程师创造现场工作和生活条件而开支的费用,计入直接费,主要包括办公居住用房(包括室内全部设施和用具)、交通车辆费等费用。有的招标文件对工程师费用的具体开支项目明确规定为独立的子项,投标人可按此单独计算并在标价汇总表里把这笔费单列;如未规定单列,通常将这笔费用分摊到其他分项工作中。

2. 间接费

间接费是指直接费以外的主要用于工程项目组织和现场管理的其他费用。国际工程的间接费项目较多,随着国际工程承包市场的不断变化,间接费也应根据招标文件的规定在其构成的基础上进行增减,通常遇到的费用项目包括以下几种。

(1)投标期间开支的费用。这项费用包括购买招标文件费、投标期间差旅费及标书编制费等。把这笔费用单列出来,有利于积累投标费用方面的数据。

(2)保函手续费。除投标保函以外还有履约保函、预付款保函、维修保函、设备再出口保函等。银行在为承包商出具这些保函时,都要以保函金额的1%~5%按年收取手续费,不足一年按一年计。承包商按照招标文件要求的保函金额和保函有效期,就可以算出保函手续费。

(3)保险费。承包工程中的保险项目一般有工程保险、第三方责任险、人身意外保险、材料设备运输保险、施工机械保险等,其中后三项的保险费用也可计入人工、材料和施工机械单价中。中国人民保险公司又将工程保险分为建设工程险和安装工程险,投标人可根据实际情况投保其中的一项,投保额度可以按总标价计。一般的招标文件都规定了各类保险的最低投保额度。

保险费的计算公式为:保险费=投保额度×保险费率

办理有关保险的投保人可以是业主,也可以是承包商,取决于招标文件中的规定。无论谁去投保,承包商都应考虑除合同中规定必须投保的内容外,自己还需要办理哪些附加保险,并将有关费用计人间接费中。

(4)税金。不同的国家对外国承包企业课税的项目和利率不同。常见的课税项目有:合同税、利润所得税、营业税、产业税、地方政府开征的特种税、社会福利税、社会安全税、养路和车辆牌照税等。还有一些税种,如关税、转口税等,以直接列入相关材料,设备和施工机械价格中为宜。

上述各税种中,利润所得税、营业税的税率较高,有的国家分别达到30%~70%以上。有些国家对某些国有重点项目或特殊项目对承包商实行免征一切税费。征税的类别会在招标文件中明确说明,承包商须仔细分析招标文件中的具体规定。

(5)业务费。这部分费用包括代理人佣金和法律顾问费等。

承包商可能在项目之初就选择了代理人为其服务,代理人为客户所做的工作是和代理费成比例的,提供的服务越多,代理费也越高。

承包商往往需要雇用懂得当地法律,对承包工程业务又比较了解的人担任自己的法律顾问,以指导涉及当地法律的工作。承包商一般为法律顾问支付固定月工资,当受理重大法律事务时,还需增加一定数量的酬金。

(6)临时设施费。临时设施包括全部生产、生活和办公设施,施工区内的道路、围墙、通信设施等,具体项目及数量应在做施工规划时提出。同国内施工设施相比,仓库、住房面积可适当减少,有时对雇用的当地施工人员可以不考虑住房。但国外工程临时设施的标准要比国内高一些,计费时应注意。承包国外一般建筑工程的临时设施费约占到直接费的2%~8%,对于大型或特殊项目,最好按施工组织设计要求逐项列项计算。

有的招标文件中要求临时设施作为一个独立报价项目计入总价,这对承包商是有利的,因为在临时设施建设完毕后即可获得付款,可较早收回投入的成本。

(7)贷款利息。承包商支付贷款利息有两种情况:一是承包商本身资金不足,要用银行贷款组织施工;另一种情况是业主一时缺乏资金,要求承包商垫付部分或全部工程款,在工程完工后的若干年内(一般为3~5年)由业主逐步还清。对承包商垫付的工程款,业主也付给承包商一定的利息,但往往都低于承包商从银行贷款的利息。因此在计算利息报价时就要把这个利息差额考虑进去。

(8)施工管理费。这部分费用包括的项目多,费用额度也较大,一般要占到总价的10%以上。这部分费用包括如下:

①管理人员和后勤人员工资,可参考人工工资单价确定,这部分管理人员的数量应控制在施工人员的8%左右;

②办公费,包括复印、打字、通信设备、文具纸张、通信电话费、水电费等;

③差旅交通费,指出差、从生产现场到驻地发生的交通费用等;

④医疗费,包括全部人员在施工期内的医疗费用;

⑤劳动保护费,指购置大型劳保用品,如安全网等发生的费用,个人劳保用品可计入此项,也可计入人工费中;

⑥生活用品购置费,生活用品指全部人员所需的卧具、餐具、炊具、家具等;

⑦固定资产使用费,指办公用具、生活用车、电视、空调等;

⑧交际费,从投标开始到完工都会发生这笔费用,可根据当地这方面的特殊情况而定,一般最多以总价的1%左右计入;

⑨对分包商的管理费用,根据分包合同而定。

3. 开办费

在国际工程投标中,有一项"开办费",或译为"准备工作费"(Preliminaries),通常要求单独报价。在估计开办费时,应注意这些费用容易与单项工程中独立列项计算的费用相重复,如与施工用水、电费、施工机具费、脚手架费等和管理费用中开支的费用,如工人的安全、保健和福利费、招雇费等。为了避免重复,应在确定分部分项工程单价和测算管理费率时,首先要弄清开办费所包括的内容,有些费用如已包括在开办费之内,则单项工程和分部分项工程单价内的管理费率中就不要再考虑。

开办费约占工程总价的10%~20%,有的甚至可达25%。一般是工程规模越大,所占比重越小,工程规模越小,所占比重越大。这些费用每项只须列一总额,但是在具体估算时应分别详细计算。开办费的确定,往往涉及施工组织及施工方法等,必须做专门分析研究。

开办费的内容因不同国家和不同工程而有所不同,一般包括:

(1)施工用水、电费;

(2)施工机械费;

(3)脚手架费;

(4)临时设施费;

(5)业主工程师办公室及生活设施费；

(6)现场材料试验室及设备费；

(7)工人现场福利及安全费；

(8)日常气象报表费；

(9)现场道路及进出场通道修筑和维持费；

(10)恶劣气候下的工程保护措施费；

(11)现场保卫设施费；

(12)现场清理费等。

4. 分包费

分包费包括分包商的报价加上总承包商的管理费。如总承包商的管理费已包含在施工管理费中,则不重复计算。

5. 公司总部管理费

也称公司管理费或上级管理费,但不包括现场管理费,是公司为承包工程提供服务而收取的一项费用。公司总部管理费包括总部人员工资、行政管理费、办公室的租金、邮政通信费、电费、暖气费、修理费、车辆使用费、办公用品费、财务费用等,由于各公司管理体制不同,计费标准不同,经常约为工程总成本的2%~5%。

6. 暂定金额

暂定金额有时也叫暂列金额或备用金,这是业主在招标文件中明确规定了数额的一笔金额,它实际上是业主在筹集资金时考虑的一笔备用金。承包商在投标报价时均应将此暂定金额按招标文件要求列出,并计入工程总报价。但承包商无权自主使用暂定金额。

暂定金额分为两类:竞争性的暂定金额和非竞争性的暂定金额。

竞争性的暂定金额是指业主在工程量清单中列明使用该暂定金额的名义总成本数额,要求承包商填写完成该工作所需要的管理费和利润的百分比(也称暂定金额调整百分比)。名义总成本数额乘以该百分比计入投标人的投标报价。投标人所填写的百分比值将直接影响投标人报价的竞争性。

非竞争性的暂定金额则是业主要求投标人直接在报价中加入一笔固定费用,并在投标时填入实施暂定金额项目所需的管理费和利润的百分比,但该百分比不用于计算报价,对报价没有影响,只是在使用暂定金额时才用于计算对投标人的付款。

暂定金额可用于工程施工、采购物资和技术服务、指定增加的子项以及其他意外开支等,但使用暂定金额必须由业主代表或监理工程师发出指令,根据需要可能全部或部分动用这笔款项,也可能完全不用。

7. 盈余

盈余一般包含利润和风险费。对承包商而言利润是计划利润,而风险费是个未定数,如果预计的风险没有全部发生,则预留的风险费有剩余,这部分剩余和计划利润加在一起就是盈余;如果风险费估计不足,就只有用计划利润来补贴,盈余自然就减少,甚至成为负值。如果亏损很厉害就不可能交纳总部管理费,甚至需要上级管理部门帮助承担亏损。所以承包商在投标时,应根据该工程规模及工程所在国实际情况,由有经验的投标人员对可能的风险因素进行逐项分析后确定一个比较合理的百分比。

国际工程承包市场的利润随市场需求变化很大。在 20 世纪 70~80 年代初期,利润率可达 10%~15%,甚至更多。但到 20 世纪 80 年代中后期,国际工程承包市场走低,竞争激烈,利润率下降。为了提高竞争力,承包商的利润率一般可考虑在 4%~5%,甚至更低。根据近些年的统计,全球国际工程承包市场承包工程利润平均值在 7.5% 左右。

(三) 分项工程直接成本估算

要计算工程的总直接费,需要把工程量表中每个分项工程的直接成本价格制定出来,然后汇总即可得到总直接成本,包括用于各个分项工程的劳动力、施工设备、材料和分包商的全部费用。直接费用的计算主要采用两种基本估算方法,即单价估算法和作业估算法。大多数土木工程承包商都结合使用两种方法来估算价格。例如,供应混凝土用单价估算法计价,而浇灌混凝土(包括劳动力和施工设备)则用作业估算法计价。

1. 单价估算法

单价估算法是通过对各类资源(劳动力、施工设备和材料)的选择和对这些资源的生产定额的选择来实现的。因此,对各类资源的计算需要结合生产定额。定额是单位时间完成的工程量,或完成一定工程量所需要的时间或资源数量。单价估算法最适用于施工顺序有明确规定的房建工程和重复性施工的工程。为了使单价估算法能够作出可靠的估算结果,应当结合工程经验,根据以往典型的同类工程选定。

例如 20 mm 直径钢筋供应和绑扎的价格应包括:

材料费用、运输费用、钢筋弯切和绑扎费用、材料损耗量、辅助材料的全部费用。

运到施工现场的材料费用 = 600(美元/t)

损耗率=6%

辅助材料费用(扎丝和垫块等) = 钢筋价格的 3%

切割和弯切钢筋的工时 = 12.5(h/t)

钢筋绑扎速度= 22.5(h/t)

钢筋弯切机、钢筋现场运输(包括在现场杂费中)

钢筋工的劳务价格=13(美元/h)

于是,材料费=1.0×600×1.06+0.03×1.0×600×1.06 =636+19.08=655.08(美元/t)

劳务费=(12.5+22.5) ×13=455.00(美元/t)

总单价=655.08+455.00=1110.08(美元/t)

2. 作业估算法

作业估算法是以计算一项作业的总工程量和完成该项作业所需的时间段为依据，确定该时间段内为完成工程所需要的各类资源，并计算出其费用，因而这种估算方法同施工组织和计划有着密切关系。对于土方挖掘和浇灌混凝土等以施工设备为主的工程，更适宜采用这种估算方法。

例：对一座新建堤坝 280 根预制混凝土桩的运输和打桩作业进行费用估算。混凝土桩将用船运到施工现场，由承包商的施工队使用海上打桩设备进行施工。所需要的劳动力和设备资源及其费用（美元）列于下表中。估价人员和计划人员商量之后，把组织施工设备进场、试桩、打桩和打桩设备退场所需要的总工期定为 5 个月。打桩工程需要的资源见表 2-1：

表 2-1　打桩工程需要的资源

资源名称	数量	费用(美元/月)
施工设备		
打桩船	1	60 000
船式起重机	1	10 000
500 t 浮筒	3	3 000
拖船	2	12 000
锚船	1	5 000
交通用船	2	1 000
汽锤	1	1 000
发电机	1	1 000
劳动力		
操作人员	8	2 000
普工	8	500
设备经理	1	4 000

该项作业的总费用计算如下：

劳务费：

设备经理：　1×4 000×5＝20 000

海上施工队：　8×2 000×5＝80 000

普工：　8×500×5　＝20 000

小计：　120 000（美元）

设备费：

打桩船：　1×60 000×5＝300 000

船式起重机：　1×10 000×5＝50 000

浮船：　3×3 000×5＝450 000

拖船：　2×12 000×5＝120 000

锚船：　1×5 000×5＝25 000

交通用船：　2×1 000×5＝10 000

汽锤：　1×10 000×5＝5 000

发电机：　　　$1\times10\ 000\times5=5\ 000$

小计：　　　　　　560 000(美元)

经与设备经理商定，估价人员取施工设备总费用的5%作为燃料费和维修费，即560 000×5%=28 000美元。

进场和退场的总费用按125 000美元计算。

所以，打桩工程的总直接费用为：

120 000+560 000+28 000+125 000=833 000(美元)

在工程量表中，总数280根桩被分为6个作业项目。因此，应当把打桩工程的总费用按照每个作业项目中桩的根数所占的比例分摊给每个作业项目。

(四)单价分析、标价汇总与调整

1. 单价分析

通过上述各项计算，汇总之后可以得到工程总直接费和间接费。用总间接费(工程量表中已经单列为报价项的除外)除以总直接费，即得间接费分摊系数，然后应进行单价分析(表2-2)。

单价分析也称为单价分解(breakdown)，是通过分析和计算各分项工程直接费组成并分摊其间接费的而得到该分项工程的总费用单价。有的招标文件要求投标人对某些主要分项工程提交单价分析，而有时对此没有要求。业主要求承包商填写此表的目的是为了了解承包商所填写工程量清单中各项工作的单价构成，以便确定承包商报价的合理性，并在谈判时，有目的地要求承包商降价。无论业主是否有此要求，投标人为了使自己对标价的组成做到心中有数，从而使报价更为可靠，一般都会对工程量较大的主要分项工程进行单价分析，除非投标人认为已对该分项工程很有经验和把握。

进行单价分析时，资源消耗定额的确定是一个很重要的问题，因为定额的高低直接影响标价的计算结果。对于一个国外项目，在没有现成的定额可供使用的情况下，一般可以参考国内同类工程的定额，并考虑各种实际因素进行调整，影响定额的主要因素包括：工人的技术水平和身体条件，机械化程度的高低，材料的供应方式，组织管理水平，对技术标准的熟悉程度，对环境的适应程度，与监理和业主的关系等。根据我国承包商参与国际工程施工的经验，国际工程的工程定额一般可比国内高10%～30%。

表2-2　单价分析表

编号	工料内容	单位	基价(美元)	定额消耗量	单位工程量计价	分项计价
I	材料费(含损耗)					
1-1	水泥	t				
1-2	砂	t				
1-3	石	t				
1-4	……					

续上表

编号	工料内容	单位	基价(美元)	定额消耗量	单位工程量计价	分项计价
1-5	零星材料					
1-6	材料费小计[(1-1)~(1-5)]					
Ⅱ	人工费					
2-1	生产工人工资	工日				
2-2	辅助工人工资	工日				
Ⅲ	机械设备费	台班				
Ⅳ	直接费(Ⅰ+Ⅱ+Ⅲ)					
Ⅴ	分摊费用(Ⅳ×分摊系数)					
Ⅵ	计算单价(Ⅳ+Ⅴ)					

2. 标价汇总

按分摊系数将间接费摊入直接费单价得到总费用单价，即可获得包括直接费、间接费和利润的综合报价单价，即：

综合报价单价=直接费单价×(1+分摊系数)

据此即可编制报价项目单价汇总表，将各项报价项目工程量与综合报价单价相乘并加总即得总标价。

3. 标价调整

通过单价分析得到各分项工程的综合报价单价，将清单中各分项工程的工程量与相应的综合单价相乘，得到该分项工程的报价，将工程量清单中各分项工程的报价相加汇总，再按要求加上暂定金额和计日工报价，即得到初步的工程总标价。对于初步报价，承包商投标决策小组还必须根据最新掌握的有关信息，结合以往项目的投标经验和本项目的具体情况，分析报价的水平和结构是否合理，如果必要还需做适当的最后调整。

(五)报价策略

投标的策略是指在投标报价中采用什么策略更容易中标，以及中标后尽可能获得更多的利润。

1. 根据项目特点报价

投标时既要考虑本公司的优势和劣势，也要分析招标项目的特点。按照工程的类别、施工条件等考虑报价策略。

(1)一般来说，下列情况下报价可适当高一些：

①施工条件差的工程；

②专业要求高的技术密集型工程(本公司在这方面有专长、声望也高时)；

③规模小、总价低的工程，以及自己不愿做而被邀请投标，不便不投标的工程；

④需要特殊专业技术的工程,如港口码头、地下开挖工程;

⑤业主对工期要求紧的工程;

⑥投标对手少的工程;

⑦支付条件不理想的工程。

(2)下述情况的报价应适当低一些:

①施工条件好的工程,工作简单、工程量大的工程,如大量的土方工程、普通房建工程;

②公司目前急于进入某一市场或地区,或虽已在某地区经营多年,但即将面临没有工程的情况,机械设备等无工地转移时(某些国家和地区规定,在该地注册公司一年内没有经营项目时,就要被撤销营业执照);

③附近有工程而本项目可利用该项工程的设备、劳务或有条件短期内突击完成的;

④投标对手多,且对手竞争力强时;

⑤非业主急需的工程;

⑥支付条件好的工程,如现汇支付。

2. 不平衡报价法

不平衡报价法是指一个工程项目的投标报价在总价基本保持不变的情况下,调整内部各个子项的单价,以期在既不提高总价、不影响中标的情况下,又能在结算时获得更理想的经济效益。在以下几种情况可以考虑采用不平衡报价法:

(1)能够早日结账收款的分项工作(如开办费、基础工程、土方开挖、桩基等)可适当提高单价或价格,以利资金周转;后期实施的分项工作(如机电设备安装、装饰、油漆等)可适当降低报价。

(2)经过工程量核算,预计今后工程量会增加的分项工作,报价适当提高。因为分项工作的单价是综合单价,包含了实施该项工作的全部费用,其中有些分摊费用是与承包商所完成的工程量无关,这样承包商就会从这些与工程量无关的固定杂费中获益,在最终结算时可以多挣钱;而将预计工程量会减少的分项工作单价降低,这样工程结算时损失不会太大。但调整要控制在一定范围内(如10%),以便业主接受。

(3)暂定项目,又叫任意项目或选择项目,对这类项目要具体分析,因为这一类子项目要开工后再由业主研究决定是否实施,由哪一个承包商实施。如果工程不分标,只由一家承包商施工,则其中肯定要做的暂定项目报价可以高一些,不一定做的则应低一些。如果工程分标,该暂定项目也可能由其他承包商施工,则不宜报高价,以免抬高总报价。

(4)单价包干混合式合同中,对某些子项目业主要求采用包干报价时,宜报高价。一则这类子项目多半有风险;二则这类子项目在完成后可全部按报价结账,即可以全部结算回来。而其余项目单价则可适当降低。

但对不平衡报价一定要建立在对工程量仔细核对分析的基础上，特别是对于单价报的太低的子项目，如果这类子项目实施过程中工程量增加很多将对承包商造成重大损失。不平衡报价应控制在合理幅度内（一般10%左右），以免引起业主的质疑。有时业主会挑出报价过高的价目，要求承包商进行单价分析，并围绕单价分析中过高的内容压价，以致承包商得不偿失。

通常招标文件中会对采用严重不平衡报价的承包商的处理做出规定：一是一旦中标，要求承包商提高履约担保的额度（如银行保函通常为中标价的10%，在这种情况下，可能达到15%），同时不允许承包商修改报价；二是按废标处理。

3. 计日工的报价

对计日工报价，在不具有竞争性时，可以适当提高报价，以便在日后业主使用计日工时可以多盈利。所谓不具有竞争性是指承包商填写的计日工单价，不计入承包商的总报价中，不会因为承包商提高报价而导致总报价的增加。当计日工报价具有竞争性时，通常用计日工单价乘以相应的“名义工程量”计算出计日工价格，加到承包商的总报价中。如果承包商提高计日工单价，将导致总报价提高而可能无法中标。

4. 多方案报价法

对于一些招标文件，如果发现工程范围不很明确，条款不清楚或很不公正，或技术规范要求过于苛刻时，则要在充分估计投标风险的基础上，按多方案报价法处理。即是按原招标文件报一个价，然后再提出“如某条款按某规范规定作某些变动，报价可降低多少”，报一个较低的价。这样可以降低总价，吸引业主。

5. 增加建议方案

有时招标文件中规定，可以提一个建议方案（Alternatives），即可以修改原设计方案，提出投标人的方案。投标人这时应组织一批有经验的设计和施工工程师，对原招标文件的设计和施工方案进行研究，提出更合理的方案来吸引业主，促成自己的方案中标。这种新的建议方案可以降低总造价或提前竣工或使工程运用更合理。但要注意的是对原招标方案一定也要报价。

增加建议方案时，不要将方案写得太具体，保留方案的技术关键，防止业主将此方案交给其他承包商。同时要强调的是，建议方案一定要比较成熟，或过去有这方面的实践经验。因为投标时间不长、如果仅为中标而匆忙提出一些没有把握的建议方案，可能引起后患。

6. 突然降价法

报价是一件保密的工作，但是对手往往通过各种渠道、手段来刺探情况，因之在报价时可以采取迷惑对手的方法。先按一般情况报价或表现出自己对该工程兴趣不大，到快投标截止时，再突然降价。如鲁布革水电站引水系统工程招标时，日本大成公司知道他的主要竞争对手是前田公司，因而在临近开标前把总报价突然降低8.04%，取得最低标，为最后中标打下基础。

采用这种方法时，一定要在准备投标报价的过程中考虑好降价的幅度，在临近投标截止日期前，根据情报信息与分析判断，再做最后决策。如果由于采用突然降价法而中标，因为开标只降总价，在签订合同后可采用不平衡报价的设想调整工程量表内的各项单价或价格，以期取得更高的效益。

7. 先亏后盈法

有的承包商依靠国家、某财团或自身的雄厚资本实力，而采取一种不惜一切代价只求中标的低价投标方案，其目的是为了开拓一个新的市场，站稳脚跟后，利用后期项目盈利。

对大型分期建设的工程，如卫星城，灌溉工程等，在第一期工程投标时，少计利润以争取中标。这样在第二期工程招标时，凭借第一期工程的经验、临时设施以及创立的信誉，比较容易拿到第二期工程。但同时应注意第二期工程实现的可能性，如果开发前景不明确，实现第二期工程遥遥无期时，则不可以这样考虑。

应用这种手法的承包商必须要有良好的资信条件，并且提出的施工方案先进可行，否则即使报价再低，业主也不一定会选择其中标。如果投标中遇到这样的对手，则不宜与其硬拼，而是力争第二、第三标，再依靠自己的经验和信誉争取中标。

8. 可供选择项目的报价

有些工程项目的分项工程，业主可能要求按某一方案报价，而后再提供几种可供选择方案的比较报价。例如，某住房工程的地面水磨石砖，工程量表中要求按 25 cm×25 cm×2 cm 的规格报价。另外，作为选择方案，还要求投标人用更小规格 20 cm×20 cm×2 cm 和更大规格 30 cm×30 cm×3 cm 进行报价。投标时，除对几种水磨石地面砖调查询价外，还应对当地习惯用砖情况进行调查。对于将来有可能采用的规格地面砖应适当提高其报价，对于当地难以供货的某些规格，可将价格有意抬高得更多一些，以阻挠业主选用。

“可供选择项目”并非由承包商任意选择，而是业主选择。因此，虽然适当提高了可供选择项目的报价，并不意味着肯定可以取得较好的利润，只是提供了一种可能性，一旦业主选用，承包商可以得到额外加价的利益。

9. 暂定工程量的报价

暂定工程量有三种情况。

(1)业主规定了暂定工程量的分项内容和暂定总价款，并规定所有投标人都必须在总报价中加入这笔固定金额。由于分项工程量不很准确，允许将来按投标人所报单价和实际完成的工程量付款。由于暂定总价款是固定的，对各投标人的总报价的竞争力没有任何影响。因此，投标时应当对暂定工程量的单价适当提高。这样做，既不会因今后工程量变更而吃亏，也不会削弱投标报价的竞争力。

(2)业主列出了暂定工程量的项目和数量，但没有限制这些工程量的估计总价款，要求投标人既列出单价，也应按暂定项目的数量计算总报价，结算付款时可按实际完成的工程量和所报单价支付。对于这种情况,投标人必须慎重考虑。如果单价定高了,同其他工程量计价一样,将会增大总报价,影响报价的竞争力。如果单价定低了,将来这类工程量增大,会影响收益。一般来说,这类工程量可以采用正常价格。如果承包商估计今后实际工程量肯定会增大,则可适当提高单价,使将来可增加额外收益。

(3)只有暂定工程的一笔固定总金额,将来这笔金额如何使用,由业主确定。这种情况对投标竞争没有实际意义,按招标文件要求将规定的暂定款列入总报价即可。

10. 分包商报价的采用

由于现代工程的综合性和复杂性,总承包商不可能将全部工程内容完全独家包揽,特别是一些专业性较强的工程内容,须分包给其他专业工程公司施工。还有些招标项目,业主规定某些工程内容必须由他指定的分包商承担。因此,总承包商通常应在投标前先取得分包商的报价,并增加摊入一定的管理费,而后作为自己投标总价的一个组成部分一并列入报价单中。应当注意,分包商在投标前可能同意接受总承包商压低其报价的要求,但等到总承包商得标后,他们常以种种理由要求提高分包价格,这将使总承包商处于十分被动的地位。解决这个问题的妥善办法是,总承包商在投标前找两至三家分包商分别报价,而后选择其中一家信誉较好、实力较强和报价合理的分包商签订协议,同意该分包商作为本分包工程的唯一合作者,并将分包商的姓名列到投标文件中,但要求该分包商相应地提交投标保函。如果该分包商认为这家总承包商确实有可能得标,他会接受这一条件。这种把分包商的利益同投标人捆在一起的做法,不但可以防止分包商事后反悔和涨价,还可能使分包商报出较合理的价格,以便共同争取得标。

如果没有任何一家分包商愿意提供投标保函,那么总承包商不能轻易采用最低的分包价格作为自己报价的依据,至少应当取中等的分包价格。同时,总承包商还应当自己进行相应的核算,以验证其报价的合理性。如果最低的分包价格经过验算证实是基本可行的,则适当加上总承包商的管理费用和可能发生的上涨系数后,用于投标报价。另外,应当要求分包商在其报价中提出该价格的有效期。分包报价的有效期,应当比业主规定的投标有效期适当长一些。因为总承包商即使在规定有效期内同业主签订了主包合同,并不能立即同分包商签订分包合同,需要一段时间磋商,甚至须按签订的主包合同作相应修改后,才能签订分包合同。没有明确有效期的报价,很容易被分包商找到要求调价的借口。

为工程提供材料和设备的供应商广义上也属于分包商性质。但是,这类供货分包商一般是不会在投标阶段提供保函的,除非是大宗材料设备的专项招标。因此,在投标阶段对材料设备的询价对象应当有所选择,可直接找制造厂商报价,或者找较大的商社或其正式的代理商报价,同样应要求其报价的有效期适当放长一些。

11. 有条件降价

国际招标中，一般是不允许修改招标条件的。即使是招标文件中出现的错误，也不许投标人进行任何涂改和更正。但是，有经验的承包商除了按原招标文件如实填报标价外，常在投标致函中对某些局部提出颇有吸引力的建议，并做出相应的降价。当然，这些建议不是要求业主降低该局部的技术要求和标准，而是改进工艺流程或工艺方法，或者是提高产品质量和降低生产成本等。如果属于改变材料和设备的建议，则应当说明绝不损害或降低原设计要求，但可降低建设费用。

12. 无利润算标

缺乏竞争优势的承包商，在不得已的情况下，只好在算标中根本不考虑利润。这种办法一般在以下条件时采用：有可能在得标后，将大部分工程分包给报价较低的分包商；对于分期建设的项目，先以低价获得首期工程，而后赢得机会创造第二期工程中的竞争优势，并在以后的实施中赚得利润；较长时期内，承包商没有在建的工程项目，如果再不得标，就难以维持生存。虽然本工程无利可图，只要能有一定的管理费维持公司的日常运转，就可设法度过难关。

13. 利用招标文件的错误

有些招标文件因咨询工程师编制粗糙而存在某些错误。无论是招标文件或报价表中的错误，只要对投标人有利，有经验的承包商一般不会提出更改。承包人在项目实施时可利用这些错误带来收益。但要参考合同中相关规定，注意谨慎，不要弄巧成拙，让业主抓住把柄，反而造成损失。

14. 关于材料和设备的报价

材料、设备在工程造价中常常占到一半以上，对报价影响很大，因而在报价阶段对材料设备供应（特别是大宗材料和大件设备）要十分谨慎。

（1）询价时最好直接找生产厂商或当地直接受委托的代理，在当地询价后，可用电传向厂家询价，加以比较后再确定如何订货；

（2）国际市场各国货币汇率不断变化，最好选择货币贬值国家的设备；

（3）建筑材料价格波动很大，因而在报价时不能只看眼前的建筑材料价格，而应调查了解和分析过去两三年内建材市场价格变化的趋势，决定采取近几年平均单价或当时单价，以减少未来可能的价格波动引起的损失；

（4）与主要材料供应商建立战略伙伴关系，以降低造价，实现共赢。

七、投标书的编制

（一）投标者须知

在总承包招标文件中，一般业主在“投标人须知”（Instructions to Bidders）部分对投标书的编制以及提交给出了规定，投标者应严格按照要求编制与提交。对于总承包投标书的编制，投标人须知一般包括下列规定：

1. 编制投标书使用的语言；

2. 组成整个投标书的各类文件；

3. 投标价格的性质说明，即说明要求投标人报单价还是总价；

4. 投标报价所使用的货币以及支付所使用的货币。若报价货币与支付货币不同时，投标人一定注意关于货币之间转化时的兑换率的规定；

5. 投标书的有效期（Tender validity），投标人在投标有效期内不得更改或撤回投标；

6. 若投标书中所提出的内容与招标文件的要求不同，则应在投标书中列出此类“偏差”（Deviation Listing）。有的招标文件规定允许承包商针对业主的要求提出一定的偏差，例如招标文件附有该项目的供货商名单（Vendor List），要求承包商只能从这些供货商名单中购买项目所需材料设备，但这些供货商一般都是国际知名厂家，其报价昂贵，有时又不能满足工期。对于我们中国的承包商来说，可在投标书中提出增加一些我们中国的厂家名单，并承诺若业主同意，承包商可以给出优惠价格或其他条件；

7. 关于提交“替代方案”（Alternative Bid/Proposal）的规定：对于总承包项目，业主前期所做的初步方案可能存在某些不妥或问题，因此总承包项目通常允许承包商按招标文件中要求的方案提出报价外，还允许其提出备选的“替代方案”，对投标者而言，一个好的替代方案就会增加其中标的可能性；

8. 保密要求，即要求投标人对招标文件中的内容以及投标书的内容保密；

9. 关于提交投标保函（Tender Guarantee）的规定：对于国际总承包项目，一般要求承包商投标时提交一个投标保函，保证当业主选定某投标人之后，该投标人按招标文件的规定与业主签订合同，投标保函一般为投标额度的1%左右，有的大型项目，若投标者在其投标书中描述的很多工作将依赖于母公司的支持，则业主可能要求投标者同时提供母公司担保（Parent Company Guarantee）；

10. 关于提交投标书形式与签署的规定：一般规定投标书提交的正本与副本的份数，并规定若不一致，正本优于副本。一般正本为一份，副本为多份，要求在正本的封面上标记“正本”（Original）字样，副本封面上标记“副本”（Copy）字样；

11. 投标书的签字人应是投标者恰当授权的人员，并应附上授权函（Power of Attorney），除了在正式的签字页签署外，在每页投标文件上也应小签（Initial），若在打印好的投标书中有修改内容，则在修改的地方也应小签。

（二）投标书的构成

投标书的构成与完整性是投标者应十分关注的一个问题。对于一个总承包项目，业主通常要求承包商的投标书包括下列内容：投标函及其附录、商务建议书、技术建议书、其他补充文件。

1. 商务建议书。一般只需按照业主在招标文件中提供的价格表等要求填写即可，并可增加一些必要的说明，商务建议书通常包括下列内容：

①报价汇总表，包括设计、采购、施工、运营、维修等内容；

②价格分解表，对总承包的各项包干价进行分解；

③现金流量分析(Cash Flow Analysis)；

④各类报价所涉及的分项明细表，包括设备材料清单、管理人员清单、劳工清单、计日工表、单价表等。

2. 技术建议书。比较完善的招标文件一般也有规定，若招标文件对技术建议书的内容没有明确要求时，则技术建议书可包括下列内容：

①项目的技术方案(Technical Solutions)；

②项目实施方案(Project Execution Plan)；

③其他技术说明或补充材料。

技术方案通常描述承包商对该工程项目的设计方案以及性能保证等纯技术性质。项目实施方案则主要描述承包商如何实施项目的设计、采购、施工运营、维护等各项工作，内容包括项目的组织机构、关键资源(人力资源与施工机具资源)、工程实施进度计划、分包计划等。若没有进行资格预审，还需要在技术建议书中提交资格证明(Qualifications Statement)。

八、总承包合同的谈判与签约

(一)谈判的概念和内涵

谈判是有关组织或个人对涉及切身权益的分歧和冲突进行反复磋商，寻求解决途径和达成协议的过程。双方在谈判过程中为了达到其目的，互相影响对方，并力图让对方接受己方要求。对于国际总承包合同，在签订之前需要进行大量谈判，尤其是采用议标方式来选择承包商的项目，由于业主前期的工作深度有限，需要谈判的问题更多，谈判过程更为复杂。

对谈判的性质和内涵可以做如下理解：

1. 谈判涉及两个或两个以上的利益主体，即业主和承包商，甚至分包商。

2. 寻求满足己方需要并与对方达成一致为预期目标。

3. 谈判是就工程项目的各个方面传递信息和交换信息的过程。对于涉外谈判，除了谈判人员熟悉自己领域专业知识外，谈判人员的语言表达力或翻译水平也可能阻碍信息沟通，对谈判效率和效果有很大影响。

4. 谈判是一个互相让步和妥协的过程(a give-and-take process)。

5. 要达到谈判成功，其前提条件就是让对方认为接受你的要求比放弃与你交易对他更有利，而且认为谈判结果基本是公平的。

(二)谈判内容

总承包合同签约前谈判的内容通常如下：

1. 项目融资方案；

2. 项目范围具体界定；

3. 技术标准和要求的澄清；

4. 组织接口问题；

5. 项目风险的分担与责任限度；

6. 项目组织与各类管理程序；

7. 价格与支付问题；

8. 工程保险；

9. 争端解决的方法；

10. 合同生效的条件等。

(三)谈判准备

由于总承包工程谈判是一个复杂的过程，所以每次谈判要有充分的准备。准备的内容如下：

1. 确定谈判目的；

2. 依据谈判目的确定谈判目标，如最优目标、可接受目标、最低限度目标，同时分析达到各级目标的可能性；

3. 根据谈判的内容来确定合适的谈判人选、地点、场地和时间；

4. 制定谈判方案，例如选择建设性的谈判方式或是进攻性谈判方式、采用什么样的让步方法；

5. 将谈判准备的结果形成谈判计划，要求参与谈判的人员提前了解整个谈判议题，并对自己负责的内容做到心中有数；

6. 依据谈判计划与对方商定谈判日程。

(四)谈判中的注意事项

在谈判过程中，主持谈判的人员应按照谈判日程控制好谈判的节奏，把握谈判的时机，正确判断谈判进程，不要在一些与谈判目标无关的事情上浪费时间。由于文化背景不同，在谈判中应尊重对方的某些习俗和行为方式，即使双方对某些问题有很激烈的争议，也要保持对对方谈判人员的基本尊重。谈判结束时应及时形成谈判纪要，对达成的共识以及不同意见进行记录，并由双方授权代表签字。若是阶段性谈判，应在谈判纪要中提出下次谈判的计划和安排。

在完成谈判后，若是招标项目，业主按招标规定签发中标函，随后签订合同协议书；对于议标项目，可能直接签订合同；对于大型国际总承包工程合同，可能还涉及复杂的融资问题；若是公共项目，还需要上级部门的批准。因此，有时业主所签发的中标函不一定是无条件的中标函，承包商收到后应及时答复。对于签订的合同协议书，也不一定从签字日生效，双方也可能会约定生效条件，在相关生效条件满足后合同才生效。

九、对国际工程总承包项目投标的建议

通过对多个国际工程总承包项目投标案例的研究，并结合作者参与国际工程的实践经验，对国际工程总承包项目投标提出如下建议：

1. 制定详细的投标时间表

决定参加投标之后，应尽快制定关于投标各项工作的时间表，该时间表要在仔细研究招标文件中的具体时间安排的基础上编制，可以自己组织有经验的专家制定，也可以委托有经验的咨询代理机构制定。更进一步，应该尽早制定出可行的整体计划和近期行动计划，指导近期和远期的各项投标活动。该行动计划制定好之后不应该束之高阁，要安排专人负责具体的任务，各专业人员加强沟通，根据招标文件的要求和自身企业的实际情况执行行动计划，并且加强监控。

2. 仔细深入研读招标文件

项目的总体负责人要通读全部文件，掌握全局，并从中发现其中的重点和难点，以能够对项目的投标活动作出恰当的指导；项目的商务负责人要深入研究文件关于报价、财务等商务方面的条款，制定出恰当的报价策略；技术负责人要仔细了解文件的技术规定，并仔细研究技术规范，分别编制投标两阶段的投标技术文件。

联营体要组织各自的相关专家详细研读各自负责的部分的文件内容，联营体内的不同单位和不同专业的专家要加强讨论和交流，发现正在或即将面临的问题，并且制定出相应的解决方案，最终提高整体投标的质量。

各文件研读者要根据已经制定好的整体投标时间表安排好自己研读文件的进度，要注意自己负责研读部分的中英文的一致性，初步确定未来该部分工作的具体负责人，最后按进度要求提交文件研读报告，为下一步编制投标文件提供基础资料。

3. 重视现场考察

现场考察是了解项目情况和竞争对手极好的机会，投标人事先安排有洞察力、有经验的专家组成现场考察团队，考察团队出发前要收集好所需要的相关材料，详细分析招标文件研读过程中发现的问题，准备好问题单，带着问题考察才能有更好的收获。

4. 对技术标准的分析

各技术专家详细分析项目实际可能需要的技术、规定采用的技术标准和企业实际能够提供的技术水平，找出规定的技术标准和企业实际技术水平的差距，并且提出处理技术标准差距的建议方案和行动计划，能够尽力执行的标准尽可能执行，正好也是提高企业技术水平的好机会，尽可能减少替代标准的数量。

5. 加强项目管理

从项目启动开始到最终完成项目再进行运营的全寿命周期都涉及到项目的管理，大型复杂的总承包项目对于企业当前的项目管理是一次难得的挑战，是提升企业项目管理水平的很好的实践，国际工程市场竞争异常激烈，应尽量采用国际上比较成熟的、先进的项目管理方法，好的项目管理方法会给投标加分，提高中标的可能性。

6. 加强对 RAMS 等标准的了解与执行

国际上很多铁路项目都要求执行 RAMS 等国际标准，一般在招标文件中有相应的规定，本书在附录中介绍了铁路项目相关的部分标准，参与国际竞争的总承包商应加强对于此类标准的学习和了解，并按照招标文件中的相关规定完成投标书。

7. 重视不同语种之间的转换

在编制投标文件的过程中经常需要进行两次大规模的语言转换工作，第一次是把英文的招标文件转换成中文，团队人员进行深入详细的研读，再编制投标文件，再把中文状态的投标文件转换成英文，所以，保证语言转换工作的准确性和及时性是极其重要的，要尽早组织有能力的团队及时行动。另外，完成两次语言转换工作的人员尽可能保持不变，以保证语言的一致性，又好又快地完成任务。

8. 恰当安排投标组成员和谈判组成员

从研读招标文件开始即应尽早确定投标组的成员以及分工，并在工作过程中尽可能保持不变，这样有利于准确、快速地编制投标文件。投标组成员从开始就参与项目的投标工作，对于项目的情况了解很清楚，所以后期谈判组成员应可能从投标组成员中选择，并且尽早确定，以便其在前期工作中对后期的谈判做一些针对性的准备，是首席谈判人和首席翻译总监或顾问的选择与任命尤为重要，另外还应选择恰当的法律顾问，为总承包商在项目过程中提供必要的法律咨询。

第三章　国际工程总承包项目风险管理

本章对项目风险管理的基本理论进行了介绍，包括风险管理概述、风险规划、风险识别、风险分析和风险的监控与应对策略等；围绕 FIDIC 合同条件对国际工程总承包中的典型模式进行了风险分析，包括生产设备与设计-建造总承包的风险分析、EPC 交钥匙工程总承包的风险分析、DBO 总承包的分析等；最后针对国际工程项目中常见风险问题提出了对策建议。

第一节　国际工程总承包项目风险管理基本理论

在竞争异常激烈的国际工程市场，不可避免会存在各种各样的风险，国际工程项目本身的复杂性、跨文化、周期长等特性又进一步增加了项目的风险。很大程度上，国际工程总承包商能否取得项目成功的关键在于能否以风险管理理论为基础，有效地进行风险管理。

一、国际工程总承包项目风险管理概述

风险是一种不确定性，是可能的结果与预期结果之间的差异性，从理论上讲，风险既包括获利的不确定性又包括损失的不确定性。

国际工程总承包风险是指在国际工程总承包的活动中，因为预先不能预料的各种情况的影响，导致项目的实际损益值与预期的损益值发生差异，从而使承包商遭受无法预料的经济损失的可能性。

风险具有两面性，风险如果管理的恰当可以避免或减少损失，甚至还可能带来收益；相反，风险失控则可能带来较大损失甚至是灾难。国际工程总承包风险管理就是总承包商根据事先编制的风险规划，对项目实施期间潜在的、可能影响预期收益的因素进行识别、分析，根据识别和分析情况采取相应的措施来应对并及时进行监控，以期减小损失甚至变害为利。

国际工程项目往往投资大、工期长，从筹划、设计、建造到使用的整个过程都存在各类风险，甚至是很大的风险，处理不当不仅会造成经济损失，还可能会带来政治、外交等影响。因此，可以说国际工程承包一向是机遇与挑战并存，在“走出去”的实践中，我国企业在抓住发展商机的同时也应慎重面对可能的挑战，善于分析风险、预测风险，及时采取有效的措施，努力使风险转化为机会。

(一)风险的特征

国际工程总承包项目风险具有一般工程项目的共性，也有其独特的特征。一般来说，风险的特征表现为客观存在性、不确定性和一定的可预测性、可变性和阶段发展性以及特别复杂性，如图 3-1 所示。

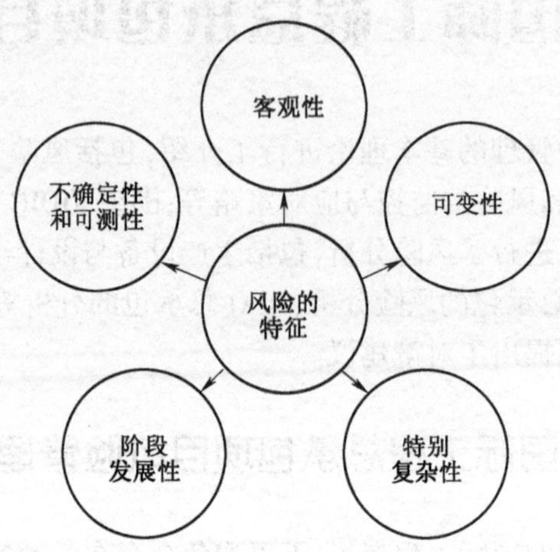

图 3-1　风险的特征

1. 客观性。风险的存在不以人的意志为转移，是由客观事物的客观规律决定而客观存在的。在整个项目的任何阶段、任何时间、任何位置都无时无刻存在着潜在风险，在满足条件时，风险都会显现出来。

2. 不确定性和一定的可预测性。风险本身是一种不确定性，表现在风险何时何地发生，发生的程度多大等都不确定，这就决定了人们不可能完全准确的预测风险。但是，风险在一定程度上又是可预测的。对于风险发生的概率、发生后造成的损失等方面都有一些预测的方法。风险的不确定性和一定的可预测性这两个特点就要求风险管理主体采取有效的方法，尽最大可能对风险进行测度，以便于为风险管理战略和后期采取的风险管理措施提供依据。

3. 可变性。在项目建设实施过程中，随着项目的进展，项目的内外条件会发生变化，导致项目风险发生的概率、性质、影响等都会随之发生变化。例如：随着风险预测技术的不断进步，有些以前不能控制的风险现在可以有效控制，从而风险损失可以降低；有些风险在一定条件下可以消除；有些新的风险可能出现等，这都体现了风险的可变性。

4. 阶段发展性。按照发展情况，风险可以分为三个阶段：第一阶段是风险潜在阶段，这时没有发生损失，却有发生风险的可能性；第二阶段是风险发生阶段，风险情况发生，但是最终的后果还没有发生；第三阶段是产生后果阶段，后果已无法挽回，只能采取措施尽可能减小损失，风险发生的阶段性为更好地进行风险管理提供了可能性。

5. 特别复杂性。国际工程总承包除具有一般国际工程承包特点导致的多种风险之外,还具有更加复杂的特点。如前所述,国际工程项目因为自身的特点而包含较大的风险,再加上国际工程总承包商在总承包项目中,要比一般项目承担更多的风险责任,导致了国际工程总承包风险的特别复杂性。

(二)风险的要素

风险的要素包括风险因素、风险事件和风险损失三个方面,三者之间存在因果关系,构成一个整体。

1. 风险因素。风险因素是指导致风险事件发生的机会、原因或条件。风险因素是风险事件发生的内在原因,也是造成风险损失的根本原因,潜在的风险因素增加了风险事件发生的概率,风险事件的发生进一步可能导致风险损失。

2. 风险事件。风险事件是指在一种或者多种风险因素同时作用下导致的可能造成生命财产损失的偶然事件。风险事件是风险因素和风险损失的媒介,只有风险事件发生才有可能产生风险损失,所以风险事件是造成风险损失的直接原因。风险事件的发生是不确定的,具有了风险因素不一定会发生风险事件,发生了风险事件也不一定会造成风险损失。

3. 风险损失。风险损失是指由于风险事件的发生而导致的非故意的、非预期的生命及财产的损害或损失。从概念来看,风险损失包括两个必要条件:其一是非故意和非预期事件;其二是该事件的发生造成了人身或财产的损害或损失。

风险因素、风险事件、风险损失三者之间的关系如图 3-2 所示:

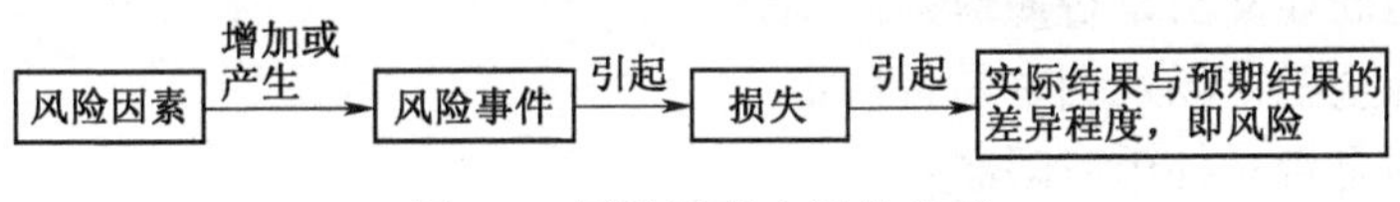

图 3-2　风险要素之间的关系

正因为风险因素是风险事件发生的内在原因,又是造成风险损失的根源,潜在的风险因素增加了风险事件发生的概率,风险事件的发生进一步可能导致风险损失,所以,对于风险的管理要从其发生的根源着手,管理好风险因素,尽量减小风险事件的发生,从而减小风险损失。

(三)风险的分类

国际工程总承包项目的风险,可以从不同角度、按照不同标准对风险进行分类。例如,按照风险的分布情况,风险可以分为国别(地区)风险、行业风险等;按照风险的来源,风险可以分为内部风险和外部风险;按照风险控制是否可控,风险可以分为可控风险和不可控风险,其中不可控风险又可以分为可接受风险和不可接受风险;按照风险责任承担主体,风险可以分为业主风险、投资方风险、总承包商风险、监理方风险、供应商风险、分包商风险、政府风险等;按照风险的性质,风险可以分为政治风险、经济风险、社会风险、管理风险、自然风险等;按照风险所处的阶段,总承包商的风险可以分为决策阶段风险、投标阶段风险、设计阶段风险、建造阶段风险,有的总承包模式还包括运营及维护阶段的风险等。

本书从我国对外承包商的角度,根据国际总承包项目风险的来源,将风险分为三大类:项目环境风险、项目本身风险、项目参与方行为关系风险,每一大类中又可细分为若干子风险。

1. 项目环境风险

国际总承包项目的实施是一个动态的过程,其实施的政治经济等环境条件虽然可能不直接作用于项目本身,但会间接影响项目的执行情况。环境风险包括政治环境风险、经济环境风险、法律环境风险、社会环境风险、自然环境风险。

(1)政治环境风险

政治环境风险考虑的子因素包括:

①项目所在国与我国关系如何;

②项目所在国与周围国家是否存在敌对关系;

③项目所在国政局是否稳定;

④是否存在资产征收或国有化情况;

⑤当地政府的办事效率水平如何;

⑥当地是否存在强有力的反对党;

⑦当地是否存在恐怖组织。

(2)经济环境风险

经济环境风险考虑的子因素包括:

①当地商业交易是否便捷;

②当地金融市场及利率是否稳定;

③当地是否对外币有限制;

④当地通货膨胀情况如何;

⑤当地是否存在影响极大的经济事件;

⑥当地是否有充足的材料和设备来源;

⑦是否会出现多个项目同时开工的情况。

(3)法律环境风险

法律环境风险考虑的子因素包括:

①当地法律体系是否完备;

②当地法律是否稳定;

③对外资公司在当地的经营是否存在法律限制与歧视;

④海关进出口的法律规定和限制情况如何;

⑤法律对工程承包是否有特别要求(代理问题、特别捐税、环境污染限制、强制性技术标准等)。

(4)社会环境风险

社会环境风险考虑的子因素包括:

①当地的宗教文化传统；
②当地的教育水平；
③当地人的诚信度；
④当地行政机构是否腐败及程度；
⑤当地的整体交通条件；
⑥当地劳动力数量、效率、类型、工资标准；
⑦当地人是否对项目的实施有抵触心理。

(5)自然环境风险

自然环境风险考虑的子因素包括：
①水文气象条件；
②地质地貌条件；
③天灾发生的频率。

2. 项目本身风险

总承包项目自身风险指的是与项目自身相关并直接影响项目执行的风险。主要包括：项目自身可行性风险、项目财务风险、项目设计风险、项目采购风险、项目施工风险、项目试运行与验收风险、项目运营与维护风险。

(1)项目自身可行性风险

项目自身可行性风险的子因素包括：
①在业主方项目立项时，项目自身存在某方面的不可行性；
②项目征地困难；
③项目生产的产品市场变化。

(2)项目财务风险

项目财务风险的子因素包括：
①现金流预测是否准确；
②是否有项目实施需求的资金；
③项目财务费用是否太高；
④项目支付涉及的货币汇率是否恰当。

(3)项目设计风险

项目设计风险的子因素包括：
①技术标准不熟悉；
②设计方案不合理；
③设计审批延误；
④设计失误、有缺陷。

(4)项目采购风险

项目采购风险的子因素包括：
①所需材料设备的市场缺乏；

②所需材料设备的价格上涨；
③业主指定的供货商名单范围太窄；
④供货能力不足；
⑤采购人员工作失误；
⑥采购方案不合理。

(5)项目施工风险

项目施工风险的子因素包括：
①现场条件恶劣；
②劳动力缺乏；
③劳资争端；
④施工机械毁损；
⑤设计变更影响；
⑥工伤事故；
⑦施工人员失误；
⑧施工组织设计不合理。

(6)项目试运行与验收风险

项目试运行与验收风险的子因素包括：
①试运行所需外部条件缺乏；
②试运行程序不清；
③验收标准不明确。

(7)项目运营与维护风险

项目运营与维护风险的子因素包括：
①运营中工程由于设计或建造质量发生缺陷；
②运营设备质量问题；
③运营操作人员失误；
④工作人员及第三方人员安全问题；
⑤运营成本骤然增加；
⑥业主财务状况恶化；
⑦运营产量或运量与预测差异很大；
⑧长期的运营过程受到外界干扰；
⑨运营商能够预见的自然条件造成的损失；
⑩维护技术、零部件及人员的可获得性。

3. 项目参与方行为关系风险

这主要指的是由于合同不完善或各方的投机行为带来的风险。从总承包商的角度来看，这些风险包括：

(1)业主的行为风险；

(2)供货商的行为风险；

(3)施工分包商的行为风险；

(4)代理人的行为风险；

(5)政府部门的行为风险。

上述行为关系风险包括的子因素具有共性，包括：

(1)合同责任与风险分担约定不清；

(2)违约行为；

(3)对方破产或出现财务危机；

(4)各方之间协调不力；

(5)各方关系有敌对情绪；

(6)被对方利用弱点或失误，提出过分要求；

(7)某方项目组织内部出现问题。

上述风险分类的划分以及应考虑的风险子因素对国际总承包项目实施效果的影响很大，很大程度上决定了项目的实施结果。

(四)风险的分担

如上所述，国际总承包项目中存在各种各样风险，如何在项目参与各方中合理分担这些风险，一直是国际学术界和实业界研究讨论的问题。经过多年的理论研究以及实践，逐渐形成的一个基本原则是：风险分担应能够激励合同双方努力使己方收益最大化的同时也能有利于完成项目总体目标。这在学术界被称为“激励兼容原则”(Incentive Compatibility)。在这一总体原则指导下，派生出了若干具体原则。这些原则包括：

1. 若风险是由一方的不当行为或缺乏合理的谨慎或精心引起，则由该方承担；

2. 若该风险可以以合理的商业条件进行保险，而且由该方保险是最经济的方式，则由该方承担；

3. 谁是风险管理的最大受益方和直接受益方，谁应该承担该风险；

4. 谁是风险发生后的直接受害者，谁应该承担该风险；

5. 哪一方最有能力以低成本控制该风险，风险应由该方承担；

6. 在无法运用上述原则时，哪一方财务能力强，则应由该方承担相应风险；

7. 在无法确定时，让偏好风险的一方承担该风险。

从上述原则出发可以看出，就我们前面所划分的三大类风险而言，对于总承包项目各类环境风险，业主与承包商应共同分担，其中业主承担的部分多些，承包商承担的少些；对于项目自身风险，业主与承包商也应共同分担，只不过业主承担的部分少些，承包商承担的多些；对于业主和承包商各自行为导致的风险，则应当由各自承担。

在目前国际知名工程合同范本中，虽然基本上围绕上述原则在业主与承包商之间进行风险分摊,但具体的分担方法并不相同。从合同类型上来看,对于纯施工合同,一般业主承担的风险多些;对于包括设计、采购、施工、运营、维护的总承包合同,一般承包商承担的风险多些。

然而在国际工程实践中,由于是"买方市场",即业主具有讨价还价的优势地位,业主可能会利用优势地位,将本来应由自己承担的风险通过合同的规定转移给承包商。即使业主在招标或议标时参照一些合同范本,也往往通过对范本的修改来转移风险。事实上,无论从理论上还是从国际工程实践来看,若业主利用自己的强势让承包商承担过分大的风险,项目的最终执行结果对业主不一定有利。原因是,若在合同中规定由承包商承担某风险,承包商无疑会在投标报价中考虑相应的风险费,所考虑的额度甚至要高于业主自己来承担这些风险的代价,而这些风险费需要业主作为合同价格的一部分支付给承包商,无论实际是否发生。若业主认为,即使让承包商承担了大量的风险,由于承包商受到其他承包商的竞争压力或者承包商根本没有认识到自己承担的风险问题,承包商不会在报价中增加风险费,这样的话,只能证明业主所选定的承包商的管理水平差。一个在投标时对项目风险以及承担的合同风险都搞不清楚的承包商,其项目的管理水平可想而知。因此可以认为,若业主选定这样的承包商来承担项目,才是最大的风险。

对于承包商而言,即使招标文件中规定自己承担的风险比较大,也不要轻言拒绝参加此类项目的投标或议标,应该意识到,在国际工程市场上风险与利润是相互依存的。风险管理的关键不在于承担的合同风险的大小,而是在于是否清楚地了解自己在合同中的风险以及控制相关风险能力,还有在市场竞争的情况下为承担的那些风险在投标价格中考虑的风险费用额度。因为若业主让承包商承担的风险大,则承包商在报价中可以相应地增大自己的风险费。但若增加的大量风险费导致标价提高而不能中标,这只是表明,相对于中标人而言,该承包商的风险管理水平低,其风险管理成本高于中标的承包商而导致其不能中标,或者是中标的承包商风险管理水平低,其在投标时没有充分意识到自己需要承担的风险及可能的后果。无论怎样,这不是一个合同风险分担问题,而是一个需要提高自身的风险管理水平问题。

反过来讲,若合同价格不能改变,承包商则应在合同谈判中尽可能要求少承担风险,并利用风险的分担原则在谈判中来影响业主,尽可能获得最大的合同优势。

(五)风险管理过程

结合美国项目管理学会(PMI)的项目管理知识体系的规定,建设工程项目总承包风险管理的过程如图 3-3 所示。

一般来说,项目的风险管理过程包括风险规划、风险识别、风险度量分析、风险应对、风险监控。

1. 风险规划:规划和决定如何进行项目风险管理的各项活动;
2. 风险识别:识别可能影响项目的风险因素,并初步分析其特点;

3. 风险度量分析：对以上识别的风险因素进行定性和定量的详细分析；

4. 风险应对：根据风险度量分析的结果制定风险应对措施；

5. 风险监控：在整个项目生命周期中跟踪已经识别的风险，监测其变化。

上述过程在每个项目或项目的每个阶段都会出现。虽然这些过程被描述成相互独立的组成部分，但是在实际中，各个过程之间是相互叠交、互相作用的，在项目的风险管理中要把整个项目作为一个系统来考虑。

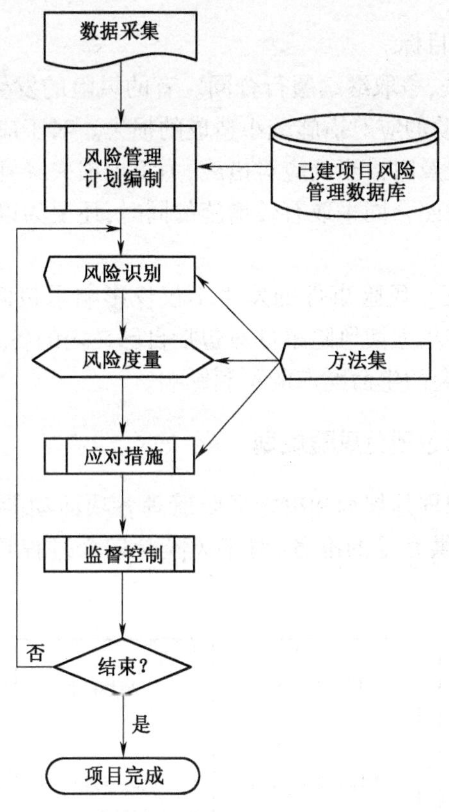

图 3-3　总承包风险管理过程

(六)风险管理目标

风险管理最主要的目标是防范、控制和处置风险，减小甚至避免损失，使工程项目顺利进行，最终实现项目的总目标。通常分成风险发生前和风险发生后两部分来确定风险管理的目标。

1. 风险发生前的目标

(1)以尽可能低的风险管理成本，获得最大的安全保障。风险主体的管理者运用最合适、最经济的管理手段为可能发生的风险做好准备。具体做法是在风险发生前综合分析各种风险管理工具和安全计划，对拟采取的各种措施进行全面的财务分析，把控制风险的费用降到最低，同时达到最大的安全保证，取得最佳的风险管理效果。

(2)减少员工的担心。风险给员工的精神和心理造成紧张,这种忧虑和恐惧会影响劳动生产效率,风险管理的目标之一是尽量减少人们这种焦虑心理,提供一种有安全感的劳动环境。

(3)履行法律义务。主动承担对工程所在国的各项社会责任和义务,满足工程所在国的法律规章和各项公共准则的要求,全面实施防灾、防损计划,消除风险隐患。

2. 风险发生后的目标

(1)降低风险损失,争取继续履行合同。有的风险的发生是不可避免的,只能在风险发生后采取被动的应对措施减小造成的损失。对于应该由承包商承担的风险责任,承包商应采取及时恰当的应对措施,力争把损失降到最低。对于非承包商应该承担的风险,在按照合同采取有效措施的同时,还要为以后的索赔和避免合同争端做好准备。

(2)承担社会责任。风险事件的发生不仅仅影响承包商,还可能会影响到合同的其他方,承包商应尽力使风险事件对包括自己在内的各方的影响最小,尽可能减轻对他人和整个社会的生命财产的不利影响。

二、国际工程总承包项目风险规划

概括地讲,风险规划是规划和决定风险管理各项活动的过程。风险规划可以为后期的风险管理提供充足的准备,对于风险管理全过程具有重要意义。图 3-4 表示风险规划过程。

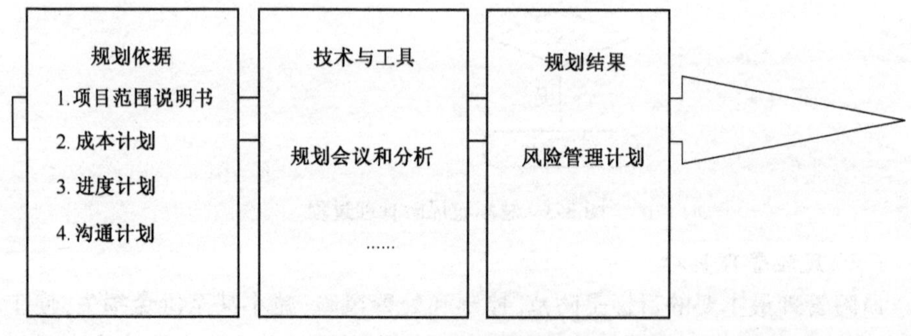

图 3-4　风险规划过程

(一)风险规划的依据

1. 项目范围说明书

项目范围说明书包括项目规划中所包含或涉及的有关内容,对于不同的国际工程总承包模式,总承包商对于设计、建造、采购、运营、维护等所要完成的阶段不一样,也就是涉及的范围不同,所以要进行有效的风险管理必须首先明确项目的范围，进而依据项目的范围确定风险管理规划。通常，项目范围都会在招标文件中做出详细规定。

2. 成本计划

成本计划中确定了核定和报告与风险相关预算的程序以及进行风险管理、制定风险应对措施的预算金额，还包括紧急情况下的应急储备资金，只有相应的资金及时到位，风险管理才能有效进行，所以制定风险规划必须考虑成本管理计划中与风险管理直接有关的内容。除此之外，整个项目的成本管理计划会对项目的风险发生与管理产生影响，虽然并不是计划的投入越高风险越小或者投入越小风险越大，但是要注意风险计划与成本计划的统一考虑。

3. 进度计划

项目的进度计划确定了工程的整体进度，什么阶段完成什么工作已经基本安排好，风险管理是为实现项目的最终目标服务的，所以风险管理必须满足工程项目的进度要求，风险规划要与项目进度计划相对应。在风险管理过程中，风险管理计划应该比实际进度计划提前一步，做到事前控制。

4. 沟通计划

规划风险管理各项活动离不开具体部门和人员之间的有效沟通，因此，风险计划也要考虑沟通计划。

5. 事业环境因素

管理组织的意愿和对风险的承受程度在很大程度上影响着风险管理过程和风险管理的效果，项目周围的社会民众的态度也会对项目产生较大影响。因此项目风险规划必须考虑项目利益相关者对项目风险的敏感程度及可承受能力，包括项目系统内部不同参与方组织内部对项目的意愿以及项目系统外部民众对项目的态度。这就是所谓的事业环境因素。

6. 组织过程因素

组织过程资产（Organizational Process Assets）指一个组织在项目操作过程中所积累的无形资产。可能影响风险规划的组织过程因素包括：相关术语的定义；决策者、责任方及授权情况；可获取的数据及管理系统情况；风险管理模板；以往风险管理的经验教训等。

（二）风险规划的工具

到目前为止，国际上还没有通用的风险规划方法或工具。考虑国际工程管理的实际情况，目前进行项目风险规划比较有效的工具是举行风险规划会议，通过会议进行详细分析。规划会议的参与者包括项目经理、项目各团队成员、负责进行项目风险管理规划并实施活动的人员以及项目的其他相关方。

在会议期间，制定风险管理活动的基本计划，确定风险费用因素和所需的进度计划活动，并分别将其纳入项目预算和进度计划中。与此同时，对风险职责进行分配，并根据具体的项目对风险类别、风险水平、风险概率和影响以及影响矩阵等文件进行调整。这些活动的结果将汇总在风险管理计划中。

(三)风险规划的结果

风险规划的结果是制定风险管理计划。风险管理计划包括风险管理方法、风险管理人员的角色与职责、风险管理所需预算、风险管理时间安排、风险的类别、风险的概率和影响以及影响矩阵、报告格式、跟踪监测等内容。风险管理计划描述了安排与实施项目风险管理的过程,是项目管理计划的从属计划,对于整个风险管理过程起着风向标的重要作用。

三、国际工程总承包项目风险识别

项目风险识别是指项目承担单位在收集资料和调查研究的基础上,运用各种方法对尚未发生的潜在风险以及客观存在的各种风险进行系统归类和全面识别。做好风险规划之后,需要对项目风险进行全面的识别。

在国际工程承包中,项目的风险因素来自国家、社会、经济、政府、民间、自然环境等各个方面。风险识别可以按不同的风险类别来进行,先进行风险的分类再进行风险的识别有助于全面识别风险因素,防止遗漏。

项目风险识别不是一次能够完成的,它应该在整个项目运作过程中定期而有计划地进行。风险识别的过程是在同类工程风险统计数据的基础上,结合本项目具体情况对风险来源、风险诱因以及可能的结果进行分析,系统全面的确定项日所涉及的各个方面可能存在的风险因素。风险识别的过程如图 3-5 所示。

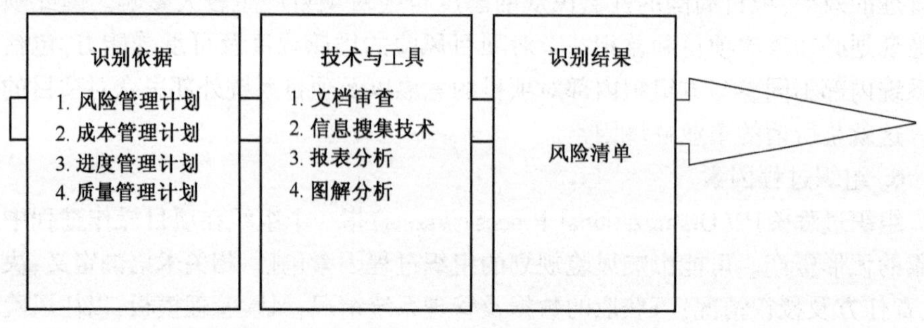

图 3-5　风险识别过程

风险识别过程的参与者通常包括:项目经理、项目团队成员、风险管理团队、相关领域专家、项目相关方等。风险识别并非一次性工作,而应该反复进行,反复进行的时间间隔及执行者因具体的项目及风险种类而不同。项目管理团队的全体成员都应以适当方式参与风险识别过程,从中发现自己职责范围内可能存在哪些风险,以便以后能及时采取应对措施,减小风险损失。

(一)风险识别的方法

1. 文档审查

对项目的各种计划、假设条件、先前的文档等文件进行系统全面的审查,项目各种计划本身的质量、不同计划之间的一致性及其与项目的需求匹配程度都能反映出项目可能存在的风险。

2. 信息搜集技术

(1)头脑风暴法：以专家的创造性思维来获取未来信息的一种直观预测和识别方法。该方法由项目团队主持，邀请不同学科的专家来实施此项技术，在主持人的推动下会议参与者就项目可能存在的风险集思广益，最后达到全面识别风险的目的。

(2)德尔菲法：又称为专家意见集中法，通过调查意见逐步集中，最后在某种程度上达到一致。专家们以匿名的方式参加该活动，主持人用问卷征询专家的意见，然后在专家中间传阅，再发表意见，若干个轮回之后可以得出一致的意见，该方法有助于减少数据偏差，防止任何个人对识别结果产生的不良影响。

(3)访谈法：通过访问有经验的项目参与者或者某领域的专家识别风险。

3. 报表分析

风险管理的费用和风险造成的损失都会在财务报表上反映出来，基于这一点风险管理者可以从项目的财务报表中发现与风险有关的问题，再顺藤摸瓜，找到项目可能面对的风险。

4. 图解分析

(1)因果图：又称为鱼骨图，用于识别项目风险的形成原因；

(2)流程图：识别项目所面临的风险的动态分析方法，显示系统要素相互联系以及相互传导中可能存在的风险；

(3)影响图：显示因果影响、按时间顺序排列的事件以及变量与结果之间的其他关系的图解分析方法。

5. SWOT 分析

从项目各方面的优势、劣势、机会、威胁方面详细考察项目，在项目内部发现优势和劣势，从项目外部发现项目的机会与威胁，把项目内外可能对项目产生不利影响的因素都包括在识别范围内，扩大风险考虑范围，并由此发现风险。

6. 专家判断

有过类似项目经历的项目管理人员或者相关领域的专家都很了解项目的运作过程，都比较清楚项目潜在的风险因素，项目经理和风险管理者可以通过多种渠道邀请相关专家指出项目可能存在的风险，但是需要注意不同专家的偏好。

(二)风险识别的结果

风险识别的结果包括以下几个方面：

1. 已经识别出的项目风险的清单

风险清单包括项目所有可能面临的风险因素，风险的可能后果与影响范围，风险可能发生的时间范围，风险可能带来的损失或者机会等。

2. 初步风险应对措施

在风险识别过程中，有时可以针对识别出的风险性质和特点提出初步的有针对性的应对措施，这些措施可以作为后期制定其他风险应对措施的依据。

3. 风险的根本原因

在发现风险时及时分析并尽早地确定风险发生的根本原因。

4. 风险类别更新

对识别过程中出现的新的风险类别也要纳入风险识别清单中，完善风险识别结构。

四、国际工程总承包项目风险分析

风险分析又称为风险测定、估算等，是在风险识别的基础上，结合已经识别的风险及其特点，通过事先收集的大量资料，利用一些定性或者定量的分析工具，分析风险因素或者风险事件发生的概率以及造成的损失。

对于风险的具体分析有两种过程：一种是依据大量的试验或者能够获取的大量历史资料，采用某些分析技术进行分析，该方法所得到的分析结果比较客观，但是在实际中，要想进行大量的试验或者获取大量的历史数据非常困难，有时甚至是不可能的，所以该方法在很多情况下较难实现，只能部分采用。另一种是风险管理主体基于有限的资料，设法获取相关领域的专家对于该风险的判断，再结合一定的技术工具对风险进行分析，该方法的主观性较强。实际中最常用的是两种方法结合分析，先通过主观进行分析，然后再设法提高主观分析的客观性，最后得出分析结果。

（一）风险分析的主要内容

1. 风险发生的时间分析；

2. 风险可能造成的结果和损失分析；

3. 风险发生的可能性分析；

4. 风险的级别分析。

（二）风险分析的一般程序

1. 对项目的初始风险进行评价，分别确定各风险因素发生的概率和可能造成的损失值；

2. 分析各风险因素的影响程度，确定主要风险因素对项目的质量、成本、进度、安全等各方面的影响；

3. 根据风险分析结果制定相应的管理方案或措施。

（三）国际总承包合同风险分析的基本程序

1. 分析总承包招标文件/合同的各项规定，判断出自己承担的风险；

2. 研究总承包项目的具体情况，根据项目调研、标前会议答疑、自己控制风险的能力等，判断出所承担“风险度”的大、中、小；

3. 提出每种风险度下的风险应对策略与方法。

（四）风险分析的方法

风险分析的方法有定性分析和定量分析两类，实际中两类方法常常结合使用。具体的分析方法有很多，但是还没有形成对各种风险都适用的方法，各种方法都有其局限性，应针对不同的分析对象选择分析方法，下面简单介绍几种风险分析方法。

1. 蒙特卡洛模拟技术

该方法又称为统计实验室法，是通过对随机变量进行统计试验，建模求得近似解的数学方法，本质是用数学方法在计算机程序中模拟实际概率的发生过程，再加以统计处理。

2. 头脑风暴法

以专家的创造性思维来获取未来信息的一种直观预测和识别方法。集中有关专家召开专题会议，专家群体决策，尽可能激发创造性，产生尽可能多的设想，并对提出的设想、方案逐一质疑，分析其现实可行性。

3. 德尔菲法

又称为专家意见集中法，通过调查意见逐步集中，最后在某种程度上达到一致。该方法依据系统的程序，采用匿名发表意见的方式，即团队成员之间不得互相讨论，不发生横向联系，只能与调查人员发生关系，通过反复填写问卷，以集结问卷填写人的共识来搜集各方意见。

4. 模糊数学法

应用经典数学难以描述具有不确定性和模糊性的风险，结合该特点，可以采用模糊数学理论去描述风险对于系统整体的影响程度，建立评价模型，得出精确解，目前该方法在工程风险管理中应用广泛。

5. 事件树分析

从分析风险事故的起因事件概率开始，按照系统构成要素排列序列，分成成功和失败两种状态，逐步求出因失败而造成风险发生的概率，决策树是一种特殊的事件树。

6. 灰色理论

该理论由我国学者首先提出，已知的信息可以看作白色数据，未知的数据可以看作黑色数据，部分信息已知时可以看作是灰色数据，风险就具有灰色的性质，所以可以用灰色理论评价分析风险。

7. 敏感性分析

考察某一种变量变化时对其他变量产生的影响，找出哪些风险更容易影响目标的实现，即找出目标对于哪些风险更敏感，对于敏感因素重点控制。

8. 风险评审技术

同时考虑事件的时间、费用和效果三个参数，把网络中各个事件之间的关系用数学关系式反映出来，分析完成计划的程度、显示各种指标的范围、性能与费用，确定成功的可能性和失败的风险度。

9. 马尔科夫链分析

利用系统现在的状态和状态的转移，预测该系统未来的状态，不需要大量的历史数据，只需要现在的动态资料就可以完成。

虽然风险分析的方法很多，但是专家判断法一直是实践中最实用和有效的方法，这就要求总承包商要有一定的咨询专家资源，包括法律专家、合同专家、技术专家、造价专家、采购专家、区域问题专家等。

(五)风险分析的结果

风险分析的输出结果有以下一些方面。

1. 项目风险的粗略排序或优先级清单

可以根据风险的重要程度，确定风险管理者可以参考的优先级清单，对重大风险重点处理，如果团队更关注某一项具体目标，风险的优先级还可以按照质量、进度、成本等不同的项目管理目标分别列出。该结果可以通过定性分析获得，对于重要风险项目或重点风险可以再进行定量分析。

2. 需要采取紧急措施的风险清单

应该把在近期内需要采取紧急措施的风险和在以后一段时间处理的风险分别列出。

3. 需要详细分析和处理的风险

对于复杂的风险需要进一步分析和处理。

4. 定性风险分析结果的趋势

在进行多次风险分析之后，某些风险分析结果可能出现某种特定的趋势，趋势分析有助于对于风险的深层次分析和后期采取恰当的应对措施。

5. 项目目标完成的概率分析

依据当前的计划和目前对风险的了解，用定量分析方法估算实现项目进度、成本等目标的概率及可信度水平，必要时需要通过应急储备资金把超出既定项目目标的风险降低到可以接受的水平。

6. 量化的风险优先级清单

包括可能给项目造成极大威胁或者带来极大机会的风险、需要分配较高应急储备资金的风险和很可能影响项目关键路径的风险等。

7. 定量分析结果的趋势

在多次定量分析过程中，发现和判断风险呈现的发展趋势。

五、国际工程总承包项目风险应对

风险应对是在风险规划、风险识别和风险分析的基础上，针对已经识别的风险因素的具体种类、特点，按照事先制定的风险管理计划，考虑风险分析的结果，综合制定出风险的处理办法，决定采用何种策略和具体措施处理风险，使风险的损失降到最低。

风险的应对措施必须符合风险的重要性水平，并且应尽可能经济、合理、有效和可行。要对多种风险应对策略和措施进行比较，选择较好的策略、措施加以实施，实施风险应对措施过程中应有专人负责，保证实施结果的有效性。

(一)风险应对策略

国际工程总承包中常用的风险策略归纳起来有以下四种，即：风险回避、风险转移、风险缓解和风险接受。

1. 风险回避

风险回避就是以一定的方式中断风险源，使其不发生或不再发展，从而避免可能产生的潜在损失。比如投标某国隧道项目，由于该项目为当地政府出资建设，又是当地币种支付，而当地币种连年贬值，施工技术方面又有一定难度，故投标策略是在已算出的成本价上，加上足够的风险费，可能加价后得标无望，但这样做就是采取风险回避的方式。

一般来说，采用风险回避需要做出一些牺牲，但较之承担风险，这些牺牲比风险真正发生时可能造成的损失要小得多。又如某承包商参与某国城市供水系统改造项目，开标后发现自己的报价远远低于其他承包商的报价，经仔细分析发现自己的报价存在严重的误算和漏算，因而拒绝与业主签订施工合同，通过使馆参与多方协调使自己不中标，让与第二标。虽然这样做将冒着被没收投标保函的风险，但即使被没收投标保函，也比执行后严重亏损的损失要小得多。

关于风险回避，国际工程总承包中应注意以下问题：

回避一种风险可能产生另一种新的风险。在工程实施中，绝对没有风险的情况几乎不存在。就技术风险而言，即使相当成熟的技术也存在一定的不确定性。

回避风险的同时也失去了从风险中获益的可能性。例如，在国际工程中，由于缺乏有关外汇市场的知识和信息，为避免承担由此带来的经济风险，决策者决定选择本国货币作为结算货币，从而也就失去了从汇率变化中获益的可能性。

回避风险可能不实际或不可能。从国际承包商的角度，投标总是有风险的，但决不会为了回避风险而不参加任何国际工程的投标。我们不得不承认，风险回避是一种必要的，有时是最佳的对策，但也是一种消极的风险应对策略。

2. 风险转移

风险转移是设法将风险的结果连同对风险进行应对的权利转移给第三方。转移风险只是将管理风险的责任转移给另一方，并不能消除风险。根据风险管理的基本理论，风险分担的原则是：任何一种风险都应由最适宜承担该风险或最有能力进行损失控制的一方承担。风险转移就是基于这样一个原理进行的。风险转移分为合同转移和保险转移。

(1)合同转移。是通过签订合同的方式将工程风险转移给非保险人的对方当事人。国际工程最常见的有如下三种情况：①业主将合同责任和风险转移给对方当事人。如在总承包/交钥匙工程中,业主对场地条件、工程量变化不承担任何责任。有些固定总价合同中,业主把汇率、涨价风险也转移给了承包商。②承包商进行合同转让或工程分包。承包商中标承接某工程后,可能由于资金安排出现困难而将合同转让给其他承包商,以避免拖期罚款或亏损,但这种做法一般不被允许;或者将专业技术要求很强而自己缺乏相应技术且成本比分包商高的工程内容分包给当地专业分包商,从而有效地保证质量和进度。③采用第三方担保方式。合同当事人的一方就合同责任要求另一方为其履约行为提供第三方担保。就国际承包市场而言,第三方担保主要表现在业主要求承包商提供履约保证和预付款保证。

合同转移可以转移某些不可投保的潜在损失,如物价上涨、法规变化、设计变更等引起的成本增加,一般被转移者往往具备更高的抗风险能力,更适宜于进行损失控制。但有时有可能因被转移者无力承担实际发生的重大损失而亏损破产,最终仍然由转移者来承担;有时双方当事人对合同条款的理解发生分歧而导致转移很难落实。总之,合同转移一般都要付出一定的代价,有时候转移代价可能会超过实际发生的损失。在固定总价合同中,如果实际涨价所造成的损失小于承包商报价中的涨价风险费,这两者的差额就成为承包商的额外利润,业主则因此要支付更高的合同价格。

(2)保险转移。对国际工程风险来说,承包商或业主通过购买保险来将本应由自己承担的工程风险(包括第一方责任)转移给保险公司,从而使自己免受损失。对投保人来说,某些风险的不确定性很大,一旦发生,将造成很大损失,而对保险人来说,它为多家业主和承包商提供工程保险,收取保险费,其中各家投保人发生风险的概率不一,产生的风险分散了,故而风险降低了。

通过保险转移,国际工程在发生重大损失后可以从保险公司及时获赔,避免或减少重大损失,使工程实施得以继续进行。通过保险还可以使决策者和风险管理人员对工程风险的担忧减少。保险公司可向业主和承包商提供较为全面的风险管理服务,从而提高整个国际工程风险管理的水平。

保险转移对策的缺陷是机会成本增加;工程保险合同的内容较为复杂,保险费没有统一固定的费率,保险谈判常常耗费较多的时间和精力;投保后,投保人可能会产生心理麻痹而疏于损失控制计划。

工程保险并不能转移国际工程的所有风险,一方面因为存在不可保风险,另一方面有些风险不宜保险。本节最后一部分将对国际工程总承包项目的保险进行详细介绍。

3. 风险缓解

风险缓解是降低或消除损失发生的概率,降低损失严重性或遏制损失的进一步发展,使损失最小化。它是一种主动、积极的风险应对策略。风险缓解必须以定量风险评价结果和风险清单为依据,才能确保损失控制措施具有针对性。风险缓解措施的选择应当进行多方案的技术经济分析和比较,并应当形成一个周密、完整的计划系统。就国际工程承包而言,该计划系统由预防计划、灾难计划和应急计划组成。

(1)预防计划。主要作用是降低损失发生的概率,具体措施包括:组织措施、管理措施、合同措施、技术措施。例如,明确各部门和人员的安全分工,设立警卫人员,建立相应的风险预警工作制度和会议制度。国际工程中,风险分隔和风险分散是风险预防的重要措施。例如,在现场将易发生火灾的木料加工场尽可能远离现场办公和生活用房;在治安不良的国家,承包商营地或现场应有隔离区,有彻夜照明灯;在国际工程结算中采用多种货币组合的方式付款,分散汇率风险;注意让分包商开具履约保函,分包付款不能太快,暂扣保留金等。

(2)灾难计划。是一组事先编制好的、目的明确的工作程序和具体措施,为现场人员提供明确的行动指南,使其在各种严重的、恶性的紧急事件发生后,不至于惊慌失措,也不需要临时讨论研究应对措施,可以做到从容不迫,及时妥善地处理,从而减少人员伤亡以及财产和经济损失。例如,工程所在国发生战争、动乱,承包商人员配合使馆人员安全撤离现场;援救及处理工程现场的伤亡人员;控制资产及环境损害的进一步发展,如海洋漏油、煤气管道泄漏等。

(3)应急计划。也称应急预案,是在风险损失基本确定后的处理计划,其主要工作是在严重风险事件发生后,使工程尽快全面恢复,并减少进一步损失,使其影响程度减至最少。国际工程中应急计划包括:调整整个国际工程的施工进度计划,调整材料、设备的采购计划,并及时与材料、设备供应商联系,必要时签订补充协议;准备保险索赔依据,确定保险索赔的额度,起草保险索赔报告;全面审查可使用资金情况、调整筹资计划等。

4. 风险接受

这种手段意味着项目团队决定以不变的项目计划去应对某一风险,或项目团队不能找到其他合适的风险应对策略。它与其他对策的根本区别在于:它不改变国际工程风险的客观性质,既不改变工程风险的发生概率,也不改变工程风险潜在损失的严重性。风险接受可分为主动接受和被动接受两种。

被动接受一般是由于风险管理人员没有意识到某些风险的存在,或不能有意识地采取措施,以致风险发生后只能自己承担,它是被动的、非计划性的。例如损失控制的技术措施需要较长时间才能完成,又如保险合同的谈判也需要较长时间,而这些风险对策实施尚未完成之前却发生了相应的风险事件。该种被动接受风险的做法承包商应尽量避免。

主动接受风险是有意识、有计划的选择,是风险管理人员在经过正确的风险识别和风险评价后作出的风险对策决策,是国际工程风险对策的组成部分。积极的接受风险应建立在风险识别和分析的基础上,此类风险应在承包商能够承受的范围内,并制定一个应急计划,以备风险发生时使用,旨在以最佳方式应对严重风险事件,使工程尽快全面恢复,并减少进一步损失,使其影响程度减至最少。

六、国际工程总承包项目风险监控

风险监控是指监测已经识别出的风险是否已经或者正在或者将要按照制定的应对措施进行处理,并且监督处理的实时情况和风险的变化情况,还要监控执行过程中由于各种条件的变化,是否有新的风险出现,以便出现之后及时采取措施。

风险监控的目的是核查风险策略和措施的执行结果和产生的作用是否与预期的一致;寻找机会改善和细化风险管理计划;获得反馈信息,以便对将来的决策提供可靠依据。

风险监控的技术和工具不如风险识别、风险分析的方法成熟。经常要把项目管理的多种方法同时借鉴使用,常用的有风险再评估、偏差和趋势分析、技术效益衡量、风险图表分析等。

七、国际工程总承包项目危机事件管理

近年来,我国大型建筑企业在国外的项目时有发生重大、特大恶性事故,造成了巨大的损失,危及的不仅仅是建筑工程项目,对国家的利益和国家对外的形象与信誉也造成了十分严重的影响。危机往往是风险失控造成的,要遏止或减少危机,必须全面、准确地分析、预测危险因素,识别危机来源。一旦危机发生,必须采取有效措施,以最小的损失解决危机。因此,需要把危机管理的理念和方法引入到国际工程项目的实施过程中,以消除或减轻危机对工程项目所造成的危害,更好地实现项目目标。

(一)危机管理的相关概念

危机则可理解为多种矛盾激化而导致的一种特殊状态,是事物矛盾的一种非常规表现。就风险与危机的关系来说,风险是危机发生的根源,风险的失控将导致危机的形成。危机是当风险产生的后果未能被妥善处理时,逐渐恶化所形成的状态。危机是一个转折点,如果对它不采取措施或采取的措施不当,其结果将是严重的甚至是灾难性的。但危机并不等于损失或灾难,它可能导致损失或灾难,但如果处理得当,也可能会化险为夷,转危为安。

在项目管中,项目危机(Project Crisis)就是在项目实施中未预料其发生且未做准备的,是利用日常项目管理手段无法实现项目目标的情形。比如严重的工期滞后、重大事故等都属于项目危机。

项目危机管理(Project Crisis Management)是指针对项目危机的管理。具体是指为了有效地防止危机的发生,或为避免或者减轻危机所带来的严重损害和威胁,从而有组织、有计划地学习、制定和实施一系列管理措施和应对策略,包括危机的规避、危机的控制、危机的处理与危机解决后的复兴等不断学习和适应的动态过程。在某种意义上,任何防止危机发生的措施、任何消除危机产生的风险的努力,都是危机管理,但应强调危机管理的组织性、学习性、适

应性和连续性。

1. 进行有效的危机管理需要明确两个关系。

(1)危机管理与项目管理

危机管理的直接目标虽然是防止项目危机的发生,应付和处理项目危机,以及消除项目危机,但是它的最终目的还是保证项目目标的实现。从这一点上讲危机管理与项目管理是一致的,或者可以说项目危机管理是项目管理的一个重要工具。危机管理的许多信息来源于项目管理,同时它产生的信息又可为项目管理所用。

(2)危机管理与风险管理

风险时刻存在,但是危机并不一定会发生,只能说危机发生的可能性是始终存在的。风险是可预见的,如运输过程中的货物损坏,而危机是难以预见的。以工程建设过程中的火灾来说,风险管理侧重对该项目火灾可能性的鉴别以及怎样降低风险(如采用保险等)。危机管理则侧重于预防和处理那些没有预见的火灾或没有投保的火灾。当然,风险管理与危机管理有许多共同的地方,两者之间的合作或集成会更有助于项目目标的实现。

2. 进行危机管理还应注意以下基本原则。

(1)预防原则。防患于未然永远是危机管理最基本和最重要的要求。危机管理的重点应放在危机发生前的预防,预防与控制是成本最低、最简便的方法。为此,建立一套规范、全面的危机管理预警系统是必要的。现实中,危机的发生具有多种前兆,几乎所有的危机都是可以通过预防来化解的。因此,要从危机征兆中透视项目存在的危机,项目管理团队越早认识到存在的威胁,越早采取适当的行动,越可能控制危机的发展。

(2)制度化原则。危机发生的具体时间、实际规模、具体态势和影响深度,是难以完全预测的。这种突发事件往往在很短时间内项目产生恶劣影响。因此,项目组织内部应该有制度化、系统化的有关危机管理和灾难恢复方面的流程和组织部门。这些流程在项目正常进行时不起作用,但是危机发生时会及时启动并有效运转,对危机的处理发挥重要作用。国际上一些优秀的总承包公司在项目危机发生时往往能够应付自如,其关键之一是制度化的危机处理机制,从而在发生危机时可以快速启动相应机制,全面而井然有序地开展工作。因此,应建立成文的危机管理制度、有效的组织管理机制,提高危机管理的反应能力。

(3)快速反应原则。危机的解决,速度是关键。危机降临时,管理人员应保持冷静,采取有效措施,隔离危机,要在第一时间查找危机起因,同时,还要以最快的速度启动危机应急计划。要根据调查确定的危机起原因处置相应的责任人,并及时对项目计划做出必要调整;要同新闻媒体保持密切的联系,借助公证、权威性的机构来帮助解决危机,承担起给予公众的精神和物质的补偿责任,做好恢复项目的事后管理,从而迅速有效的解决项目危机。

(4)全员参与原则。由于危机属于重大突发事件,关系到项目乃至企业的全局与成败,因此无论是危机预防还是危机处置,都需要领导高度重视,职工全员参与。没有危机时,全体员工要有预防危机的意识;危机发生时,一切以危机处置为优先。危机处理工作对内涉及到后勤、财务、法律、人事、技术等各个部门,企业高层和项目领导的直接参与对解决危机至关重要。

对外不仅需要与政府与媒体打交道,还要与社会公众、供应商、股东、债权银行等方方面面进行沟通。如果没有企业高层领导的统一指挥协调,很难想象这么多部门能做到口径一致、步调一致、协作支持并快速行动。由于国内企业更多趋向于人治,企业高层的不重视往往直接导致整个企业对危机麻木不仁、反应迟缓。因此,企业应组建企业危机管理领导小组,担任危机领导小组组长的一般应该是企业一把手,或者是具备足够决策权的高层领导。

(5)信息应用原则。信息管理已广泛地被应用于各个领域,对项目危机管理的作用也非常重要。只有持续获得准确、及时、新鲜的信息资料,才能保证项目的顺利实施。预防危机必须建立高度灵敏、准确的信息监测机制,随时搜集各方面的信息,及时加以分析和处理,从而把隐患消灭在萌芽状态。在危机处理时,信息系统有助于有效诊断危机原因、及时汇总和传达相关信息;危机发生后不仅需要与政府与媒体打交道,还要与社会公众、供应商、股东、债权银行等方方面面进行沟通,信息管理有助于项目各部门统一协调,尽量降低消极影响。

(二)工程项目危机事件的分类

危机管理的前提和基础是识别危机,只有区别于不同危机的特点,对危机进行明确的分类,才能很好地识别和检测危机,进而进行有效的危机管理。从不同的分类角度,可以分成不同的类别。按危机产生的起因可分为:政治因素导致的危机、社会因素导致的危机、自然因素导致的危机、项目管理因素导致的危机等。

1. 政治因素导致的危机。主要是由建筑工程项目所在地诸如政治体制、公共事业政策、战争、法律法规制度等政治、政府行为所导致的项目危机。

2. 社会因素导致的危机。主要是由于社会各方利益集团之间的冲突、社会公共利益受到侵害等因素,如环保组织抗议、群体事件、文化冲突等所导致的项目危机。

3. 自然因素导致的危机。主要是由发源于自然因素的不可抗力导致的项目危机。如极其恶劣的天气、地震、洪水、火灾、爆炸等。

4. 项目管理因素导致的危机。主要是由于在项目施工过程中,诸如设计方面、财务方面、法律方面、组织方面、施工技术方面等众多危机因素没有得到有效协调与控制而导致的项目危机。

(三)项目危机事件处理的程序和步骤

项目危机管理通常可以分成五个阶段:危机源发生阶段、危机潜伏阶段、危机发生阶段、危机处理阶段、危机结束阶段。

1. 危机源发生阶段

危机源是指有可能导致危机最终出现的事件。它有可能是人为的，也有可能不是人为的。比如回填土有机质含量过高，某批材料未按时到货，脚手架存在质量问题或搭设不符合要求，突然性自然灾害等都可能导致项目目标的实现产生困难，从而都属于危机源。危机预防必须从这一阶段就开始，应该加强对人为危机源的防止、发现和处理，加强对各种非人为危机源（自然灾害）的预测、预防和消除。

2. 危机潜伏阶段

危机源的发生不可能完全杜绝，所以危机管理进入这一阶段是不可避免的。通常在危机爆发后，再回顾这段时期，就会发现其中出现过这样或那样的危机信号。危机信号是指能够预示危机可能发生的信息，比如混凝土裂缝、资金周转困难、网络计划图中关键线路数目超过原计划等。起初这些信号可能不明显，也不为项目管理者所重视。但如果始终不对其采取任何措施，等到出现强烈信号时，可能已经无法避免危机的发生了。之所以如此，主要是因为项目管理中动态控制没有做好，没有及时发现、重视并及时处理计划与实际的偏差，导致许多危机信号未被及时发现。或者决策过程烦琐、漫长，致使错过了避免危机发生的最佳时机。因此，必须强调在这一阶段要及时发现、重视、并及时解决项目实施中的各种问题。当面对许多危机信号，分析哪些危机源更紧迫，或者影响更大。如果能够建立一套报警系统，当某一个项目或项目中的作业单位发现问题或出现危机（如发现某批材料存在缺陷），可以通过这一系统及时通知其他项目或作业单位加以预防，那么就可以将许多危机制止在潜伏阶段。处理这一阶段的问题比危机发生以后的处理要简单、有效得多，因此早期发现问题非常重要。

3. 危机发生阶段

危机发生阶段在整个危机管理中只占很小的一部分，但是这一阶段最能体现项目危机管理水准和危机处理能力。它持续时间的长短直接关系着项目危机管理的效果，而持续时间的长短则取决于应急预案的准备。应急预案可以大大缩短反应时间，迅速作出决策，果断采取措施，提高动员效率。打个浅显的比喻，知道手电放在哪里，遇到停电能迅速取到它，反之在黑暗中摸索，有可能碰到头，还有可能发生别的危险。只有知道消火栓在哪里并且会使用，火灾发生时才能迅速灭火，否则，小火可能蔓延成大火，小损失演变成大灾难，导致更严重的危机或产生连锁反应。

4. 危机处理阶段

既然把危机看作一个转折点，那么危机处理就显得非常重要。危机处理的目标就在于消除项目危机，使项目重新进入正常状态。处理危机的关键在于首先尽量控制危机，及时启动应急预案。应急预案是平时根据可能出现的危机而制定的方案。如发生爆炸等事故后人员如何撤离,资金周转困难后通过什么渠道可以解决,如何应付新闻媒体等。由于实际发生的危机不可能与预想的完全一致,所以应变方案的制定应具有一定的通用性。在实际处理阶段,具体措施(比如是否要增加人力、物力,是否要进行组织调整等)不仅仅要依据应急方案还要依据实际情况具体问题具体分析。

5. 危机结束阶段

在这一阶段,项目危机已经过去,工程又进入了正常的状况。但是,项目管理团队必须要有忧患意识,从已经过去的危机中反思学习、总结经验教训,因为它提供了对未来危机管理加以改进的重要机会。失败是成功之母,很多知识都是从分析失败学习而来的。危机暴露出在常规情况下不会显露出来的组织内的弊端和缺陷,通过抛弃那些弊端和缺陷而使组织得到改进,提高组织预防和抵抗危机的能力。

八、国际工程总承包项目保险

如前所述,风险转移是风险应对的一个主要方式,而保险则是风险转移的一个主要手段。国际工程合同中对保险都有一定的规定,由于国际总承包商的风险责任较大,工程保险对其来说更为重要。

(一)国际总承包合同关于保险的一般规定

保险在国际工程管理中已经成为一种惯例,虽然在具体的保险办理方法以及细则方面每个合同不尽相同,但总体的规定却是一致的,一般包括:工程保险的投保人与被保险人;投保范围与投保额度;保险覆盖的风险责任和保险时效。

1. 工程保险的投保人与被保险人

在国际工程中,工程投保人(Insurance Applicant)在合同中一般规定为承包商,但有时候,由于业主办理某些保险更方便更经济,合同可能约定业主负责办理某些保险,如对工程本身以及对其人员的保险,其他部分则由承包商投保。若工程存在分包的情况,则合同通常规定,总承包商应要求分包商就相关分包工作进行投保,并符合合同规定的保险条件。若分包商没有办理该保险,则应由承包商负责办理。

对于工程本身(包括现场永久设备与材料)以及第三方责任的保险,无论由业主投保还是承包商投保,工程合同通常要求被保险人同时为业主和承包商,即业主与承包商为共同的保险受益人(Joint Insured),并根据双方的责任分担来分配保险理赔款,但该理赔款应专款专用。

在业主与承包商分别办理某些保险时,双方应将投保的情况告知对方,并将相关保险文件拷贝给对方,以便对方了解保险条件,特别是诸如保险金额(Insurance Amount)、免赔额(Deductibles)、保险索赔条件、损失评估的程序等。

2. 投保范围与投保额度

在国际总承包合同中，一般规定应为下列各方面办理保险：

(1)在建的主体工程；

(2)现场存放的永久设备和材料；

(3)承包商的各类工程文件，如图纸等；

(4)承包商施工机具；

(5)对第三方人身伤害与财产损害的责任；

(6)承包商的人员以及业主的人员等。

对于前三项内容，投保额度不得低于重置所需全部费用，包括拆除费、清理费、专业人员聘请费以及利润。对于(4)项，投保额度不得低于施工机具的全部重置价值，包括将机具运到现场的运输费。对于(5)项第三方人身伤害与财产损害的投保额度，通常在合同中约定投保最低限额，而且不限制事故发生的次数。在国际工程中，对第三方人身伤害以及财产损害的投保额确定的原则是根据工程实施期间发生意外事故，对现场和毗邻地区的第三者可能造成的最大损害情况来确定。若承包商认为必要，可以在合同中规定的最低限额的基础上将保险额度增大一些。关于承包商的人员的保险，总承包合同一般并不给出投保额度的要求，只是规定，这笔投保额应能覆盖承包商的人员因伤亡与生病而引起的索赔、赔偿费的支付，聘请律师等相关费用和损失的支出。在实践中，确定每个承包商的人员的投保额度主要考虑承包商对雇员伤亡和疾病应承担的法定赔偿责任额度以及承包商的企业政策。在国际工程中，承包商为每个项目人员的投保额度一般为其项目期间月平均工资(包括奖金)的50~100倍。

3. 保险应覆盖的风险责任

总承包合同通常要求，投保方办理的保险应覆盖项目实施期间发生的风险并应是在保险市场上可以办理的保险。但由于在国际工程保险市场上，并不是工程实施期间所发生的风险都能够投保，保险公司对于某些风险是不保险的，比如FIDIC金皮书中定义的商业保险，因此总承包合同通常规定，若相关风险无法投保，一旦发生，相关损失应根据总承包合同中风险责任的划分，由业主或承包商来分别或共同承担。关于工程保险通常覆盖的风险，请参照本节中“保险的险别”确定。

4. 保险时效

对于工程、材料、永久设备以及承包商设备的保险，保险覆盖的期限有两个阶段：第一个阶段是从工程开工到工程被业主接收，有的项目是到整个项目全部完成为止，目的是对工程施工期间出现的问题进行保险；第二个阶段从业主接收工程开始到承包商收到履约证书写明的日期，有的项目是从项目建造完成开始运营到运营服务期结束为止，目的是对缺陷通知期(维修期)和运营期出现的问题进行保险。

承包商办理保险后，必须在规定的日期通知业主保险已经生效，使对方了解工程处于被保险状态。通知的具体日期在合同中约定,一般是从开工日期算起的若干工作日内。若承包商没有按规定办理保险或没有按时通知业主,业主可以自行办理相关保险,一切相关费用由承包商承担。另外,有的总承包合同条件规定有的保险的生效日期需要在试运行证书中注明,并且不能晚于试运行证书开始的日期,所以,提前获得该保险的批准也是申请试运行证书的条件。

但有的合同对维修期的保险不作强制性要求,有的合同,特别是在法语区的国家,则要求承包商在竣工之后要办理一个"十年责任险",对竣工后十年内出现的质量损失由保险公司负责赔偿。

(二)国际总承包工程保险的险别

针对国际总承包合同的要求,承包商可能需要向保险公司投保的险别包括工程一切险(Contractor's All Risks)、设计责任险(Design Liability Insurance)以及雇主责任险(Employer's Liability Insurance)。

1. 工程一切险

工程一切险根据该工程中含有的工作性质又分为建筑工程一切险(Construction All Risks Insurance)和安装工程一切险(Erection/Installation All Risks Insurance)。

建筑工程一切险一般指针对主要含有土建类工作性质的工程所投保的险种,保险公司对工程建设期间工程本身、施工机具、工地设备材料所遭受的损失予以赔偿,也对因施工给第三方造成的财产损害与人身伤亡承担赔偿责任,根据实际情况,也可以将施工机具和第三方责任险从工程一切险中分离出来,单独进行保险。

安装工程一切险主要用于各类机器、设备、储油罐、钢结构等安装工程,该险种对安装过程中工程、设备、机具等造成的损失给予赔偿,也对因施工给第三方造成的财产损害与人身伤亡承担赔偿责任,这与建筑工程一切险类似。

在实践中,由于工程本身一般含有土建工程和安装工程,若土建部分占总价的比例较小,一般按安装工程一切险投保;若安装部分占总价比例较小,则一般按建筑工程一切险投保;若两者比例相当,也可以按建筑工程一切险和安装工程一切险分别投保。两种险别虽然在费率等方面有所差别,但对覆盖的风险以及除外风险方面大同小异,但不同保险公司可能有不同规定,具体投保时应参考保险条款或与保险人协商确定。

工程一切险的保险范围如下所述。

对于保险覆盖范围与除外责任,不同保险公司可能有不同规定,具体投保时应参考保险条款或与保险人协商确定。保险不覆盖的风险,大部分为业主负责的风险,一旦发生,承包商可以向业主提出索赔,来弥补自己的损失。

工程一切险(建筑工程一切或安装工程一切险)的保险覆盖范围与除外责任见表3-1。

表 3-1　工程一切险的保险范围与除外责任

覆盖风险	除外风险
(1)地震、海啸、雷电、飓风、台风、龙卷风、风暴、暴雨、洪水、水灾、冻灾、冰雹、地崩、山崩、雪崩、火山爆发、地面下沉下陷及其他人力不可抗拒的破坏力强大的自然现象 (2)偷盗与抢劫 (3)不可预料的以及被保险人无法控制并造成物质损失或人身伤亡的突发性事件,包括火灾和爆炸 (4)现场范围内的运输、施工机具设备装卸过程发生的损失 (5)短路、超电压、电弧、超压、压力不足以及离心力等造成的损失	(1)战争、军事行动、社会动乱、罢工、恐怖活动等情况 (2)政府命令或任何公共当局的没收、征用、销毁或损坏 (3)核裂变造成的损失 (4)被保险人蓄意破坏或严重渎职 (5)合同罚款 (6)工程停工造成的损失 (7)保单中规定应由被保险人自行负担的免赔额 (8)其他除外责任

2. 设计责任险

设计责任险是一个是专为建筑勘察单位和设计单位开设的比较典型的职业责任险种,其保险标的不是财产而是被保险人的经济责任。设计承包商对所承担设计任务的建设项目投保设计责任险后,一旦发生被保险人由于设计的疏忽或过失而引发的工程质量事故,依法应由设计承包商对造成的损失或费用承担经济赔偿责任的,将由提供担保的保险公司负责赔偿,从而有效转移和分散因设计失误导致工程质量问题给设计承包商和项目业主带来的风险。

由于在总承包工程中承包商承担全部或部分设计工作,如果工程一切险中一般不包括设计责任保险,总承包商还需要单独办理设计责任险(Design Liability Insurance)。

设计责任险是保险公司对承包商的设计人员因过失,引起受害人(业主或第三方)人身伤害或财产损失承担赔偿责任的险种。在此险种下,保险公司赔偿的损失一般只包括被保险人对设计缺陷造成工程损失、第三者财产损失或人身伤亡所承担的赔偿责任,也可包括事先经保险公司同意的保险责任事故的鉴定费用;解决赔偿纠纷的仲裁费、诉讼费、律师费和发生保险责任事故后,工程设计单位为缩小和减轻应承担的赔偿责任所支付的必要、合理的费用。设计责任保险的除外责任较多,投保时应仔细阅读,必要时与保险公司就条款进行协商并书面确认。设计责任险的投保额一般为工程合同额,也可以是由合同双方约定的其他额度。

3. 雇主责任险

雇主责任险(Employer's Liability Insurance)是承包商为其雇员所办理的一种责任险,对承包商人员在工程期间的伤亡、生病等原因招致的各类费用损失予以赔偿。

在工程实践中,对于某些合同,工程所在国的法律要求办理的是工伤事故险(Site Accidents and Worker's Compensation Insurance),这是与雇主责任险类似的一个险种，但应注意，对于工伤事故险，保险公司一般不对因项目员工出现疾病导致的损失负责。

业主的人员，包括其聘用的监理人员，一般由业主方为其办理雇主责任险。

4. 运营服务阶段的保险

总承包商作为投保人，在运营服务期应该投保的险种具体内容如下：

(1)工程火灾及扩展责任

承包商和雇主联名，按合同数据中的规定投保工程火灾及扩展责任险；在雇主批准保险条件和在该保险生效前，不能开始运营服务；在应颁发试运行证书的日期前规定的时间（FIDIC DBO 合同规定至少 28 天），将保险单条款提交雇主批准，保险单应在试运行证书中注明的生效日期生效。

(2)人员伤害和财产损失

保险在颁发试运行证书前生效，至颁发合同完成证书时止；承包商和雇主联名投保；保险范围为除运营服务期雇主风险和特殊风险事件之外的，在颁发合同完成证书之前因履行合同导致的任何人员伤害；此保险单应包含交叉责任条款；此保险的有效期自在试运行证书中注明的生效日期（该日期在颁发试运行证书之前）至颁发合同完成证书时止；保险额度不少于合同数据中规定的数额。

(3)雇员的伤害

保险在颁发试运行证书前生效，至颁发合同完成证书时止，或承包商的雇员最终离开现场时止，取两者较晚的时间；保险范围为承包商人员的伤病或死亡引起的赔偿责任；除由于雇主行为引起的损失和索赔外，雇主应由该保险单得到保障；保险应在承包商人员参加工程实施的整个期间保证全面实施和有效；分包商的雇员可由分包商投保，但承包商应对分包商的保险符合相关规定负责。

(4)法律和当地惯例要求的其他保险

如果有法律和当地惯例要求的其他保险，应在合同数据中详细注明，由承包商自费办理。

(5)其他可选的运营保险

如果有，一般应在合同数据中详细注明，由承包商自费办理。

5. 其他保险

另外对于含有大型设备的安装工程，总承包合同有时还规定承包商办理货物运输险（Cargo Insurance During Transport），该种运输保险在采购管理章节中详细介绍；对于道路、管线等“线性”项目，还需要单独办理车辆责任险（Automobile Liability Insurance）。

虽然上述险别属于保险公司的通常险别，其保单条件往往为格式条款，但由于国际工程的复杂化，不同的总承包合同以及相关法律对保险的要求不一样，所以针对某些保险条件，承包商可以与保险公司进行商谈，并对格式条款进行修改，作为特别约定包括在保险合同中。

(三)国际总承包工程投保与保险索赔

1. 保险公司选择方式

对于国际总承包工程,若业主没有限制,最好选择国内的保险公司,这样便于沟通与保险索赔。在选择保险公司时,首先要让保险公司了解业主对保险的各项要求,并让保险公司承诺其开出的保险条件符合合同的要求。若保险费较大,可以考虑同时向几家保险公司进行保险询价,并根据各个保险公司的条件,如保费率、放弃责任追偿等来择优选择,具体考虑的因素包括保险公司的理赔信誉、提供的服务质量、投保总成本。在实践中,让一家保险公司进行一揽子的保险往往是一种比较便捷和经济的方式,具体的选择方式可以包括公开招标、邀请招标、议标或直接询价。

2. 投保文件的主要内容

无论是采用招标方式或是直接询价方式,承包商都需要将详细的工程文件提供给保险公司,作为其报价的基础。这类文件包括:

(1)工程承包合同;

(2)承包金额明细表;

(3)工程设计文件;

(4)工程进度表;

(5)工地地质报告;

(6)工地略图。

3. 保险公司的主要核实项目

接到承包商的文件后,保险公司一般对下列各项进行核实:

(1)工地的位置,包括地势及周围环境,海、江、河、湖及道路和运输条件等;

(2)安装项目及设备情况;

(3)工地内有无现成建筑物或其他财产及其位置、状况等;

(4)储存物资的库场状况、位置、运输距离及方式等;

(5)工地的管理状况及安全保卫措施,例如防水、防火、防盗措施等。

4. 承包商与保险公司的主要协商项目

承包商与保险公司通常就下列各项进行协商,并在达成一致意见后签订保险合同:

(1)工程项目范围及其总金额;

(2)物资损失部分的免赔额及特种危险赔偿限额;

(3)是否投保安装项目及其名称、价值和试车期等;

(4)是否投保施工机具设备及其种类、使用时间、重置价值等;

(5)是否投保场地清理费和现成建筑物及其保额;

(6)是否加保维修期保险及其期限和责任范围;

(7)是否投保第三者责任险及其赔偿限额和免赔额;

(8)是否需要一些特别保障及条件、费率等。

5. 保险索赔与理赔

作为总承包商,办理工程保险后,一旦发生了与保险范围内的风险事件并蒙受了损失,应积极进行保险索赔,使损失降低到最小限度,对于国际工程而言,在发生了不测事件导致费用和工期损失后,承包商获得损失补偿的两个基本渠道是根据合同和相关法律向保险公司索赔和向业主及其他相关方索赔。通常保险索赔程序如下:

(1)发生索赔事件后尽可能保留现场或保留证据;

(2)按保险合同规定的时间通知保险公司;

(3)需要报案的应及时报案,并留有报案证据;

(4)记录事故经过,并计算事故发生的损失,提供保险公司参考,并在被要求时填写出险通知;

(5)与保险公司勘损人员协商确定查勘事故现场的时间;

(6)陪同勘损人员查勘现场,并接受询问。

(四)保险应注意的其他事项

1. 保险范围的变更

由于工程范围发生变更,所以应在保险单中约定工程范围发生变更的处理方法,如若变更的范围的幅度不大,保险公司放弃被通知的权利。若发生大幅度的工程变更,则承包商应按约定通知保险公司,并对保险费率等作相应调整。

2. 保险期限的扩展

若发生工期延长的情况,需要对保险期限也作相应的扩展,此情况下,应按保险单的规定,由承包商向保险公司提出,并经保险公司同意后,保险仍持续有效。

3. 涉及第三方的赔偿

若承包商给第三方造成损失需要赔偿时,在保险公司授权之前,不应做出任何承诺和赔付,否则保险公司可能不予赔偿。而如果第三方给承包商造成损失时,未经保险公司同意,承包商不得擅自放弃追偿权利,否则将得不到保险赔偿。

4. 重复保险与超值保险

对于工程财产保险,包括工程本身以及相关设备机具等,不得向多家重复保险,否则保险公司仅有按比例承担相应责任的义务。

财产保险一般不能超值保险,否则在出险后保险公司最多赔偿该财产的实际价值,对超出部分有权拒绝赔偿。

第二节　国际工程总承包典型模式的风险分析

一、国际工程总承包典型模式风险概述

FIDIC 合同条件被称为国际工程承包商的“圣经”,在国际工程承包中享有权

威地位，因其诸多优点而受到国际承包商、国际金融组织和项目业主的普遍欢迎，被当作规范性文件而得到广泛应用。

FIDIC1999 版的合同条件包括四个，因其封皮的不同颜色而被命名为新红皮书、新黄皮书、银皮书和绿皮书，其中新黄皮书和银皮书两个是关于国际工程总承包的，新黄皮书是针对生产设备与设计-建造总承包，银皮书针对设计-采购-施工/交钥匙工程总承包。另外，2008 年，FIDIC 为了适应实际的需要，又出版了设计-建造-运营项目合同条件，该合同条件也是针对总承包模式，称为 FIDIC 金皮书。本节结合 FIDIC 的合同条件对生产设备与设计-建造总承包、设计采购施工/交钥匙总承包、设计-建造和运营总承包这三种典型总承包模式的风险进行对比分析。另外，虽然新红皮书不是写总承包的，但是鉴于其在实际中的重要地位和作用，这里也对新红皮书进行介绍。

1. FIDIC《施工合同条件》（1999 版，简称新红皮书），是基于业主更方便地分别控制设计、施工而编写的。适用于各类大型或复杂工程的施工；业主负责大部分设计工作，承包商可以承担部分设计及全部施工工作；由工程师来监理施工和签发支付证书，按工程量表中的单价来支付完成的工程量（即单价合同），且多为按月支付，风险分担均衡。在实际应用中需要业主的大量管理工作，项目周期较长，容易引起索赔。

2. FIDIC《生产设备和设计-施工合同条件》（1999 版，简称新黄皮书），基于能更方便的协调设计与建造过程和缩短项目工期而提出，适用于供货商承担生产设备设计及制造，用于工程项目设备供货；或总承包商承担设计及建造，用于房屋建筑、路桥等工程项目设计及建造总承包；机电设备项目、其他基础设施项目以及其他类型的项目；业主只负责编制项目纲要（即“业主的要求”）和工程设备性能要求，承包商负责大部分设计工作和全部施工安装工作；业主代表或工程师监督设备的制造、安装和施工，签发支付证书；多采用总价合同，实施阶段支付方式（如里程碑），在个别情况下，也可能采用单价支付。该模式中业主对项目的控制能力减弱，总承包商的风险增大但是主动性增加。

3. FIDIC《设计采购施工/交钥匙工程合同条件》（1999 版，简称 EPC 合同条件或银皮书），基于方便设计、采购和建造各个过程的相互协调，提高项目质量，缩短建设工期的目的而提出。适用于业主期望最大程度地保证项目造价和工期的确定性，业主提供“业主要求”，总承包商承担项目的规划、设计、采购、施工任务，用于电力、化工、石化、石油、地铁等基础设施项目；私人投资项目，如 BOT 项目（地下工程太多的工程除外）；固定总价不变的交钥匙合同（特殊情况下可以按照合同规定进行调整），并按阶段方式支付（如里程碑）；业主代表直接管理项目实施过程，采用较宽松的管理方式，但严格的竣工检验和竣工后检验，以保证完工项目的质量；不适用于隐蔽工程太多的项目，项目风险大部分由承包商承担，但业主愿意为此多付出一定的费用。实际应用中业主对项目的控制减弱，总承包商的风险加大，但是主动性增加。

4. FIDIC《设计-建造和运营项目合同条件》(2008版,简称DBO合同条件或金皮书),基于降低进度延误的可能性、优化整个项目的施工活动、减少建造和运营主体不同产生的争议、优化项目的全寿命周期费用等目的而提出。适用于:将项目的设计、施工以及长期运营和维护工作,一并交给一个承包商来完成的新建项目。对业主来说,这一模式易于保证项目在运营期满之前,一直处于良好的运营状态,减少由于设计失误或建造质量差等原因导致在缺陷通知期期满后出现的各种问题以及由此造成的损失。该模式下,承包商不仅负责项目的设计和建造,而且负责在项目建成后提供持续性的运营服务,这将鼓励承包商在进行设计的同时,考虑项目的建造费用和运营费用,采用工程项目全生命周期费用管理的理念,以实现全生命周期费用最优化的目标。DBO模式由业主融资,业主享有运营产生的全部收益,承包商仅负责按照业主的要求按时保质地完成设计、施工和运营工作,业主负责按时向承包商付款。由于承包商不负责融资,故其融资风险小了很多。

不同合同形式下业主和承包商之间的风险分配如图3-6所示:

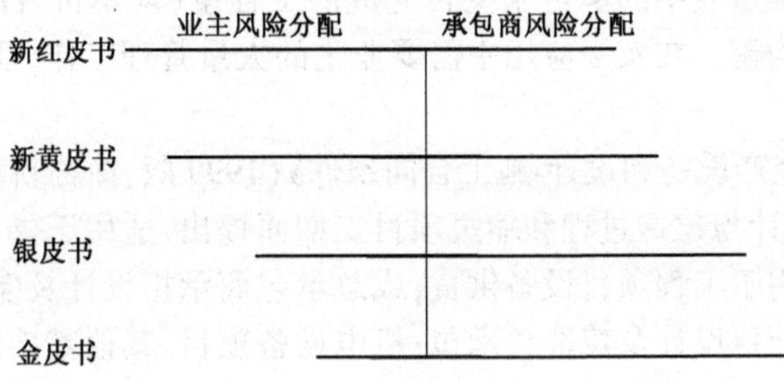

图3-6 不同合同书条件下业主和承包商风险分配示意

二、生产设备与设计-建造总承包的风险分析

(一) FIDIC新黄皮书的风险结构

FIDIC新黄皮书下,在设计-建造合同关系中,承包商由于承担了项目的设计工作,也承担了项目的设计风险,根据“新黄皮书”4.1款“承包商的一般义务”规定:“承包商应按照合同设计、实施和完成工程,并修补工程中的任何缺陷。完成后,工程应能满足合同规定的工程目的”。同时,该合同条件中还单独列出了第5款“设计”,在该条款的“5.1设计义务一般要求”中明确规定:“承包商应进行工程的设计并对其负责”。

与“新红皮书”相比,由于承包商负责设计、设备的供应及施工,工程量变化、自然因素的影响、工程索赔的项目相应会少一些。从风险的分摊方面来看,“新黄皮书”与“新红皮书”基本一致,但承包商同时还承担了设计风险和工程所在国以外国家发生的叛乱、暴动、军事政变、各种有害物质产生的辐射与放射性污染等,这也体现了世界银行同类合同文件中关于风险分担的原则。总的来讲,承包商将承担更多的风险。另外“新黄皮书”的“不可抗力”除了指4种特殊事件或情况(一方无法控制的;在签订合同前该方无法合理防范的;情况发生时该方无法合理回避或克服的;主要不是由于另一方造成的)之外,还包括“自然灾害,如地震、飓风、台风或火山爆发”一项。

与传统合同形式相比,业主虽然将大部分的项目现场管理权交给承包商,但是,在“新黄皮书”的第9条和第12条中分别规定了“竣工试验”和“竣工后试验”:由于“新黄皮书”合同的项目中设备安装和调试所占比重很大,因此,合同要求严格的“竣工检验”。承包商要依次进行试车前的测试、试车测试、试运行,而后才能通知工程师进行包括性能测试在内的进一步检验以确认工程是否符合“业主的要求”和“性能保证表”中的规定;另外“新黄皮书”还增加了可供选择的“竣工后检验”,以保证工程的最终的质量。竣工后检验结果的评估应由业主和承包商共同进行,以便在早期解决任何技术和质量上的分歧。合同还规定了未能通过“竣工后检验”时承包商补偿雇主损失的具体办法。通过这两个严格的程序,业主达到控制工程项目的目的。

(二) FIDIC 新黄皮书风险分析

FIDIC 合同新黄皮书的条款中有明确的业主和承包商双方的风险条款,另外其他有些非风险条款也明确说明了应该是由业主或者承包商承担的风险,也有的条款暗示了应该是由承包商承担的风险责任,现对新黄皮书中可能包含承包商损害或损失风险因素的44项条款分析如下:

1. 第1.1.1款—合同

合同文件、业主要求等规定不严谨、措辞不当或者有歧义。

2. 第1.3款—通信联络

通信不畅,承包商难以与业主、材料或设备供应商之间进行沟通。

3. 第1.4款—法律与语言

(1)基准日期后的法律变更(虽然新黄皮书中规定了对于法律变更造成的费用增加,合同价格应该做出调整,但在工程实际中,由法律变更给承包商带来的各种消极影响经常难以得到完全补偿);

(2)承包商与业主之间产生误会、分歧以及翻译人员缺乏专业与合同知识而产生的各种误述、曲解。

4. 第1.9款—业主要求中的错误

雇主要求中的错误导致的承包商进度拖延或者费用增加很难完全获得补偿,如果业主认为该错误是承包商应该预料到而可以避免的,则不能获得任何补偿。

5. 第1.13款—遵守法律

(1)因业主不遵守法律导致承包商的进度拖延或费用增加;

(2)工程所在国对外国承包商所实施的各种歧视政策;③业主的国家政府办

事效率低，政府官员腐败。

6. 第1.14款—共同的和各自的责任

合作伙伴的原因导致承包商自身的损失或者损害。

7. 第2.1款—进入现场权

承包商因业主原因不能及时进入和占用现场而遭受工期延误或费用增加，而实际上索赔困难较大。

8. 第2.2款—许可、执照和批准

业主在承包商申请各种许可、执照和批准时协助不利。

9. 第2.4款—业主的资金安排

业主未按时提出资金安排的合理证明导致承包商不能或不及时获得支付。

10. 第3.3款—工程师的指示、第3.5款—决定

工程师工作效率低，拖延签署各种指令、决定和支付。

11. 第4.1款—承包商的一般义务

材料或设备质量不合格，没有质检证明，因而引起返工或由于更换材料而拖延工期，或材料供应不及时，因而引起停工、窝工以及其他连锁反应，另外，还有设备不配套的问题。

12. 第4.2款—履约保证

业主无理凭履约保函取款。

13. 第4.4款—分包商

因分包商的原因导致承包商损失或者因为对分包商协调、组织工作做得不好而影响全局。

14. 第4.6款—合作

与业主人员、其他承包商和任何合法机构的成员合作中产生了不可预见的费用。

15. 第4.7款—放线

业主提供的参照系不准确。

16. 第4.10款—现场数据

(1)承包商对业主提供的现场数据的理解与业主的意图有歧义；

(2)承包商对现场数据的证实和解释有错误，没有发现地质地基、水文气候、地下管线的问题。

17. 第4.12款—不可预见的外界条件

不可预见的外界条件导致承包商损失所获得的补偿不足或者工程师认为不可预见的外界条件有利而相应扣除索赔费用。

18. 第4.13款—道路通行权及设施

无法获得或以很大的代价才能获得道路及设施的使用权。

19. 第4.15款—进场道路

业主提供的进场线路不适用或不可获得。

20. 第4.16款—货物运输

(1)制裁与禁运;

(2)海关清关手续复杂;

(3)进出口管制的报复性关税。

21. 第4.17款—承包商设备

设备维修条件不足,或者备用件购置困难。

22. 第4.18款—环境保护

施工或项目运行环境破坏了生态平衡或造成了污染,导致居民的抗议、投诉或干预以及政府的干预。

23. 第4.19款—电、水和燃气

无法或只能高价获取工程的电、水、气。

24. 第5.1款—设计任务一般要求

(1)设计标准过高或过低;

(2)设计(包括业主提供的设计)中出现了错误。

25. 第5.2款—承包商文件

工程师反复要求承包商修改递交的承包商文件导致工期延误或费用增加。

26. 第6.4款—劳动法

承包商按照当地劳动法必须雇佣当地劳工,而当地劳工工作效率低下、薪金水平高。

27. 第7.5款—拒收

"拒收"与"再检验"使业主发生了费用,业主提出索赔。

28. 第7.6款—补救工作

因为承包商未能按照业主"指示"完成工作,业主雇佣其他承包商完成此工作并产生了由承包商承担的费用。

29. 第8.4款—竣工时间的延长

工程变更,异常不利的气候条件,当局或业主原因造成竣工延误。

30. 第8.6款—进度计划

承包商修改后的进度进化使业主产生了额外的费用,业主提出索赔。

31. 第8.8款—暂时停工

非承包商原因造成暂时停工使承包商遭受工期延误或费用增加。

32. 第9.2款—延误的试验

因业主不当延误竣工试验或由于自身原因遭受工期延误或费用增加。

33. 第9.4款—未能通过竣工试验

鉴于该合同条件中设备安装和调试所占比重很大,因承包商要依次进行试车前的测试、试车测试、试运行等一系列复杂的过程,而后还需进行包括性能测试在内的进一步检验以确认工程是否符合“业主的要求”和“性能保证表”中的规定，增加了未能通过竣工试验的风险。

34. 第12.1款—竣工后试验的程序

竣工后检验结果的评估应由业主和承包商共同进行，以便在早期解决任何技术和质量上的分歧，业主不按约定按时参加竣工后检验使承包商遭受工期延误或费用增加。

35. 第12.2款—延误的试验

由于业主对竣工后试验的无故延误使承包商遭受工期延误或费用增加。

36. 第12.4款—未能通过竣工后试验

未能通过竣工后试验时雇主要求承包商补偿雇主损失不合理。

37. 第13.7款—因法律改变的调整

基准日期后法律或解释发生变化，使承包商遭受工期延误或费用增加。

38. 第14.6款—期中付款证书的颁发

如果适用的法规发生变化或工程费用出现涨落，合同价格能否随之做出调整；如果工程的某些部分要根据提供的工程量或实际完成的工作来支付，其测量和估价的方法必须在合同专用条件中予以规定。

39. 第16.2款—承包商终止合同

业主废弃项目合同，拒付债务。

40. 第17.1款—免责

承包商的疏忽或失误造成业主的人员或财产的损失，业主索赔。

41. 第17.2款—承包商照看工程

(1)在承包商照看期间，由于“业主的风险”以外的原因造成了工程的损失或损坏；

(2)在接受证书颁发后，由于承包商行为造成的对工程的损坏或损失；

(3)在接受证书颁发后，由于承包商在此之前的某些行为引起损坏或损失。

42. 第17.3款—业主风险

在发生了合同条款规定的应该由业主承担的风险时，承包商也很难通过索赔获得完全补偿，而且工程所在国以外国家发生的叛乱、暴动、军事政变或各种有害物质产生的辐射和放射性污染等风险部分被分配给了承包商。

43. 第17.5款—知识产权和工业产权

承包商对工程的设计、制造、施工侵犯了知识产权和工业产权。

44. 第19款—不可抗力

不可抗力妨碍承包商履行合同义务，使其遭受工期延误或费用增加。

以上是FIDIC新黄皮书中较为典型的对承包商构成风险的条款，除此之外，承包商还需根据项目特点、合同的具体条款及项目所在国的国情等因素，分析查找项目的其他风险。

三、EPC 交钥匙工程总承包的风险分析

(一) FIDIC 银皮书的风险结构

EPC 合同条件在第 17.3 款[业主的风险]中明确划分了业主与承包商的风险分担情况,业主的风险包括:

a. 战争、敌对行动(不论宣战与否)、入侵、外敌行动;

b. 工程所在国国内的叛乱、恐怖活动、暴动、军事政变、篡夺政权、内战;

c. 暴乱、骚乱或混乱,完全局限于承包商的人员以及承包商和分包商的其他雇用人员中间的事件除外;

d. 工程所在国的军火、爆炸性物质、离子辐射或放射性污染,由于承包商使用此类军火、爆炸性物质、辐射或放射性活动的情况除外;

e. 以音速或超音速飞行的飞机或其他飞行装置产生的压力波。

而在新红皮书和新黄皮书中,除了上述风险外,业主的风险还包括以下三项:

f. 雇主使用或占用永久工程的任何部分,合同中另有规定的除外;

g. 由雇主的人员提供或雇主负责的工程任何部分设计不当;

h. 一个有经验的承包商不可预见且无法合理防范的自然力的作用。

从上面的对比来看,业主在 EPC 合同条件下承担的风险比较少,最明显的是减少了上面关于“外部自然力”h 项。这就意味着,在 EPC 合同条件下,承包商要单方面承担发生最频繁的“外部自然力的作用”这一风险,这无疑大大地增加了承包商在实施工程过程中的风险。

另外,从其他一些条款中也能看出,在 EPC 合同条件中,承包商的风险要比在新红皮书和新黄皮书中多。EPC 合同条件第 4.10 款[现场数据]中明确规定:“承包商应负责核查和解释(业主提供的)此类数据。业主对此类数据的准确性、充分性和完整性不负担任何责任”,而在新红皮书和新黄皮书的相应条款中规定的则比较有弹性:“承包商应负责解释此类数据。考虑到费用和时间,在可行的范围内,承包商应被认为已取得了可能对投标文件或工程产生影响或作用的有关风险、意外事故及其他情况的全部必要的资料。”

EPC 合同条件第 4.12 款[不可预见的困难]中规定:1. 承包商被认为已取得了可能对投标文件或工程产生影响或作用的有关风险、意外事故及其他情况的全部必要的资料;2. 在签订合同时,承包商应已经预见到了今后为圆满完成工程而可能发生的一切困难和费用;3. 不能因任何没有预见的困难和费用而进行合同价格的调整。而在新红皮书和新黄皮书的相应条款第 4.12 款[不可预见的外部条件]中却规定:如果承包商在工程实施过程中遇到了一个有经验的承包商在提交投标书之前无法预见的不利条件,则他就有可能得到工期和费用方面的补偿。

另外,承包商还承担了“经济风险”。银皮书没有规定如何因劳务费和物价波动进行调整,承包商能不能因为物价上涨或汇率波动得到额外的补偿,需要看专用

条款是否有具体规定。

由此可见对于业主来说,此类合同模式可以较少承担项目实施的风险,以避免在项目实施过程中追加过多的费用和给予承包商过多延长工期的权利,从而使项目的费用和工期最大程度地固定下来。而对于承包商,在EPC合同条件下,承包商承担的各类风险要比新红皮书和新黄皮书多,虽然这种合同模式的风险较大,但是只要有足够的实力和高水平的管理,就有机会获得较高的利润。

(二)EPC总承包的风险条款分析

FIDIC合同银皮书的条款中有明确的业主和承包商双方的风险条款,另外其他的非风险条款有的条款也明确说明了应该是由业主或者承包商承担的风险,也有的条款暗示了应该是由承包商承担的风险责任,现对银皮书中可能包含承包商损害或损失风险因素的42项条款分析如下:

1. 第1.1.1款—合同

合同文件规定不严谨、措辞不当或者有歧义。

2. 第1.3款—通信交流

通信不畅,承包商难以与业主、材料或设备供应商之间进行沟通。

3. 第1.4款—法律与语言

(1)法律变更(虽然EPC合同条件中规定法律变更造成的损失由业主承担,但在工程实际中由于法律变更给承包商带来的各种消极影响经常难以得到完全补偿);

(2)承包商与业主之间产生误会、分歧以及翻译人员缺乏专业和合同知识而产生的各种误述、曲解。

4. 第1.9款—保密

承包商对合同条件的保密不当,在未经业主同意的情况下,擅自披露或出版了工程的某些细节,侵犯了知识产权。

5. 第1.13款—遵守法律

(1)业主的国家政府办事效率低,政府官员腐败;

(2)工程所在国对外国承包商所实施的各种歧视政策。

6. 第1.14款—共同及各自责任

(1)合作伙伴资金周转困难;

(2)利润与损失分配的意见不一致;

(3)合作伙伴间不信任;

(4)合作伙伴的母公司对该联营体的政策变化或干涉行为;

(5)合作伙伴缺少管理能力和资源。

7. 第2.2款—许可、执照和批准

业主在承包商申请各种许可、执照和批准时协助不利。

8. 第2.4款—业主的资金安排

银皮书要求业主向承包商递交一份资金安排计划表，以表明其有能力支付工程款，但是资金安排不一定得到兑现，仍然存在业主拖延付款的可能。

9. 第 3.1 款—业主代表

承包商对业主替换业主代表只有被通知权。

10. 第 3.4 款—指示第 3.5 款—决定

(1)业主代表工作效率低，拖延签署各种指令、决定和支付；

(2)业主过于苛刻，有意拖延支付，或找各种借口减扣支付的工程款。

11. 第 4.1 款—承包商的一般义务

(1)《业主任务书》中存在不确定性或歧义；

(2)材料质量不合格，没有质检证明，因而引起返工或由于更换材料而拖延工期，或材料供应不及时，因而引起停工、窝工以及其他连锁反应；

(3)设备供应中同样可能存在质量不合格和供应不及时的问题，另外，还有设备不配套的问题。

12. 第 4.2 款—履约保证

业主无理凭履约保函取款。

13. 第 4.4 款—分包商

(1)分包商违约；

(2)分包商不能按时完成分包工程而使整个工程进展受到影响的风险；

(3)对分包商协调、组织工作做得不好而影响全局。

14. 第 4.6 款—合作

与业主人员、其他承包商和任何合法机构的成员合作中产生了不可预见的费用。

15. 第 4.7 款—放线

业主提供的参照系不准确。

16. 第 4.10 款—现场数据

(1)业主提供的现场数据(第 5.1 款中的数据除外)不准确、不充分或不完整的责任业主概不负责，完全由承包商负责；

(2)承包商对现场数据的证实和解释有错误，没有发现地质地基、水文气候、地下管线的问题。

17. 第 4.12 款—不可预见的困难

不可预见的困难、意外事件均由承包商负责，而且承包商对项目的可行性研究负责，并承担由此而引起的风险。

18. 第 4.13 款—道路及设施权

无法获得或以很大的代价才能获得道路及设施的使用权。

19. 第 4.15 款—进场线路

业主提供的进场线路不适用或不可获得。

20. 第 4. 16 款—货物运输

(1)制裁与禁运；

(2)海关清关手续复杂；

(3)进出口管制的报复性关税。

21. 第 4. 17 款—承包商设备

设备维修条件不足,或者备用件购置困难。

22. 第 4. 18 款—环境保护

施工或项目运行环境破坏了生态平衡或造成了污染,导致居民的抗议、投诉或干预以及政府的干预。

23. 第 4. 19 款—电、水、气

无法或只能高价获取工程的电、水、气。

24. 第 5. 1 款——般设计任务

(1)设计标准过高或过低；

(2)设计(包括业主提供的设计)中出现了错误。

25. 第 5. 2 款—承包商文件

业主故意反复要求承包商修改承包商文件以拖延工期给其造成损失。

26. 第 6. 4 款—劳动法

承包商按照当地劳动法必须雇佣当地劳工,而当地劳工工作效率低下、薪金水平高。

27. 第 7. 5 款—拒收

"拒收"与"再检验"使业主发生了费用,业主提出索赔。

28. 第 7. 6 款—补救工作

因为承包商未能按照业主"指示"完成工作,业主雇佣其他承包商完成此工作并产生了由承包商承担的费用。

29. 第 8. 4 款—竣工日期的延长

(1)异常不利气候造成的工期延误,如特大暴雨、洪水、泥石流、塌方；

(2)由于传染病或其他政府行为导致的人员或货物不可预见的短缺。

30. 第 8. 6 款—进度计划

承包商修改后的进度进化使业主产生了额外的费用。

31. 第 8. 8 款—工程暂停

因为承包商的原因造成了暂停,暂停中造成了材料、设备或工程的损失或缺陷。

32. 第 9. 2 款—延误的检验

由于承包商的原因造成了检验的延误。

33. 第 9. 4 款—未能通过竣工试验

工程或其某一区段未能通过 9. 3 款中的"重复检验",业主收回了为该工程所支付的所有费用以及相应的融资费。

34. 第 10.1 款—工程或区段的接收

由于承包商未能及时提交文件而延误业主对工程的接受。

35. 第 11.2 款—修补缺陷的费用

由下列原因造成缺陷而须修补:(1)材料设备或工艺不符合合同要求;(2)由于承包商的原因造成的不正确操作或维修;(3)承包商未能遵守其他规定。

36. 第 13.8 款—费用变化引起的调整

物价上涨或费率浮动导致承包商费用增加,能否调整要看专用条款是否有具体规定。

37. 第 14.1 款—合同价格

采用总价合同,合同价格不能随外界税费等因素而调整。

38. 第 16.2 款—承包商终止合同

项目业主废弃合同,拒付债务。

39. 第 17.1 款—免责

承包商的疏忽或失误造成业主的人员或财产的损失。

40. 第 17.2 款—承包商照管工程

(1)在承包商照管期间,由于"业主的风险"以外的原因造成了工程的损失或损坏;

(2)在接收证书颁发后,由于承包商行为造成的对工程的损坏或损失;

(3)在接收证书颁发后,由于承包商在此之前的某些行为引起损坏或损失。

41. 第 17.3 款—业主风险

在下列情况下,承包商很难得到完全赔偿:(1)工程所在国发生内战、暴乱、政变等;(2)国有化、没收与征用。

下列风险可能由承包商承担:(1)在合同没有规定的情况下,雇主使用或占用永久工程之任何部分;(2)由雇主人员或雇主对其负责的其他人员提供的工程任何部分的设计(如果有);(3)不可预见的,或不能合理预期一个有经验的承包商应已采取适当预防措施的任何自然力的作用。

42. 第 17.5 款—知识产权和工业产权

承包商对工程的设计、制造、施工侵犯了知识产权和工业产权。

43. 第 19 款—不可抗力

不可抗力妨碍承包商履行合同义务,使其遭受工期延误或费用增加。

以上是 FIDIC 银皮书中较为典型的对承包商构成风险的条款,除此之外,承包商还需根据项目特点、所签订的合同的具体条款及项目所在国的国情等因素,分析查找项目的其他风险。

四、DBO 设计-建造-运营总承包的风险分析

(一) FIDIC 金皮书的风险结构

首先,DBO 合同条件的第 17-19 条按风险-责任-义务-保障-保险的逻辑顺序对

风险事件做出了相应的规定。

其次,DBO 合同条件从多个层面对风险事件进行划分。第一层面是将所有风险划分为普通风险和特殊风险,特殊风险是指由特殊事件产生的风险;第二层面是从风险发生时间的角度,将风险划分为设计-建造期的风险和运营服务期的风险;第三层面从风险承担主体的角度,将风险划分为业主风险和承包商风险;第四层面则从风险影响结果的角度,将风险划分为损害风险和商业风险。损害风险指导致物质损失或财产损坏的风险,可以通过投保方式转移,商业风险指导致任何一方产生财务损失或时间损失的风险,且这些风险在商业上通常无法投保。DBO 合同条件下普通风险的分类见表 3-2。

表 3-2　DBO 合同条件风险分类表

第一层面	普通风险和特殊风险(第 18 条[特殊风险])							
第二层面	设计-建造期的风险				运营服务期的风险			
第三层面	业主风险		承包商风险		业主风险		承包商风险	
第四层面	损害风险	商业风险	损害风险	商业风险	损害风险	商业风险	损害风险	商业风险
具体条款号	第 17.1 款[设计-建造期业主的风险]		第 17.2 款[设计-建造期承包商风险]		第 17.3 款[运营服务期业主的风险]		第 17.4 款[运营服务期承包商风险]	

DBO 合同条件将上述几种风险分类方式结合起来,对设计-建造期和运营服务期合同双方的风险分配进行了详细的规定。

业主的风险采用列举式规定,承包商的风险则采用除外式规定,列举的业主风险外的所有风险均由承包商承担。在运营服务期,承包商还需要负责所有因其设计、施工和材料等所导致的风险,业主之前的批准等活动不减少承包商的责任。

DBO 合同条件中承包商的风险条款如下:

1. 设计-建造期承包商的风险[17.2、17.5]

除合同规定的设计-建造期业主的风险外,其他所有的风险均由承包商承担,包括对工程和货物的照管及其由此导致的风险。照管责任指在合同终止前,承包商应在整个设计-建造期承担照管全部工程及构成工程的货物的责任;如合同终止,承包商应自终止通知生效时,解除照管工程的责任。

2. 运营服务期承包商的风险[17.4、17.5]

运营服务期承包商应承担的风险有:

由承包商负责的设计、施工或工程所用材料导致的风险(即使在设计-建造期,由业主或业主代表对检验进行了批准也不能免除该责任);以及所有由运营和维修永久工程和照管工程所导致或引起的风险,合同条件中列明的业主的风险除外。

同时,承包商还要承担运营服务期照管永久工程的责任,以及在运营服务期承诺完成的任何扫尾工作，直到该工作完成为止，并承担由此导致的任何风险。

3. 承包商风险的损害后果[17.7]

如应由承包商承担的风险发生，并导致工程、其他财产或货物的损害，承包商应立即通知业主代表，并应按照业主代表的指示进行修补。所有此类更换、修补或改正工作应由承包商自费完成。

4. 承包商提供的保障[17.9、17.12、17.11]

承包商应保障业主、业主人员以及他们各自的代理人免受以下所有索赔、损害赔偿费、损失和开支(包括法律费用和开支)：

(1)承包商负责的设计、施工、竣工以及修补缺陷引起的，或在上述过程中因承包商原因造成的任何人员的人身伤害、疾病或死亡(除非是由于业主、业主人员或他们各自的代理人的任何疏忽、恶意行为或违反合同造成的)；

(2)任何财产、不动产或动产(工程除外)的损害或损失，当此类损害或损失是由承包商负责的设计、施工、竣工或运营和维修工程引起，或由承包商、承包商人员，他们各自的代理人，或由他们中任何人直接或间接雇用的任何人员的疏忽、恶意行为或违反合同造成的。

承包商应保障业主免受承包商的工程设计和其他专业服务中的一切错误带来的伤害，这些专业服务导致了工程不合格，或导致业主任何损失和损害。

承包商还应保障业主免受由于承包商的设计、制造、建造或实施工程，或承包商设备的使用，或工程的合理使用所产生的或与之有关的任何其他索赔。

承包商保障业主免受伤害的义务，应按照业主风险可能导致所述损害、损失或伤害的程度按比例减少。

(二)DBO 总承包的风险条款分析

FIDIC 合同金皮书的条款中有明确的业主和承包商双方的风险条款，另外在其他的非风险条款中，有的条款也明确说明了应该是由业主或者承包商承担的风险，也有的条款暗示了应该是由承包商承担的风险责任，现对金皮书中可能包含承包商损害或损失风险因素的 43 项条款分析如下：

1. 第 1.1 款—业主要求中的错误

业主要求中提供的信息不准确。

2. 第 1.3 款—通知和其他通信条款

通知和其他通信信息被无故扣押。

3. 第 1.9 款—文件的照管和提供

业主提供的文件有错误或缺陷。

4. 第 1.11 款—业主使用承包商文件

业主为其他目的使用承包商文件。

5. 第 1.14 款—遵守法律

业主未能取得许可，延误工作。

6. 第 2. 1 款—现场进入权

承包商不能及时进入和占用现场。

7. 第 2. 3 款—业主人员

未配合工作或者有违约行为。

8. 第 2. 4 款—业主的资金安排

业主的财务或经济状况变化。

9. 第 4. 2 款—履约保证

业主对无权索赔的情况进行索赔。

10. 第 4. 7 款—放线

业主提供的基准信息有误且承包商无法合理发现。

11. 第 4. 10 款—现场数据

业主提供的数据有误。

12. 第 4. 12 款—不可预见的物质条件

遇到天然的或人为的不可预见的不利条件,导致工期延误和费用增加。

13. 第 4. 20 款—业主设备和免费提供的材料

业主提供的材料、设备存在短缺或缺陷。

14. 第 4. 24 款—化石

发现化石等物品后因执行业主代表的指示而遭受延误或费用增加。

15. 第 5. 1 款—设计义务的一般要求

业主要求或基准数据中有错误。

16. 第 5. 2 款—承包商文件

业主代表拖延对文件的审核。

17. 第 5. 4 款—技术标准和法规

标准或法规在基准日期后改变。

18. 第 7. 3 款—检验

业主人员无故拖延检验。

19. 第 7. 4 款—试验

因遵守业主代表的指示暂停或复工而使工程遭受延误或费用增加。

20. 第 8. 1 款—开工日期

业主拖延通知开工日期。

21. 第 8. 4 款—预先警告

因业主未预先警告造成损失。

22. 第 9. 3 款—设计-建造竣工时间的延长

由于变更、业主原因或业主风险等造成工程竣工受到延误。

23. 第 9. 4 款—当局造成的延误

由于当局延误干扰承包商工作。

24. 第 9. 8 款—暂停的后果

因遵守业主代表的指示暂停或复工而使工程遭受延误或费用增加。

25. 第 9. 11 款—复工

因业主原因造成暂停。

26. 第 10. 2 款—运营服务的开始

因遵守超出合同的要求或限制而遭受附加费用损失。

27. 第 10. 4 款—原材料的交付

原材料交付延误或质量与规定有差异。

28. 第 10. 5 款—运营服务期的延误和干扰

运营服务期由于业主原因导致承包商遭受任何延误或干扰。

29. 第 10. 7 款—未能达到生产产量

因业主原因导致未达到规定产量。

30. 第 11. 2 款—延误的设计-建造竣工试验

业主不当延误设计-建造竣工试验。

31. 第 11. 11 款—未能通过同完成前试验

业主在允许进入的工程或设备上的无故延误招致承包商的附加费用。

32. 第 11. 12 款—合同完成前的重新试验

非承包商原因造成的额外试验。

33. 第 12. 2 款—修补缺陷的费用

特殊风险或业主原因导致风险。

34. 第 12. 6 款—承包商调查

非承包商原因造成的缺陷。

35. 第 13. 6 款—因法律改变的调整

基准日期后法律或解释发生变化。

36. 第 13. 7 款—因技术改变的调整

因技术改变导致承包商工期延长或费用增加。

37. 第 14. 9 款—延误的付款

业主未按期向承包商付款。

38. 第 15. 5 款—业主自便终止

业主因非承包商原因终止合同。

39. 第 16. 1 款—承包商暂停工作的权利

由于业主原因暂停工作而使承包商遭致工期延误或费用增加。

40. 第 16. 4 款—终止时的付款

因业主原因造成的终止。

41. 第 17. 6 款—业主风险的损害后果

承包商因修正业主风险造成的损害遭致工期延误或费用增加。

42. 第 17.2 款—侵犯知识产权和工业产权的风险

业主原因导致的侵权索赔。

43. 第 18.4 款—特殊风险的后果

特殊风险妨碍承包商履行义务。

以上是 FIDIC 金皮书中较为典型的对承包商构成风险的条款，除此之外，承包商还需根据项目特点、合同的具体条款及项目所在国的国情等因素，分析查找项目的其他风险。

第三节　我国海外工程常见风险分析与措施建议

在国家"走出去"政策的鼓励下，我国企业到海外承包工程项目的势头有增无减。但由于海外工程项目的性质以及我国承包商及其传统市场的特点，我国承包商在国际承包实践中也承受着巨大风险。本节在分析我国海外工程常见风险的基础上，提出我国承包商应对风险的措施，以及改进风险管理的对策建议。

一、我国海外工程常见风险分析

1. 自然环境风险

我国企业承揽的海外工程项目很多处于比较恶劣的自然环境中，不利的气候和地质条件都会给项目施工带来一定的风险，比如高温、严寒、多雨、台风等气候，泥石流频发、地震高发、熔岩溶洞等地质条件都可能使施工进度受阻，从而推高施工和管理成本。

2. 政治风险

目前我国企业承接的海外工程项目主要以亚、非、拉等发展中国家为主，其中部分国家如苏丹、索马里、利比亚、巴基斯坦以及阿拉伯地区等地都存在着很多不稳定因素，这些地区的国家内乱频发，局部战争时有发生。而战争因素造成的损失在合同中一般都归于不可抗力风险，索赔也很难弥补，故风险极大。

3. 法律风险

不了解工程所在国相关法律法规或当地法规发生改变，如税费政策、贸易政策、劳工政策、签证政策等，会使我国承包商面临法律风险。最明显的一个方面是海外劳工、签证政策对项目所造成的影响。为了保护本国就业率，几乎所有国家和地区都会采取较为严格的海外劳工政策，尽量限制大量外国劳工的进入。不了解或不重视这些法律法规，将给项目施工人员的稳定及管理成本带来不利影响。

4. 采购风险

项目的顺利完成需要有效整合人、机、料等资源，而这些资源的采购(租赁)价格、项目所在地市场的繁荣程度，都直接影响资源的供应。一些项目中，由于我国承包商对当地资源了解不够，或者因为当地资源很匮乏，需要从我国内或第三国输入，成本控制的风险相当大，稍有不慎，造成巨额亏损。

国际项目中物资、设备采购管理的重要性不言而喻，尤其是对于铁路总承包项目，对于各种材以及机车、信号、维护等设备的需要量极大，不管是采购还是物流，不管哪个环节出现问题，都会严重影响项目的整体运转，极大地增加项目的风险。

5. 劳务风险

我国到海外承包工程项目的企业，为了便于管理和沟通，一般都带上数量不等的国内劳务队伍。但由于项目地处海外，人员出入境的费用本来就高，而工人远离家乡，身处陌生环境，通信不便，生活习惯难适应，语言障碍难交流，时间一久或家里发生意外状况时，不安情绪就会产生，如果处理不好，国内劳务人员就会以种种理由要求提高工价，或者要求回国、甚至消极怠工、罢工，一旦发生此类问题，不仅不利于队伍稳定，影响工期，严重者还会损害国家和企业的声誉。此外，工程所在国的劳工政策、出入境政策的变动都给从国内带出去的劳务人员产生较大影响。而如果只使用当地的劳务队伍，语言文化差异造成沟通不便，而且一些地方当地劳务人员的工作效率和技术水平低下，但工资要求较高，而且法律维权意识较强，承包商不能像国内那样随意组织加班施工，加班成本比国内高得多，给承包商保证合同要求的质量和工期以及成本控制带来极大风险。

6. 合同风险

合同风险可分为合同报价风险及合同管理风险等两个方面。报价的准确性是项目赢利的前提，但由于缺乏对项目当地资源情况的深入了解，对招标文件研究不充分，对国际标准不熟悉，对风险考虑不足，导致我国企业对海外工程的造价往往分析不够准确，常常以国内同类工程造价加上一定的风险系数作为投标价，具有很大盲目性和风险性。合同管理方面，国际工程对合同管理的要求更加严格，而我国的承包商，尤其初涉海外工程的承包商，缺乏海外项目合同管理的经验，甚至根本不重视合同管理，结果因未能严格履约而失去应得利益，甚至遭受业主大额罚款或索赔。

7. 汇率风险

中国企业参与海外项目主要采取人民币本币结算、项目当地货币结算、第三方货币结算（如美元）等三种结算方式，而任何一种结算方式都会因为汇率浮动而带来一定的风险。近年来，我国积极采取了以市场供求为基础，参考一篮子货币进行调节、有管理的浮动汇率制度，人民币汇率稳中有升。在工程结算中，若采取固定汇率进行结算，那么人民币的升值一方面为以人民币结算的企业带来了利好，但同时也对以美元及其他贬值货币进行结算的企业带来不少压力。特别是在经济欠发达或政治局势动荡的发展中国家，其货币贬值的可能性和速度相当大，假如以项目所在国货币作为结算货币，我国企业的风险将更大。

8. 社会与文化风险

社会与文化风险往往包括宗教信仰的影响和冲击、社会风气和民俗文化、社会治安的稳定性、劳动者的综合素质等。以作为我国对外工程承包进入较早的市场，也是最主要的市场之一的非洲为例，截止到2017年5月，共有49家央企在非洲开展业务，包括中石油、中石化、中国铁建、中国中铁等，还有其他大大小小的中国公司，业务范围包括能矿开发、基础设施建设、工业制造等领域，中国企业的到来促进了当地经济发展，但同时巨大的文化差异也带来种种问题。例如非洲人抱怨他们很不能适应中国企业“家长式”的管理作风，并认为他们的中国老板在用工上不遵守法律。而中国老板对一些当地人工作懒散、不求上进感到无奈，对他们有钱也不愿加班的态度感到不可思议，“有钱为什么不赚”，而很多非洲人也搞不懂为什么要赚那么多钱。不同文化的碰撞如果得不到妥善处理，会导致误解和对立，甚至容易引发冲突和骚乱。

二、我国承包商海外项目风险管理措施

以上风险都是国内企业近年来在海外项目中经常碰到的问题，针对这些问题，为降低风险，最大限度取得预期的效益，我国承包商应从以下方面做好风险防范和管理工作：

1. 增强风险管理意识

风险管理的概念是由西方市场引入我国的，虽然我国已实行了多年的市场经济，但计划经济体制的影响还随处可见，尤其对于大型国有企业情况更甚。因此长期以来风险管理在实践中还未能引起足够的重视，因忽视风险管理而导致重大损失的案例时有发生，特别是对于初涉国际承包的企业，缺乏海外承包经验，加上长期受国内经营习惯的影响，风险观念淡薄。有些承包商虽意识到风险管理的重要，但只重视施工过程的风险，而忽视其他阶段、其他方面的风险，项目处于巨大隐患之中。风险管理贯穿在从项目启动之前一直到项目结束的全过程中，也贯穿在投标、签约、设计、采购、施工、运营等方面中，总承包商必须纠正这种片面的风险观念，树立全面风险管理的观念。

意识决定行为，只有在思想上重视风险，才能在生产实践中重视风险管理，才能积极识别风险、回避、消除和转移风险。无论是企业还是项目，领导首先要有很强的风险意识，从而带动员工加强风险意识，通过领导讲话、专家讲座、张贴宣传等方式强化员工风险观念，培养全员参与风险管理的企业文化和项目文化。

2. 努力提高风险管理水平

承包商的风险管理团队应熟悉掌握风险管理的理论和方法，结合企业和项目的具体情况，选择适合本企业和项目的风险管理方式。通过专题研讨、案例分析、预案编制、危机演练等，熟悉掌握风险管理的流程，提高团队识别风险和应对风险的能力。当前世界科学技术的发展突飞猛进，人才已经成为世界任何方面发展最重要的资源，我国的国际总承包企业需要培养和储备有能力的国际工程风险管理人才、建立适应我国企业建设国际总承包工程的风险管理组织、掌握先进的风险管理技术，通过信息化手段，完善信息收集、信息分析、信息处理、信息反馈的渠道和

机制,提高风险识别、分析与决策的效率,提高风险管理水平,以适应多变的国际工程环境和激烈的国际竞争。

3. 深入调查,全面评估

进入新的市场时,调查是必做的功课,也是最重要的环节,海外工程项目的调查更是必不可少。必须要对项目所在国的政治局势、法律法规、自然条件、人机料资源等有一个比较全面、深入的了解。调查的方式可以先通过图书、网络等媒介简单了解项目所在国的基本情况,二是通过中国使馆或当地的华人商会了解当地的相关政策、经贸活动、需要注意的情况,三是派出专业人员前往项目所在地进行实地调查,切身感受当地的人文环境、掌握到第一手真实的信息。信息收集完成后,结合各方面因素综合考量该项目实施的可行性、风险性,有针对性制定各种预案和方案,最终确定对自己有利的风险策略。

4. 开展有针对性的出国前培训

项目中标后,要对外派的人员(包括管理人员和劳务人员)进行针对性的培训,做好各种交底:合同交底、调查结果交底、项目所在国法规及风俗习惯、自然环境交底、出国注意事项交底、紧急情况处理办法交底、中国驻当地使领馆联系方式交底等,有必要的还要进行反恐培训和演练。这些培训和交底有助于提高外派人员安全防范和风险防范意识,在实际工作中具有重要的指导意义,对海外工程来说是必不可少的。

5. 优化工程资源供应方式

对于当地比较丰富的工程资源,包括人力资源、设备和原材料资源,尽量采用当地化策略。我国外派人员应积极融入到当地的生活,在使用外国人员时要注重对他们素质和技能的培养,让他们在工作中获得职业与能力的提升。设备和原材料尽量在当地购买,以节约物流和采购成本。如果必须从我国内或第三国输入的话,必须采购和运输的各个环节、路线、成本、风险等给予充分调研,全面考虑,周密计划,提前运作。一方面尽量降低采购成本,另一方面一定保证按时供应,避免因供应不及时给工程造成重大损失。

6. 劳务管理人性化、动态化

由于海外工程办理劳务输出的各种手续繁杂且需要一定周期,因此对于国内工人的思想稳定要求更高。当国内劳务队组抵达海外工地后,他们的稳定将对项目的正常开展至关重要。在选定劳务队组前必须经过深入调查和严格筛选,对于信用度不高或不符合管理要求的劳务队组应给予排除。同时为了保证劳务队伍的稳定,劳务管理应贯彻以人为本的理念,比如为员工提供完善的食宿设施、功能齐全的娱乐场所、费用低廉的网络电话等,为国内劳务人员的业余生活、与家人联系提供方便等。另一方面,应对劳务队伍实施动态化管理,及时掌握劳务人员思想动态和信息,及时发现问题并予以帮助解决。最大程度减少项目人员的不稳定性,降低项目的劳务风险。

7. 加强合同管理,提高合同操作专业化水平

合同管理是项目管理的基础,尤其在国际工程中,要求严格按合同执行。为了在项目实施过程中依照合同及法律保障自身权益,降低履约风险,我国企业应掌握和熟悉国际工程管理的模式,特别是要提高合同管理水平。应配置专业合同人员对工程合同进行专业化分析和管理;应通过合同管理方面的培训,全面提高员工的合同及法律意识;项目管理人员必须认真研究合同,对合同条款中的各类风险源有一个充分认识,严格按合同履行义务,并做好各种资料、信息的收集整理,必要时依据合同和证据信息,维护自己适当的权益。

8. 密切跟踪汇率走势,灵活转移汇率风险

进行款项结算时,无论采取固定汇率或浮动汇率都存在一定的汇率风险。为降低汇率风险,在合同签订前,要系统分析本外币汇率的历史数据,预测货币价格的未来趋势,以为支付条款的约定提供依据;对于人民币不断升值或目标货币经常性贬值的情况,在合同谈判时最好约定当汇率波动到一定幅度时的补偿机制;如约定采用固定汇率进行结算,则必须要严密跟踪汇率走势,灵活转移汇率风险。针对汇率贬值较快的货币,应尽量加速货币流通的速度,尽快将货币用于购置一些资源性商品,如沙石、钢材、水泥等原材料,将现有资金变成物资,既能用于降低施工成本,也可以保值升值,对冲汇率变化造成的损失。另外,企业进入海外市场也可以选用第三方进行远期汇率风险担保,如"出口宝"(http://www.chinable.cn),通过第三方担保,不仅可以降低汇率变动造成的影响,同时也可有效规避通胀带来的采购成本负担。

9. 建立应急预案,主动应对风险

针对海外工程项目管理的复杂性,为降低风险损失,提高风险应对的效率,在项目开工前期甚至更早时间,根据海外项目实地调查了解到的情况制定出各种应对预案,并随着项目进展和信息的增加不断完善,变被动为主动,在不利情况发生时迅速作出反应,最大限度降低不利情况对项目管理带来的影响。

10. 有效利用风险转移

风险转移策略最常用的方式就是保险转移和合同转移。对于保险转移方式,总承包商应对其有足够的认识和重视,根据合同要求和项目实际及时办理有效的保险,在保险范围和时段尚要实现全覆盖,切勿因为疏漏或为节省保险费而对项目造成更严重的损失。对于合同转移方式,总承包商一方面在与业主签约阶段通过谈判努力争取比较公正的风险分配,另一方面可以对某些部分进行分包,通过分包转移相应的风险。分包的部分应该是对总承包商来说风险和难度都大,如果自己实施在经济上缺乏合理性的部分,例如总承包商不具备相应技术或不能实施,或承包商需要采购大型设备才能实施等。

第四章　国际工程总承包项目目标控制

本章阐述了国际工程总承包项目目标控制的概念及质量、进度、成本控制之间的辩证关系,并分别对目标控制的三个方面进行了详细论述。质量控制部分阐述了质量控制的内涵、项目质量控制体系和项目质量控制过程;进度控制部分主要包括项目活动,项目进度计划的编制,项目进度计划的优化和项目进度计划的控制等;成本控制部分包括成本控制工作流程图、成本控制的步骤和全过程成本控制等。本章最后一节结合国际工程实践,论述了如何做好项目三大目标控制之间的权衡,强调了进度控制的重要性。

第一节　项目目标控制概述

项目目标(Project Objectives),简单地说就是实施项目所要达到的期望结果,即项目所能交付的成果或服务。对一个项目而言,项目目标往往不是单一的,而是一个多目标系统,希望通过一个项目的实施,实现一系列的目标,满足多方面的需求。但是很多时候不同目标之间存在着冲突,实施项目的过程就是多个目标协调的过程。

项目目标基本表现为三方面,即时间、成本和质量(或技术性能)。实施项目的目的就是充分利用可获得的资源,使得项目在一定时间内在一定的预算基础上,获得期望的技术成果。然而这三个目标之间往往存在冲突。例如,通常时间的缩短要以成本的提高为代价,而时间及成本的投入不足又会影响技术性能的实现,因此三者之间要进行一定的平衡。三大目标的关系如图 4-1 所示。

项目建设过程中,无论处在哪个阶段,首先必须要满足质量要求。质量要求反映在与该项目有关的规范、标准、法规以及合同文件中,一个不能满足质量要求的项目是不合格的项目,或无法达到预定的项目功能,或在安全及其他方面存在隐患,这样的工程不能投入运营和使用,业主也不能接受。质量不合格的项目,无论花了多少钱, 用了多长时间建成,都是没有意义的,不仅给项目相关各方造成损失,甚至给社会造成巨大浪费,给公众带来事故灾难。因此在三大目标中,保证质量是第一位的,是项目控制的首要目标。如果不能保证质量,其他就免谈。

一个项目的投资方或业主,对于项目何时建成、何时投产运营,一般都有较

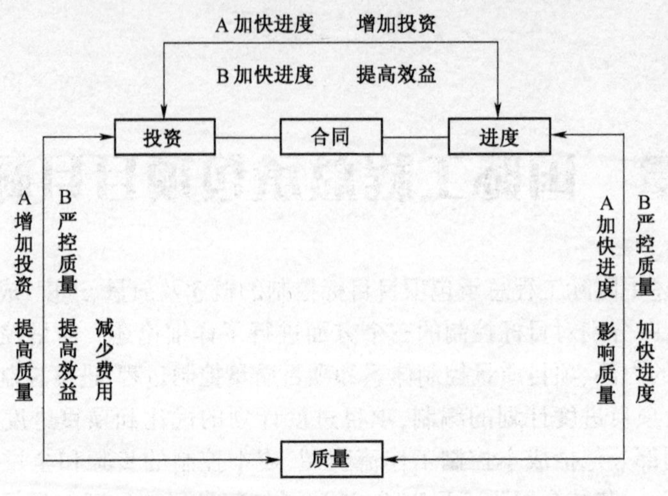

图 4-1　项目三大目标的关系

确定的预期,以便能使项目及时产生经济效益,取得投资回报,或者如果是政府投资的公益项目,及时为社会公众提供服务,取得社会效益。业主这种对项目按时建成的预期反映在其颁发的招标文件中,进而反映在承包商与业主之间的合同中,承包商通过其投标文件对项目建成的时间作出承诺,这就是项目的工期要求。为满足工期要求,承包商必须制定合理的进度计划,采用科学的施工方案,为项目实施提供充分的资源,并按照合同要求其承担的工作范围,精心组织、设计、施工,以保证项目按时竣工并顺利通过验收,投入运营。这就是项目的进度约束,是项目控制的进度目标。如果承包商因为组织不得力、方法不适当或资源配置不合理,或承包商自身的其他原因,导致效率低下,致使工程延误或进度低于预期,导致项目不能按合同规定的时间竣工,那么承包商就要按照合同约定向业主支付误期损害赔偿费。如果工程拖期很严重,则还有被业主解除合同的可能,承包商不仅付出较大的经济代价,公司声誉也会受到影响。因此进度控制也是承包商项目控制的重要目标。

业主与承包商签订的项目合同中,针对承包商需要完成的各项工作都规定了明确的单价和价格,除了在项目实施过程中根据合同规定做出的必要调整外,这个单价和价格就是承包商为完成合同包含的工作向业主做出的价格承诺。这些单价和价格中包含了承包商工作的预期成本、合理利润和风险储备,而业主也是依据这些单价和价格为承包商已经完成并验收合格的工作付款。如果承包商实施合同工作的总费用低于根据这些单价和价格计算出来的费用,那么承包商得到一定经济收益,而如果承包商的总费用超出根据合同业主应付的费用,承包商会蒙受经济亏损。这就是项目的费用约束,是承包商的项目成本控制目标。

因此,承包商需要在投标前做好充分的分析调查,计算合理报价,而在项目实施过程中,必须通过科学组织和精心管理,以及先进的技术工艺等措施,在满足质量约束和进度约束的前提下,最大程度地降低工作的总费用,以实现项目的费用目标。

对于承包商来说,项目的三大目标都是项目控制的重要组成部分,都很关键,但对于不同的项目,三大目标的地位可能处于不同的层次,这与不同项目的性质、环境情况、业主的要求以及承包商的实力等因素有关。比如,相对于承包商的技术水平,有些项目质量要求不高,承包商很容易实现,质量目标的控制就比较容易。而如果是质量标准高的项目,质量目标的控制就显得更加突出。对于进度和费用目标的控制,也是类似的道理。

有时目标层次也可能发生改变,比如某对外工程以质量为主导约束,时间为最弱约束,但当所在国遭遇动乱,时间成为主导约束,要在最短的时间内修建临时安防设施保证项目安全。

三大目标约束又是相互影响的。任何一个约束的改变,可能会导致另外一个或两个约束的改变。比如质量的提高,可能导致费用增加,也可能需要增加工作时间。同样,进度和成本改变也可能产生类似效应。

总之,三大目标有着各自的内涵及控制方法,不能互为替代,同时又互相制约,互相影响。对三大目标控制的实施中应结合项目性质和环境条件,统筹考虑,互相兼顾,单纯地追求某一目标的实现,往往会适得其反。因此,承包商在进行进度、费用、质量控制的过程中不能顾此失彼,既不能单纯地追求降低成本、节约费用,也不能只凭热情一味地压缩工期、提前完工,只有根据合同要求和项目实际情况,同时综合考虑各种因素,找寻最优的实施方案,采取适当的控制措施,使项目达到一个均衡状态,才能有效地管理和控制项目,达到预期的项目目标。

所以质量、成本、进度三者之间也可以简单地表示为三角关系,如图 4-2 所示。

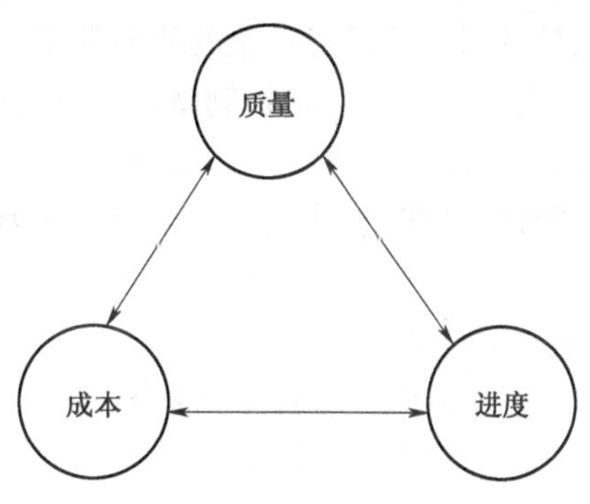

图 4-2　质量、成本、进度的三角关系

第二节　国际工程总承包项目质量控制

质量控制是进度控制、成本控制的基础,没有质量就谈不上其他,谈不上安全和效益,更无法实现项目建设的目标。工程的每个部分和每个环节都必须满足规范的要求,并令工程师满意。承包工程质量的优劣,不仅关系到工程建成后的使用,也会直接影响承包商在国际市场上的声誉,因而在国际工程承包中占有特殊重要的地位,对于承包商来讲至关重要。

一、国际工程总承包项目质量控制概述

(一)质量与质量控制的内涵

人们对质量通俗的理解是指产品、工作或工程的优劣。随着科学技术的发展和人们认识水平的不断提高,质量的内涵也在不断扩展与完善。PMI 在 PMBOK 2004 中将“质量”定义为“固有的特性满足项目技术要求的程度”。

工程质量是指工程满足业主需要并符合国家法律法规、规范标准、设计文件及合同规定的特征总和。

总承包项目除了具有一般工程质量的特点外,还有自己独特的内涵。很多项目业主并没有给出对项目产品完整详细的要求。图纸和规范是形成项目质量的重要文件,但对于工程总承包项目来说一般是在仅进行了初步设计的情况下开始招标和签订承包合同。业主的招标文件只规定了业主的功能性要求、工作范围及一些技术标准,其他的详细设计和施工工作都要由总承包商完成。在这种情况下,业主倾向于用自身满意度来衡量承包商工作的质量水平。如果业主觉得承包商没有实现自己的期望,就会觉得项目不具有高质量。

工程质量包括工程实体的质量、工序过程的质量和工作质量。工作质量保证工序质量、工序质量保证项目的工程质量。因此,必须通过提高工作质量来保证提高工序质量,在此基础上达到保证工程质量的最终目标,实现项目的设计标准和功能,使项目最终满足业主的质量要求。

总承包项目质量控制就是总承包商为了满足业主的质量要求而开展的一系列活动。总承包项目质量控制贯穿于总承包项目实施的全过程,动态监督项目各个阶段按计划实施,将实施结果与事先制订的项目质量目标进行对比,若发生偏差,需及时进行改进,以确保项目最终的质量目标能够符合合同的约定,这就是所谓的 PDCA 动态控制。

(二)影响质量的因素分析

工程项目实体的形成离不开“人员、机械、材料、方法、环境”五大方面,即 4M1E,只有严格控制这些因素,才能确保工程项目产品的质量。

影响工程项目质量的因素如图 4-3 所示。

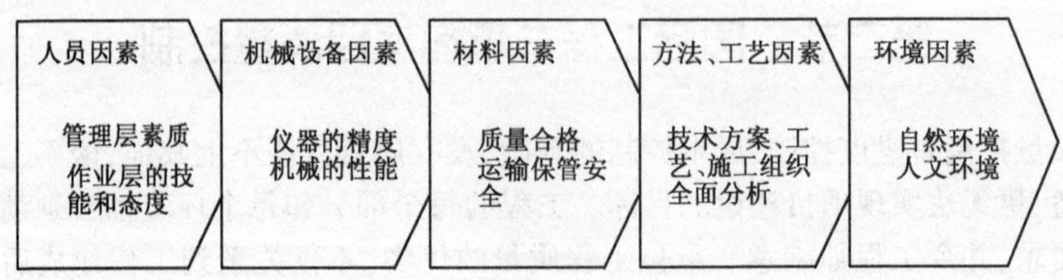

图 4-3 影响质量的因素

1. 人员因素(Man)

人是项目的直接组织者、指挥者、操作者,人的能动性是过程控制的动力。人是工程项目产品的第一位因素,直接影响着工作的质量,对产品质量起着主导作用。

项目人员的素质首先体现在管理层的素质。项目经理及其他重要岗位人员的整体素质对于工程项目的管理和目标控制具有关键性影响。对工程质量来说,关键技术岗位人员的素质尤为重要,如总工、各专业工程师、实验师、测量师、工长等。在FIDIC合同条款中,规定业主对承包商的项目经理及主要管理者个人经历及能力均要作严格考查,必要时业主代表可以要求承包商撤换不合格的人员。在总承包项目中,由于总承包商的责任范围大,而业主对项目的制约手段也没有传统模式严密和详细,所以承包商管理者的素质显得尤为重要。

工程项目质量要通过每个工序的每项操作来实现。各作业层实施各项作业的操作者,是生产过程的直接参与者,也是工程质量最直接的实现者,因此,作业层人员的职业技能和严谨态度是工程质量的基本保证。

2. 机械设备因素(Machine)

机械、设备对项目质量的影响也是巨大的。测量和实验仪器的精度、施工机械的性能,都直接影响到工艺的质量和项目产品的功能。例如,国内电梯坠井事故,很大部分是由电梯的诸如刹车等装置失控造成的;铁路线路运营中出现的故障及安全事故很多也是由于运行设备的质量问题造成的。因此,无论项目建设还是运营过程中,对生产设备的选择和使用均应严格按照规范和标准进行,并在使用过程中及时检查、维护和校准,保证机械、设备处于良好的性能状态,为保证生产效率和质量安全创造条件。否则一旦因设备故障导致质量或安全事故,不仅引起巨大经济损失,甚至可能发生人员伤亡,造成不可弥补的后果。

3. 材料因素(Material)

工程项目作为一种产品,其实体是由各类建筑材料、构配件、半成品等种类繁多的材料组成的,材料的质量是工程项目质量的基础。工程材料选用是否合理、产品是否合格、材质是否经过检验、运输保管是否妥当等,都将直接影响工程项目产品的强度、性能、使用功能及耐久性等。使用不合格的材料必然导致不合格的工程。因此,材料在生产中以及使用前都必须严格检验以确保其质量的可靠性。例如对于水泥这种常用的建筑材料,必须按规范时间和程序检查强度、凝结时间、细度、安定性等指标。

4. 方法、工艺因素(Method)

方法和工艺是把材料形成产品的途径和过程,包括所采取的技术方案、工艺流程、组织措施、检测手段、施工组织设计等。方案正确与否,是直接影响工程项目的进度控制、质量控制、成本控制,以及目标的顺利实现。在工程项目建设中,必须从技术、组织、管理、工艺、操作、经济等方面进行全面分析,综合考虑,力求方案技术可行、经济合理、工艺先进、措施得力、操作方便,确保各项过程质量和最终产品质量达到要求的水准和目标。

5. 环境因素(Environment)

影响工程项目作业和工程质量的环境因素较多。自然环境,如工程地质、水文、气象等自然环境;管理环境,如项目的质保体系、安保体系、质量管理制度等;劳动环境,如劳动组合、劳动工具等。好的作业环境,有利于材料、设备发挥良好性能,有利于生产质量和效率的提高。差的作业环境,则给生产环节造成困难,对生产质量和效率有负面影响。人文环境也是影响工程质量的重要因素,国家文化和企业文化中对于质量的一贯理念、项目团队对质量的重视程度,质量文化的宣传程度等也会对工程质量产生影响。因此,在工程建设过程中,加强各类环境管理,克服不利因素,改进作业条件,是保证质量的重要措施。

(三)质量的形成过程

工程项目质量的形成过程是一个系统过程,包括立项决策、工程设计、施工、竣工验收、投入使用等阶段,工程质量的产生、形成和实现的全过程也贯穿于这些阶段,项目的各阶段与项目质量的对应关系如图 4-4 所示。

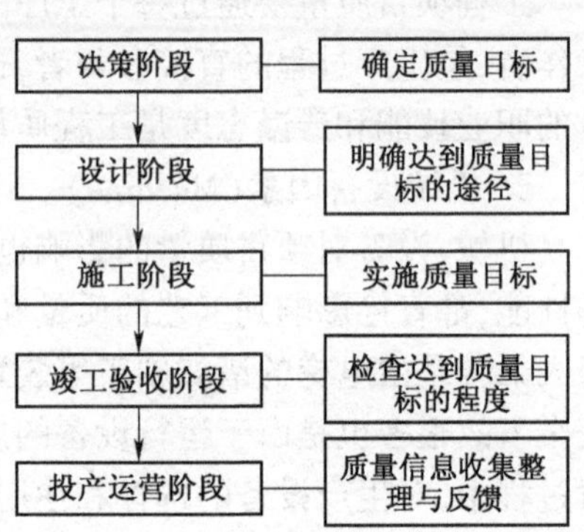

图 4-4　工程质量的形成过程

项目的立项决策阶段主要是制定工程项目的质量目标和水平。应当综合考虑成本目标、进度目标和质量目标,处理好三者的关系,确定合理的工程质量目标和水平。

项目设计阶段,通过工程设计使质量目标具体化,提出达到质量要求的途径和方法。

项目施工阶段,具体产生和实现工程的实体质量,必须对项目的质量目标不断进行检验、评定、考核,监督质量实现全过程,及时纠正工程质量缺陷,保证达到工程项目的质量目标。

项目竣工验收阶段,对项目质量目标的完成状况进行检验、评定、考核,对有质量缺陷的部分进行及时维修和补救。

项目运营阶段,通过项目的实际使用,收集和整理工程项目的质量信息,总结经验教训。

根据总承包项目所包括的工程范围的不同,总承包项目质量形成过程可以是上述若干阶段的适当交叉与整合。

(四)工程质量的特点

由于工程项目的固有特性以及影响工程质量的因素复杂,工程质量不同于一般工业产品的质量,具有如下特点:

1. 影响因素复杂性。如上所述，影响工程质量的因素有人、机械设备、材料、方法、环境等4M1E五大类因素。在工程质量形成的各个阶段都需要严格控制这些影响因素，把质量事故消除在未发生之前或萌芽状态。

2. 容易发生波动性。一般的工业产品在工厂生产，有固定的生产工艺流程，有配套的生产设备，有稳定的生产环境，有完善的检测技术和装置，其产品的质量是稳定的。但是就工程项目而言，由于环境因素复杂，且具有不稳定性，因此一旦控制不力，容易发生质量波动。

3. 质量系统变异性。工程建设项目是工期长、涉及面广、影响因素多的系统工程。系统中任何环节或因素发生质量问题都会引起系统的质量问题，造成质量事故，这就是质量的变异性。

4. 验收检查的局限性。工程项目工序交接多，中间产品多，隐蔽工程多，若不及时检查并发现其存在的质量问题，只在事后检查，存在误检的可能，容易把不合格的产品当作合格的产品。而且即使检查发现了质量问题，由于工程项目是一次性的产品，拆除重建将造成重大损失，而如不重修，即便进行加固、修补，也无法达到质量的完整。

因此，工程质量的监控应在工程项目实施的全过程进行，强调事前、事中的动态控制。

（五）质量控制的原则

质量控制的原则如图4-5所示，具体说明如下。

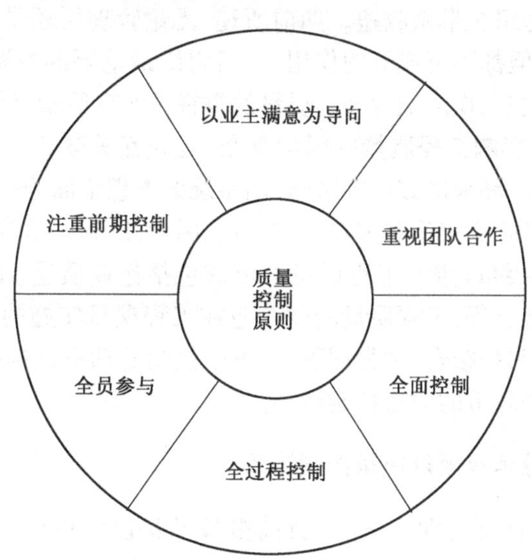

图4-5　质量控制的原则

1. 以业主满意为导向。业主选择总承包模式进行工程发包时并没有做出详尽的设计，对工程最终交付产品的性能质量有时也没有明确定义，只有自己的“期望值(Expectation)”。业主通常认为这是总承包商应该提供的。对于业主来说,只有项目的实际交付产品达到了或超越了他们的期望,才算得上是高质量的产品。工程总承包商应该在投标阶段加强和业主的沟通,尽量全面了解业主需求,避免出现业主期望与承包商理解之间产生落差。在实施阶段及时了解业主需求的变化,依据合同制定相应的计划,并采用相应的资源和措施来保证和满足业主的需求,才算是交付了高质量的产品。

2. 前期质量控制更重要。质量并非在施工过程中才出现,工程质量的好坏决定于建设工程生命周期的每个阶段,每项工作都可以影响到最终交付产品的质量。在传统模式下,合同文件中已经包含了完整的详细设计图纸和规范,当工程进行到建造阶段时,建设方案、技术方案和设计图纸都已经确定,因此质量控制的重点在建造阶段。但在总承包模式下,业主只负责初步设计,或者设计工作全部由承包商完成,所以承包商质量控制工作前移,由于业主的要求需要通过项目设计得以体现,设计对工程整体影响重大,决定着项目产品的功能,这个阶段各种文件的质量关系着工程的成败。

3. 重视团队合作。工程总承包项目参与方众多,在进行质量控制过程中,如果总承包商不能和众多的分包商以及材料设备供应商进行良好的合作,很难实现质量控制,因为很多工作需要他们参与。团队协作可以使各方为了共同的目标,在友好的气氛下,保持良好的沟通,有问题及时解决,共同配合做好质量控制。

4. 全员参与。全员参与即各级人员都是一个组织的要素。只有员工充分参与,才能使其才干为组织带来收益。如前所述,无论管理层还是作业层,对项目质量形成起着不同的但都不可或缺的作用,项目组织最重要的资源之一就是全体员工。全体员工对本职工作的敬业和对质量的重视是实现质量目标的基础和保障。

5. 全面控制。影响工程质量的因素复杂,且相互关联相互影响,质量控制必须考虑人、材、机、法、环等诸方面的影响,用系统的思想全面分析各因素、各过程对质量的影响,制定措施克服不利因素,创造有利因素,以利于质量改进和提高。

6. 过程控制,持续改进。工程质量的形成包括作业质量、工序质量和工程产品质量,是一个系统过程,工程质量的监控应在工程项目实施的全过程进行,实行事前、事中、事后控制相结合、并强调事前、事中控制的动态控制机制。通过 PDCA 循环,持续改进各个环节的质量控制活动。

二、国际工程总承包项目质量控制体系

随着质量体系认证的深入推广,目前多数勘察设计单位和总承包企业基本上都通过了 ISO 9000 质量管理体系认证。国内外业主在选择承包商的时候,也都要求承包商在项目中建立质量保证体系。在这种背景下,总承包商应按照合同要求和企业自身的质量管理相关规定建立符合项目特点的项目质量管理体系。

(一)质量管理体系国际标准简介

国际标准化组织(ISO)于 1980 年成立专业技术委员会 ISO/TC 176。该委员会经过 7 年的艰苦努力,于 1987 年正式发布了第一部管理标准 ISO 9000 质量管理和质量保证系列标准。根据国际贸易发展的需要和标准实施中出现的问题,国际标准化组织持续对 ISO 9000 系列标准进行修订,2015 年 ISO/TC 176 委员会颁布了 ISO 9000 最新标准 ISO 9000:2015。

ISO 9000 族标准目前已被 80 多个国家等同或等效采用,该系列标准在全球具有广泛、深刻的影响。ISO 9000 标准的贯彻、推行以及 ISO 9000 质量体系认证的发展,为提高企业质量管理水平、降低企业采购/销售成本风险、消除贸易壁垒等做出了积极的贡献。实践证明,实施 ISO 9000 族标准是完善组织质量管理的有效途径。

内容方面,ISO 9000 系列标准体现了现代管理的先进理论和思想,包括质量检验(Quality Inspection)、质量控制(Quality Contro1)、质量保证(Quality Assurance)、全面质量控制(Total Quality Contro1)、全面质量管理(Total Quality Management)等概念。下面是贯彻在 ISO 9000 系列标准中的一些主要观点:

1. 质量形成于生产的全过程。质量管理专家戴明(W. E. Deming)认为,产品质量涉及生产的所有环节,只有各个生产层面都不忽视质量,才能最终得到高质量的产品。也就是说,质量是制造出来的。

2. 必须使影响产品质量的全部因素在生产的全过程中始终处于受控状态。质量管理专家费根包姆(A. V. Feigenbaum)提出质量保证体系和全面质量控制(TQC)概念。质量管理的中心任务是建立并实施质量保证体系。

3. 应使企业具有持续提供符合要求产品的能力。在生产企业建立质量保证体系,可以对所有影响质量的因素,包括技术、管理、人员等诸方面采取有效方法进行控制,形成一个减少、消除、预防质量缺陷的机制,从而具有持续稳定地满足规定质量要求的能力。

4. 质量管理必须坚持进行质量改进。质量改进是长期的、永无止境的,应当不断提高标准并经常寻求质量改进的机会,而不只是等待问题暴露后才去处理。

5. 质量管理体现 PDCA 循环,即计划(P1an)-执行(Do)-检查(Check)-处理(Action)。

6. 质量管理的核心是预防而不是补救。预防是主动的,是在质量问题发生之前;而补救是事后的、被动的。提高质量的上策是预防,而不是检验和补救。

ISO 9000 族标准可以满足各行业、各组织不断提高顾客的满意程度,促进组织关系和各项工作的持续改进,提高组织的整体业绩及适应市场竞争的需要。

(二)质量管理体系的文件

质量管理体系的建立、健全要从编制完善的体系文件开始,质量管理体系的运行、审核与改进都是依据文件的规定进行的,质量管理实施的结果也要形成文件,作为证实产品质量符合规定要求及质量管理体系的有效证据。但编制质量管理体系文件不是目的,而是手段,是质量管理体系的一种资源。

1. 质量管理体系文件的内容

ISO 9001 中规定,质量管理体系文件应包括以下内容。

(1)形成文件的质量方针和质量目标;

(2)质量手册;

(3)质量管理标准所要求的各种生产、工作和管理的程序性文件;

(4)确保其过程的有效策划、运行和控制所需的文件;

(5)质量管理标准所要求的质量记录。

2. 质量方针和质量目标

质量方针是组织的质量宗旨和质量方向,是实施和改进组织质量管理体系的推动力。质量方针提供了质量目标制定和评审的框架,是评价质量管理体系有效性的基础。质量方针一般均以简洁的文字表述,应反映用户及社会对工程质量的要求及组织对质量水平和服务的承诺。例如某国际高速铁路总承包项目确定的质量方针是:坚持一流目标,更新建设理念,健全标准体系,落实全员培训,借鉴先进经验,发挥咨询作用,加强过程控制,强化监督监理,依靠科技攻关,推进管理创新,优化系统集成,实现建设目标。

质量目标是指在质量方面所追求的目的。质量目标在质量方针给定的框架内制定并展开,也是组织各职能和层次追求、实现的主要工作目标。例如某国际高速铁路总承包项目确定的质量目标是:工程项目全面达到东道国国家及相关部门高速铁路工程质量验收标准,整个系统满足高速度、高密度、高舒适度、和高安全性的要求,达到世界一流水平。

3. 质量手册

质量手册是质量体系建立和实施中主要文件的典型形式是阐明组织的质量政策、质量管理体系和质量实践的文件,是组织的质量法规。另一方面,质量手册是也组织质量体系审核和评价的重要依据,是业主在招标过程中对承包商的质量保证能力、质量控制水平进行了解和评价的重要依据。

质量手册应具备以下 6 个性质。

(1)指令性。质量手册所列文件是经组织管理者批准的规章,具有指令性,是组织质量工作必须遵循的准则。

(2)系统性。包括工程产品质量形成全过程应控制的所有质量职能活动的内容,同时将应控制内容展开落实到与工程产品形成直接有关的职能部门和部门人员,形成质量责任制,从而构成完整的质量管理体系。

(3)协调性。质量手册中各种文件之间应协调一致。

(4)先进性。采用国内外先进标准和科学的控制方法,体现以预防为主的原则。

(5)可操作性。质量手册的条款不是原则性的理论,应当是条文明确、规定具体、切实可以贯彻执行的。

(6)可检查性。质量手册中的文件规定,要有定性、定量要求,便于检查和监督。

4. 程序文件

质量管理体系程序文件是质量手册的支持性文件,是组织各职能部门为落实质量手册要求而规定的细则。

按照ISO标准规定,文件控制、记录控制、不合格品控制、内审、纠正措施和预防措施等6项要求必须形成程序文件,但不是必须要有6个。例如,可将文件控制和记录控制合为一个,将纠正措施和预防措施合为一个,则只有4个文件,但仍覆盖了ISO标准的要求。

5. 制度文件

组织还要明确各级质量管理机构的责任。总承包商对项目质量负总责,制定质量管理制度,建立健全质量保证体系并监督落实。量管理体系中常用的质量管理制度包括:勘察设计和现场交底配合负责制度;重大技术问题专家研讨会制度;试验监测制度;培训上岗制度;工序准入制度;施工测量管理制度;工程质量阶段性配查制度等。

要明确各阶段、各部门、各工序的质量责任人,分解质量责任,建立个人质量责任档案,实现工程质量的可追溯性。设计、施工、采购、运营维护分别承担各自责任,发生质量事故根据分析结果追究相关人员的责任,并进行相应的处罚。及时掌握质量问题的整改情况,总结经验教训,在后期质量管理中注意改进。

6. 质量记录

质量记录提供产品、过程和体系符合要求及体系有效运行的证据。

质量记录应清晰、完整地反映质量活动实施、验证和评审的情况,并记载关键活动的过程参数,具有可追溯性的特点。应制定程序,以控制对质量记录的标识、储存、保护、检索、保存期限和处置。

(三)质量控制体系的建立和运行

1. 建立质量管理体系的基本工作

建立质量管理体系的基本工作主要有:确定质量管理体系过程;明确和完善质量管理体系结构;质量管理体系文件化;定期进行质量管理体系审核与复审;进行质量管理体系评审。

(1)确定质量管理体系过程

组织的产品是工程项目,无论工程复杂程度、结构形式怎样变化,其建造和使用的过程、环节和程序基本是一致的。项目质量管理体系过程,一般可分为工程调研和任务承接、施工准备、材料采购、施工生产、试验与检验、建筑物功能试验、交工验收、运营维护、回访与维修等阶段。

(2)明确和完善质量管理体系结构

应构建能充分体现各项质量管理职能,并能有效运行的质量管理体系结构。组织决策层及有关管理人员要负责质量管理体系的建立、完善、实施和保持各项工作的开展,使组织质量管理体系达到预期目标。

(3)质量管理体系文件化

文件是质量管理体系中必需的要素。质量管理文件能够起到沟通意图和统一行动的作用。

文件化的质量管理体系包括建立和实施两个方面。建立文件化的质量管理体系只是开始。只有通过实施文件化质量管理体系,才能变成增值活动。

(4)质量管理体系审核

为了查明质量管理体系的实施效果是否达到了规定的目标要求,组织管理者应制定内部审核计划,定期进行质量管理体系审核。质量管理体系审核由组织任命的管理人员对体系各项活动进行客观评价。这些人员独立于被审核的部门和活动范围。质量管理体系审核一般以质量管理体系运行中各项工作文件的实施程度及产品质量水平为主要工作对象,一般为符合性评价。

(5)质量管理体系评审

质量管理体系的评审,一般称为管理者评审。它是由上层管理者亲自组织的,对质量管理体系、质量方针、质量目标等项工作所开展的适合性评价。就是说,质量管理体系审核时将主要精力放在计划工作是否落实且效果如何方面;质量管理体系评审重点为该体系的计划、结构是否合理有效,尤其是结合市场及社会环境、组织情况进行全面的分析与评价。一旦发现不足,就应对其体系结构、质量目标、质量政策提出改进意见,以使组织管理者采取必要的措施。质量管理体系的评审也包括各项质量管理体系审核范围的工作。与质量管理体系审核不同的是,质量管理体系评审更侧重于质量管理体系的适合性(质量管理体系审核侧重于符合性),而且,一般评审活动要由组织管理者直接组织。

2. 建立和完善质量管理体系的程序

按照国际标准 ISO 9000 建立一个新的质量管理体系或更新、完善现行的质量管理体系,一般有以下步骤。

(1)最高管理者决策。组织的最高管理者要下决心走质量效益型的发展道路,有建立质量管理体系的迫切需要。建立质量管理体系是涉及组织内部很多部门参加的一项全面性工作。如果没有组织最高管理者亲自领导、亲自实践和统筹安排,是很难搞好这项工作的。因此,组织的管理层应真心实意地建立质量管理体系,这是建立、健全质量管理体系的首要条件。

(2)编制工作计划。工作计划包括培训教育、体系分析、职能分配、文件编制、配备仪器仪表设备等内容。

(3)分层次教育培训。组织标准培训,结合本组织的特点,了解建立质量管理体系的目的和作用,详细研究与本职工作有直接联系的要素,提出控制要素的办法。

(4)分析组织特点。结合组织的特点和具体情况,确定采用哪些要素和采用程度。要素要对控制工程实体质量起主要作用,能保证工程的适用性、符合性。

(5)落实各项要素。组织在选好合适的质量管理体系要素后,要进行二级要素展开,制定实施二级要素所必需的质量活动计划,并把各项质量活动落实到具体部门或个人。一般,组织在管理者的亲自主持下,合理地分配各级要素与活动,使组织各职能部门都明确各自在质量管理体系中应担负的责任、应开展的活动和各项活动的衔接办法。分配各级要素与活动的一个重要原则就是责任部门只能是一个,但允许有若干个配合部门。在各级要素和活动分配落实后,为了便于实施、检查和考核,还要把工作程序文件化,即使组织的各项管理标准、工作标准、质量责任制、岗位责任制形成与各级要素和活动相对应的有效运行的文件。

(6)编制质量管理体系文件。质量管理体系文件按其作用可分为法规性文件和见证性文件两类。质量管理体系法规性文件是用以规定质量管理工作的原则,阐述质量管理体系的构成,明确有关部门和人员的质量职能,规定各项活动的目的要求、内容和程序的文件。在合同环境下,这些文件是供方向需方证实质量管理体系适用性的证据。质量管理体系的见证性文件是用以表明质量管理体系的运行情况和证实其有效性的文件(如质量记录、报告等)。这些文件记载了各质量管理体系要素的实施情况和工程实体质量的状态,是质量管理体系运行的见证。

3. 质量管理体系的运行

保持质量管理体系的正常运行和持续实用有效,是组织质量管理的一项重要任务,是质量管理体系发挥实际效能、实现质量目标的主要阶段。质量管理体系运行是执行质量体系文件、实现质量目标、保持质量管理体系持续有效和不断优化的过程。质量管理体系的有效运行是依靠体系的组织机构进行组织协调、实施质量监督、开展信息反馈、进行质量管理体系审核和复审实现的。

(1)组织协调。质量管理体系的运行是借助于质量管理体系组织结构的组织和协调来进行。组织和协调工作是维护质量管理体系运行的动力。质量管理体系的运行涉及组织众多部门的活动。这需要通过组织和协调工作来实现。实现这种协调工作的人,应是组织的主要管理者。只有通过主要管理者主持,质量管理部门负责,组织协调才能保持体系的正常运行。

(2)质量监督。质量管理体系在运行过程中,各项活动及其结果不可避免地会有发生偏离标准的可能。为此,必须实施质量监督。质量监督有组织内部监督和外部监督两种。需方或第三方对组织进行的监督是外部质量监督。实施质量监督是保证质量管理体系正常运行的手段。外部质量监督应与组织本身的质量监督考核工作相结合,杜绝重大质量事故的发生,促进组织各部门认真贯彻各项规定。

(3)质量信息管理。组织的组织机构是组织质量管理体系的骨架,而组织的质量信息系统则是质量管理体系的神经系统,是保证质量管理体系正常运行的重要系统。在质量管理体系的运行中，通过质量信息反馈系统对异常信息的反馈和处理，进行动态控制，从而使各项质量活动和工程实体质量保持在受控状态。质量信息管理和质量监督、组织协调工作是密切联系在一起的。异常信息一般来自质量监督，异常信息的处理要依靠组织协调工作。三者的有机结合是使质量管理体系有效运行的保证。

(4)质量管理体系审核与评审。组织进行定期的质量管理体系审核与评审。一是对体系要素进行审核、评价，确定其有效性；二是对运行中出现的问题采取纠正措施，对体系的运行进行管理，保持体系的有效性；三是评价质量管理体系对环境的适应性，对体系结构中不适用的内容采取改进措施。开展质量管理体系审核和评审是保持质量管理体系持续有效运行的主要手段。

三、国际工程总承包项目质量过程控制

(一) 项目不同阶段对工程质量的影响

1. 项目决策阶段对质量的影响

可行性研究是决策的基础。任何工程项目必须在技术上、经济上进行论证，并优化方案，把最佳方案作为最终决策和设计依据。工程项目的功能质量要求和标准应符合业主意图，并与投资目标协调，包括成熟的工艺、可靠的安全度、与环境的协调等方面。可行性研究中必须充分论证：项目的生产能力、产品类型、市场需求；项目地址的选择是否符合规划要求，是否有发展空间；资源是否可靠；地质、人文、气象状况；环境保护要求；工艺的先进性和可靠性；经济效益、环境效益、社会效益等。可行性研究从根源上决定了项目的取舍，其质量的高低，是项目成败的关键，如：工艺不先进，耗费能源超过社会平均水平，环境污染等，其产品必然无市场竞争力，经济效益差，如果该类项目通过了可行性论证，即使采用最先进施工手段和管理方法，最终也不可能形成好的质量。

2. 项目实施阶段对质量的影响

(1)项目设计阶段对质量的影响

根据业主对项目质量和功能的要求，通过工程设计，使其具体化，解决如何实现业主要求的问题。设计质量包括多个方面，如在技术上是否可行，工艺是否先进，经济是否合理，设施是否配套，结构是否安全等，这都决定着工程建成后的功能和使用价值。从这个意义上，设计阶段对工程项目质量起着决定性作用，是过程控制的重点之一。

(2)项目建造阶段对质量的影响

建造阶段是以项目设计为依据，制定项目实施的计划、方案、方法、工艺，并提供项目建设所需的各种资源，按设计和规范标准建成项目产品，把业主的要求变为现实。工程项目建造阶段工期长，作业多，各种因素影响大，质量可变因素多，因此建造阶段是工程项目质量控制的重中之重。

3. 竣工验收阶段对质量的影响

竣工验收阶段，就是对项目施工阶段的质量进行检查评定，试车运转，考核项目产品是否达到决策阶段和设计阶段提出的质量目标，是否满足业主的要求，并对项目产品（包括项目实体及相关文件）存在的问题给予指出并视具体情况要求改正或拒收。因此，竣工验收是保证整个工程项目质量达标和投入使用的重要保证环节。

4. 项目运营阶段对质量的影响

大多数项目都是业主投入资金建设完成之后再交给客户使用的，尤其是对于铁路、高速公路、地铁等基础设施项目，最终的使用者或者享受项目服务的主体是社会民众，获得用户满意的运营服务质量是项目的最终要求。一方面，运营者应通过科学严格的管理提高服务水平，保证运营的安全可靠，但另一方面，运营服务质量又不是仅靠运营阶段就能够无法完全控制的，在很大程度上还取决于项目的决策、设计和建造阶段。因此必须通过加强项目的整个过程控制才能最终提高项目运营服务的质量。

可见，工程项目质量形成是一个系统过程，是项目的决策质量、设计质量和施工质量、竣工验收质量、运营服务质量等这些不同阶段的质量递阶影响形成的综合质量，其中在项目实施阶段，设计质量和建造质量最为关键，是质量控制的重中之重，如图 4-6 所示。

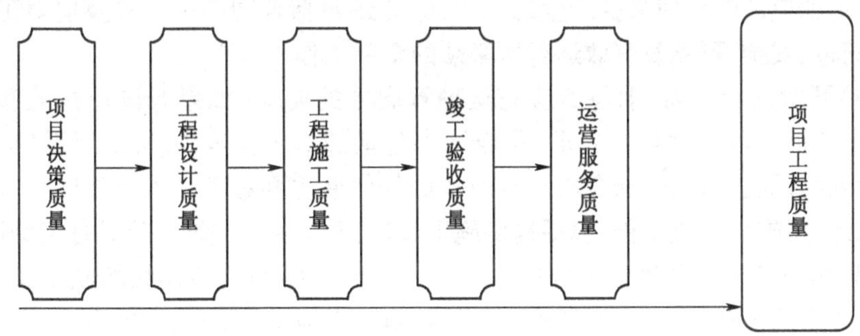

图 4-6　不同阶段对工程质量的影响

（二）设计质量过程控制

在项目设计中既规定了工程项目的各个属性应达到的设计标准，同时也规定了工程的允许误差，对允许误差规定的越小意味着对该项目的质量要求越高。

设计质量与项目建设成本相关，设计质量越高，所需耗用的工程成本也越高，反之亦然。设计应以满足业主要求为原则，并依据决策阶段形成的成果，符合设计规范的规定。设计标准太低，违反规范的规定，是不允许的；设计标准太高则会造成浪费，又增加建造阶段的难度，也是不可取的。

1. 总承包设计过程质量控制特点

与施工承包模式下把设计和建造截然分开的做法相比，总承包模式下的设计与施工的互动关系增强，在设计阶段施工专家可以介入，在施工阶段设计专家也可以介入，有利于专家知识集成，考虑因素更全面，减少设计失误和变更，有利于控制项目投资；另外，设计与施工可以适度交叉搭接，有利于缩短项目设计和建造周期。

总承包模式下的设计在工程项目质量的形成过程中，对工程质量可以形成连续性的控制。这主要体现在设计质量和施工质量的整合控制上。

总承包模式下的风险分担者主要是承包商，设计方案的质量优劣也反映在它对承包商项目收益的直接影响，从设计源头开始实施对工程投资的控制，对于降低承包商成本、提高利润，也起着决定性作用。

总承包的设计成本一般会高于传统模式下的设计，但比起采用总承包模式使项目提前投入运营所创造的价值，高出的成本是可以接受的。

因此，总承包模式的设计阶段，在很大程度上决定了整个项目的总体质量水平，设计阶段质量控制的成功与否是整个总承包项目成功的关键所在。

2. 总承包项目设计过程质量控制的内容

对于“设计”，在 FIDIC 新黄皮书（生产设备与设计-建造合同条件）中有这样的规定：

(1)由承包商完成的工程应完全符合合同并适合于合同中规定的工程的预期目的。工程应包括满足雇主要求的、承包商的建议书，以及资料表必需的、合同隐含的或由承包商的任何义务产生的工作，除此还包括合同中虽未提及但对工程的稳定、完整、安全、可靠及有效运行所必须的全部工作。

(2)开始设计之前，承包商应完全理解雇主的要求（如果有设计标准和计算书，也应包括在内）。“雇主要求”指合同中包括的对工作范围、标准、设计准则和进度计划的说明，以及根据合同对其所作的任何变更和修正。承包商应在竣工时间内设计、实施和完成工程，包括提供施工文件，并应在合同期内修补任何缺陷。

(3)承包商进行并负责工程的设计。承包商应编制足够详细的施工文件，达到规范要求的标准，为供应商和施工人员实施工程提供足够的指导，并对已竣工的工程的运行进行说明。承包商应自费修正所有的错误、遗漏、模糊、矛盾、欠缺及其他缺陷。

以上 FIDIC 新黄皮书对设计的规定不仅适用于设计-建造总承包模式，对于其他包括设计内容的总承包模式也可参考使用。

3. 总承包项目设计过程质量控制的措施

(1)选择合格的设计单位和设计人员。无论采用哪种方式选择设计单位，都要特别重视其资质和经验的审查，设计单位必须具备与本工程相应的资质证书和许可证，其企业级别、业务规格、专业范围必须符合本工程的要求以及业主招标文件对总承包商有关工程设计的要求。依据合同文件，并与业主和设计单位充分沟通，明确设计的范围和目标，要求设计单位深刻把握每个阶段设计以及设计成品的设计意图、设计范围、设计深度等。要对设计人员的资质进行审核，各类设计人员的资质应不低于业主要求中对总承包商设计人员的资质要求，并能胜任相应的设计岗位；设计人员的数量应能满足设计任务的要求，保证合理的设计进度。

(2)制定科学合理的设计工艺流程。设计流程对保证设计质量有着重要影响。应依据雇主要求，组织各方面专家反复论证，确定出详细的设计流程，各设计单位和设计人员遵照执行。建议采用版次设计流程，前一个阶段的工作成果是后一个阶段工作的输入，设计过程连续而不断深化和细化，有利于控制和提高设计质量，减少错误和现场的图纸修改。

(3)加强设计与采购、施工的一体化。不仅要考虑业主要求，还应当考虑到工程的可施工性，材料设备的采购，机械电器、动力、智能化、装饰等设计优化和可行性。设计、采购、施工、调试和验收合理交叉，密切配合，有利于保证设计成果的质量，还可以缩短建造周期，降低造价。组织采购和施工专家适时对设计提供咨询，组织设计人员适时依据设计成果向采购、施工单位进行技术交底。

(4)加强与各方沟通和协调。设计工作是复杂的系统工程，包括多专业的协调和合作。要加强对各设计单位、各阶段设计以及各专业组之间的接口协调。及时了解设计计划与进展情况，协调解决各专业之间的矛盾，协调安排设计单位现场勘察、试验等工作，帮助设计单位获取设计所需的基础资料和数据等。

(三)建造过程质量控制

工程项目建造阶段是使工程设计意图最终实现并形成实体的阶段，也是最终形成产品质量和工程项目使用价值的阶段。这一阶段的质量控制对整体工程项目质量能否满足业主要求和项目最终的成败无疑具有关键性作用。

1. 项目建造过程质量控制的范围和特点

在任何的大中型建筑工程中，建设项目可以划分为诸如单位工程、分部工程、分项工程等层次，而工序的质量控制是最基本环节，它依次决定了分项工程质量、分部工程质量等，逐次累积，直至形成整个工程项目质量。工程项目各组成部分及层次间的质量控制系统过程如图 4-7 所示。

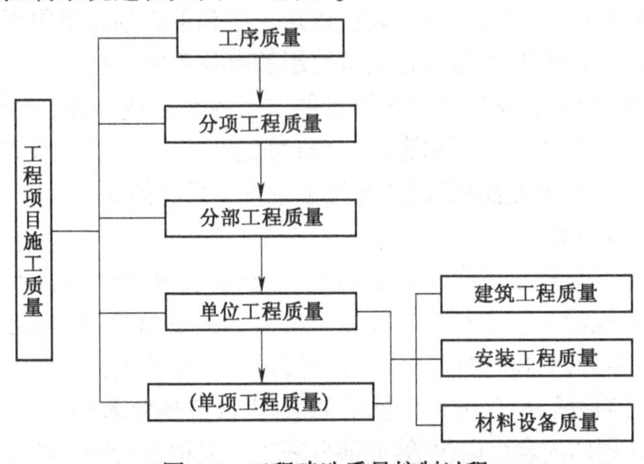

图 4-7　工程建造质量控制过程

总承包模式下对于建造阶段的质量控制与传统的单独施工模式的质量控制类似，都是从工序质量开始，通过自检、互检、交接检等各种方式和措施严格控制各个专业的各个过程的各个工序，尤其是一些关键的质量控制点工序；严格控制进场的物资、材料、设备的质量，不符合要求的物资设备一律不准进场；现场的全体工作人员和管理人员都要提高质量意识，主动参与到质量控制的工作中，树立自己的每一项工作都关乎工程整体质量的思想；项目部管理层合理布置质量管理部门，把质量控制工作进行工作分解，最终分配到每个人身上，责任到人，并且对每个人的质量责任记录备案，万一出现质量问题，使质量责任具有可追溯性，以此提高全体人员的质量责任意识。

2. 建造过程质量控制的方法和手段

工程项目施工是一个涉及面广，控制要素众多，过程非常复杂的活动，因此对施工段质量控制的手段方法也是层次复杂、内容丰富，其中质量控制点的设置、质量预控以及质量检验计划的编制执行，是把好施工过程控制关和成品检验关、有效控制施工质量的重要手段。

(1)质量控制点的设置和质量预控

质量控制点是指为了保证作业过程质量而确定的重点控制对象、关键部位或薄弱环节。设置质量控制点是保证达到施工质量要求的必要前提，施工阶段质量控制计划应予以详细考虑，并以制度来保证落实。对于质量控制点，一般要事先分析可能造成质量问题的原因，再针对原因制定对策和措施进行预控。

可作为质量控制点的对象很多，它可能是技术要求高、施工难度大的结构部位，也可能是影响质量的关键工序、操作或某一环节。总之，不论是结构部位，还是影响质量的关键工序、操作、施工顺序、技术、材料、机械、自然条件、施工环境等均可作为质量控制点来控制。概括地说，应当选择那些保证质量难度大、对质量影响大或是发生质量问题时危害大的对象作为质量控制点。

质量控制点的选择要准确、有效。选择时要根据对重要的质量特性进行重点控制的要求，选择质量控制的重点部位、重点工序和重点的质量因素作为质量控制点，进行重点控制和预控，这是进行质量控制的有效手段。

所谓工程质量预控，就是针对所设置的质量控制点或分部、分项工程，事先分析施工中可能发生的质量问题和隐患，分析可能产生的原因，并提出相应的对策，采取有效的措施进行预先控制，以防在施工中发生质量问题。

(2)质量检验计划

工程项目的质量检验工作具有流动性、分散性及复杂性的特点。总承包方为能有效实施质量检验工作和对分包方进行有效的质量监控，应当制定质量检验计划，通过质量检验计划这种书面文件，可以清楚地向有关人员表明应当检验的对象是什么，应当如何检验，检验的评价标准如何，以及其他要求等。

质量检验计划的内容可以包括：分部分项工程名称及检验部位；检验项目，即应检验的性能特性,以及其重要性级别;检验程度和抽检方案;应采用的检验方法和手段;检验所依据的技术标准和评价标准;认定合格的评价条件;质量检验合格与否的处理;对质量记录及签发检验报告的要求;检验程序或检验项目实施的顺序等。

(四)质量控制措施

工程项目的质量控制需要通过承包商内部自控、外部监控、业主检查、政府监督等多方面进行,必须要制定行之有效的控制措施,并且落实到具体工作中。

1. 质量教育。抓工程质量,首先要提高人的质量意识。加强“质量第一”、“预防为主”的思想教育,加强质量技术教育、劳动纪律教育、职业道德教育等,要使质量意识深入人心,并落实到日常工作中去。

2. 技术交底。技术交底工作,非常重要。设计单位向施工单位的技术交底、施工单位分阶段的内部交底,对于正确理解设计意图、确切掌握测量数据、掌握工程内容、工程特点、技术标准、施工方案等,有重要作用。这是保证工程质量的重要措施。新技术项目,更应组织现场技术交底,设计人员更应加强现场配合,确保新技术应用的工程质量。

3. 资源配置。项目建造过程中,涉及人机材等大量资源,首先应从资源配置上满足保证项目质量的要求。从保证项目质量角度出发,施工人员必须具备工作岗位要求的素质,持证上岗,严格岗位考核,实行质量岗位责任制。机械设备应着重从设备选型、主要性能参数和使用操作要求等方面予以控制,施工材料必须符合有关规定要求。

4. 施工方案。根据项目性质和环境,选择合适的施工方法和工艺方案,把先进技术和科学管理结合起来,对于特殊环境如寒冬、雨季、酷暑等季节施工以及深基础工程、水下及高空作业等做出针对性强的质量、安全措施,对于保证工程质量、降低施工成本、提高工作效率有重要意义。

5. 检查监测。按照规范对材料、工艺等每个环节严格检查,对施工控制实行动态监测。监测用的仪器设备应保持完好,注意日常维护和更新换代,以便及时获得准确的数据,反映出质量方面存在的问题,及时加以改正。

第三节　国际工程总承包项目进度控制

国际工程承包的经验表明,承包商如果在项目实施过程中由于管理不善而造成进度拖延和工期延误,往往产生一系列问题,导致承包商成本增加,引起合同争端,损害承包商在国际市场的形象,甚至会影响工程质量,造成严重后果。因此,国际工程承包商自始至终都要非常重视工程项目的进度控制。

一、国际工程总承包项目进度控制概述

项目进度控制就是对项目各阶段的工作内容、工作程序、持续时间和衔接关系

编制进度计划，将计划付诸实施，在实施过程中经常检查实际进度是否按计划要求进行，对出现的偏差分析原因，采取补救措施或调整、修改原计划，直至工程竣工，交付使用。进度控制的最终目的是确保建设项目按约定的时间完成。

(一)进度控制的重要性

施工项目进度、质量与成本这三个目标是一个系统，工程管理就是要解决好三者的矛盾，既要进度快，又要成本低、质量好。一般说来，进度快就要增加成本，但工期提前也会提高投资效益；进度快可能影响质量，而质量控制严格就可能影响进度；但如果质量控制严格而避免了返工，又会加快进度。进度控制的成功与否直接影响到其他两个目标。当工程进度失控时，承包商为赶进度，必将增加人力、物力，那么工程成本必然增加，而且工程质量也易出现问题。若工期大幅拖延，使工程不能按期投产，承包商不仅应向业主支付投标书附件中写明的相应金额作为工期延误的违约损害赔偿费，而且严重影响承包商的信誉，使承包商在以后投标中处于被动状态。工期的拖长，还会导致施工管理费用大幅增加、利息损失和投资机会的损失。由此可以看出，进度失控的负面影响是多方面的，也说明合理控制进度对于承包商实现项目目标是多么重要。

(二)影响进度的因素分析

由于国际工程项目具有工艺技术复杂、不可预见因素多、周期长及相关专业多等特点，决定了项目进度将受到许多因素的影响。进度控制人员必须对各种主客观因素认真进行分析，深入现场，调查研究，确定引起或可能引起进度偏差的原因，以便在必要时采取相应的补救或调整措施。影响工程进度的不利因素有很多，如业主因素、设计因素、组织协调因素、资金因素、以及其他自然与社会环境等方面的因素，如图 4-8 所示。

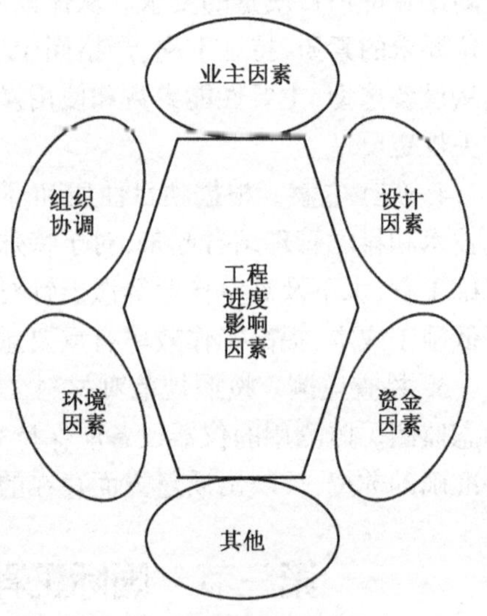

图 4-8　进度影响因素示意

1. 业主因素

业主对于工程进度的影响主要体现在前期准备不充分，主要包括：业主要求的改变导致设计变更而导致延误；业主与政府部门协调不好导致项目不能开工或暂停；业主未按合同规定时间提交设计基础资料；以及业主未能按合同规定支付咨询费、设计费或进度款而导致下一阶段工作不能按计划执行等。

2. 勘察设计因素

勘察设计因素对工期的影响一般表现在不能按期交付图纸和设计质量不理想。主要原因如下：

(1)勘察测量因素

由于勘察仪器设备或者人员操作等原因不能准确探明地质情况或者缺少相关资料,导致施工中的实际地质情况与勘察情况不一致,需要重新勘察并且更改设计,导致工期延误。

(2)设计因素

因设计要严格遵守设计规范,有时设计人员的设计思路会与业主产生分歧,研究得出既要符合规范、又要尽量满足业主要求的方案需要较长时间易影响进度。设计人员不充足,或各专业设计接口缺乏有效协调,导致进度延误。

3. 项目组织协调因素

(1) 项目系统内组织协调问题,包括项目组织机构缺陷、项目领导能力问题、项目控制系统与管理方法问题等。

(2)与外部的协调配合问题,包括与政府部门、消防、银行、社区民众等的关系和协调问题。

4. 物资供应因素

由于体制、机制等方面的原因,承包商可能在供应及库存方面有许多与进度要求不兼容的地方,影响了供应的效率和有效性,主要包括:

(1)各部门之间信息没有实现有效共享而影响了供求信息的及时沟通。

(2)不能有效根据生产需要组织采购,导致物资供应与当前需求不平衡。

(3)缺乏对供货商供货效率的评价和管理。

(4)缺乏监视在途物资及库存物资转储的能力。

(5)在设备需求发生变更时,缺乏及时响应的能力。

5. 施工因素

施工因素对项目工期的影响是直接的。由于施工因素而影响项目建设工期的问题主要有以下几方面:

(1)施工准备不足

施工准备工作是为各个施工环节在事先创造必要的生产条件,因此施工准备工作是保证工程顺利进行的重要环节。如果施工准备工作做得不充分,将使工程施工造成混乱,致使工程拖期。

(2)施工力量不足

承包商投入的人力和机械设备可能不够充足。工程项目工程量大,所需人力和机械数量较多,如果投入的施工力量不足,无疑将会影响到项目的正常进行。

(3) 施工技术水平不高

技术水平的高低直接影响到施工效率的高低,由于工人技术水平低,对新工艺、新设备的使用不熟练,从而影响建设工期。

(4) 计划不周

承包商的计划水平不高导致当实际情况发生变化后,未能及时对计划加以修改和优化。由于计划不周,有限的资源得不到有效利用,分包的各专业工程衔接不好,整体工程进度参差不齐,严重影响计划建设工期的实现。

(5) 施工质量问题

承包商已经完成的任何工作,如经检查发现任何质量问题,均应及时修补,严重时须拆除返工,而返工必将会对建设工期产生影响,特别是位于关键线路上的工作。

(6) 工程款拖欠

由于工程款不能如期支付,施工企业流动资金严重不足,一方面会影响工程材料的供应,另一方面会影响发放工人的工资,从而影响到工人的生产积极性,降低施工效率。

6. 环境因素

项目建设处于一定的自然、经济和社会政治环境之中,受到环境因素的影响亦较大,并且是人们不好把握的。在环境因素中主要包括自然因素、社会因素等。自然因素是指各种不利的天气气候条件和不可预见的自然灾害对项目的影响。社会环境包括项目周围的民众对项目的态度、征地拆迁、社会暴动、恐怖袭击等因素。

二、国际工程总承包项目活动

(一)WBS 的概念

工作分解结构(Work Breakdown Structure,简称 WBS)就是把一个项目,按一定的原则进行分解。WBS 一般以可交付成果为导向对项目要素进行分组,它归纳和定义了项目的工作范围,每下降一层代表对项目工作的更详细定义。WBS 是计划过程的中心,又是制定进度计划、资源需求、成本预算、风险管理计划和采购计划等的重要基础,也是控制项目变更的重要基础。工作分解结构如图 4-9 所示。

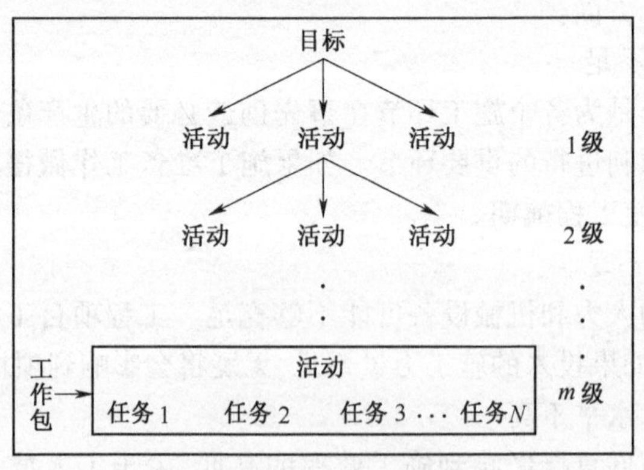

图 4-9　工作分解结构图

WBS 具有四个主要用途:它是一个规划和设计工具,帮助项目经理和项目团队确定项目的工作并有效地进行管理。它是一个结构设计工具,可以清晰地表示各项目工作之间的相互联系;它是一个计划工具,可以展现项目全貌,详细说明为完成项目所必须完成的各项工作;它是一个进度报告工具,可以定义里程碑事件,并向高级管理层和客户报告项目完成情况。

通常在项目实施的过程中将 WBS 定义为两种类型:项目计划细分结构 PWBS 及项目合同细分结构 CWBS。

1. 项目计划细分结构 PWBS(program/project WBS)

PWBS 通常是围绕整个项目规划/计划而设置,它通常情况下可以分为三级结构:第一层是整个的项目规划/计划,第二层是主要项目组成,第三层是组成第二层各项目的重要组件。如图 4-10 所示。

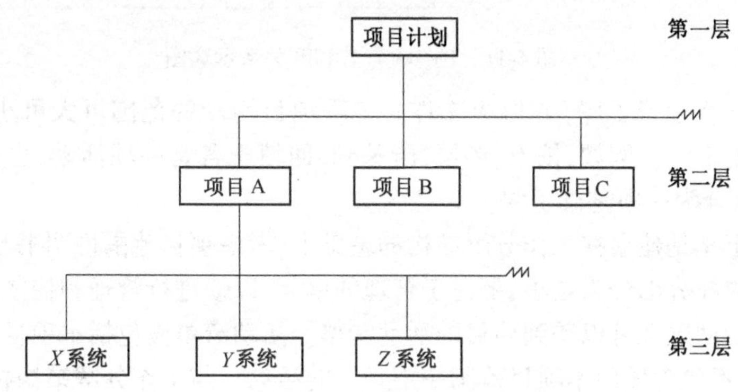

图 4-10 PWBS 结构图

当然同时还可以继续对第三层进行细分,直到可以控制实际的工序为止。

2. 项目合同细分结构 CWBS(Contract WBS)

通常情况下,PWBS 会成为每一个分包商编制 CWBS 的参考起点。和 PWBS 一样,CWBS 也有自己的一套完善的数字编码系统。

CWBS 是合同结构的完整描述,通常由建设方根据合同内容制定,在 CWBS 中包含了 PWBS 中各生产要素的分配情况。

3. PWBS 与 CWBS 之间的关系

PWBS 与 CWBS 之间往往是相对应的关系,一个整体的项目可以签订总承包合同,总承包项目又可以分为多个组成部分,而这多个组成部分之间又可以分别对应签订多个分包合同等。PWBS 与 CWBS 之间的关系如图 4-11 所示。

工作分解结构的优点是:能够为工作提供更有效的控制;把工作分配到相应的工作包中(相应的授权);便于找到控制的最佳层次;有助于限定风险;是信息沟通的基础。

(二)活动定义

活动定义就是界定工作分解结构中的可交付成果或半成品所必须进行的具体

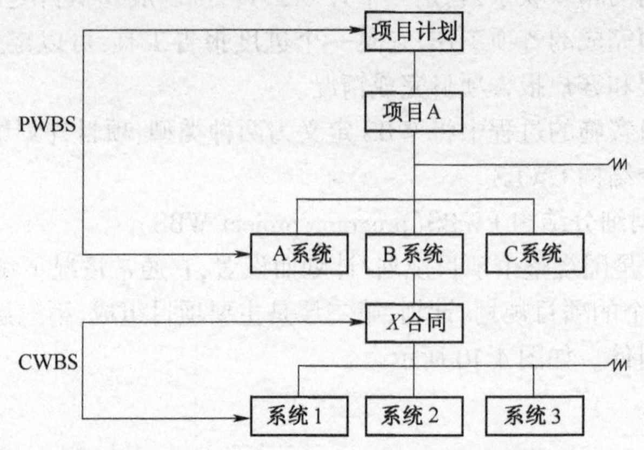

图 4-11　PWBS 与 CWBS 关系示意图

活动(工作、作业或工序)并形成文件。工程项目活动的范围可大可小,根据具体情况和需要来定。例如,挖土、垫层、砖基础、回填土各是一项活动,也可以把上述4项活动综合为一项基础工程。

活动定义是建立在工作分解结构的基础上,考虑项目范围说明书与历史资料,将项目组成部分细分为更小、更易于管理的单元,以便进行管理和控制。

通过活动定义可以得到项目的活动清单。活动清单应包括本项目中将进行的所有活动,不包含任何本项目范围中不必要的活动。与工作分解结构相似,活动清单应当包括对每一个活动的说明,以确保项目成员能够理解该工作应该如何完成。对于一个较小的项目,可能会把活动界定到每一个人身上;对于一个较大的、复杂的项目,如果运用 WBS 技术对工作进行分解,项目经理就可以把活动界定到工作任务的负责人或责任小组上。

通过活动定义还可以修正工作分解结构。在利用工作分解结构找出完成某一项目所必须进行的工作时,项目班子成员可能发现需要附加一些可交付成果或重新编写可交付成果说明,增加某一工作或对某一工作进行细化,形成新的工作分解结构。

(三)活动排序

1. 项目活动之间的逻辑关系

(1)强制性依赖关系

也称为"硬逻辑关系",指活动中固有的依赖关系,常常是某些客观限制条件。

(2)可自由处理的依赖关系

指可由项目团队根据具体情况安排的关系。由于这类关系可能会限制前后活动的顺序安排,所以在使用时要当心。可自由处理的依赖关系一般分为两种:一种是按照已知的"最好做法"来安排的关系。按照这种关系,只要不影响项目的总进度,活动之间的先后顺序就可以按习惯或项目团队喜欢的方式安排。这类关系叫

"软逻辑关系"。另一种是为照顾某些特殊活动而对活动顺序做出的安排。其排序即使不存在实际制约关系,也要强制安排。这类关系叫"优先逻辑关系"。

(3)外部依赖关系

大多数依赖关系限于项目内部两个活动之间,然而有些依赖关系则涉及项目之外的联系。例如,软件项目的测试活动可能依赖于外部供方交付的硬件设施。

2. 逻辑关系的表达形式

逻辑关系的表达主要有平行、顺序和搭接三种形式。相邻两项活动同时开始即为平行关系。相邻两项活动先后进行即为顺序关系。如果前一活动结束,后一活动马上开始,则为紧连顺序关系。如果后一活动在前一活动结束后隔一段时间才开始,则为间隔顺序关系。两项活动只有一段时间是平行进行的则为搭接关系。逻辑关系的表达形式如图 4-12 所示。

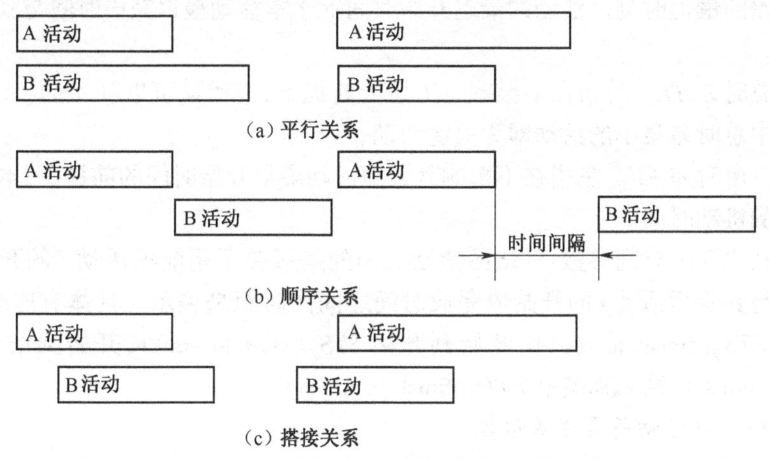

图 4-12 平行、顺序、搭接关系图

3. 活动顺序安排的方法

活动顺序表示的方法有多种,此处仅对较复杂的网络图法作一介绍,参见本节"进度计划的表示方法"。

(1)双代号网络图法

双代号绘图法(arrow diagramming method,ADM)是利用箭线表示活动而在节点处将活动连接起来表示依赖关系的一种绘制项目网络图的方法,参见图 4-15。

(2)单代号网络图法

单代号网络图法(precedence diagramming method, PDM)是利用节点代表活动,用表示逻辑关系的箭线将节点联系起来的一种绘制项目网络图的方法,参见图 4-16。

(3)网络图时间参数

活动的主要时间参数有 7 个:活动持续时间、最早开始时间、最早完成时间、最迟开始时间、最迟完成时间、总时差和自由时差。假如某一活动用 ij 表示，其各时间参数的含义如下：

①活动持续时间 D_{ij}：是指完成活动 ij 的持续时间。

②活动最早开始时间 ES_{ij}：是指在其所有紧前活动全部完成后，本活动有可能开始的最早时刻。

③活动最早完成时间 EF_{ij}：是指在其所有紧前活动全部完成后，本活动有可能完成的最早时刻。活动的最早完成时间等于该活动的最早开始时间与该工作的持续时间之和。

④活动最迟完成时间 LF_{ij}：是指在不影响整个任务按期完成的前提下，本活动必须完成的最迟时刻。

⑤活动最迟开始时间 LS_{ij}：是指在不影响整个任务按期完成的前提下，本活动必须开始的最迟时刻。活动的最迟开始时间等于本活动最迟完成时间与其持续时间之差。

⑥总时差 TF_{ij}：是指在不影响总工期的前提下，本活动可以利用的机动时间。网络图中总时差最小的活动即为关键活动。

⑦自由时差 FF_{ij}：是指在不影响其紧后活动最早开始时间的前提下，本活动可以利用的机动时间。

活动之间的时间参数：网络图活动之间的搭接关系用前项活动 i 的开始或完成时间与其紧后活动 j 的开始或完成时间之间的时距来表示。具体有四类：结束到开始 FTS_{ij}(finish to start)、开始到开始 STS_{ij}(start to start)、开始到结束 STF_{ij}(start to finish)、结束到结束 FTF_{ij}(finish to finish)。

(四)项目活动所需资源估算

估算活动资源是估算每项活动所需材料、人员、设备或用品的种类和数量的过程，估算活动资源过程与估算成本过程紧密相关。

估算项目活动所需资源的依据有：通过工作分解结构和活动定义确定的活动清单；在定义活动和排列活动顺序过程中所确定的活动属性，这是活动清单中的各项活动所需要的资源的主要依据；资源日历，用来说明在拟开展活动的期间哪些资源(如人员、设备和材料)可用，这些资源何时可用以及可用多长时间等，该日历可针对某个活动或者整个项目；可能影响估算活动资源过程的资源可利用情况和技能水平等。

估算项目活动所需资源可以通过专家判断、备选方案分析、数据估算、项目管理软件等方法进行。最后生成活动资源需求计划，资源分解结构以及经过更新的项目活动清单、活动属性和资源日历等文件。

(五)项目活动持续时间估算

估算活动持续时间是根据资源估算的结果，估算完成单项活动所需工作时段数的过程。需要依据活动工作范围、所需资源类型、所需资源数量以及资源日历等，进行活动持续时间估算。应该由项目团队中最熟悉具体活动的个人或小组，来提供活动持续时间估算所需的各种输入。对活动持续时间的估算精度取决于输入数据的数量和质量。随着项目设计工作的推进，可供使用的数据越来越详细，越来越准确，持续时间估算的准确性也会越来越高。

首先要估算出具体活动的工作量和计划投入该活动的资源数量，然后再据此估算出为完成该活动而需要的工作时段数（活动持续时间）。应该把每个活动持续时间估算所依据的全部数据与假设都记录在案。

对工作时间有特殊要求的资源，通常会提出备选的资源日历，列出可供选择的工作时段。大多数项目进度管理软件都可以利用项目日历与这些资源日历，进行活动持续时间估算。除了遵循逻辑顺序之外，活动还需要按项目日历与适当的资源日历实施。

另外，工程项目总是处在一个变化的环境中，环境因素总是随时影响项目的进展，因此活动时间也是一个随机变量，无论采用何种估算方法，实际所花费的时间和事先估算的结果总会有所不同。一系列因素会对工程项目实际完成时间产生影响，如参与人员的熟练程度低于平均水平导致活动时间比计划时间长；突发事件的出现影响活动计划；项目的变更导致计划的调整等。

活动时间估算方法如下：

1. 经验类比

对一个有经验的工作人员来说，当前进行估算的活动可能和以往所参加过的项目中的某些活动较为相似，借助这些经验也可以得到一种具有现实根据的估计。当然，经历完全相同的活动在现实中比较少见，往往还需要附加一些推测，但至少提供了一种可以接受的估算。

2. 历史数据

在很多文献资料中有相关行业的大量信息，这些信息可以作为一种估算的基础，其中不仅包括报纸、杂志、学术刊物等正式出版物，也包括各种各样非正式的印刷品。更为重要的是，正规、成熟的公司、企业一般均有关于以往所完成项目的资料记载，从中也可以获得真实、有效的信息。

3. 专家意见

当项目涉及新技术的采用或者某种不熟悉的业务时，工作人员可能不具有做出较好估算所需要的专业技能和知识，这时就需要借助相应专家给出的意见和判断，最好是得到多个专家意见，在此基础上采用一定方法来获得更为可信的估计结果。

三、国际工程总承包项目进度计划编制

（一）进度计划编制的考虑因素

1. 强制日期

项目业主、项目顾客或其他外部因素可能要求在某规定的日期前完成项目。

2. 关键事件或主要里程碑

项目业主、项目顾客或其他项目相关方可能要求在某一规定日期前完成某些可交付成果,如什么时候完成可行性研究、什么时候完成初步设计等。

3. 日历

项目日历和资源日历,标明了活动可以进行的时段。项目日历影响所有的资源。例如有些国家规定,某些项目只能在正常时间工作,夜里不允许加班;而另外一些项目可分三班倒。资源日历影响某一具体资源或某一类资源。

(二)进度计划的表示方法

工程项目进度计划的表示方法很多,这里列举最常用的几种:

1. 横道图

横道图又称甘特图(Gantt),是传统的进度计划表示方法。其左边按活动的先后顺序列出项目的活动名称,图右边是进度表,图上边的横栏表示时间,用水平线段在时间坐标下标出项目的进度线,水平线段的位置和长短反映该项目从开始到完工的时间,还可以用箭线表示各个工作之间的搭接关系,相当于带时间坐标的单代号网络图。利用横道图可将每天、每周或每月实际进度情况定期记录在横道图上,如图 4-13 所示。

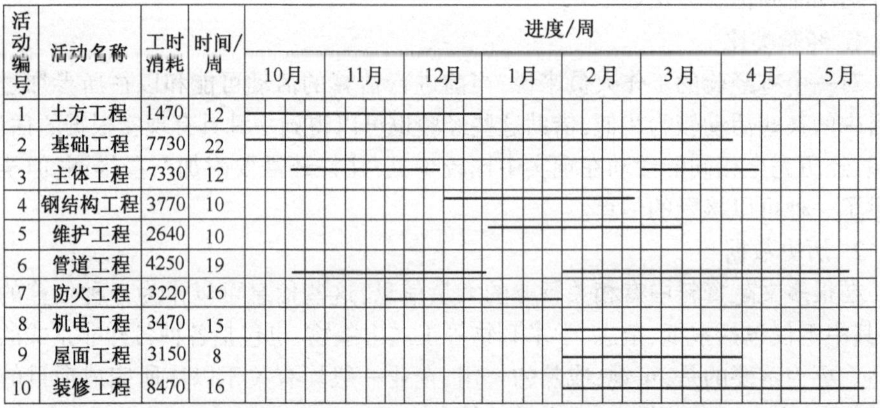

活动编号	活动名称	工时消耗	时间/周	进度/周							
				10月	11月	12月	1月	2月	3月	4月	5月
1	土方工程	1470	12								
2	基础工程	7730	22								
3	主体工程	7330	12								
4	钢结构工程	3770	10								
5	维护工程	2640	10								
6	管道工程	4250	19								
7	防火工程	3220	16								
8	机电工程	3470	15								
9	屋面工程	3150	8								
10	装修工程	8470	16								

图 4-13　用横道图表示的进度计划

用横道图编制工程项目进度计划的优点是:直观易懂,易被接受;可形成进度计划与资源资金使用计划和各种组合,使用方便。不足之处是:不能明确表达工程任务各项工作之间的各种逻辑关系;不能表示影响计划工期的关键工作;不便于进行计划的各种时间参数计算;不便于进行计划的优化、调整。鉴于上述特点中的不足之处,横道图一般适用于简单、粗略的进度计划编制,或作为网络计划分析结果输出形式。

2. 斜线图

斜线图是将横道图中的水平工作进度线改绘为斜线,在图左侧纵向依次排列各项目工作活动所处的不同空间位置，在图右侧时间进度表中斜向画出代表各种不同活动的工作进度直线的一种与横道图含义类似的进度图表。进度计划斜线示例如图 4-14 所示。

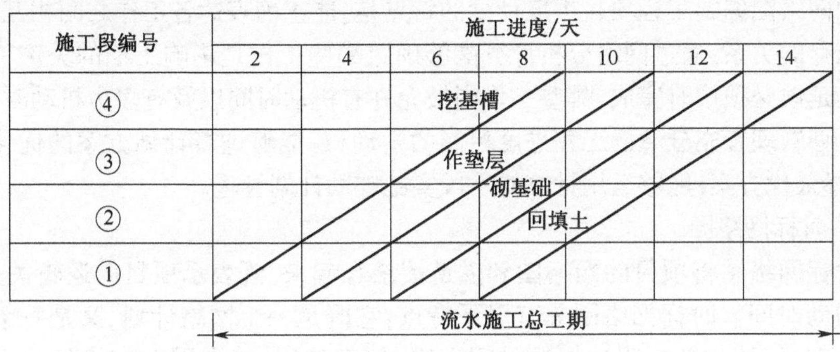

图 4-14　用斜线图表示的进度计划示例

斜线图一般仅用于表达不同工种上各项工作连续作业，即流水施工组织方式的进度计划安排。其主要特点包括：可明确表达不同施工过程之间分段流水、搭接施工情况；可直观反映相邻两施工过程之间的流水步距。工作进度直线斜率可形象表示活动的进展速率；不足之处与横道图类同。

3. 网络计划图

网络计划图是利用箭头和节点所组成的有向、有序的网状图形来表示总体工程任务各项工作流程或系统安排的一种进度计划表达方式。网络计划图通常包括双代号网络计划图和单代号网络计划图两种，示例分别如图 4-15、图 4-16 所示。

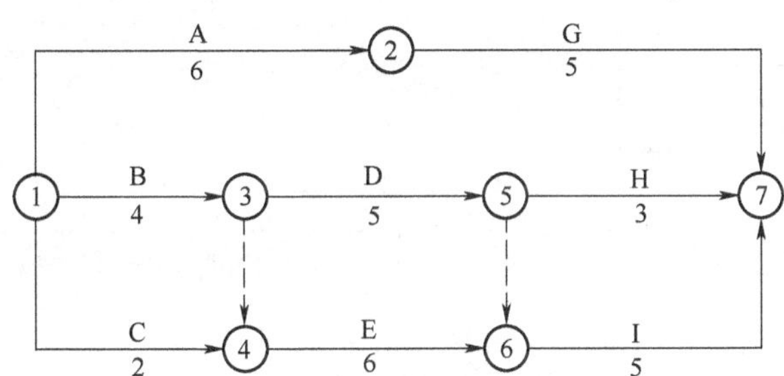

图 4-15　双代号网络计划示例

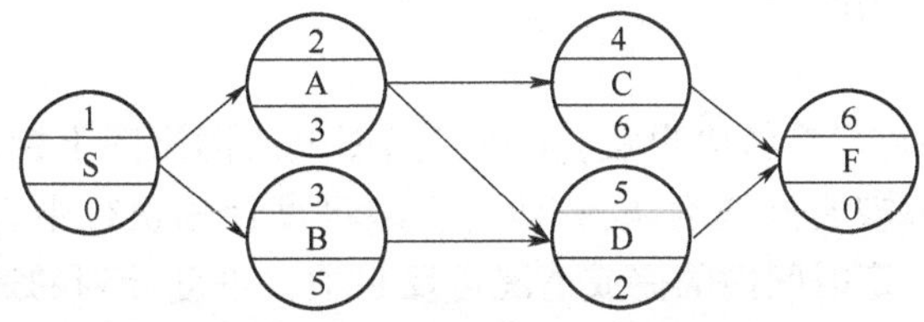

图 4-16　单代号网络计划示例

图 4-15 中用箭线表示工作,箭线上字母表示工作名称,箭线下数字表示工作持续的时间;图 4-16 中用节点表示工作,箭线表示工作之间的逻辑关系,节点分为三部分,从上到下依次表示工作序号、工作名称和持续时间。

用网络图编制工程项目进度计划的特点是:能正确表达各工作之间相互作用、相互依存的关系;通过网络分析计算能够确定哪些工作是影响工期的关键工作因而不容延误必须按时完成、哪些工作则被允许有机动时间以及有多少机动时间,从而使计划管理者充分掌握工程进度控制的主动权;能够进行计划方案的优化和比较,选择最优方案;能够运用计算机手段实施辅助计划管理。

4. 时标网络图

时标网络图将项目的网络图和横道图结合起来,既表示项目的逻辑关系,又表示活动时间。时标网络图具有以下特点:它既是一个网络计划,又是一个水平进度计划,能够清楚标明计划的时间进程,便于使用;能在图上直接显示出各项活动的开始和完成时间、活动的自由时差及关键线路,在使用过程中,可以随时确定哪些活动已经完成、哪些活动正在进行以及哪些活动将要开始;由于网络图能清楚表示哪些活动需要同时进行,因此可以确定同一时间对材料、机械、设备以及人力的需要量。时标网络计划以时间坐标为尺度表示活动时间,时标的时间单位根据需要在编制网络计划之前确定,可用时、天、周、旬、月和季。时标网络示例如图 4-17 所示。

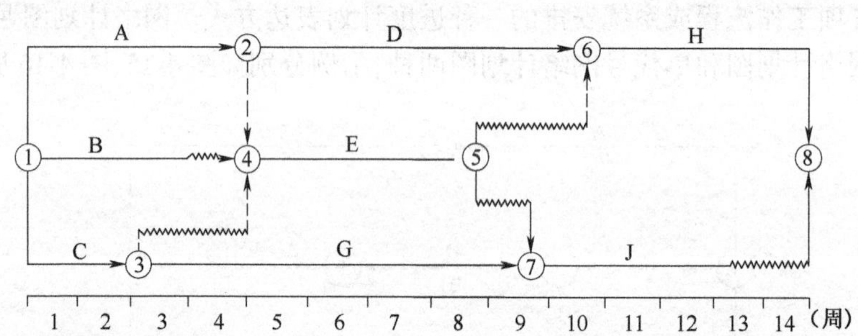

图 4-17　时标网络示例

图 4-17 中上下有时间标度,网络图采用双代号网络图的形式,图中的波浪线表示各项工作的自由时差。

5. 里程碑法

里程碑法(亦称可交付成果法)是在横道图上或网络图上标示出一些关键事项。这些事项能够被明显地确认,一般是反映进度计划执行中各个阶段的目标。这些关键事项在一定时间内的完成情况可反映项目进度计划的进展情况,因而这些关键事项被称为“里程碑”。里程碑示例如图 4-18 所示。

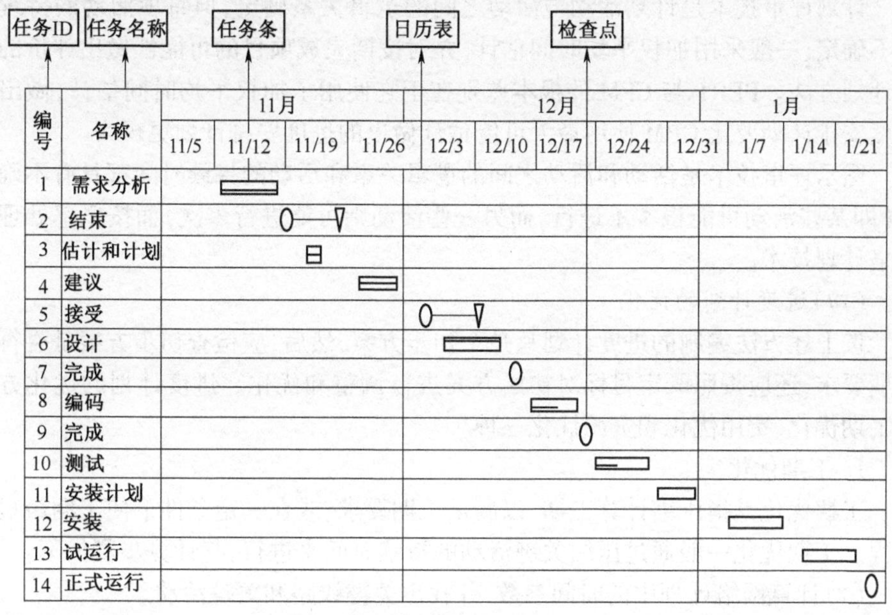

图 4-18　里程碑示例

6. 进度曲线法

这种方法是以时间为横轴,以累计完成工程量(该工程量的具体表示内容可以是实物工程量的大小,工时消耗或费用支出额,也可以用相应的百分比来表示)为纵轴,用按计划时间累计完成工程量的曲线反映进度计划。从整个项目的实施进度来看,由于项目的初期和后期速度比较慢,因而进度曲线大体呈 S 形,示例如图 4-19 所示。

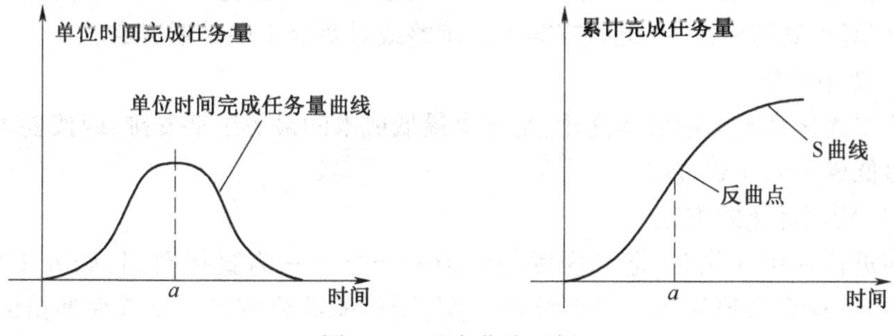

图 4-19　进度曲线示例

(三)进度计划的编制方法

制定进度计划的方法很多,最常用的方法有关键路线法(CPM),计划评审技术(PERT)、图示评审技术(GERL)等。

关键路线法是计划中活动与活动之间的逻辑关系确定,且每项活动只估计一个确定的持续时间的网络计划技术。

计划评审技术是计划活动与活动之间的逻辑关系确定，但每项活动的持续时间不确定，一般采用加权平均时间估计，并对按期完成项目的可能性做出评价的网络计划方法。PERT 与 CPM 的根本差别在于它使用了加权平均时间估计，做出的进度安排计划要比 CPM 使用最大可能估计做出的进度安排计划更现实。

图示评审技术是活动和活动之间的逻辑关系和活动的持续时间都具有不确定性（即某些活动可能根本不进行，而另一些活动则可能进行多次）而按概率处理的网络计划技术。

(四)进度计划的优化

按上述方法编制的进度计划只是个初步方案，然后，应检查初步方案是否符合工期要求，还应按照既定目标对初始方案进行调整和优化。进度计划的优化方法有工期优化、费用优化和资源优化三种。

1. 工期优化

工期优化是指压缩计算工期，以满足工期要求，或在一定条件下使工期最短的过程。工期优化一般通过压缩关键活动的持续时间来进行，其计算步骤如下：

(1)计算网络计划中的时间参数，并找出关键线路和关键活动。

(2)按要求工期计算应缩短的持续时间。

(3)确定各关键活动能缩短的持续时间。

(4)选择关键活动，调整其持续时间，并重新计算网络计划的计算工期。选择应缩短持续时间的关键活动时应考虑缩短持续时间对质量和安全影响不大的活动、有充足备用资源的活动、缩短持续时间增加费用最少的活动。

(5)若计算工期仍超过要求工期，则重复以上步骤，直到满足工期要求或工期已不能再缩短为止。

(6)当所有关键活动的持续时间都已达到其能缩短的极限而工期仍不满足要求时，应对计划的原技术、组织方案进行调整或对要求工期重新审定。

2. 费用优化

费用优化又叫工期成本优化，是寻求最低成本的最短工期安排，或按要求工期寻求最低成本的计划过程。

(1)费用优化的方法

在进行费用优化时，把工程费用分为两部分。一为直接费用，如人工费、材料费、机械设备台班费等。若要缩短工期，则可能需要夜班工作或在拥挤的工作面上工作，引起工效降低和直接费用的增强。二为间接费用，如施工管理费、场地租赁费等。缩短工期可以使间接费用减少。在总费用曲线中，必定有一个总费用最少的工期，这就是费用优化所寻求的目标，对应的工期称为最优工期，如图 4-20 所示。

上图中的 T_0 表示正常的工期，C 表示相应的费用；T 优化表示优化之后的工期，N 表示相应的费用，其正好处于总费用最低的位置。

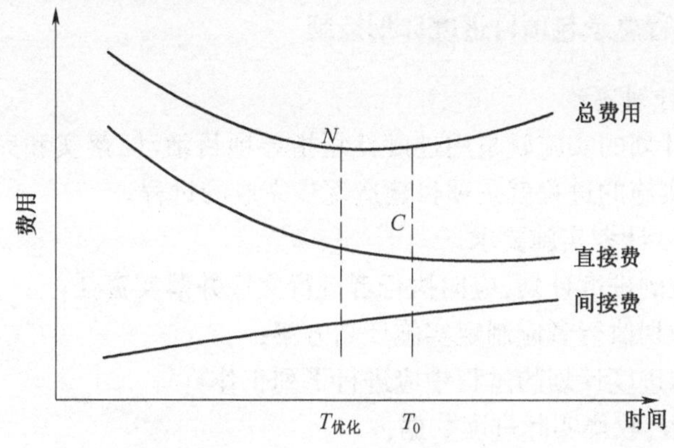

图 4-20　项目总费用与工期的关系

(2)费用优化的工具

寻求最低费用和最优工期的过程一般由计算机进行。简单的网络计划也可由手工完成,其基本思路是从网络计划的各活动持续时间和费用关系中,依次找出能使计划工期缩短而又能使直接费用增加最少的工作,不断地缩短其持续时间,同时考虑其间接费用叠加,即可求出工程总费用最低时的最优工期和工期指定时相应的最低费用。

3. 资源优化

工程项目中的资源包括人力、材料、动力、设备、机具、资金等。资源的供应情况是影响工程进度的主要因素。因此,在编制进度计划时,一定要以现有的资源条件为基础,通过改变活动的开始时间,使资源按时间的分布符合优化目标。资源优化包括资源有限-工期最短的优化及工期固定-资源均衡的优化。

(1)资源有限、工期最短的优化

通过调整计划安排来满足资源限制条件并使工期延长最少。其调整步骤如下:

①计算网络计划每天资源需用量。

②从计划开始日期起,逐日检查每天资源需用量是否超过资源限量。如果在整个工期内每天均能满足资源限量的要求,可行优化方案就算编制完成。否则必须进行计划调整。

③调整网络计划。对资源冲突的诸项活动做新的顺序安排。顺序安排的选择标准是工期延长的时间最短。

④重复以上步骤,直至出现优化方案为止。

(2)工期固定、资源均衡的优化

通过调整计划安排,在工期保持不变的条件下,使资源需用量尽可能均衡的过程。

四、国际工程总承包项目进度计划控制

(一)进度计划实施

项目进度计划的实施就是用进度计划指导项目活动,落实和完成计划。项目进度计划逐步实施的进程就是项目建造逐步完成的过程。

1. 项目进度计划实施要求

(1)经批准的进度计划,应向执行者进行交底并落实责任;

(2)进度计划执行者应制定实施计划方案;

(3)在实施进度计划的过程中应进行下列工作:

①跟踪检查,收集实际进度数据;

②将实际数据与进度计划进行对比;

③分析计划执行的情况;

④对产生的进度变化,采取相应措施进行纠正或调整计划;

⑤检查措施的落实情况;

⑥进度计划的变更必须与有关单位和部门及时沟通。

2. 项目进度计划实施步骤

为了保证项目进度计划的实施,并且尽量按照编制的计划时间逐步实现,工程项目进度计划的实施应按以下步骤进行:

(1)向执行者进行交底并落实责任。要把计划贯彻到项目经理部的每一个岗位,每一个职工,要保证进度的顺利实施,就必须做好思想发动工作和计划交底工作:项目经理部要把进度计划讲解给广大职工,让他们心中有数,并且要提出贯彻措施,针对贯彻进度计划中的困难和问题,同时提出克服这些困难和解决这些问题的方法和步骤。

为保证进度计划的贯彻执行,项目管理层和作业层都要建立严格的岗位责任制,要严肃纪律、奖罚分明,项目经理部内部积极推行生产承包经济责任制,贯彻按劳分配的原则,使职工群众的物质利益同项目经理部的经营成果结合起来,激发群众执行进度计划的自觉性和主动性。

(2)制定实施计划方案。进度计划执行者应制定工程项目进度计划的实施计划方案,具体来讲,就是编制详细的施工作业计划。

由于项目活动的复杂性,在编制施工进度计划时,不可能考虑到项目实施过程中的一切变化情况,因而不可能一次安排好未来活动的全部细节,所以进度计划还只能是比较概括的,很难作为直接下达任务的依据。因此,还必须有更为符合当时情况、更为细致具体的、短时间的计划,这就是作业计划。作业计划是根据项目实施组织设计和现场具体情况,灵活安排,平衡调度,以确保实现项目进度和上级规定的各项指标任务的具体的执行计划。

(3)根据本月(周)任务及其进度,编制相应的资源需要量计划。

(4)结合月(周)作业计划的具体实施情况,落实相应的提高劳动生产率和降低成本的措施。

以施工作业为例,编制作业计划时,计划人员应深入施工现场,检查项目实施的实际进度情况,并且要深入施工队组,了解其实际施工能力,同时了解设计要求,把主观因素和客观因素结合起来,征询各有关施工队组的意见,进行综合平衡,修正不合时宜的计划安排,提出作业计划指标。最后,召开计划会议,通过施工任务书将作业计划落实并下达到施工队组。

3. 跟踪记录,收集实际进度数据

在计划任务完成的过程中,各级进度计划的执行者都要跟踪做好施工记录,记载计划中的每项工作开始日期、工作进度和完成日期,为项目进度检查分析提供信息,因此要求实事求是记载,并填好有关图表。

收集数据的方式有两种:一是以报表的方式;二是进行现场实地检查。收集的数据质量要高,不完整或不正确的进度数据将导致不全面或不正确的决策。

收集到的项目实际进度数据,要进行必要的整理,按计划控制的工作项目进行统计,形成与计划进度具有可比性的数据、相同的量纲和形象进度。一般可以按实物工程量、工作量和劳动消耗量以及累计百分比整理和统计实际检查数据,以便与相应的计划完成量相对比。

4. 将实际数据与计划进度对比

主要是将实际的数据与计划的数据进行比较,如将实际的完成量、实际完成的百分比与计划的完成量、计划完成的百分比进行比较。通常可利用表格形成各种进度比较报表或直接绘制比较图形来直观地反映实际与计划的差距。通过比较了解实际进度比计划进度拖后、超前还是与计划进度一致。如图 4-21 所示,可以清楚看出哪些工作超前、哪些工作拖后。

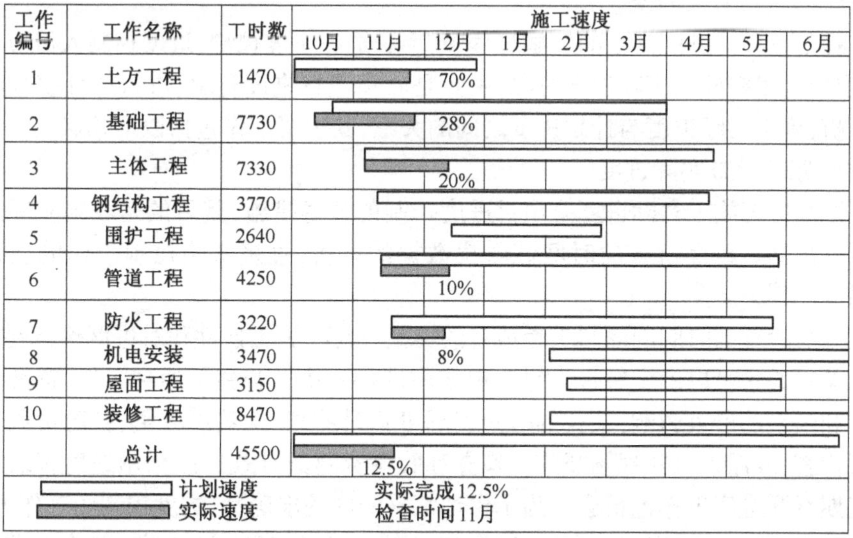

工作编号	工作名称	工时数	施工速度								
			10月	11月	12月	1月	2月	3月	4月	5月	6月
1	土方工程	1470			70%						
2	基础工程	7730			28%						
3	主体工程	7330			20%						
4	钢结构工程	3770									
5	围护工程	2640									
6	管道工程	4250			10%						
7	防火工程	3220									
8	机电安装	3470			8%						
9	屋面工程	3150									
10	装修工程	8470									
	总计	45500		12.5%							

计划速度　　实际完成12.5%
实际速度　　检查时间11月

图 4-21　实际进度与计划进度比较

5. 做好调度工作

调度是指在施工过程中不断组织新的平衡,建立和维护正常的施工条件及施工程序所做的工作。主要任务是督促、检查工程项目计划和工程合同执行情况,调度物资、设备、劳力,解决施工现场出现的矛盾,协调内、外部的配合关系,促进和确保各项计划指标的落实。

为保证完成作业计划和实现进度目标,有关施工调度应涉及多方面的工作,包括:

(1)执行合同中对进度、开工及延期开工、暂停施工、工期延误、工程竣工的承诺;

(2)落实控制进度措施应具体到执行人、目标、任务、检查方法和考核办法;

(3)监督检查施工准备工作、作业计划的实施,协调各方面的进度关系;

(4)督促资料供应单位按计划供应劳动力、施工机具、运输车辆以及材料、配件等,并对临时出现问题采取相应措施;

(5)由于工程变更引起资源需求的数量变更和品种变化时,应及时调整供应计划;

(6)按施工平面图管理施工现场,遇到问题作必要的调整,保证文明施工;

(7)及时了解气候和水、电供应情况,采取相应的防范措施;

(8)及时发现和处理施工中各种事故和意外事件;

(9)协助分包人解决项目进度控制中的相关问题;

(10)定期、及时召开现场调度会议,贯彻项目主管人的决策,发布调度令;

(11)当业主提供的资源供应进度发生变化不能满足施工进度要求时,应敦促业主执行原计划,并对造成的工期延误及经济损失进行索赔。

(二)进度计划检查

在工程项目进度计划的实施过程中,为了进行进度控制,进度控制人员应经常地、定期地跟踪检查实际进度情况,主要是收集项目进度材料,进行统计整理和对比分析,确定实际进度与计划进度之间的关系,其主要工作包括以下几点。

1. 跟踪检查实际进度

跟踪检查施工实际进度是项目进度控制的关键措施,其目的是收集实际进度的有关数据。跟踪检查的时间和收集数据的质量,直接影响控制工作的质量和效果。

一般检查的时间间隔与工程项目的类型、规模、施工条件和对进度执行要求程度有关。通常可以确定每月、半月、旬或周进行一次。若施工遇到天气、资源供应等不利因素的严重影响,检查的时间间隔可临时缩短,次数应频繁,甚至可以每日进行检查,或派人员驻现场督阵。检查和收集资料的方式一般采用进度报表方式或定期召开进度工作汇报会。为了保证汇报资料的准确性,进度控制的工作人员,要经常到现场察看项目施工的实际进度情况,从而保证经常、定期、准确地掌握项目实际进度。

根据不同需要，进行日检查或定期检查的内容包括：

(1)检查期内实际完成和累计完成工程量；

(2)实际参加施工的人力、机械数量和生产效率；

(3)窝工人数、窝工机械台班数及其原因分析；

(4)进度偏差情况；

(5)进度管理情况；

(6)影响进度的特殊原因及分析。

2. 整理统计检查数据

收集到的项目实际进度数据，要进行必要的整理、按计划控制的工作项目进行统计，形成与计划进度具有可比性的数据、相同的量纲和形象进度。一般可以按实物工程量、工作量和劳动消耗量以及累计百分比整理和统计实际检查的数据，以便与相应的计划完成量相对比。

3. 对比实际进度与计划进度

将收集的资料整理和统计成具有与计划进度可比性的数据后，用项目实际进度与计划进度的比较方法进行比较。通常用的比较方法有横道图比较法、S 形曲线比较法等，详见下面(三)。通过比较得出实际进度与计划进度相一致、超前、拖后三种情况。

4. 施工项目进度检查结果的处理

工程项目进度检查的结果，应按照检查报告制度的规定形成进度控制报告，向有关主管人员和部门汇报。

进度控制报告是把检查比较的结果、有关进度现状和发展趋势提供给项目经理及各级业务职能负责人的最简单的书面形式报告。

进度控制报告是根据报告的对象不同，确定不同的编制范围和内容而分别编写的。一般分为项目概要级进度控制报告、项目管理级进度控制报告和业务管理级进度控制报告。项目概要级的进度报告是报给项目经理、企业经理或业务部门以及建设单位或业主的，它是以整个项目为对象说明进度计划执行情况的报告。项目管理级的进度报告是报给项目经理及企业业务部门的，它是以单位工程或项目分区为对象说明进度计划执行情况的报告。业务管理级的进度报告是就某个重点部位或重点问题为对象编写的报告，供项目管理者及各业务部门为其采取应急措施而使用的。

进度报告由计划负责人或进度管理人员与其他项目管理人员协作编写。报告时间一般与进度检查时间相协调。也可按月、旬、周等间隔时间进行编写上报。

通过检查应向企业提供月进度报告的内容主要包括进度执行情况的综合描述，实际进度图，工程变更指令、价格调整、索赔及工程款收支情况，进度偏差的状况和导致偏差的原因分析，解决问题的措施，计划调整意见等。

（三）实际进度与计划进度对比方法

将项目的实际进度与计划进度进行比较分析，确定实际进度与计划进度不相符合的原因，进而找出对策，这是进度管理的重要环节。进行比较分析的方法有：

1. 横道图比较法

横道图比较法是将在项目进展中通过观测、检查、搜集到的信息经整理后直接用横道线并列于原计划的横道线来进行直观比较的方法。通过直观比较，为项目管理者明确了实际进度与计划进度之间的偏差，为采取调整措施提供决策依据。这是进度控制中最简单的方法，如图 4-22 所示。

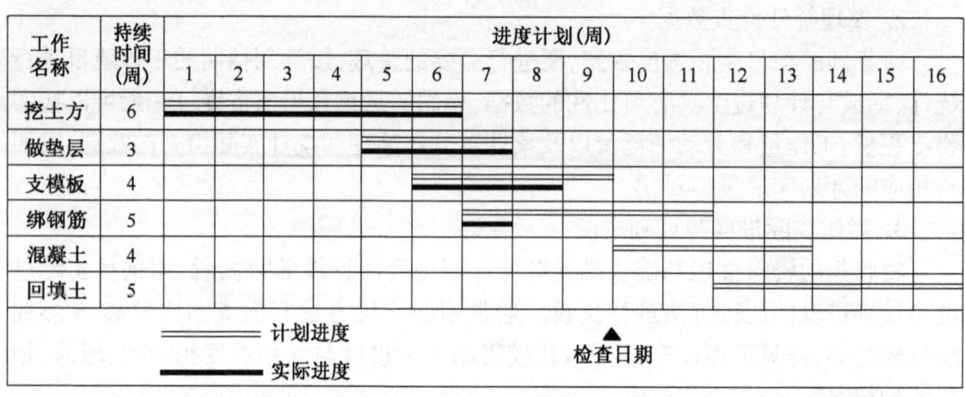

图 4-22　某基础工程实际进度与计划进度比

图 4-22 所表达的比较方法仅适用于工程项目中的各项工作都是均匀进展的情况，即每项工作在单位时间内完成的任务量都相等的情况。事实上，工程项目中各项工作的进展不一定是匀速的。根据工程项目中各项工作的进展是否匀速，可分别采用以下两种方法进行实际进度与计划进度的比较。

（1）匀速进展横道图比较法

匀速进展是指在工程项目中，某项工作在单位时间内完成的任务量相等，工作累计完成的任务量与时间成线性关系，完成的任务量可以用实物工程量、劳动消耗量或费用支出等的百分比表示。匀速进展横道图比较法仅适用于工作从开始到结束的整个过程中，其进展速度均为固定不变的情况，如图 4-23 所示。其步骤如下：

1）编制横道图进度计划；

2）在进度计划上标出检查日期；

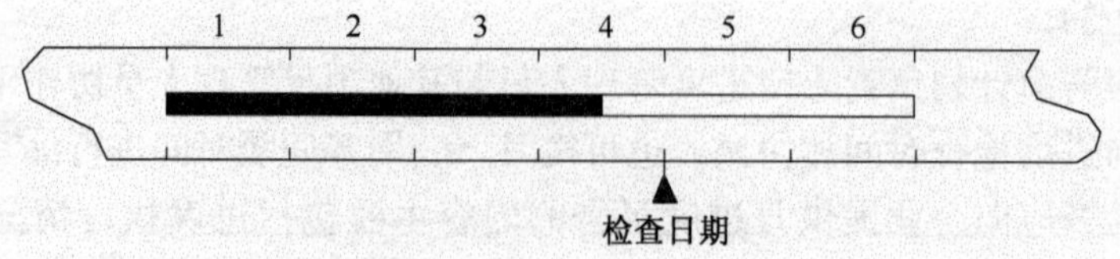

图 4-23　匀速进展横道图比较法

3）将检查收集到的实际进度数据经加工整理后按比例用涂黑的粗线标于计划进度的下方；

4）对比分析实际进度与计划进度：

①如果涂黑的粗线右端落在检查日期左侧，表明实际进度拖后；

②如果涂黑的粗线右端落在检查日期右侧，表明实际进度超前；

③如果涂黑的粗线右端与检查日期重合，表明实际进度与计划进度一致。

（2）非匀速进展横道图比较法

当工作在不同单位时间里的进展速度不相等时，应采用非匀速进展横道图比较法进行工作实际进度与计划进度的比较，如图4-24所示。

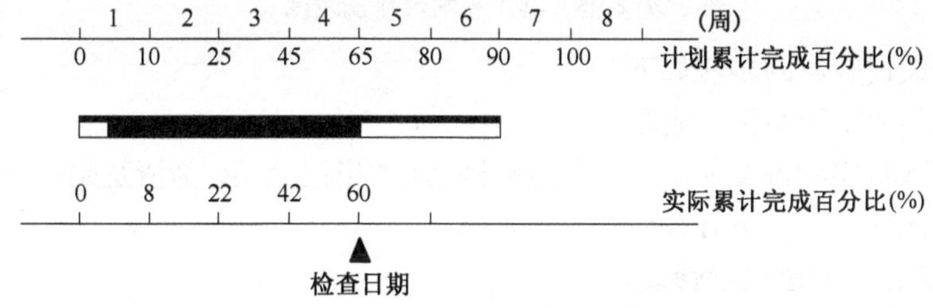

图4-24　非匀速进展横道图比较图

非匀速进展横道图比较法在用涂黑粗线表示工作实际进度的同时，还要标出其对应时刻完成任务量的累计百分比，并将该百分比与其同时刻计划完成任务量的累计百分化相比较，判断工作实际进度与计划进度之间的关系。其步骤如下：

1）编制横道图进度计划；

2）在横道线上方标出各主要时间工作的计划完成任务量累计百分比；

3）在横道线下方标出相应时间工作的实际完成任务量累计百分比；

4）用涂黑粗线标出工作的实际进度，从开始之日起，同时反映出该工作在实施过程中的连续与间断情况；

5）通过比较同一时刻实际完成任务量累计百分比和计划完成任务量累计百分比，判断工作实际进度与计划进度之间的关系：

①如果同一时刻横道线上方累计百分比大于横道线下方累计百分比，表明实际进度拖后，拖欠的任务量为二者之差；

②如果同一时刻横道线上方累计百分比小于横道线下方累计百分比，表明实际进度超前，超前的任务量为二者之差；

③如果同一时刻横道线上下方两个累计百分比相等，表明实际进度与计划进度一致。

2. 实际进度前锋线比较法

前锋线比较法是从计划检查时间的坐标点出发，用点划线依次连接各项工作的实际进度点，最后到计划检查时间的坐标点为止，形成前锋线。根据前锋线与工作箭线交点的位置判断项目实际进度与计划进度偏差。如图 4-25 所示。

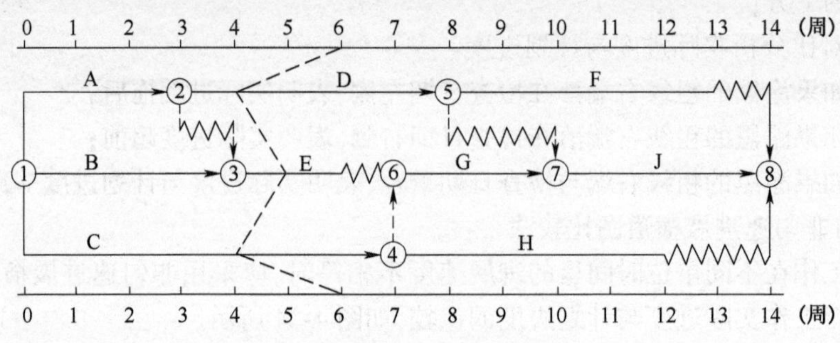

图 4-25 某工程前锋线比较图

前锋线比较法的步骤如下：

(1)绘制时标网络计划图

工程项目实际进度前锋线是在时标网络计划图上标示,为清楚起见,可在时标网络计划图的上方和下方各设一时间坐标。

(2)绘制实际进度前锋线

一般从时标网络计划图上方时间坐标的检查日期开始绘制,依次连接相邻工作的实际进展位置点,最后与时标网络计划图下方坐标的检查日期相连接。

工作实际进展位置点的标定方法有两种:

①按该工作已完任务量比例进行标定

假设工程项目中各项工作均为匀速进展,根据实际进度检查时刻该工作已完任务量占其计划完成总任务量的比例,在工作箭线上从左至右按相同的比例标定其实际进展位置点。

②按尚需作业时间进行标定

当某些工作的持续时间难以按实物工程量来计算而只能凭经验估算时,可以先估算出检查时刻到该工作全部完成尚需作业的时间,然后在该工作箭线上从右向左逆向标定其实际进展位置点。

(3)进行实际进度与计划进度的比较

前锋线可以直观地反映出检查日期有关工作实际进度与计划进度之间的关系。对某项工作来说,其实际进度与计划进度之间的关系可能存在以下三种情况:

①工作实际进展位置点落在检查日期的左侧,表明该工作实际进度拖后,拖后的时间为二者之差;

②工作实际进展位置点与检查日期重合,表明该工作实际进度与计划进度一致;

③工作实际进展位置点落在检查日期的右侧,表明该工作实际进度超前,超前的时间为二者之差。

(4)预测进度偏差对后续工作及总工期的影响

通过实际进度与计划进度的比较确定进度偏差后，还可根据工作的自由时差和总时差预测该进度偏差对后续工作及项目总工期的影响。由此可见，前锋线比较法既适用于工作实际进度与计划进度之间的局部比较，又可用来分析和预测工程项目整体进度状况。

3. S形曲线比较法

S形曲线比较法是以横坐标表示进度时间、纵坐标表示累计完成任务量而绘制出按计划各个时间累计完成工作量的S形曲线。然后将工程项目实施过程中各检查时间实际累计完成任务量的S曲线也绘制在同一坐标系中。用S形曲线可将项目的某个检查时间实际完成的工作量与S形曲线上的计划累计工作量进行对比，即实际进度与计划进度相对比。

如图4-26所示，通过比较实际进度S曲线和计划进度S曲线，可以获得如下信息：

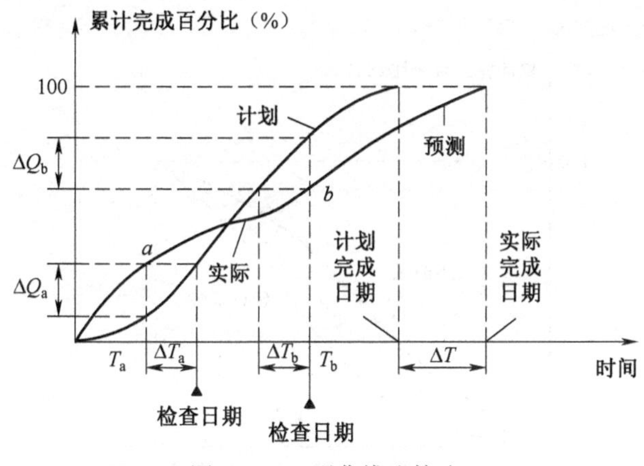

图4-26　S型曲线比较法

(1)工程项目实际进展状况

如果工程实际进展点落在计划S曲线左侧，表明此时实际进度比计划进度超前，如图中的 a 点；如果工程实际进展点落在S计划曲线右侧，表明此时实际进度拖后，如图中的 b 点；如果工程实际进展点正好落在计划S曲线上，则表示此时实际进度与计划进度一致。

(2)工程项目实际进度超前或拖后的时间

在S曲线比较图中可以直接读出实际进度比计划进度超前或拖后的时间。如图中所示，ΔT_a表示 T_a时刻实际进度超前的时间；ΔT_b表示 T_b时刻实际进度拖后的时间。

(3)工程项目实际超额或拖欠的任务量

在S曲线比较图中也可直接读出实际进度比计划进度超额或拖欠的任务量。如图中所示，ΔQ_a表示 T_a时刻超额完成的任务量，ΔQ_b表示 T_b时刻拖欠的任务量。

(4)后期工程进度预测

如果后期工程按原计划速度进行,则可做出后期工程计划S曲线如图中虚线所示,从而可以确定工期拖延预测值ΔT。

4. 香蕉形曲线比较法

这是将S形曲线法与网络计划相结合而得到的一种方法。对于一个项目的网络计划,在理论上总是分为最早和最迟两种开始和完成时间。因此,任何一个项目的网络计划,都可以绘制出两条S形曲线,即以最早时间和最迟时间分别绘制出的相应的S形曲线,分别称为ES曲线和LS曲线。两条S形曲线具有相同的起点和终点,因此,香蕉形曲线是两条S形曲线组合而成的闭合曲线。凡实际进度曲线落在香蕉形曲线区域内可认为进度比较合理。香蕉曲线的绘制方法与S曲线的绘制方法基本相同,所不同之处在于香蕉曲线是以工作按最早开始时间安排进度和按最迟开始时间安排进度分别绘制的两条S曲线组合而成,如图4-27所示。

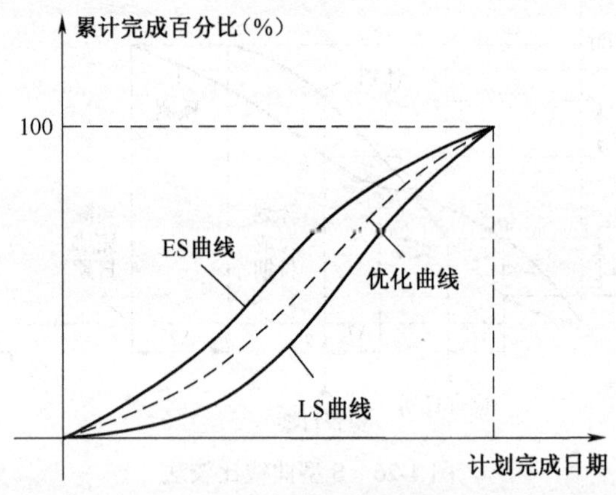

图4-27　香蕉曲线比较法

在工程项目的实施过程中,根据每次检查收集到的实际完成任务量绘制出实际进度S曲线,便可以与计划进度进行比较。工程项目实施进度的理想状态是任一时刻工程实际进展点应落在香蕉曲线图的范围之内。如果工程实际进展点落在ES曲线的左侧,表明此刻实际进度比各项工作按其最早开始时间安排的计划进度超前;如果工程实际进展点落在此曲线的右侧,则表明此刻实际进度比各项工作按其最迟开始时间安排的计划进度拖后。

5. 列表比较法

采用无时间坐标网络计划时,在计划执行过程中,记录检查时刻正在进行的工作名称、已耗费的时间及尚需要的时间,然后列表计算有关参数,根据计划时间参数判断实际进度与计划进度之间的偏差,这种方法即为列表比较法。

采用列表比较法的步骤如下:

(1)对于实际进度检查日期应该进行的工作,根据已经作业的时间,确定其尚需作业时间;

(2)根据原进度计划计算检查日期应该进行的工作从检查日期到原计划最迟完成时的尚余时间;

(3)计算工作尚有总时差,其值等于工作从检查日期到原计划最迟完成时间尚余时间与该工作尚需作业时间之差;

(4)比较实际进度与计划进度,可能有以下几种情况:

①如果工作尚有总时差与原有总时差相等,说明该工作实际进度与计划进度一致;

②如果工作尚有总时差大于原有总时差,说明该工作实际进度超前,超前的时间为二者之差;

③如果工作尚有总时差小于原有总时差,且仍为非负值,说明该工作实际进度拖后,拖后的时间为二者之差,但不影响总工期;

④如果工作尚有总时差小于原有总时差,且为负值,说明该工作实际进度拖后,拖后的时间为二者之差,此时工作实际进度偏差将影响总工期。

(四)进度计划控制措施

1. 进度控制的保证措施

经过进度计划实施情况的检查,如果实际进度与计划进度存在偏差,要及时分析偏差产生的原因,并且积极采取纠偏措施,常用的纠偏措施包括组织措施、管理措施(包括合同措施)、经济措施和技术措施等。

(1)组织措施。分析由于组织的原因而影响进度计划的问题,并采取相应的措施,如调整项目组织结构、任务分工、管理职能分工、工作流程组织和项目管理班子人员等;当进度计划失控时,人们往往首先思考的是采取什么技术措施,而忽略可能或应当采取的组织措施和管理措施。根据组织论原理,组织是目标能否实现的决定性因素。应充分重视组织措施对项目目标控制的作用;

(2)技术措施。分析技术(包括设计和施工的技术)原因对进度计划造成的影响,并采取相应措施,如调整设计、改进施工方法和改变施工机具等。

(3)经济措施。分析由于经济的原因而影响进度计划的问题,并采取相应的措施,如落实加快工程施工进度所需的资金、及时发放员工工资、采取经济激励等;

(4)合同措施。分析由于合同管理的原因而影响进度计划的问题,并采取相应的措施,明确各主体的合同任务,明确各工作的时间节点,严格落实责任等。

2. 进度计划的调整

如果采取积极措施还是不能纠正偏差,则必须调整进度计划。在对实施的进度计划分析的基础上,应确定调整原计划的方法,一般主要有以下几种。

(1)改变某些工作间的逻辑关系

若检查的实际施工进度产生的偏差影响了总工期,在工作之间的逻辑关系允许改变的条件下,可改变关键线路和超过计划工期的非关键线路上的有关工作之间的逻辑关系,达到缩短工期的目的。用这种方法调整的效果是很显著的,例如可以把依次进行的有关工作改变为平行的或互相搭接的以及分成几个施工段进行流水施工的工作,都可以达到缩短工期的目的。

(2)缩短某些工作的持续时间

这种方法是不改变工作之间的逻辑关系,只是缩短某些工作的持续时间,而使施工进度加快,以保证实现计划工期目标的方法。这些被压缩持续时间的工作是位于由于实际施工进度的拖延而引起总工期增长的关键线路和某些非关键线路上的工作。同时这些工作又是可压缩持续时间的工作,这种方法实际上就是网络计划优化中工期优化方法和工期与成本优化方法,不再赘述。

(3)资源供应的调整

如果资源供应发生异常,应采用资源优化方法对计划进行调整,或采取应急措施,使其对工期影响最小。

(4)增减工作内容

增减工作内容应做到不打乱原计划的逻辑关系,只对局部逻辑关系进行调整。在增减施工内容以后,应重新计算时间参数,分析对原网络计划的影响。当对工期有影响时,应采取调整措施,保证计划工期不变。

(5)增减工程量

增减工程量主要是指改变施工方案、施工方法,从而导致工程量的增加或减少。

(6)调整起止时间

起止时间的改变应在相应工作时差范围内进行。每次调整必须重新计算时间参数,观察该项调整对整个进度计划的影响,调整时可在下列方法中进行:

①将工作在其最早开始时间与其最迟完成时间范围内移动;

②延长工作的持续时间;

③缩短工作的持续时间。

3. 时间-成本平衡法

时间-成本平衡法是通过最低限度地增加相关成本来缩短工程项目的工期的方法。时间-成本平衡法的假设前提是:每项工作有正常的持续时间和应急的持续时间,通过增加资源可以缩短工作的持续时间,但应急持续时间是最小的极限;每项工作有相应的正常成本和应急成本,时间与成本之间的关系是线性的。

每个工作项有自己的单位时间成本。缩短工期的单位时间成本可用下式计算:

$$单位时间成本=\frac{应急成本-正常成本}{正常时间-应急时间}$$

时间-成本平衡法的目标是通过压缩那些使总成本增加最少的工作项的工期，确定工程项目完成的最短总工期。具体的做法是在每次平衡一个时间段的前提下，找出关键路线和关键路线上单位时间成本的最低工作，加快它们的进度以缩短工期。

4. 进度控制总结

项目经理部应在项目进度计划完成后，及时进行进度控制总结，为进度控制提供反馈信息。进度控制总结的依据包括：进度计划、进度计划执行记录、进度计划检查结果、进度计划调整资料等。

进度控制总结的内容应包括：

(1)合同工期目标和计划工期目标完成情况；

(2)进度控制经验；

(3)进度控制中存在的问题；

(4)科学进度计划方法的应用情况；

(5)进度控制的改进意见。

第四节　国际工程总承包项目成本控制

项目成本控制，就是在项目实施过程中，在项目成本形成过程中，对生产经营所消耗的人力、物力资源和费用开支进行指导、监督、调节和限制，并及时纠正成本偏差，把实际支出控制在项目计划成本的范围内，保证项目成本目标的实现。

总承包商的成本控制牵涉到设计、采购、施工、竣工试验、竣工后试验、运营服务、维修保养及其进度控制、技术管理、安全管理、质量控制、风险管理、资源管理等方面，有关上述的部分请参阅其他相关章节。由于施工阶段是项目成本形成的主要阶段，因而也是成本控制的关键阶段，本节成本控制主要针对施工成本控制。

根据国际工程项目的资源需求，国际工程成本构成包括：设备成本、材料成本、人工成本、管理成本和财务成本。其中设备成本包括施工机械使用费和安装调试费，材料成本包括材料费、运输、储存、保险等费，人工成本包括管理人员费用、雇佣人员费用，管理成本包括投标前期费、代理佣金费用、勘测设计费、人员培训费、运行维护费、环境保护费、税收费用、不可预见费，财务成本包括贷款利息和银行手续费、外汇及汇率风险费等。

在施工成本管理中必须树立工程项目的全面成本观念，用系统的观点围绕工程项目的生产和成本形成的整个过程，建立起成本控制体系，根据成本目标，进行工程项目成本控制的各项工作，以实现成本目标的优化和整个项目的经济效益的提高。成本控制工作程序如图 4-28 所示。

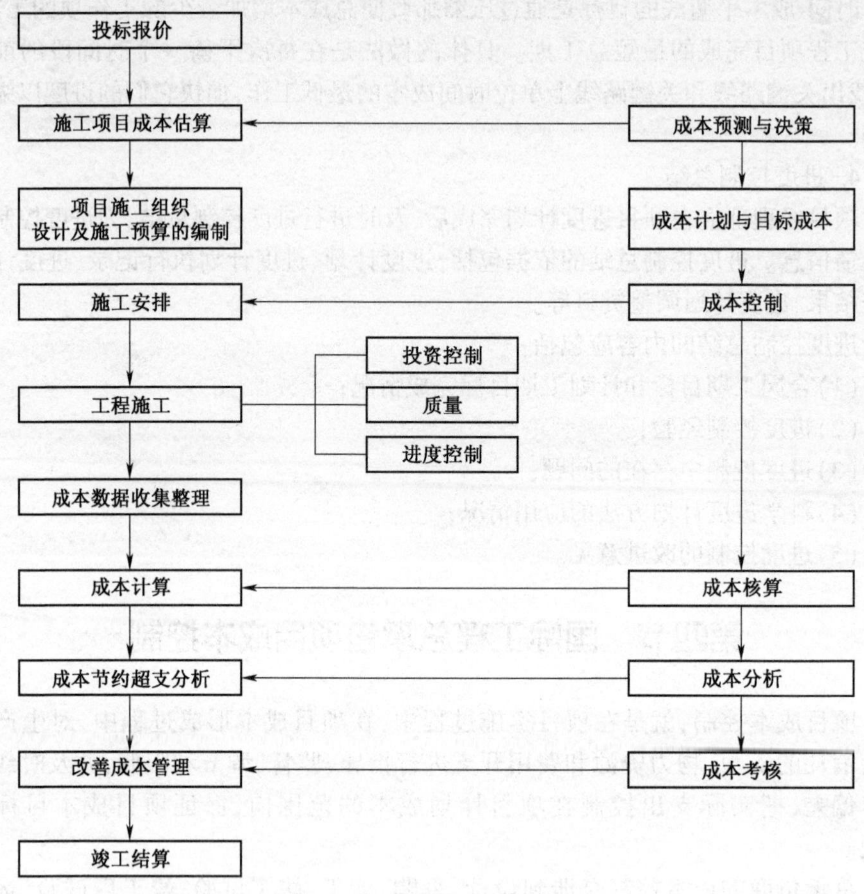

图 4-28　成本控制工作流程

一、国际工程项目成本控制步骤

国际工程项目的成本控制主要包括:成本测算、成本计划、成本分析与考核等。从管理的程序看,成本测算属于项目实施前对中标价格的盈余或亏损的评估;成本计划属于项目实施前的成本控制,为项目实施的费用支出及成本控制提供依据;成本分析属于项目实施过程中的成本控制,主要对成本的形成及影响因素进行分析,并将有关信息及时反馈到成本计划修订中;成本绩效考核属于项目实施后期的成本控制,核算项目的实际支出与成本计划的比较结果,项目盈利或项目亏损,并总结成本计划执行中的经验和教训。

(一)成本测算

成本测算是指按照所规定的工程项目内容对该项目的各种成本的估计、计算和汇总。成本测算是理解、管理、控制和完成工程项目的关键。在项目的不同阶段,成本测算分别称为投资估算、设计概算、施工图预算等。

1. 成本测算的依据

成本测算的依据主要有三个:设计依据,即有关的设计图纸和技术说明书;计划依据,包括网络计划、横道图计划、资源安排计划等;成本依据,就是有关的成本数据和据此进行测算的方法,包括用于作测算的原始数据,对涨价幅度、生产率和其他有关因素的预测。

2. 成本测算的步骤

(1)工程量计算。从工程项目的设计文件和设计图纸中抽取、计算工程量,并予以分类。工程量计算的准确性将直接影响成本测算结果的准确性。"工程量清单"的编制,对此项工作创造了条件。有的项目的工程量清单是业主编制好的,而对于总承包项目,需要由总承包商在完成施工图设计之后再对工程量进行计算。

(2)确定单价。对工程项目的各类工程量定价。一般是根据国家有关的工程消耗标准,以及施工地区或企业的实际情况确定。

(3)计算汇总。把上述成本构成中的直接费、间接费、利润和税金等各种成本进行分类汇总和统计,计算工程项目的总成本。

(二)施工成本计划

施工成本计划是以货币形式编制施工项目在计划期间的生产费用、成本水平、成本降低率以及为降低成本所采取的主要措施和规划的书面方案,它是建立施工项目成本管理责任制、开展成本控制和成本核算的基础。施工项目成本计划应包括从开工到竣工所必须的施工成本,它是项目降低施工成本的指导性文件,是设立目标成本的依据。

成本计划应是在前期成本测算的基础上,对整个项目及主要单位工程施工成本作更细化更精确的预算。成本计划的步骤与成本测算相似,依据包括最后签订的合同文件、投标报价文件、企业定额、施工方案;人工、材料、机械台班的市场价格、周转材料、设备租赁价格、摊销损耗标准;已签订的分包合同(或者估价书);结构件外加工计划和合同;企业财务制度和财务历史资料;施工成本预测资料以及拟采取的降低施工成本的措施等。

成本计划一般要由技术部门、采购部门和财务部门联合、共同编制。成本计划的编制要求比较细致,要同成本会计制度紧密结合和协调。由于各项工程内容中的单价包括人工费、材料费、机具和设备费、管理及其他间接费,投标时一般都以综合单价的形式出现,执行合同时不便于控制和分析。因此,从成本控制的角度上讲,为便于对成本进行控制和分析,将综合单价及总价按材料、设备、劳务和管理费用分解并分类汇总。

(三)国际工程总承包项目成本分析及考核

在实施项目过程中对实际形成的成本进行分析与考核,是项目经济核算的重要内容,是成本控制的重要组成部分。通过对成本的形成过程和影响成本的因素进行分析,寻求降低成本的途径,同时可加强项目成本的透明度和可控性,为加强成本控制,实现项目成本目标创造条件。

1. 成本分析的基本方法

(1)因素分析法

因素分析法又称连锁置换法或连环替代法。这种方法,可用来分析各种因素对成本形成的影响程度。在进行分析时,首先要假定众多因素中的一个因素发生了变化,而其他因素则不变,然后逐个替换,并分别比较其计算结果,以确定各个因素的变化对成本的影响程度。

因素分析法的计算步骤如下:

①确定分析对象(即所分析的技术经济指标),并计算出实际与计划(预算)数的差异;

②确定该指标是由哪几个因素组成的,并按其相互关系进行排序;

③以计划预算数为基础,将各因素的计划预算数相乘,作为分析替代的基数;

④将各个因素的实际数按照上面的排列顺序进行替换计算,并将替换后的实际数保留下来;

⑤将每次替换计算所得的结果,与前一次的计算结果相比较,两者的差异即为该因素对成本的影响程度;

⑥各个因素的影响程度之和,应与分析对象的总差异相等。

例:某施工企业承包一工程项目,计划砌砖工程量 1 200 m^3,按预算定额规定,每 1 m^3耗用空心砖 510 块,每块空心砖价格 0. 12 元;实际砌砖工程量为 1 500 m^3,每 1 m^3实际耗用空心砖 500 块,每块空心砖的实际购入价为 0. 18 元。用因素分析法进行成本分析。

砌砖工程的空心砖成本计算公式为:

空心砖成本=砌砖工程量×每立方米空心砖消耗量×空心砖价格

采用连环置换法对上述三个因素的影响进行分析。计算过程和结果见表 4-1。

表 4-1 砌砖工程空心砖成本分析

计算顺序	砌砖工程量(m^3)	每 1 m^3 空心砖消耗量(块)	空心砖价格(元/块)	空心砖成本(元)	差异数(元)	差异原因
计划数	1 200	510	0. 12	73 440		
第一次置换	1 500	510	0. 12	91 800	18 360	由于工程量增加
第二次置换	1 500	500	0. 12	90 000	-1 800	由于空心砖节约
第三次置换	1 500	500	0. 18	135 000	45 000	由于价格提高
合计					61 560	

以上分析结果表明,空心砖实际成本比计划超支 61 560 元,主要原因是由于

工程量增加和空心砖价格提高引起的;另外,由于节约空心砖消耗,使空心砖成本降低了1 800元。

(2)比率法

比率法是指用两个以上的指标的比例进行分析的方法。它的基本特点是:先把对比分析的数值变成相对数,再观察其相互之间的关系。常用的比率法有以下几种:

①相关比率:由于项目经济活动的各个方面是互相联系,互相依存,又互相影响的,因而将两个性质不同而又相关的指标加以对比,求出比率,并以此来考察经营成果的好坏。例如:产值和工资是两个不同的概念,但它们的关系又是投入与产出的关系。在一般情况下,都希望以最少的人工费支出完成最大的产值。因此,用产值工资率指标来考核人工费的支出水平,就很能说明问题。

②构成比率:又称比重分析法或结构对比分析法。通过构成比率,可以考察成本总量的构成情况以及各成本项目占成本总量的比重,同时也可看出量、本、利的比例关系(即预算成本、实际成本和降低成本的比例关系),从而为降低成本找出方向,见表4-2。

表4-2 成本构成比例分析

成本项目	预算成本		实际成本		降低成本		
	金额(万元)	比重(%)	金额(万元)	比重(%)	金额(万元)	占本项(%)	占总量(%)
一、直接成本	1256	92.8	1188	92.3	63	5.0	4.7
1. 人工费	113	8.3	119	9.2	-6	-5.3	-0.4
2. 材料费	1 000	74.0	929	72.2	71	7.1	5.2
3. 机械使用费	87	6.4	89	6.9	-2	-2.3	-0.1
4. 其他直接费	56	4.1	51	4.0	5	8.9	0.4
二、间接费	95	7.2	99	7.7	-4	-4.2	-0.3
三、成本总量	1 351	100	1 287	100	64	4.7	4.7
四、量本利比例(%)	100	—	95.3	—	4.7	—	—

③动态比率法:就是将同类指标不同时期的数值进行对比,求出比率,以分析该项指标的发展方向和发展速度。动态比率的计算,通常采用基期指数(或稳定比指数)和环比指数两种方法,见表4-3。

表4-3 指标动态比较表

指标	第一季度	第二季度	第三季度	第四季度
降低成本(万元)	45.6	47.80	52.50	64.30
基期指数(一季度100%)		104.82	115.13	141.01
环比指数(上一季度100%)		104.82	109.83	122.48

(3)基于网络计划技术的成本分析

基于网络计划的成本分析方法又称为成本测算的集成方法。所谓成本测算的集成方法,就是基于网络计划技术,将项目分解为一系列有前后逻辑关系的工序,并赋予各个工序的持续时间、所需的资源及相关的成本,建立起一个项目模型,通过对该模型进行计算,可以同时得到项目的进度计划、资源安排计划和成本测算,分析三者的关系,以及它们在项目实施过程中的动态变化情况。

这种成本测算的集成方法非常实用,计算过程也非常简单,特别适用于缺少历史数据而需要做很多假设和判断的成本测算。更重要的是,它非常有利于应用计算机,目前国际上流行的项目管理软件,如 Microsoft Project for Windows,Harvard Project Manager,Time Line,Primavera Project Planning(即 P3)等,都采用了这种集成的成本测算方法,并具有相当先进的功能。

为了对一个建设项目进行现代化的项目管理和控制,利用网络计划技术建立起项目的模型,该模型包括:为完成项目所应进行的一系列工序,工序之间的逻辑关系(即工艺关系和组织关系),完成工序所需的持续时间,完成工序所需的各种资源(主要是设备和劳动力),完成工序所需的成本(固定成本和资源成本)。

一个工序的固定成本是指完成工序所需的消耗性材料费和摊销在该工序上的间接费用之和,或者是分包费(如果该工序是分包出去的话),而资源成本是指完成工序所需的资源费(主要是机械费和人工费),是根据所输入的资源用量(设备台数和人数)和相应的资源费率(设备台班费或人工工日单价)计算的。

当组成项目的所有工序都确定了持续时间、安排了资源和成本,也就建立了项目模型。实际上,在网络计划的基础上作完进度计划和资源安排的同时,项目的成本测算也就完成了。如果将这个项目模型的有关数据输入计算机,就可以应用计算机进行计算、分析和优化,对项目进行很好的管理和控制。

2. 成本分析曲线

表示成本随时间变化的成本分析曲线有:成本动态曲线,累计成本曲线,成本闭合曲线等。这些曲线图表现出成本与时间之间的非线性关系。

把项目的单位时间成本(非累计)按时间坐标画出的曲线称为成本动态曲线,如图 4-29 所示。成本动态曲线是一种直方图,从成本动态曲线上可以清晰地看到成本随时间分布的情况。

把项目的单位时间成本进行累计,并按时间坐标画出的曲线称为累计成本曲线。累计成本曲线的形状多呈 S 形,故常称 S 曲线。S 曲线可以按工作项的最早时间画,也可以按工作项的最迟时间画。当把按工作项的最早时间和按工作项的最迟时间的累计成本曲线画在一起,就是成本闭合曲线,又称香蕉曲线,如图 4-30 所示。成本闭合曲线表明了成本变化的安全区域,实际发生的成本的变化如果不超出两条曲线限定的范围,都是正常的变化,可以通过调整工作项的开始时间和结束时间,把成本控制在计划范围内。如果实际发生的成本的变化超出了两条曲线

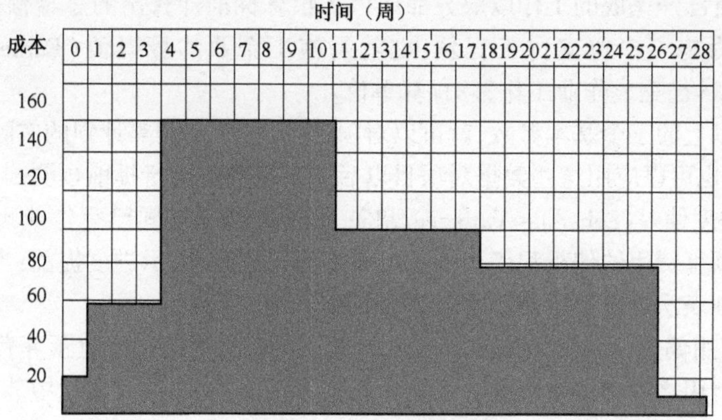

图 4-29　成本动态曲线示例

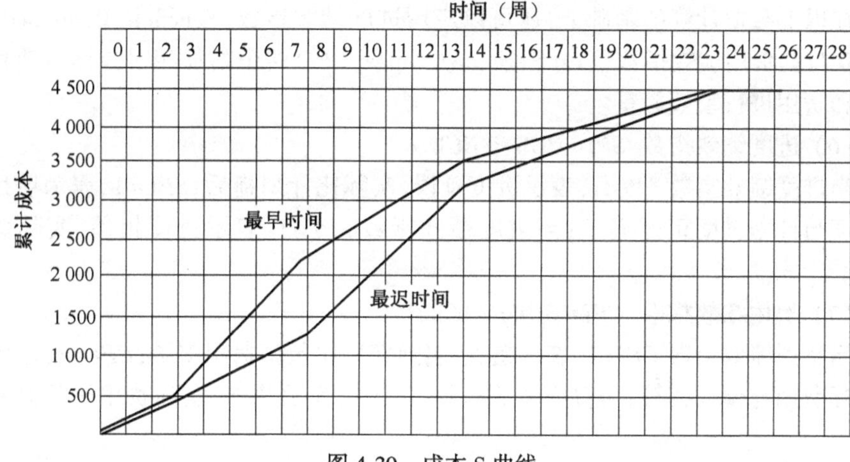

图 4-30　成本 S 曲线

限定的范围，就须要查明情况，分析原因，必要时应及时采取纠正措施。

3. 成本绩效分析

成本绩效分析即成本考核，常采用挣得值法。挣得值法又称为盈值法或偏差分析法，是一种分析目标期望与目标实施之间的差异的方法，以判断项目成本的绩效，分析步骤如下：

(1) 计划作业预算费用（Budgeted Cost for Work Scheduled，BCWS），是指根据进度计划，项目实施过程应当完成的工作以预算为标准所需要的费用。一般情况下 BCWS 在项目实施中保持不变，则有：BCWS 数值＝计划完成作业工作量×预算单价。

(2) 已完作业实际费用（Actual Cost for Work Performed，ACWP），是指项目实施到某阶段时已经完成的工作所花费的实际总金额。

(3) 已完作业预算费用（Budgeted Cost for Work Performed，*BCWP*），是指在某

一时间项目已经完成的工作以双方都认可的预算标准计算出的总金额，由于业主根据该值为施工单位支付工程款，也就是施工企业的赢得值（Earned Value）：*BCWP* 数值＝已完成作业工作量×预算单价。

通过以上的三个基本参数，就可以对项目的进度、费用等计划的实际完成状态进行分析，也可以应用这些数据对项目以后的发展趋势进行提前预测。

(4)进度偏差（Schedule Variance，*SV*），是检查施工期间已完作业预算费用对计划作业预算费用的偏离程度。当进度偏差为正值时，表示进度提前；当进度偏差为负值时则表示进度拖延：$SV=BCWP-BCWS$。

(5)费用偏差（Cost Variance，*CV*），是检查施工期间已完作业预算费用与已完作业实际费用之间的偏差程度。当费用偏差为正值时，即项目运行中节省了开支，实际费用未超出预算费用；当费用偏差为负值时，即项目的运行超出了预算费用：$CV=BCWP-ACWP$。

在以上数据计算的基础上，还可以应用进度绩效指数（Schedule Performed Index，*SPI*）和费用绩效指数（Cost Performed Index，*CPI*）两个附加相对指标对项目的进度和费用进行绩效衡量。

(6) 进度绩效指数：$SPI=BCWP/BCWS$

当进度绩效指数 $SPI<1$，表示进度延误，实际比计划拖后；$SPI=1$，表示项目实际进度与计划进度正好等于；当进度绩效指数 $SPI>1$，表示进度提前，实际比计划快。

(7) 费用绩效指数：$CPI=BCWP/ACWP$

当费用绩效指数 $CPI<1$，表示超支，实际费用比预算费用多了；$CPI=1$，表示项目实际费用与预算相符；当费用绩效指数 $CPI>1$，表示节支，实际费用比预算费用低了。

(8)累计盈值曲线，通常使用累计盈值分析成本绩效。一种方法是把项目的累计预算成本曲线、累计实际成本曲线和累计盈值曲线画在同一张坐标图上，就很容易表现出实际成本和进度、计划之间的关系，便于分析成本绩效的实际状况。

累计盈值曲线图又称盈值评价曲线图，其横坐标为时间，纵坐标为累计成本，画有 *ACWP*、*BCWP*、*BCWS* 的累计曲线，如图 4-31 所示。在项目的实施过程中，最理想的情况是这三条曲线相互靠拢，呈平稳上升，不出现大起大落的状况。如果这样，说明项目的实施完全按照计划进行，但实际的情况往往不会这样理想。如果这三条曲线之间的离散度增大，则说明项目实施中的成本、进度出现了失控，必须认真查找原因，采取措施。如图 4-31 中的某个检查日期（检查点），*CV* 和 *SV* 均小于 0，表明已发生了费用的超支和进度的延误。根据检查点的情况，如果不予纠正，可以预测总工期将发生延误，总成本将超支。

这种以累计盈值曲线图为工具，根据计划与实际的工程进度与费用数据进行比较，分析工程进展的现状，并预测未来的成本与进度的方法又称为实际进度法。

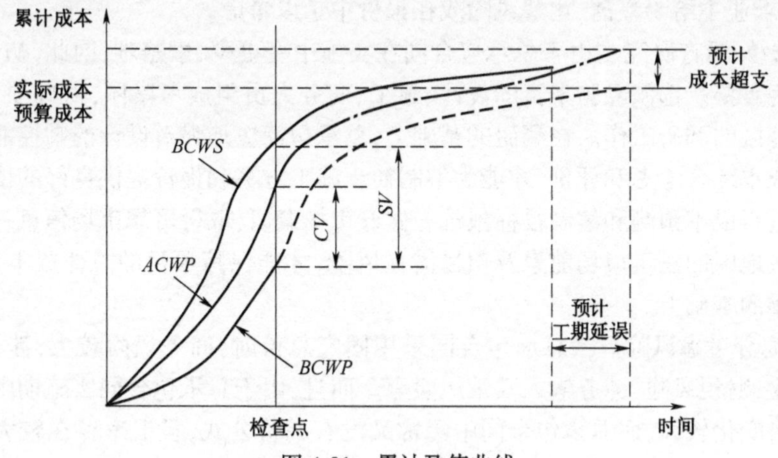

图 4-31　累计盈值曲线

另一种分析实际的成本绩效的方法是绘制工程项目状况图,即把项目已支出的总预算成本的百分数、实际支出的总成本的百分数和工程实际完成的百分数,绘成对比图,也很容易表现出成本的绩效的实际状况。

在项目的进度、费用综合控制中引入赢得值法,可以克服过去进度、费用分开控制的缺点,即当发现费用超支时,不能立刻判断是由于费用超出预算还是由于进度提前,或者当发现费用消耗低于预算时也不知道是由于费用节省,还是由于进度拖延,而引入赢得值法即可定量地判断进度、费用的执行效果。

二、国际工程总承包项目全过程成本控制

(一)全过程成本控制概述

总承包商的成本控制是对项目整个实施过程中的资金支出进行控制和调节。根据总承包的范围,从项目投标,设计,建造乃至运营服务等阶段,依据 PDCA 动态控制原理,及时将实际成本与目标成本进行比对,发现偏差,分析其原因,并制定措施纠正偏差,通过有效管理,保证在各阶段能合理使用资源,努力将各阶段的工程成本控制在目标值以内,取得较好的经济效益。

(二)投标阶段成本控制

与传统的承包合同相比,大多数总承包合同的业主招标文件只是一些概念性文件,仅对该项目功能做一概述,工程量清单一般非常笼统或根本没有给出清单。承包商在投标阶段对整个项目成本的合理预测,是项目实施成败的关键。

1. 认真研究招标文件。首先,通过研究招标文件,弄清业主有关项目的各项功能需求;其次,总承包合同一般要求承包商对合同文件中业主提供的资料的准确性和充分性负责,也就是说,如果合同文件中存在错误、遗漏、不一致或相互矛盾等,即使有关数据或资料来自业主方,业主也不承担由此造成的费用增加和工期延长的责任。承包商应组织商务和专业人员通过研究招标文件,查找招标文件中的

问题,要求业主给予澄清,化解风险或在报价中予以考虑。

2. 做好调查研究。由于总承包合同在实施中变更少、索赔难,因此,初步设计显得尤为重要。选派经验丰富的设计、施工、商务人员组成考察团,做好项目所在国家或地区的调研工作。在调研的基础上,总承包商应加强对设计的掌控能力,将功能和成本综合考虑和评价,才能为编制初步施工方案和报价提供良好的依据,进而合理进行成本预测和编制投标报价。做好市场调研,取得可靠市场信息,分析所在国家或地区的建筑市场前景及项目潜在风险,才能保障项目的总体成本预测建立在可靠的基础上。

3. 充分考虑风险。当总承包合同采用固定总价时,商务风险较大,涉及货币贬值风险、财税风险、劳务输入政策风险等。而且,由于总承包合同实施期限较长、市场价格变化较大,而总承包合同中经常又没有调价公式,且汇率存在较大风险,及当地对劳务输入的限制等,在投标阶段,要充分估计到以上风险,涉及主材、物价波动大的大宗材料的项目单价应适度提高,并充分考虑到汇率损失和其他一些风险因素。既要争取中标,又要保证企业利益。

(三)设计阶段成本控制

对于国际总承包项目,设计对整个项目起主导作用。设计图纸和文件是订货采购、施工和验收的依据。设计阶段的成本控制主要体现在设计对下游阶段成本的影响上,因此控制的重点在于设计方案的优化,通过优化设计降低项目建造阶段和运营阶段的成本。

1. 做好设计准备工作。通过对招标文件及项目前期其他相关资料分析,了解业主方对设计的总体思路和要求,明确设计意图、设计范围、设计深度等;充分了解各种有关的外部条件和客观情况:地形、气候、地质、自然环境等自然条件;城市规划对建筑物的要求;交通、水、电、气、通信等基础设施状况;还要考虑工程应具备的各项使用要求,工程经济估算的依据,资金、材料、技术和施工装备以及其他可能影响工程的因素。

2. 制定科学的设计工艺流程。设计流程对保证设计质量有着重要影响。应依据业主要求,组织各方面专家反复论证,确定出详细的设计流程,供设计单位和设计人员遵照执行。国内将设计分为初步设计和施工图设计,国际上设计程序一般为工艺设计、基础设计和详细设计,并采用版次设计流程,前一个阶段的工作成果是后一个阶段工作的输入,设计过程持续深化和细化,有利于控制和提高设计质量,减少错误和现场的图纸修改。

3. 加强设计与采购、施工的一体化,设计、采购、施工、调试和验收合理交叉,密切配合,有利于保证设计成果的质量,还可以缩短建造周期,降低造价。要求设计人员、工程技术人员、成本控制人员参加图纸会审,综合考虑技术、经济、现场环境等因素,通过施工图会审,选择合理的经济参数和设计方案,提高设计质量,控制工程成本。

4. 加强对各专业、各阶段设计的协调。大型项目设计任务量大,有时还分为几个部分由几个单位分工设计完成,总承包商应及时了解设计计划与进展情况,协调解决各专业之间的矛盾,协调安排设计单位现场勘察、试验等工作,帮助设计分包商获取设计所需的基础资料和数据,保证设计进度,防止因设计延误影响下一个阶段工作。

(四)建造阶段成本控制

总承包模式下,项目建造过程中不确定因素多,风险大,本阶段的关键点在于加强成本费用的控制和合同、风险管控。

1. 做好技术交底。在建造过程各个重要环节,及时组织设计人员向施工人员进行技术交底,以及技术人员向操作人员进行技术交底,保证项目施工严格按照设计和技术标准进行,最大限度地防止错误和不合格工程的发生。

2. 实行归口分级控制。将成本控制指标分解为各项具体指标,层层分解和落实,各业务部门根据其业务范围对其承担的具体成本指标实行归口分管。在此基础上,实行分级管理,各部门、班组、岗位各自负责自身的成本控制目标,从而形成一个多层次控制网络,确保成本控制目标的实现。

3. 加大直接费控制力度。直接费占到工程成本的大部分,因此直接费的控制是成本控制的重中之重。

(1)人工成本:国际工程实施中,不同的国家和地区对劳务输入的限制条件不同,且不同国家和地区劳务的工效及工日成本不同,给承包商对于人工费的控制带来了极大的困难。为有效控制人工费,应在对比分析内外劳务人员工作效率和人工费用的基础上,以适当的比例合理招聘劳务人员。

(2)材料成本:材料成本在整个建筑项目成本中往往所占的比重较高。以铁路项目为例,材料费占到土建施工费用的60%左右。因此材料费的控制是成本控制的关键。该项目先从材料采购和管理入手,大宗材料由物资部根据市场行情统一采购,并通过收集市场价格信息,确定最佳采购来源和渠道,加强采购管理,降低采购成本;加强完善仓库管理系统,做好出入库管理和材料消耗分析。改进施工技术和组织,在保证工程质量的前提下优化材料配置。例如在某海外项目施工过程中,由于项目所在国缺乏路基A组填料,经过设计优化,在保证原技术标准的前提下,对路基A组填料用其他符合要求的填料代替,节约了大量费用。

(3)机械费成本:由于合同技术标准要求及设备调遣成本的限制,为实施海外工程,承包商往往需要新购大量设备。机械费成本的控制主要是通过控制机械设备采购成本和使用成本实现的。承包商在机械设备选型上,应严格按照设计标准,多种方案比选,通过招标择优选择供应商,在满足技术标准要求的前提下优先选用国产优质设备,不仅价格经济,而且还可获得出口退税;还应严格根据工程进度安排来确定设备采购时间,既避免不必要的资金占用,又不影响施工进度,同时还要综合考虑运输途径及国际汇率等对采购成本的影响。机械设备在使用中,加强机械台班核算,特别注意对机械设备零配件的管理,保持常用配件一定库存量,对于短缺的配件(尤其是只能从国内或第三国进口的配件)及时报提计划备货,避免设备故障延误施工,给项目造成额外损失。

4. 规避汇率风险。国际工程合同往往以美元、欧元或与当地币组合作为支付方式,虽相对保值,但由于近年来通货膨胀和汇率波动加剧,汇率风险不容小觑。规避汇率风险,一是建立汇率风险预警机制,预判汇率走势;二是通过合同谈判选择比较保值的货币;三是根据走势尽量在合同中采用固定汇率,以降低汇兑风险。

5. 把握变更索赔机会。虽然总价合同的总承包项目,索赔机会较少。但是如果在实施过程中,业主对合同规定的功能和范围的要求发生改变、增加了工作内容,合同价格同样会发生变化。另外如果合同中有关于法律变更或通货膨胀的价格调整条款,或有业主过失或业主风险给承包商造成成本增加的,也应积极应对。因此总承包商应认真研究合同条款,可根据实际情况向业主提出变更和索赔要求,以此降低自身成本风险。

(五)运营服务阶段成本控制

运营服务阶段的主要成本项目包括人工费、修理维护费、原材料燃料动力费、技术和设备更新费等,该阶段控制成本的措施包括:

1. 加强成本意识,全员参与成本控制

设立与成本控制指标相挂钩的奖惩机制,调动各部门、各班组乃至每个员工的主观能动性,实行全员成本控制,从项目管理的各个层次杜绝浪费及不合理支出的发生。应加强对员工的培训,不断提高职工技术素质,提高技术和操作水平,有效减少检修频率,增加设备机器的使用寿命,降低能耗。同时以尽可能少的人员实现高效率、高质量运营。

2. 建立预算制度,明确成本责任

建立预算制度,按照预算,对各项相关费用实行分解、分配,建立严格的成本控制责任制,根据统一领导和分级管理相结合的原则,逐步建立“项目-部门-班组”的网络体系,以约束和控制各项费用的最终使用者节约用款、合理用款。

3. 合理控制设备、设施的更新、维护费用

运营中的主要设备及基础设施要定期检修、维护,对于重型复杂设备选择合适的维修外包商是成本控制的一个重要因素,应引入市场竞争机制,扩大维修承包商的选择范围,利用竞标等方式,降低维修成本。同时,还应加大技术引进消化再吸收的力度和员工的培训,争取掌握更多的常规设备维修、养护技术,减少外包维修资金支出。加强对设备检测,配以周期合理、计划科学的保养,能够很大程度地减少损耗,增加其服务寿命及服务质量,进而减少对于维修的需求,使得维护成本得到有效控制。对设备更新、基础设施改造要做好可行性研究,对于不必要更新的设备,禁止为了面子工程或攀比心理盲目进行不必要的更新。

第五节 国际工程总承包项目目标控制的权衡

三大控制是辩证统一的。质量是工程的生命,质量恶劣的工程,不仅不能发挥原定的功能,还会危及人的生命和财产安全。此外,质量不合格的工程得不到工程师的批准,工程师会责令重新返工,这既会影响进度,又会增加成本。成本管理对于节省开支,降低造价,避免浪费和防止腐败都有重要作用。成本管理的关键在于要做好计划,实行动态控制,不该花的钱不花,该花的钱一定要花。比如对于必要的安全措施,往往有些承包商往往认识不到位,总抱有侥幸心理。一旦发生安全事故,既影响进度,也增大成本,严重的还造成人员伤亡,给员工留下心理阴影,而且会造成不良的政治影响。而施工进度的管理,其重要性不仅在于保证项目按计划建成投产,更在于它对施工质量和工程成本也有重要影响。

我国很多承包商在主观意识中认为质量和成本很重要,而对进度控制未给予足够重视,没有意识到进度控制与质量和成本的内在联系。在当今工程建设实行严格的合同管理的时代,国际工程项目管理,说到底是合同管理,尤其是大型国际工程项目,工程工期延误不仅意味着承包商要每天付出大量的误期损害赔偿(Liquidated Damages),而且关系到承包公司的信誉和能力,甚至也会产生严重的政治影响和舆论压力。在工期严重滞后的情况下,业主和工程师往往会命令承包商自费赶工,挽回拖延的工期,否则按承包商违约,解除合同。这时承包商为了加速施工,就要投入大量的人力物力,导致成本失控,而连续长时间赶工又往往会造成人员、设备超负荷工作,从而可能导致出现施工质量难以保证的问题,而且还增加了安全事故发生的机率。在国际工程承包实践中,由于工期延误造成连环被动的局面,这样的教训很多。

因此,在要求严格的合同管理的国际工程项目中,在发扬注重质量控制和成本控制传统的同时,我国承包商需要加强进度控制的意识。

要做好进度控制,承包商要制定合理的进度计划,经业主代表或工程师批准后严格按照计划实施,防止那种常见的先拖期、再赶工的先松后紧的不科学的做法。特别需要强调的是,对于承包商负责设计和编制的各种文件、报告或图纸,承包商一定要精心准备,按照规定的递交日期尽早递交。尤其是承包商负责设计的图纸,递交之后,难免会有这样那样的问题,一般都会有一两次反复,承包商要及时主动与业主代表(工程师)沟通,及时修改,争取早日获得批准,而不应只是被动等待。更要防止准备时不抓紧、不认真、不仔细,在截止日前仓促递交,把它当作是对业主的一种应付差事,结果其中错误太多,给审查批准带来很多困难,往往难以一次指出所有问题。这样承包商就可能需要反复递交、反复审批,大量的时间就会被浪费,还可能因此遭到业主的索赔。如果再碰上雇主的咨询人员不负责任,麻烦会更大。其结果造成进度严重拖延,给承包商带来重大损失。

此外,承包商在实施过程中还要注意观察现场情况,对于出现的非承包商的原因或非承包商所能控制的业主风险引起的延误要做好记录,及时报告工程师,申请相应的工期补偿和费用补偿。在与监理工程师的合作中,应注意处理好关系,争取工程师最大限度地提供方便和合作,大多数情况下监理也比较负责,不会故意拖延,但因为合同中对于监理的审批一般都规定了一段时间期限,所以良好的合作无疑有利于缩短审批时间,从而减少对承包商的耽误,有利于承包商控制目标的实现。

第五章　国际工程总承包项目采购管理

本章主要介绍了国际工程总承包项目采购管理的基本概念,包括采购管理的目标、方式、组织等;物资计划,包括采购计划的编制、设备的采购、物资采购清单分析等;项目采购的实施过程、采购国际物资时常用的一些贸易条件和国际货物运输的方式及对应的保险种类;国际总承包项目采购管理过程存在的问题及建议等。

第一节　采购管理的概念

项目采购有广义和狭义之分,广义的项目采购是指从外部引入货物、服务、技术和信息的一系列活动,狭义的项目采购是指为了项目的顺利实施,从外部获取所需要的货物的过程。广义的项目采购包括工程采购、货物采购和咨询服务采购三部分。工程采购是指业主获得项目的方式,即通过招标选择承包商等;货物采购是采购所需要的物资、设备等;咨询服务采购是选择咨询或者代理公司等。本章讨论的是狭义的项目采购,即货物采购。

PMI 提出的项目采购是指以各种方式通过努力从项目组织外部获得项目所需要的货物和服务。采购管理就是对这个过程进行的管理。因此,狭义地说,项目采购管理是指在整个项目过程中从外部寻求和采购各种项目所需资源的管理过程。包括物资计划、采买、催交、检查、运输等工作环节。

一、采购管理的目标

项目采购管理实现对项目的物资供应,包含三个基本目标:

(一)适时适量

物料供应并不是把货物进得越多越早越好,这样会增加整个公司的经营运作成本。生产需要的时候,没有原料供应,会产生缺货影响生产进度;但货物进得过多,不但占用了较多的资金,而且还要增加仓储、保管费用,导致成本升高。因此,要求采购做到适时适量,既保证供应又使成本最小,尽可能以最低的采购管理费用保证物料不间断地供应。

(二)保证质量

保证质量就是要保证采购的货物能够达到企业生产运作所需要的质量标准。质量要做到适度,质量太低会影响工程的质量;质量太高,必然价格提高,增加购买费用。所以要求物料采购要在保证质量的前提下,尽量采购价格低廉的产品。

(三)成本最低

成本最低是物料采购要始终贯穿的准绳,物料采购中每个环节都要发生各种费用。有购买费用,进货费用,检验费用,入库费用,搬运费用,保管费用,库存物料占用资金还需要支付银行利息等。因此在物料采购的全过程中,要运用各种采购策略,使总的采购费用达到最小。

如果站在整个企业的立场,采购管理应从项目群的角度出发,实现对整个企业的物资供应,除上述三个目标,还包含如下两个目标:

(四)发展有竞争力的供应商

供应商可以被当作企业的一种外部资源,采购部门必须有能力找到或发展合适的供应商,分析供应商的能力,选择适合企业采购管理实际情况的供应商。有效的利用供应商这一外部资源,可以为企业合理整合内部与外部资源,达到降低经营成本的目的。

(五)提高公司在行业中的竞争地位

采购管理通过有效地控制工程运作环节上的成本和时间,有效地控制项目进度;避免过多的库存、搬运和检验等不增值、延长时间或增加运营成本的活动,提高项目资本的运作效率;并通过保证工程项目得到平稳物流,提高项目的整体运作水平;最终提高企业的竞争地位。

二、物资采购的方式

物资采购根据采购的规模和项目情况可采用不同方式,例如《国际复兴开发银行和国际开发协会贷款采购指南》,即《世行采购指南》规定了 5 种采购方式。该采购指南为国际上许多国家、地区和项目所使用,具有很强的参考价值。

(一)国际竞争性招标(ICB):这是世界银行贷款项目中最常用的一种采购方式。一般来说,货物采购合同 20 万~50 万美元以上要采用国际竞争性招标方式采购,具体限额随国家或项目的不同而不同。

(二)有限国际招标(LIB):有限国际招标实质上是一种不公开刊登广告而直接邀请投标人参与投标的国际竞争性招标,有限国际招标主要适用于下列情况。

1. 供货商数量有限;

2. 有其他作为例外的理由,说明不完全按照国际竞争性招标(ICB)的程序进行采购是正当的。

(三)国内竞争性招标(NCB):国内竞争性招标是采购那些因其性质或范围不太可能吸引外国厂商参与竞争的货物的最适当的方式。一般来说,国际招标限额以下的合同要采用国内竞争性招标方式采购。需要注意的是,国内竞争性招标的程序也应该包括发布招标公告、公开开标、公布评标结果和合同授予情况以及投标人的投诉程序。如果外国厂商愿意在这种情况下参加投标,应该允许他们参加。

(四)询价采购(Shopping):询价采购是对几个货物供货商提供的报价进行比较的一种采购方式。通常应至少有三家报价,以确保价格具有竞争性。询价采购还可以细分为国际询价采购(IS)和国内询价采购(NS)。询价采购适合用于采购小金额的货价交货的现货或标准规格的商品。一般合同价在10万美元以下的合同才能采用询价和非招标的方式采购。

(五)直接签订合同:直接采购是在没有竞争(单一来源)的情况下直接签订合同,这种采购方式适用于下列情况。

1. 对按照世行可接受的程序授予的现有货物合同进行续签,以增购类似性质的货物。在这种情况下,应使世行满意地认为进一步的竞争不会得到任何好处,且续签合同的价格是合理的。如果事先考虑到有可能续签,原合同应包括有关续签合同的条款。

2. 为了与现有设备相配套,设备或零配件的标准化可作为向原供货商增加订货的正当理由。证明这种采购合理的条件是:原有设备必须是适用的,新增品目的数量一般应少于现有的数量,价格应该合理,并且已对从其他厂商或设备来源另行采购的选项进行了考虑并已否定,否定的理由是世行可以接受的。

3. 所需设备具有专利性质,并且只能从单一来源获得。

4. 负责工艺设计的承包商要求从特定供应商处采购关键部件,并以此作为性能保证的条件。

5. 特殊情况,如应对自然灾害。

第二节　国际工程总承包项目物资计划

一、物资计划的概念和任务

做好工程项目物资管理工作的第一步是做好物资计划。物资计划就是对完成工程项目的各项任务所需要的各种物资进行预测,以确定为完成该项目何时何处需要何种物资以及需要多少,以便为投标决策和编标报价提供决策依据,一旦中标则可以提前做出合理的部署和安排,保证工程所需的各种物资的及时供应,从而保证项目的顺利进展,避免延误和浪费。

在投标决策和投标阶段,物资计划主要任务是根据工程项目招标文件、现场考察、投标报价部门的有关计算资料、以往项目的经验以及其他一切可搜集到的有用资料和信息,明确完成项目所需要的各种物资的种类和数量,包括采用的供应和运输方式,为投标报价决策提供资料依据。物资部门应向投标报价部门提供的资料主要包括:工程项目所需要的各种大型施工机械、运输车辆及设备的主要技术经济指标、交货周期、价格;大宗材料如钢材、木材、水泥的交货期、单价;以及各种物资的运输条件、运输时间及运价等。这些数据资料是否准确可靠,将直接影响投标报价的计算和决策,关系到能否中标和标价的水平,也将会影响中标后项目实施的进度、质量和经济效益。因此,物资部门在日常的工作中应认真搜集信息和积累资料,注意市场变化,及时更新相关数据,做好设备、材料询价,了解物资运输和进出口等方面的有关规定,与编标报价部门相互协作,共同做好这一阶段的物资计划工作。

中标后,物资部门应会同项目工程施工组织部门,根据施工组织部门编写的详细的施工组织计划,在前一阶段物资计划工作的基础上,制定详细的物资供应计划,主要包括:选择和确定所需物资的类型和数量,如土石方机械和运输车辆的机型、吨位、台数等;确定各类所需物资的供应方;选择所需各类物资的运输方式;对于需要从他国购进的物资,做好申报进口许可证的准备工作。

在项目实施过程中,由于现场条件的变化或工程设计变更等原因,有时会发生施工方法甚至施工方案的改变,由此可能会导致所需施工机械和运输车辆等物资的类型和数量发生变化,物资部门必须根据工程需要和实际情况,与相关部门密切配合,对物资计划及时做出调整,并积极落实新的物资计划,使工程施工所需物资及时到位,保证工程顺利实施。

物资计划可细分为物资需求计划和物资采购计划。物资需求计划一般由项目的技术人员编制,是物资部门确定经济采购量和编制采购计划的主要依据,物资部门再依据采购计划确定供货商。

编制物资计划的主要依据包括:

1. 招标文件对物资供应的规定和要求。

2. 工程的性质:如工程规模、合同金额、工程量、施工工期、资金来源、付款方式等。

3. 项目现场考察的数据资料。

4. 分包商根据标书提出的物资需求计划。

5. 施工部门提供的施工组织设计资料。

6. 物资供应市场询价的数据资料。

7. 财务部门提供的计划期内的资金计划。

8. 其他有用资料和信息。

二、施工设备计划

(一)制定施工设备需求计划的步骤

1. 确定合适的施工方法;
2. 确定各项施工作业及其相互关系;
3. 估算各项作业的工期;
4. 编制施工进度计划;
5. 确定各种施工设备的需求数量和时间。

施工设备需求的时间根据施工进度计划中不同的施工作业开始和持续时间确定。施工设备的数量需要在确定了施工设备的机型以后，根据该机型的生产效率、需要完成的工程数量和工期要求，通过计算来确定。

例如，某公路工程拟采用120马力推土机推填路基，经计算，需完成的总推土方量为403 484方，如果推土工期计划为12个月完成，采用每日两个台班，每月工作25天，每个台班推土420方，则理论上需用推土机的台数为：

403 484方/420(方/台班)×2(台班/天)×25(天/月)×12(月)= 1.6台

拟采用2台，利用系数为1.6/2=0.8

照此方法确定完成项目所需要的各种施工设备的类型和数量，并根据施工进度安排，明确各种设备使用的时间，绘制施工设备需求计划表，从而为提前作好设备供应工作提供基础。

(二)施工设备供应方式

1. 利用既有设备

承包商为项目施工提供的设备可分为既有设备和新增设备。既有设备是承包商现有的或到项目开工时可以从其他项目下场或调拨的设备。国际工程承包中，多数业主要求承包商在签订合同后一个月左右开工，由于购买新设备过程手续可能比较烦琐，所需时间较长，承包商应尽量利用从其他工程撤离或邻近国家调拨的既有设备满足开工急需。但需要指出，用于海外工程特别是发展中国家项目的施工设备，往往处于比较恶劣的施工环境，除了自然因素的作用，还可能因为操作人员技术不精和维修保养不善而严重降低工作效率和缩短设备使用寿命，选择既有设备时必须严格检查，保证将要用于新项目的既有设备达到维修保养的有关标准和规定，使设备在上场前达到完好状态，并具有必需的零配件和相关的技术和商务资料，使这些设备运到现场就能马上投入正常使用，满足开工和生产的需要。

2. 租赁设备

对于工程施工中使用时间短、利用率较低的设备，为减少资金的占用，可以采用租赁的方式满足工程施工的需要。但需要注意的是，如果某种设备总计租赁费用超过新购设备价格的一半，则不宜再采用租赁的方式，因为租赁设备的维修费和出勤率与新购设备有很大差别，此时租赁从经济上来说恐怕就不再合算了。当然在新开辟的市场，承包商在该地区没有其他项目，为满足紧急开工的需要，必要时也可以在当地租赁一些设备。

3. 新购设备

随着世界科学技术的不断发展，新技术新设备层出不穷，国内外工程机械不断更新换代，物资供应部门必须随时注意不断学习，了解市场变化信息，掌握各种工程机械的最新数据，才能根据工程项目的具体要求，选择既满足工程需要，又经济高效的施工设备。

在选择购置新设备之前，应首先考虑可用于该项目的现有设备的生产能力和可靠性，如果需要购置新设备，选择时应注意用于本项目的所有工程设备的整体性能，力求做到成龙配套，利于协作，工序之间容易衔接，以提高工程设备的整体效率，减少浪费。选择机型时，要综合考虑拟购设备的各项指标，以期获得尽量高的设备使用综合效率：

设备使用综合效率=计划期内设备的产值/计划期内设备的作业成本

设备产值就是计划期内施工机械创造的总效益，作业成本指计划期内施工机械的总投入，包括设备折旧费、安装费、运转费、维修费以及油电等消耗。

具体说来，施工设备机型选择主要考虑的因素见表5-1。

表5-1　选择施工设备主要考虑的因素

因素	含　义
生产性	所选机型应与施工现场、施工对象、施工方法相适应，安全性能好，单位时间内的生产量高
经济性	购置费用低，综合效率高
可靠性	故障率低，出勤率高
耐用性	使用寿命长，保养费用低
节能性	能源消耗少，所需燃料当地容易购买，价格便宜
维修性	设备如遇故障，当地维修方便，零配件容易买到，维修费用低
兼容性	与承包商现有的施工设备之间具有好的兼容性
灵活性	操作方便，机动性好，适用性强
环保性	对环境的污染小，废气排放量和噪声分贝符合有关环保要求
售后服务	厂家在人员培训、故障排除等方面提供良好的售后服务

（三）确定设备的供应来源

一个海外工程项目所需要的资源，无论是施工设备、工程材料还是劳动力资源，从地理上说都可能有三个来源，即：

1. 来自承包商自己的国家；
2. 来自工程项目所在的国家；
3. 来自第三国。

对于需要新增加的设备，上述三种来源中的每一种又可以有两种供应方式可供选择，即购买或租赁。承包商购置或租赁施工设备应本着先国内、后国外的原则，在工期允许的情况下尽量采用本国产品，以节约外汇，降低成本。但如果工期紧，或业主有特殊要求，或者租用时间较短时，则应考虑从当地或交货迅速的第三国供应。

承包商施工设备可供选择的供应方式见表5-2。

表 5-2　承包商施工设备供应方式

来源/方式	租用	购买
来自承包商本公司	内部租用	购买
来自承包商本国	租用	购买
来自工程所在国当地	当地租用	向当地供货商购买
来自第三方其他国家	租用	购买

承包商在考虑施工资源的来源时，必须参阅招标文件中是否有关于各种资源供应渠道的限制和规定，如对设备、材料和服务的“合格来源国”的规定等。这些限制条件随不同的业主和工程所在国而不同。如一些阿拉伯国家的机构出资的项目在招标文件中有抵制以色列的条款，世界银行规定凡用其贷款进行招标的工程，物资采购和服务必须来自世界银行“采购指南”中规定的合法成员国等。招标文件中此类限制条款承包商务必遵守，否则会失去中标机会或被拒绝支付。

有时招标文件在专用条款或技术规范中指定某种物资的生产国家、品牌乃至生产厂家，或对某些材料的性能有严格的规定，或对某种施工设备的技术指标有明确的要求，在这些情况下，物资计划的编制也必须遵守这些要求和规定。

三、工程材料计划

（一）编制工程材料需求计划

编制工程材料需求计划的步骤与编制施工设备需求计划相似。简单地说，工程材料需求计划就是解决何时需要何种材料以及需要多少的问题，也就是根据项目施工进度安排，根据各个阶段要完成的工程性质和数量，以及由计算和实验得出的或由预算部门提供的各主要工程材料的施工消耗定额，确定各种材料在各个施工阶段的需求量，从而为材料的定货采购提供依据，参见表 5-3。

表 5-3　某项目混凝土工程中水泥等材料的需求量

时间	2002. 7	2002. 8	2002. 9	2002. 10	2002. 11	2003. 3	2003. 4	2003. 5	2003. 6
水泥(t)	75	380	500	195	110	0	15	15	0
石子(m^3)	180	955	1 500	900	800	270	170	230	130
砂子(m^3)	100	500	800	450	400	140	90	120	60

（二）工程材料的询价

为海外工程项目进行工程材料和设备的询价是一项专业性工作，需要有丰富经验的物资采购人员完成，以便保证所收到的报价书能为选择最合适的供应商创造条件。物资部门应注意收集市场商业信息，要保持一份供应各种工程材料的供应商名单，以备需要时及时向适当的供货商发出询价单。

对工程所在国当地供应商的询价，承包商可以通过在当地的代理人，在代理人的帮助下,应该会比较容易地获得当地材料的报价书。

对于需从第三国进口的工程材料,外国供应商一般都报 FOB 价,即离岸价,也就是在离岸港口货过船舷的交货价格,而如果供应商只提供出厂价时,采购部门则必须估算出货物从出厂运到离岸港口的运输费用以及港口装卸费用。

采购部门询价时应向供应商提供所需工程材料的详细资料及其他必要信息,这些资料和信息主要包括:

1. 所需材料的名称和数量;
2. 预计订货日期;
3. 详细的技术规范及可供选用的规范;
4. 有关保证质量的工艺规程;
5. 特殊包装或海运的说明;
6. 希望的离岸港口;
7. 按固定价格支付还是调价公式支付;
8. 支付条件,包括支付的货币;
9. 对保证金和担保的要求;
10. 海运保险或海关的规定和要求,等。

(三)工程材料供应渠道

与工程设备类似,工程材料的供应来源也可以是来自承包商国内、工程所在国或第三国。通常来说,主要材料,如钢筋、水泥、水电材料等可以考虑由国内供应,部分材料如砖瓦、砂石等在当地购买。这样做的优点是可以节省大量外汇,缺点是在国内购买手续烦琐,从提出采购计划、采购材料、申请车皮、装船海运、清关、到运至工地往往很多个月的时间,甚至不能及时运达施工现场。因此,只有工期允许的材料,才应考虑从国内供应。另一个可能发生的情况是由于大批材料过早的运往工地,增加了仓储的困难和成本,甚至造成积压变质,给承包商带来损失。实践证明,海外工程所需要的材料大部分必须在当地解决。

对于在招标文件中对材料来源有明确要求和限制条件的,如业主明确指定某种材料必须从某个国家购买甚至指定供应商,则承包商应遵守这些规定。

在确定材料供应来源时应考虑的因素包括招标文件对材料来源的要求,工期和工程进度安排,对不同地区的材料供应商的询价结果,海上及陆上运输成本,不同来源的材料的供应周期,现场的仓储条件,现场气候和材料的安全存放时间,项目资金情况和流动资金的占有量等,如图 5-1 所示。

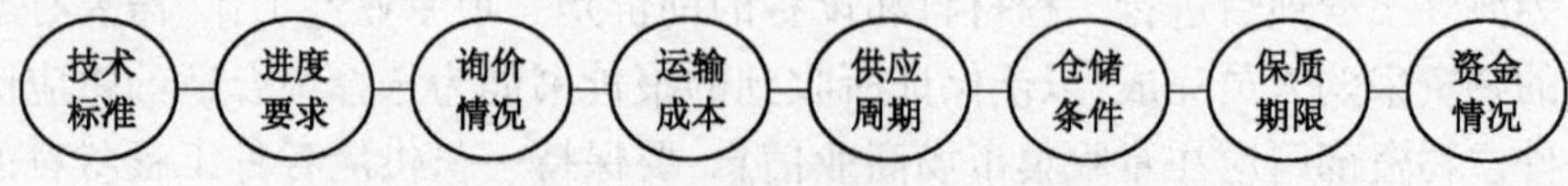

图 5-1　选择材料来源考虑的因素

除了上述工程设备计划和工程材料计划以外,承包商还可根据需要,编制其他一些补充的物资计划，如临时设施需求计划，生活物资需求计划等，方法和步骤与上述类似，在此不再赘述。

四、永久工程设备计划

永久工程设备是指将被包含在永久工程中的设备、仪器等，其需求计划的制定步骤、询价方式以及采购来源与工程材料相似。以下仅对其采购过程中的注意事项作一归纳，一般来说，永久设备采购，需要考虑以下因素：

（一）合同的技术和标准规定

1. 对于包含采购的施工承包工程。在合同条件中的技术规格书，图纸与工程量表里都会不同程度地出现对永久性工程的设备性能要求，采购工程师一定要将图纸中对设备的技术参数要求、技术规格书、相关合同条件和资料等结合审阅，并应参照有关文件、资料、合同中规定的相关国际标准、规范，精确掌握其材质、物理性能和机械性能等内容要求，切不可以国内的工程经验做出错误的理解和决定。

2. 对于生产设备/设计和施工（开车）的承包工程、EPC/交钥匙项目等总承包工程，在合同条件的设计条款中都应明确规定设计标准、规范，或操作、使用要求，可能指定设备加工制造厂家，承包商在设计中一定要注意业主对非标准设备加工制造的标准规范、原材料的标准规范、检验试验的标准规范的约定。对于未约定标准规范的，承包商应注意不要强行约定国内外的标准规范，仅仅约定满足使用要求或操作要求即可，以防止成本增加。

设计中应严格按照约定的标准、规范进行设备设计、审核和采购，否则会招致项目损失、工期延误。如果是我国承包商在发展中国家的融资项目，应尽量争取采用中国的标准、规范进行设备设计、设备选型和国内采购。

（二）运输沿途状况

港口的运输距离、陆路的运输距离、项目所在国的船舶滞港时间、港口装卸能力、其国内交通状况等，既关系到承包商运输成本的增加，又关系到施工成本的增加，还关系到进度计划的正常执行，调查不清，措施不力，还会招致项目损失。一般在交通条件较落后的发展中国家的运输费用要比交通条件发达国家的运输费用高出8%~14%。

在某些发展中国家的港口，当装运设备的船舶抵达港口后，约需在锚地滞留20~50天才能抵达卸船的码头泊位，有的码头需承包商另行租用大型卸船起重机，卸船后，内陆路况对超限设备运输的障碍过多，承包商又要采取措施。上述情况都可能会造成设备损害、进度延误、停工、赶工，导致成本增加、竣工时间延长。如某承包商在某国的公路项目上，因船舶运输的机具车辆在锚地滞留50多天，又要办理对返回机具的报关手续等问题，使开工时间延误了4个多月，还赶上了雨季的提前来临，使工期拖延了一年多。再如大型设备抵达港口后，因没有大型卸船起吊设备，不得不将已运抵现场的大型吊装设备又调至码头，增加了成本、延误了施工时间,不得不赶工。

(三)设备安装和调试指导

承包商在特种、关键设备的安装和调试方面,特别是对不掌握、不熟悉、技术要求较高的传动设备、涡轮设备、计算机控制的仪表系统等,应尽量采取厂家指导,并在采购合同中做出明确约定。如某项目在安装某关键设备时,由于供货商不及时提供安装指导,结果造成工期延误,招致误期损害赔偿。再如某项目上,因负荷试车时调试指导错误遭致整套设备烧毁,招致成本增加,工期延误,招致误期损害赔偿。

(四)人员培训

业主的生产操作人员需要承包商对他们进行操作培训,对这些人员的培训自然就落到供货商的身上。所以,在选择供货商时一定要考虑供货商的人员培训能力,并在采购合同中做出相关规定。

(五)配件、备品、备件的供应

为了保证永久设备的正常运转,需要补充零配件,零配件的价格,以及是否容易获得就成了承包商要考虑的问题。承包商应在合同中区分消耗部件、易损件、备品、备件,一般通过供应制造商为承包商提供相关资料,并按合同规定,提供一年或两年的消耗部件、易损件、备品和备件。

(六)业主对供应商的资格要求、市场价格、汇率等因素

购买永久性工程的设备时,要注意选择的供货商是不是已经在业主的合格供货商目录中,在同等条件下,应尽量选择业主认可的供货商。相反,也一定要注意供货商是不是上了业主的黑名单,对上了黑名单的一定要避免。

第三节　采购的实施

一、物资采买

采买通常指的是从市场调查、询价到下订单的过程,对于采买的具体物资可以分为两大类:第一类是必须从业主确定的供货商名单购买的物资,这类物资主要是工程设备;另一类是总承包商可以自行决定从市场采购的其他设备和材料。对于第一类物资,在下订单之前,需经过业主的批准,但一般只是程序性的审核;对于后一类物资,需要按照总承包商的采购程序执行。

(一)市场调查

国际工程的实施主要是在境外,其成功与否,部分归因于项目的外部环境。由于项目所在国与国内社会经济环境的巨大差别以及不可控制性,使承包商面临许多与国内不同的情况和承担更多的风险。作为居于工程项目和供应商之间的采购部门,处于陌生的市场环境,担负提供项目物质基础的责任,应认识到外部环境与

采购部门工作的相互依赖关系,分析环境,利用环境,规避不利因素,进而制订出行之有效的采购计划、采购策略或具体的解决方案。

1. 项目所在国宏观环境分析

每一个国际工程项目所在的区域、国别不同,外部环境也千差万别,但分析的内容基本相同,主要包括项目所在国的政治、经济、法律、国家体制、宗教文化等内容。

(1)政治环境分析

政治环境是国际工程项目十分重要的环境因素。主要包括项目所在国和地区的社会因素、政治体制、执政党派及有关经济政策和外贸政策,以及国际的和所在国的各种经济法令和条例等。

对政治环境,首先要分析的是对方国家的社会性质、政治制度、对外政策,以及与我国的关系等,其中政治稳定性是必须考虑的关键因素之一。国际工程项目生产周期较长,不稳定的政治环境,如暴力、恐怖事件、经营限制、禁止资本和利润汇回等诸如此类的风险,会使承包商蒙受损失,因此有必要知道如何监测该国政治形势的变化,以及外国政治冲突和困难的产生及其对工程承包的项目影响。此外,政治体制特色、政府机构设置、繁琐的公文申报程序,会影响政府机构的办事效率,造成承包商间接采购成本的增加。

一个国家政治的稳定性,是由国内、国际多种因素构成的。一个国家政治环境的变革,可能导致经济环境的变革。因此在评价一国政治环境时,必须把经济动态变化因素统一起来进行综合考察。只有这样,才能对政治环境做出正确的评价。

(2)法律环境分析

国际工程项目是在一定的法律框架下进行的,项目东道国的法律环境是环境分析中一个需要特别注意的因素。国际工程材料、设备采购的很多经营活动,往往由于符合法律规范而进展十分顺利,但也往往由于法律上的限制而受到阻碍。因此必须了解东道国的外部,内部法律环境。对一个国家的法律环境,应从两方面做出评估:一是它的完善性;二是它的严肃性。对国际工程承包商来说,不仅要懂得国际法律制度,特别是法律的基本思想及其裁决权,而且要了解东道国的国内法,更要对其涉外法有深入了解,如专利法、商标法、广告法、卫生法、竞争法、反倾销法、商检法、合同法,以及有关关税、配额、知识产权、进出口许可证、税务条例、产品安全检验等方面的法律、法规。这些法律法规对国际工程承包活动、货物采购业务产生重要影响。

(3)社会文化环境分析

社会文化环境对国际工程项目货物采购的影响是多方面的。了解社会文化的重要途径是:分析一个国家的基本文化要素、物质生活、语言、教育文化水平、风俗习惯、宗教信仰、道德观念等。要做到“入国问禁,入境问俗”,通晓该国的国情、民情,正确认识和理解不同社会文化与行为差异,以避免经营活动的盲目性和失误。

如阿拉伯国家的宗教节日可能会成为承包商材料、设备采购进度控制的影响因素。社会文化的影响,存在于一切国际市场的经营活动中,承包商必须适应海外文化,其经营活动和措施也应当与当地的社会文化保持一致。

(4)经济环境分析

一国的经济环境对市场供求状况有着直接影响。认识工程所在国的经济环境,需要了解东道国的经济制度、人口数量、收入水平、通货膨胀率、人均国民生产总值、劳动力、能源成本、能源供应充足与否、人均消费水平以及交通、通信、汇兑设施等。通过对相关数据的分析,可以透视东道国资源配置与供应情况。

2. 材料、设备供应市场分析

对材料、设备供应市场分析主要是分析项目东道国及国际市场对工程项目需要的各种材料、设备的提供能力,这是决定货物价格的重要因素之一。同时,不同的市场结构也会影响采购决策。供应市场分析的内容见表 5-4。

表 5-4 材料、设备供应市场分析

供应市场分析	供应市场能力分析	不发达国家市场供应能力
		发达国家市场供应能力
	供应市场结构分析	完全竞争市场
		完全垄断市场
		垄断竞争市场
		寡头垄断市场
	供应市场环境分析	价格水平、技术标准、运输情况、支付习惯、税收制度、外汇管理、法律法规、银行与保险等

(1)市场能力分析

我国国际工程主要分布在不发达和少部分中等发达国家。

①不发达国家。基础设施落后,供应量有很大的限制。工业化程度低,生产技术落后,当需求量增加时,价格上涨,当需求量增加到一定程度时,供应能力就成了决定因素,出现了高价也买不到按时供应的材料的现象。这种现象对工程的成本、工期、质量都有严重的影响,很多时候是造成工程滞期的主要因素。出现这种现象的原因有三个:提高生产能力本身需要一定的时间,市场对需求量的变化需要一个调整的时间;提高生产、供应能力需要资本的投入;不发达国家的生产者和供应商规模小,投资能力差,限制了其扩大生产的能力;市场需求能力低,使生产者和供应者不敢贸然投入。扩大后的生产能力和供应能力,也就是按工程进度需要配备的供应能力,在工程结束时,有可能出现设备闲置、找不到活干。此外,任何其他工程的开工和实施都会极大影响对在建工程的物资供应。不发达国家另一个需要注意

的问题是零配件供应。不发达国家的生产设备、生产技术落后，设备陈旧，数量少，零配件的供应能力、加工能力都比较差，给设备维护造成很大的压力。

②中等发达国家。大多数中等发达国家材料、设备供应市场资源相对丰富，设备零配件的供应一般能满足要求。单个工程的实施不会超出其供给能力，最多引起一些价格上涨。在这类国家，供应商的材料报价一般可以反映出当地的市场价格，承包商可以利用市场的竞争机制，货比三家，以较为合理的价格进行采购。

(2)市场结构分析

从材料、设备供应的角度来看，市场结构问题本质上是一个市场中各个企业之间的竞争关系问题。一般地，按市场中产品的采购方与供应方的多寡、差别程度、进入的自由程度和信息的完全程度，将市场结构划分为完全竞争市场、完全垄断市场、垄断竞争市场与寡头垄断市场四种类型。不同的市场结构决定了承包商在采购过程中的不同地位，因而需采用不同的采购策略和方法。

①完全竞争市场。其市场结构的特点是市场上有大量的采购方和供应方。无论是采购和供应都不能单独影响物资的价格，价格系由参与该产品市场的采购方和供应方共同影响确定，即市场由供给和需求确定，市场透明度高，在产品结构，质量与性能方面，不同的供应商之间几乎没有差异。由于市场进入比较容易，供应商较多，竞争激烈，因而供应商定价比较灵活，易于对承包商询价做出积极反应。属于这类市场的货物一般是标准化建筑材料、电子产品、五金产品等。

②完全垄断市场。由于技术(如专利，知识产权等)或法律原因，供应厂商是市场唯一的供应者，完全控制了该行业市场的全部供给，其产品几乎没有接近的替代品，因而该供应厂商也是相应产品的价格决定者。这种市场只是一种理论的抽象，在现实生活中几乎是不存在的。但在国际工程项目货物采购过程中，如果出现业主指定某一材料或设备的唯一供应商，这实际上是一种局部条件下的人为完全垄断，这种现象可能会出现在诸如业主为保证建筑产品质量，保持技术标准或生产工艺的一致性，或为前期某一生产项目的配套工程而指定供应商等情况。这种情况下，承包商可能被迫接受垄断企业的销售高价或其他限制条件。

③垄断竞争市场。这是一种既有垄断又有竞争，既不是完全竞争又不是完全垄断的市场，是介于完全竞争和完全垄断之间的一种市场，大多数建筑物资属于这种市场结构。其特征是供应厂商较多，价格处于规模较大的供应商控制之下，不同供应商同一产品之间存在差别(如质量、商标、销售服务等)。这种市场结构有助于承包商通过价格分析其报价和产品质量的可靠性，也为对供应商的选择提供了广阔的空间。需要注意的是，为保证工程质量，对重大设备或关键物资，业主可能会指定供应商范围，从而限制了承包商的选择范围，使得承包商利用供应商之间的竞争程度降低。但在承包商自主选择供应商条件下，对属于这类市场的其他大多数物资，其可能有更多的选择余地。这需要承包商充分利用市场条件，利用供应商之间的竞争，以获得有利于承包商的销售条件。

④寡头垄断市场。该市场进入障碍明显，通常由少数几个企业占据绝大多数市场份额，这些企业往往具有一定的规模经济。这种寡头垄断市场在物资采购时经常出现在对重大设备、非标设备的采购中。

(3)市场环境分析

市场环境分析主要包括影响货物采购过程的各个因素，如当地物资的可获得性及技术指标、采购半径、运输状况、支付习惯、各种税赋等。

①了解材料、设备、施工机械等价格及当地主要供应商和生产厂家的生产能力、产品技术指标。了解当地流行使用的设备，以及技术规范中要求使用的设备在当地供应情况及这些设备零备件的供应情况。了解材料、设备租赁的可能性与租赁价格以及项目配套所需材料和设备。

②了解与物资供应有关的费用开支。如日常业务活动中有哪些可能的隐性费用支出，一般数额或占合同比例；当地的进出口程序、报关及清关手续以及相关费用，海关代理的费用，海关的各种税收、税种(如附加税、进口税、海关税等)、税率、课税条件及费用；关税税率表、滞港费、仓储费、清关费等；了解节假日情况及天数，节假日报酬支付办法。

③了解当地外汇管理情况及汇率制度。特别是对外汇的汇入、汇出的限制条件，外汇管制的宽严程度；了解承包合同中当地货币和其他货币的支付比例以及当地货币的可自由兑换性。了解当地货币价值的稳定性及与世界主要货币挂钩的情况；承包合同中如果当地货币支付比例较高，应注意银行是否有相关避险产品。

④了解当地法律法规。通过当地律师和注册会计师机构了解当地与国际工程咨询或承包有关的法律，如经济合同法、公司法、劳工法、社会保险法、投资法、金融法、外汇管理条例等；了解国外承包商在进行采购等商业活动时是否必须通过代理进行；了解当地有关仲裁规定和法律。

⑤了解当地银行与保险情况。了解当地银行的实力和背景、管理情况、办事效率、各项手续费的收费水平等情况，了解当地银行利率、费率及是否收取利息税；存款和汇款的手续费和方便性，银行现代化办公程度等情况，应特别关注与中国有过业务往来的银行，确定备选合作银行；当地保险公司的守信情况及与中国相应机构的关系；了解保险公司有关金融状况和经济状况；海洋及陆地运输险等各险种的保险费率。

⑥了解项目东道国物流状况。了解在当地可提供物资供应条件下，潜在材料供应商的主要分布及采购半径、航空路线及费用、海运线路、周转港口及港口费用、装卸费用、海运费用、运距和运价、所需时间等；由港口或机场到工地的公路和铁路的通过性、运输能力和相关费用等；河运各季节的航行通过性和运输能力以及当地气候条件对运输可能造成的影响；项目附近的港口情况、港口费用及装卸费用、与拟建项目并行的公路或水运交通条件；了解当地运输规则，大型的运输商，尤其是河陆联运的运输商各自状况、运输能力及运价；当地运输车辆的租赁费用。

⑦了解当地的商业习惯,如是货到付款,还是预付款;如需开立信用证/银行保函时当地银行的限制条件或附加条件,在当地采购时对货币支付的限制等。

(4)出口物资至项目所在国的物流系统分析

对于需从我国国内采办,出口至项目东道国的物资,需要进行物流系统分析,大致可分为以下几个环节:

①各类需从国内出口材料、设备的定购计划;

②选择合适的出口运输方式;

③国内采购和运输;

④国内物资集结或仓储;

⑤出口报关。

对国内出口承包物资的物流系统应基于服从工程项目三大控制的总体目标,明确约束条件。根据承包合同的要求,综合考虑其他在建项目或续建项目的情况,制定采购方案;分析实际出口材料、设备的种类和数量、工期要求、相关手续所需时间,以及运输成本、运输可靠性,选择合理的运输方式;对于国内采购的货物,分析空运航班和海运航期,以及口岸报关时间,使其与供应商的交货时间相衔接,以便降低口岸的存储费用。对于出口报关,分析报关代理与自行报关的可行性,以及对日后出口退税和项目东道国进口报关工作的便利性,确定是委托代理报关还是自行报关。对于从第三国采购的物资,也需要类似的分析。

(二)选择采购方式并执行

国际工程采购的方式在本章概述中已经阐述,可以根据货物的价值、货物的性质以及采购的国际惯例等方面的因素选择恰当的采购方式,对于采用招标方式的采购过程,与以前讲述的招投标一章的内容类似,可以参考进行,不再赘述,这里只对采购中常用的询价采购进行详细介绍。当然,此处讲的询价不仅是在询价采购中应用,在采用招投标方式进行采购时,也可能会有询价相关工作内容。

在做完市场调查,对国内外市场上关于所需要的材料、设备有一定了解的基础上,如果决定采用询价采购方式,需要对目标采购地的市场进行询价。询价就是采购材料、设备的一方以各种形式直接或间接向卖方(报价方)探询价格等内容的过程。

1. 询价准备

(1)计划整理:采购部根据工程项目执行计划、进度计划和材料、设备需求计划等编制询价计划。

(2)组织询价小组:询价小组由采购部、技术人员或材料工程师等组成。

(3)编制询价文件:询价小组根据采购部制定的采购计划及有关采购工作程序和项目特殊要求,在采购计划要求的采购时限内,拟定具体采购项目的采购方案、编制询价文件。

(4)确认询价文件:询价文件在定稿前需经采购部经理确认。

(5)收集信息：根据采购材料、设备的特点，通过查阅供应商信息库和市场调查等途径进一步了解价格信息和其他市场动态。

(6)确定被询价的供应商名单：询价小组从符合相应资格条件供应商名单中，确定不少于三家的供应商，并向其发出询价通知书供其报价。

2. 询价实施

(1)询价小组按询价计划向潜在的供应商发出询价文件，报价供应商应在询价文件限定的时限内递交报价函，询价小组应对供应商的报价函进行审查。

(2)采购部会同有关技术部门对供应商报价进行审核，作好报价记录，根据供应商报价总体情况及其履约诚信情况，考虑项目采购需求、业主意图以及承包商的采购原则和策略，按照询价文件中所列的确定成交供应商的方法和标准，确定一至二名成交候选人并排列顺序。

(3)询价小组写出完整的询价报告，经询价小组所有成员及监督员签字后，方为有效。

3. 确定供应商

采购部根据询价小组的书面报告和供应商推荐顺序确定供应商和备用供应商。

4. 建立询价渠道

询价对象和渠道主要有以下6种：

(1)与承包商有合作关系的机构。利用一些与承包商有比较密切合作关系的组织或个人，可连接多种渠道，这种渠道的扩散效应是信息反馈的有效途径。

(2)所在国当地的代理商。充分利用代理商对当地情况、政策、法令、条例和人际关系优势，这是任何外国公司所无法替代的。

(3)国际性供应公司。通过电子信件等与国际供应公司建立业务联系，通过该公司直接从某国市场上购置某国产品。

(4)生产厂商。直接向生产厂询价的方式，比较适用于技术性和专业性很强的产品或专利产品。

(5)查阅当地的供应商名录或互联网。

(6)与中国驻项目所在国大使馆商务处建立联系。

5. 选择询价方式

国际工程承包项目材料、设备的采购，大多采用确定报价模式进行招标。在这种模式下，密封报价给予供应商以最大的竞争压力。但这种模式有其特定的含义和商业道德约定。向供应商发出确定报价的邀请，即是通知供应商递交的报价是最终的，在任何情况下不得修改。但是招标不是在任何情况下都是最佳方式。承包商应考虑制约招标采购的多种因素，灵活地选择询价方式。主要考虑因素有可用的采购时限、产品本身的属性、采购方与供应商的关系等。对于采购进度要求苛刻的项目，灵活的询价采购可能会缩短采购周期。而采购标的的属性决定了承包商进入市场采购时可向供应商提供的产品描述的完整程度,而产品描述的完整程度决定着承包商可采用的询价方式。此外,承包商在采购前并未确定产品的规格及数量,利用较灵活的询价方式可保留变更的灵活性。对于某些材料、设备的采购,基于承包商与特定供应商频繁的商务关系,议标是省时省力的办法。

6. 供应商报价单审核

一般物资供应商通常按照自己产品的属性与过去的交易习惯印制有利己方的报价单格式,采购人员应该切实了解对方的报价单格式,以免其中可能存在不利条件而造成严重损失。如卖方拒绝延期交货罚款、卖方拒付履约保证金、卖方不履行索赔期限、卖方属地仲裁等。采购人员在审查报价单时应注意下列事项:

(1)契约条款是否公平,采购一方是否有优势。

(2)报价单上所列内容是否符合工程项目的规格与成本要求,一旦市场价格波动,供应商的诚信度将影响是否履行报价单的约定。

(3)报价单的内容是否符合采购方的采购内容。

报价单的内容一般为:报价单标题、编号、日期、货物名称、货物编码、货物单位、单位价格、交货地点、计价方式、品质标准、付款条件、数量约定、交货期限、包装及运输、保险条件、报价有效期限、报价署名、附带事项等。

此外,供应商所供材料、设备若有偏差,应列出偏差表。若被询价的货物有一定加工难度,供应商还应对产品的加工工艺、主要加工设备等做较详细介绍,必要时应附图纸。

(三)采购谈判管理

经过询价的过程之后,对材料、设备的供应商有了初步的选择,然后就需要与意向供应商进行谈判,之后签订订购合同。

1. 谈判准备

国际工程项目货物采购谈判是不同国籍的人们之间围绕采购标的选定、合同签订以及实施所进行的必要活动,是一项融技术性、政策性、艺术性、技巧性为一体的社会经济和国际交往活动。谈判准备工作的充分与否是谈判能否成功的重要条件。

(1)信息收集与分析

在商务谈判活动中,谈判成功与否与信息是否充分密切相关,可直接影响谈判的结果。为使谈判有的放矢地进行,尽量避免或减少信息不对称的影响,承包商应认真研究主合同,研究业主意图与需求,研究供应商的供货可能性以及市场地位,研究工程总体计划以及具体的资源计划。信息收集与分析的内容包括以下几个方面:

1)供应商以及项目东道国有关政策法令、贸易政策等。

2)采购标的信息,如采购标的特点、技术参数、市场价格以及设备的基础要求等。详细了解供应商报价,分析供应商定价策略。

3)谈判对手信息

①资信与地位:掌握对方是否具有签订合同的合法资格,了解对方的资本、信用和履约能力以及权限和谈判时限。尽量直接与材料、设备制造商谈判,避免和中间商或代理谈判。如需与中间商谈判,要详细了解其与制造厂家的关系。

②谈判作风:了解谈判对手的谈判作风和可能采取的策略,以及对方的心理特征,行为模式及民族特点等。

③信任程度:了解对方对己方的经营能力、财务状况、付款能力、谈判能力、商业信誉等方面的评价。通过对这些情况的了解,可以更好地设计谈判方案,争取主动。

④其他情况:如谈判对方主谈的个人背景,包括履历、信念、性格、家庭成员、兴趣爱好等。

(2)自我分析

分析潜在的交易过程中,采购方自己所处的优势/劣势地位。一般地,承包商在谈判中的地位取决于业主对供应商的要求、供应商的市场地位、采购标的在项目中的位置以及工期和工艺、技术的难易程度。

在采购谈判中,承包商虽然处于买方地位,但这并不意味着经常处于优势和主导地位,如在业主指定供应商情况下形成的相对垄断,或当承包商的采购金额在供应商生产经营活动中所占比重微不足道,而不足以引起供应商的兴趣,或采购标的处于寡头垄断市场等,都可能使承包商在采购谈判中处于劣势和被动地位,影响承包商的议价能力,承包商对此应有充分的心理准备。

2. 确定谈判方案

谈判方案包括谈判主题和目标、议程安排(时间和地点)、谈判议题。

(1)谈判目标的确定

谈判目标应确定优先顺序,分析可行性,循序渐进,逐步深入,如图 5-2 所示。

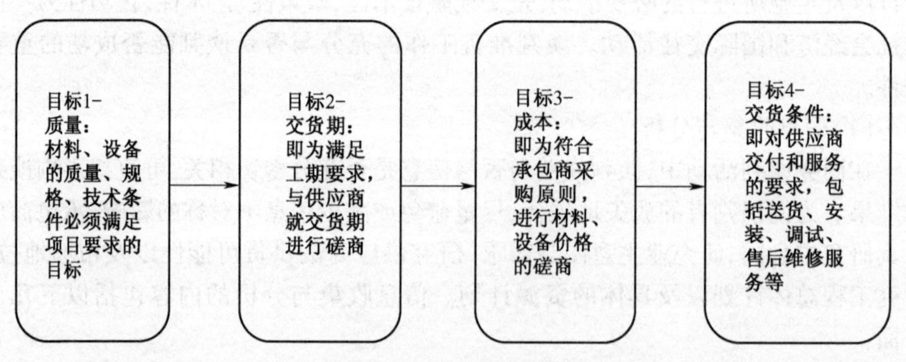

图 5-2 谈判目标的确定

这四个谈判目标相辅相成,即质量、工期、价格以及交货条件、售后服务之间互相影响,当供应商满足某一目标时,可能会影响承包商另一潜在目标的实现,如质量与价格。承包商应确定每一目标实现的最高和最低限度并保持适度弹性。一般情况下,承包商将满足质量和工期要求作为谈判的首要目标。

(2)采购谈判主题的确定

谈判每一阶段都有相应的主题,承包商与供应商就交易过程中的具体问题进行磋商,如与质量有关的议题、与交货期有关的议题、与价格和付款条件有关的议题,以及与售后服务有关的议题。

(3)采购谈判时间和地点的确定

时间:以使双方有充分的机会为谈判做准备为宜。

地点:应选择可以产生心理优势等相关因素的地点。如由于某些自然心理优势,大多数的谈判者喜欢选择所在企业进行谈判。

为更好地完成采购谈判,满足工程需要,准备几个切实可行的备选方案,一旦采购谈判陷入僵局,根据实际情况,启用备选方案,或更改目标和主题,或重新选定谈判供应商,以确保原谈判的继续进行或新一轮采购谈判的立即启动。

(4)建立谈判团队

首先应确保团队全体人员对谈判策略和目标达成共识。

团队结构应包括专业技术人员和商务人员,对于重大采购,可配备合同管理方面的专家。对于沟通方式,应确定团队内部沟通方式和团队外部的沟通方式。而对于任务分工,则应确定主谈、辅谈、资料整理、信息提供、谈判记录、谈判分析等。

(5)跨文化准备

国际工程项目货物采购的商务谈判是承包商采购决策的关键环节,又是一种跨文化谈判。不同的文化背景影响谈判者的思维方式,决策方式,谈判冲突解决方式,谈判语言以及谈判协议的内容和执行。因此,参与商务谈判的人员须熟悉谈判对手国家的文化特点,把握对方的价值观、思维方式、行为方式和心理特征,建立跨文化的谈判意识,认识到不同文化背景的谈判者在需求、动机、信念上的不同,学会了解、接受、尊重对方文化,切不可片面理解在自己国家得到认可的东西在其他国家也同样行之有效。其次,在文化问题上,应敏锐洞察谈判对手的文化准则、社会习俗和禁忌,谨守中立,学会尊重,并注意翻译的质量,克服沟通障碍。

3. 选择谈判策略

根据实际情况选择规避策略、让步策略、竞争策略、合作策略、妥协策略。

无论是供应商还是采购方,其基本的谈判策略为:规避策略、让步策略、竞争策略、合作策略、妥协策略。承包商在对供应市场和采购清单分析的基础上,了解自己在不同物资类别采购中的不同市场地位,即分析所处环境是属于买方市场还是卖方市场。在采购谈判中究竟采取什么策略,取决于承包商与供应商在供应市场的关系以及交易结果的重要程度,如图 5-3 所示。

在买方市场条件下,承包商一般采取竞争策略、合作策略,而在卖方市场条件

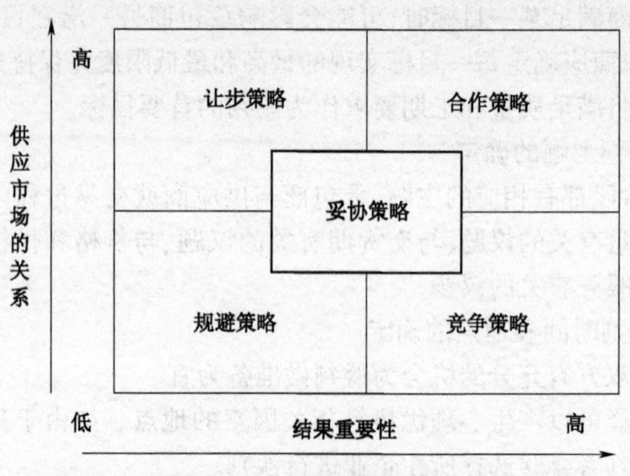

图 5-3　谈判基本策略矩阵

下，承包商一般合作策略、规避策略、让步策略、妥协策略。由于双方在谈判中的不同地位而采取的不同谈判策略的交叉会产生不同结果，见表 5-5。

表 5-5　不同谈判策略的交叉对谈判结果的影响

	规避策略	让步策略	竞争策略	合作策略	妥协策略
规避策略	双方避免在议题上达成目标，也不采取任何损害双方关系的行动	在双方关系上，让步者对规避者表现强烈的关心，规避者则尝试将彼此的互动降到最低	竞争者很强势，规避者则回避。竞争者尝试介入时，规避者则试着将彼此的互动降到最低	合作者对彼此的议题和关系表示强烈的关切，但当规避者逃跑时，合作者可能放弃	妥协者对彼此的议题和关系表示颇为关切，而规避者想逃避，规避者可能放弃
让步策略		双方避谈彼此的目标，以迁就对方，缓和彼此的关系	竞争者予取予求，让步者则一味讨好，竞争者是大赢家	合作者对议题和关系表示强烈的关切，让步者想取悦合作者，关系稳固，合作者得到较好结果	妥协者对议题和关系表示某些关切，让步者想取悦妥协者，双方在焦点问题上达成目标
竞争策略			双方都想追求各自的目标，忽略彼此的关系，造成冲突、不信任和敌意	竞争者只在乎达成目标合作者对议题和关系表示强烈的关切	竞争者只在乎解决问题，妥协者关心议题和关系，彼此竞争，竞争者获利

续上表

	规避策略	让步策略	竞争策略	合作策略	妥协策略
合作策略				双方都追求达成目标,并在乎彼此的目标、信任及良好关系的维系	合作者对彼此的议题和关系表示强烈的关心,妥协者只有某些程度的关切
妥协策略					双方均愿意妥协,在议题上达成目标,并尝试不损害双方关系

对承包商而言,在商务谈判过程中,比较棘手的是与业主指定供应商或处于垄断地位的供应商进行谈判。这些供应商深知自己的优势地位,利用承包商在卖方市场的劣势、双方信息不对称、工期以及业主需求的双重压力,给承包商议价带来一定的困难。面对这种情势,承包商可采取如下策略:

(1)局部整合策略。承包商将整体目标分割成若干个小目标和小方案,逐个同对方讨价还价,不断实现小目标和小方案,获取局部利益,若干局部利益则整合为整体利益。

(2)扩大方案的选择范围。承包商从不同角度分析同一问题,就某些问题和合同条款达成不同的约束条件,如不能达成无条件的,可以达成有条件的协议,不能达成永久协议,可以达成临时协议等。

(3)虚设门槛。利用供应商无法做到的项目设置障碍,再于适当的时机将之移开,而造成假性让步。

(4)交叉对抗。当供应商在某一议题上发动攻势,承包商可在另一议题发起反击,以间接反击的方式表示不愿引发僵局,借此表达不满,并隐含进一步报复的可能。

(5)找出双赢的解决方案。双赢存在于绝大多数的谈判中。每个谈判都有潜在的共同利益,而共同利益就意味着商业机会。承包商在谈判中应强调双方共同利益的存在。

(6)制造竞争对手,即增加供应商名单。

承包商的每一次谈判都有其特定目标和议题,因此要求有特定的策略和相应战术。在某些情况下首先让步的一方可能被认为处于软弱地位,致使对方施加压力以得到更多的让步,然而另一种环境下,同样的举动可能被看作是一种谋求合作的信号。采取合作的策略,可以使双方在交易中建立融洽的商业关系,使谈判成功,各方受益。但纯粹的合作关系也是不切实际的,当对方寻求最大利益时,会采取某些竞争策略。与竞争相结合的合作策略会促使谈判顺利结束。这就要求承包商在谈判前制定多种策略方案,以便随机应变。

在谈判中还应注意,交易与关系是相互关联的,谈判最终应该有两个结果,一个是交易的量化结果,如价格、交货期、交货条件、规格要求、售后服务等。另一个是与供应商的关系结果,如双方及时协商的必要性、可靠性、澄清双方的目标以及确保在出现问题时,双方都给予对方质疑的权利。这种利益共享的合作关系所产生的信任,有益于随后在合同履行过程中承包商与供应商的关系互动与协调,以及承包商在国际工程市场上长期战略目标的实现。

(四)签订供货合同

物资采购的招标/询价文件的编制是采买过程中最重要的一个环节,尤其是设备采购。招标/询价文件由技术询价文件和商务询价文件构成。技术文件主要包括订购单、数据表、技术规格说明书、相关图纸。商务文件主要包括供货基本合同条件和报价表。在编制商务文件时,应根据总承包合同的要求来强调供货商必须满足的供货条件,如交货期等。

在下订单之前,可能需要与供货商进行多次的技术澄清会,这些会议应由总承包商的采购部牵头,并由设计部派员参加,必要时也可要求其他部门,如控制部、质量部等。

最终形成的供货合同一般包括:

1. 供货协议书(Agreement/Contract Form);

2. 合同条件(Terms and Conditions);

3. 供货报价一览表(Price Schedule);

4. 交货时间计划一览表(Delivery Schedule);

5. 支持性服务完成时间计划表(List of Related Services and Completion Schedule);

6. 检验和运输要求(Inspection and Transportation);

7. 各类技术附件(Attachments:Technical Requirements);

8. 各类关键会议纪要(Minutes of Meetings);

9. 双方同意作为合同组成部分的其他文件(Others)。

在国际承包工程中,尤其是对新市场,要充分调查市场的情况,了解市场供应商的习惯,必要时可针对某些供应商的拖拉习惯提出相应处罚措施。另外,国际承包商一般都有自己的法律部门处理法律事宜。对于重要的合同,签订前都要听取法律部门的意见。

二、催交(Expediting)

采买的物资及设备是否能准时运至现场直接关系到总承包商的现场施工和建

造完成之后提供运营服务的顺利进行。但由于采购的物资尤其是大型设备需要准备、加工制造和装运，需要较长的时间，加上供货商有时面临很多订单，即使在供货合同中明确约定了交货期，仍可能出现供货商不能按时交付的情况，对于长周期设备采购尤其如此。因此，在下达订单之后，催交作为订单下达后的监控手段，就成为采购工作下一个主要环节。

如果项目的采购量大，采购过程不易控制，则可以在总承包商采购部设置专门的催交工程师，负责催交工作。反之，催交工作可以由采买工程师或其他采购人员兼任。对于总承包项目的采购来说，催交工作是一项十分重要的工作。

催交的主要任务是与供货商保持联络，对于设备采购，其具体工作内容如下：

1. 熟悉供货合同的规定，弄清楚总承包商与厂家在设备制造过程中的各自职责，制定催交的关键控制点，确定厂家联络人。

2. 在设计阶段，催交工程师应按供货时间计划要求厂家尽快提交设备制造的先期确认图(ACF)和最终确认图(CF)以及其他资料，同时督促承包商设计部门尽快予以审查和确认，并及时返回厂家。

3. 催交工程师应跟踪制造进程，发现影响设备制造的外部因素，包括原材料、零部件等的采购进展等，发现问题后及时通知相关方，并制定解决方法。

4. 在设备制造后期，要注意设备检验日期的安排是否合理，是否对设备交货的进度有不利影响，并与检验工程师保持紧密联系和恰当协调。

5. 催交工程师应关注运输准备工作，若是国外进口设备，应注意进口手续是否及时办理，包括各类文件、进口许可以及报关手续等，保证设备及时清关。

材料采购的催交过程比设备的催交过程简单些，但在每次启运前，催交工程师必须向供货商确认所运材料是否属于按计划本次应运的材料，防止运至现场的材料与计划不一致。

三、检验(Inspection)

检验是采购过程中一个质量保证环节。此类检验主要是指对设备和一些重要材料的检验，由采购部派遣专业设备检验工程师进行。根据总承包商项目机构人员配备的具体情况，此类人员可以是采购部的专业工程师，也可以是该专业的设计工程师，甚至可以是外聘有信誉的第三方专家。检验的任务是保证相关设备和材料质量满足规定，并可以对厂家的设备制造和材料生产的质量保证体系进行检查。

检验的类别可以分为现场接收检验、启运前检验、工序节点检验、驻厂检验。根据设备和材料的重要性和复杂性，加上交货期方面的考虑，可以考虑进行这四类检验中的任何一类或几类同时应用。对于简单设备和供货商信誉良好的设备，只进行现场接收检验就可以；但对于复杂的设备，则可能采用驻厂检验。检验过程也可能十分详细，包括技术准备、用材检验、焊接检验、外观和几何尺寸检查、耐压检验、热处理检验、无损检测(NDT)。

检验计划应按总体的采购进度计划来确定，并体现在供货合同的规定中，如果合同规定简略，可以在制造前专门召开一次检验协调会，确定检验的具体内容、方式、时间以及检验过程中各自的义务。对一些重要设备的里程碑式的检验，如发货前的最终检验，总承包合同有时规定业主同时派员参加，此时承包商应在检验前按规定提前通知业主派员参加。

检验的具体程序一般由厂家根据检验计划做出安排，并保证检验所需的一切文件和资料，检验程序需要由总承包商的采购部与供货商协商后，由供货商将检验程序“文件化”(Documented)后发给承包商，由承包商通知业主具体日程。

每次检验结束后，应由承包商的检验工程师整理检验报告，真实地记录检验的过程和检验结果，并根据被检验的设备或材料是否符合合同的规定，作出拒收、有条件验收或合格验收的结论。参与检验的其他方应该在此报告上会签(Countersign)。应注意，此类检验属于验证(Verification)，不解除厂家对产品的最终质量责任。

四、索赔(Claim)

在国际承包工程中，物资管理方面的索赔工作主要涉及在货物运输方面的索赔及物资采购后与合同不符进行的索赔。

运输方面涉及的索赔在后面的国际运输及保险内容中讲述。

关于采购后供货与合同不符的索赔，一般包括以下几种情况：

1. 签订订货合同后，由于卖方的原因，没有按合同规定的时间供货，拖延了交货日期，对卖方要进行罚款。

2. 由于卖方的原因，货到港后提不出货，造成滞港罚款，买方应及时向卖方提出索赔。

3. 采购的物资因为质量或数量的原因违反了合同的有关规定，应积极进行索赔。

总之，物资管理合同方面的索赔工作对国际工程承包商来说，是一项十分重要的工作内容，只要索赔的理由符合合同条件的约定，并有充分证据，经过努力都会取得经济补偿，避免或减小可能的损失。

五、物资采购单证工作

(一)进出口许可证

申请办理进出口许可证是加快物资采购的重要环节，每个国家对进出口物资都有具体的规定和要求，如果违反，轻则罚款，重则受到法律制裁。物资的进出口直接关系到工程的进度，可能造成不可挽回的经济损失，所以，必须认真对待。进出口许可证的审批需要一定的时间，一般是1~3个月，为了不影响货物的进出口，或形成滞港，需要提前向项目管理部门、海关等有关部门办理审批，以加快物资的进出口工作。

当前世界上大多数国家普遍采用进出口货物许可证管理制度，该制度是管理进出口秩序的重要行政手段，也是我国对外贸易管理制度中的重要内容之一。进出口许可证制度是根据国家的法律、政策、对外贸易计划和国内市场的需要，对进出口经营权、经营范围、贸易国别、进出口商品品种、数量、技术及其相关产品等实行全面管制、有效监测、规范货物进出口许可的制度。是以进出口商品许可证管理为主体的国家对外贸易一系列审批制度的总和。许可证管制的实际意义在于政府批准何类企业经营进出口业务，以及准许进出口何种货物。

通过实行进出口许可证制度，可以发挥以下作用：

1. 有效地贯彻一国对外经济贸易政策，对平衡国际收支起重要的调节作用。
2. 保护和促进本国的生产发展。
3. 维持本国进出口秩序，减少同外国贸易的矛盾和国际贸易往来中不必要的损失，稳定国内市场的供求关系。既能限制进出口商品的数量，又能限制价格、市场等。
4. 借以进行进出口统计。
5. 为各国的外交政策服务。

为了便于进出口许可证制度的实施，大部分国家都对进出口商品采取分类管理办法，由政府有关部门公布商品分类清单并根据需要随时进行调整。有些国家，主要是一些发达国家，在商品分类的基础上还搞了国家地区的分类管理，实行差别对待。

对于进出口许可证的办理不同国家也有不同的要求，需要根据所在国家的具体规定进行办理。以我国国内的进出口许可证的办理为例：首先，企业必须要有进出口经营权，要到税务部门去增加相关经营项目，而经营项目中要有进出口业务。其次，再到当地商务局注册。同时，还要到海关注册，以及到外管局，检疫局注册。进出口许可证不是海关签发的，而是进出口特定的货物时，必须经由国家相关部门的审批同意后签发。海关凭许可证放行清关。办理进出口许可证的申请人要向所在地海关递交许可申请材料，必须材料齐全且符合法定形式，由海关审核后发放《受理决定书》；材料不齐全或者不符合法定形式需要补充的，海关会发放《许可申请告知书》；如果申请企业不具备申请资格的，海关制发《不予受理决定书》；然后，企业所在地海关受理申请后，相关部门会根据法定程序进行全面审查，并于受理之日起 20 日内审查完毕，将审查意见和全部申请材料报送直属海关。之后，进出口许可证办理才算完成。

(二) 出口单据

单证是国际工程材料、设备采购业务中应用的单据、文件与证书。采购合同的内容、支付条件的安排、货源准备、运输工具与货物的衔接、海关放行、货款与工程进度款的结算、索赔等各环节工作都会在单证工作中反映出来。单证作为材料设备采购文件，其流转环节构成了采购程序，贯穿于采购的全过程，其工作量大、时间性强、涉及面广、技术性要求高，除了承包商企业，项目部内部各部门之间的相互配合与协作，还需要与业主、东道国银行、海关、商检、运输、保险以及相关政府行政管理部门发生多方面的联系，因此，单证工作是承包商货物采购管理的重要环节之一。

国际工程项目货物采购过程中的单据主要由以下两部分组成：其一是从我国出口物资时的出口单证，这部分单证一般在物资出运时由承包商按合同或海关要求制作；其二是从第三国采购直接运至项目东道国时的进口单证，对于进口物资的单据，除进口许可证、进口报关单等需特别申请、制作外，承包商主要以审核供应商提供的单据为主。下面按出口单证和进口单证分别进行介绍。

国际工程项目承包出口物资的单据主要有：发票、装箱单、海运提单、航空运单、原产地证明书、出口报关单、商检证、出口许可证、保险单、装运通知等。出口单证一般以发票、报关单、装箱单为基础票据，而发票和报关单又是所有单据的中心，一般先制作发票，然后按发票内容制作各有关单据。

1. 出口发票

出口发票是一切单据的中心，反映出口货物的总体情况，主要是对材料、设备数量和金额的说明，是结算货款、海关估价和运输的主要单据。发票载明的货物名称须与其他单据一致。货物出口所使用的发票有商业发票、领事发票、海关发票和形式发票。承包商应了解承包合同及进口国海关对发票的具体要求，针对特定要求的货物出具符合要求的发票，以保证单据的正确使用。

2. 海运提单

海洋运输提单简称为海运提单。海运提单是证明海上运输合同的货物由承运人接管或装船以及承运人保证凭以交货的单据，其主要承担货物收据、运输合同证明、货权凭证等作用。海运提单(COSCO 样本)如图 5-4 所示。

海运提单按照是否有批注区分为清洁提单与不清洁提单；按是否签发已装船提单区分为已装船提单和收讫备运提单；按运输方式分为直达提单和联运提单；按提单的抬头分为记名提单、不记名提单和提示提单。

3. 航空运单

航空运单是由承运人或其代理人签发的重要的货物运输单据，是承托双方的运输合同，其内容对双方均有约束力。航空运单不可转让，持有航空运单也并不说明可以对货物要求所有权。航空运单的正本一式三份，每份都印有背面条款，其中一份交发货人，是承运人或其代理人接收货物的依据；第二份由承运人留存，作为记账凭证；最后一份随货同行，在货物到达目的地，交付给收货人时作为核收货物的依据。航空运单包括航空主运单和航空分运单两个种类。

4. 保险单

保险单是保险人接受被保险人的申请并交纳保险费后而订立的保险契约，是

1. Shipper Insert Name, Address and Phone

2. Consignee Insert Name, Address and Phone

3. Notify Party Insert Name, Address and Phone
(It is agreed that no responsibility shall attach to the Carrier or his agents for failure to notify)

B/L No.

中远集装箱运输有限公司
COSCO CONTAINER LINES
TLX: 33057 COSCO CN
FAX: +86(021)6545 8984
ORIGINAL

Port-to-Port or Combined Transport
BILL OF LADING

RECEIVED in external apparent good order and condition except as other-Wise noted. The total number of packages of unites stuffed in the container, The description of the goods and the weights shown in this Bill of Lading are Furnished by the Merchants, and which the carrier has no reasonable means Of checking and is not a part of this Bill of Lading contract. The carrier has Issued the number of Bills of Lading stated below, all of this tenor and date, One of the original Bills of Lading must be surrendered and endorsed of sig-Ned against the delivery of the shipment and whereupon any other original Bills of Lading shall be void. The Merchants agree to be bound by the terms And conditions of this Bill of Lading as if each had personally signed this Bill of Lading.
SEE clause 4 on the back of this Bill of Lading (Terms continued on the back Hereof, please read carefully).
Applicable Only When Document Used as a Combined Transport Bill of Lading.

4. Combined Transport *		5. Combined Transport *	
Pre-carriage by		Place of Receipt	
6. Ocean Vessel Voy. No.		7. Port of Loading	
8. Port of Discharge		9. Combined Transport * Place of Delivery	

Marks & Nos. Container/Seal No.	No. of Containers or Packages	Description of Goods (If Dangerous Goods, See Clause 20)	Gross Weight Kgs	Measurement

Description of Contents for Shipper's Use Only (Not part of This B/L Contract)

10. Total Number of containers and/or packages (in words)

Subject to Clause 7 Limitation

11. Freight & Charges	Revenue Tons	Rate	Per	Prepaid	Collect
Declared Value Charge					

Ex. Rate:	Prepaid at	Payable at	Place and date of issue
	Total Prepaid	No. of Original B(s)/L	Signed for the Carrier, COSCO CONTAINER LINES

LADEN ON BOARD THE VESSEL

DATE		BY	

图 5-4　海运提单(COSCO 样本)

保险人和被保险人之间权利义务的说明,也是当事人处理理赔和索赔的重要依据。保险单是一份保险合同,在保险单的正面是特定的一笔保险交易,同时,该笔保险交易的当事人、保险标的物、保险金额、险别、费率等应一一列出。在单据的背面,详细列出了投保人、保险人、保险受益人的权利、义务以及各自的免责条款。

5. 原产地证明书

原产地证明书是用以证明有关出口货物和制造地的一种证明文件,是货物在国际采购行为中的"原籍"证书。在国际工程项目中,业主为保证工程质量,凡合同规定由承包商采购或提供的材料、设备均要求出具原产地证明。对于从国内出口的设备,无论是否为国外进口设备或国产设备,一般按中国原产处理。我国一般原产地证书的授权签证机构为中国国际经济贸易促进委员会和检验检疫局。部分国家对出口方出具的原产地证明书要求领事认证。我国原产地证明书原始样本如图 5-5 所示。

6. 出口货物报关单

出口货物报关单是由海关总署规定统一格式和填制规范,由报关人填制并由报关员代表报关企业向海关提交办理货物出口申报手续的法律文件。必须按照

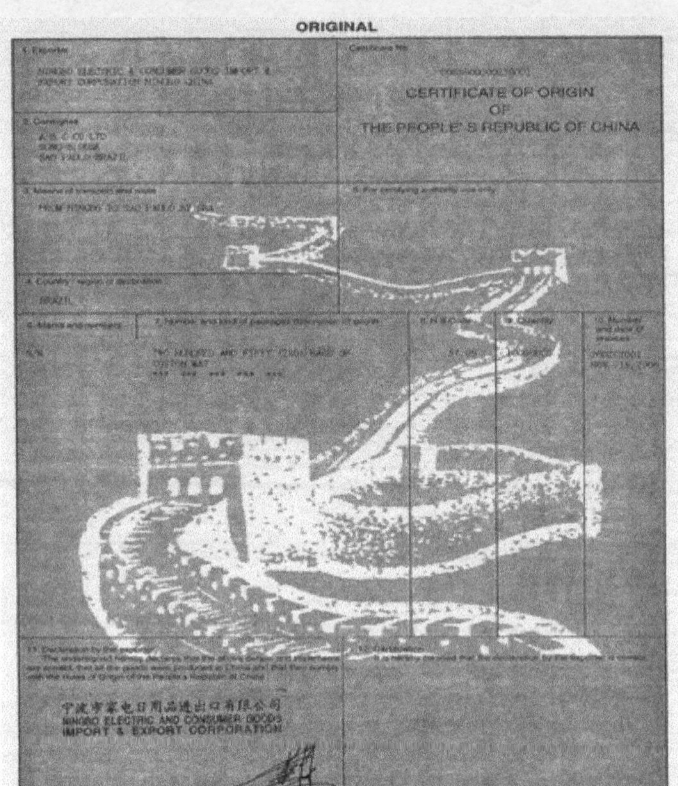
ORIGINAL

CERTIFICATE OF ORIGIN
OF
THE PEOPLE' S REPUBLIC OF CHINA

宁波市家电日用品进出口有限公司
NINGBO ELECTRIC AND CONSUMER GOODS
IMPORT & EXPORT CORPORATION

AQSIQ 061641170

图 5-5　我国原产地证明书原始样本

《中华人民共和国进出口货物报关单的填制规范》的要求填制。报关单的填写质量，相关文件的申领，都直接关系到报关速度、企业效益，也直接影响到海关的征税、查验和放行。按照海关《进出口货物申报管理规定》和《进出口货物报关单填制规范》的要求，完整、准确、有效地填制报关单是承包商办理材料、设备出口工作环节中的必要技能。

7. 装箱单

装箱单是发票的补充单据，列明合同中双方约定的有关包装事宜的细节，便于出口海关和进口方查检和核对货物。通常可以将其有关内容加列在商业发票上。由于工程物资出口量大，一般填制专门的装箱单。

8. 出口货物报检单

出口货物报检单包括发货人、收货人、货物名称、H. S. 编码、产地、数量/重量、货物总值、包装种类及数量运输工具名称号码、贸易方式、货物存放地点、用途、合同号和信用证号、发货日期、启运地、输往国家/地区、到达口岸、许可证号、生产单位注册号、标记及号码、随附单据、报检人郑重声明等内容，并按规范填制。我国出口货物报检单样本如图 5-6 所示。

中华人民共和国出入境检验检疫

出境货物报检单

报检单位（加盖公章）：　　　　　　　　　　　　＊编　号

报检单位登记号：		联系人：		电话：		报检日期：		年	月	日
发货人	（中文）									
	（外文）									
收货人	（中文）									
	（外文）									

货物名称（中/外文）	H.S. 编码	产地	数/重量	货物总值	包装种类及数量

运输工具名称号		贸易方式	一般贸易	货物存放地点	
合同号		信用证号		用	
发货日	输往国家（地区）		许可证/审批号		
启运地	到达口岸		生产单位注册号		
集装箱规格、数量及号码					

合同、信用证订立的检验检疫条款或特殊要求	标记及号码	随附单据（划"√"或补填）	
		□合同 □信用证 □发票 □换证凭单 □装箱单 □厂检单	□包装性能结果单 □许可/审批文件 □ □

需要证单名称（划"√"或补填）		＊检验检疫费	
□品质证书　__正__副 □重量证书　__正__副 □数量证书　__正__副 □兽医卫生证书　__正__副 □健康证书　__正__副 □卫生证书　__正__副 □动物卫生证书　__正__副	□植物检疫证书　__正__副 □熏蒸/消毒证书　__正__副 □出境货物换证凭单　__正__副 □ □ □ □	总金额（人民币元）	
		计费人	
		收费人	

报检人郑重声明： 1. 本人被授权报检。 2. 上列填写内容正确属实，货物无伪造或冒用他人的厂名、标志、认证标志，并承担货物质量责任。 签名：______	领取证单	
	日期	
	签名	

注：有"＊"号栏由出入境检验检疫机关填写　　　　◆国家出入境检验检疫局制

图 5-6　我国出口货物报检单样本

（三）进口单据

采购方付款之前，应对开证行转来的供应商单据进行严格审核，确定单据是否符合要求。各种单据的内容虽有差异，但基本项目大致相同。

1. 运输单据

运输单据必须按信用证规定的份数全套提交，如果信用证未规定份数，则一份也可算全套，其中海运提单应注明承运人名称，并经承运人或其代理人签名或船长或其代理人签名。除非信用证特别规定，提单应为清洁已装船提单。若为备运提单，则必须加装船注记（Shipped on Board）并由船方签署。以 CFR 或 CIF 方式进口的材料、设备，提单上应注明运费已付（Freight Prepaid）。提单日期不得迟于信用证所规定的最迟装运日期。提单上所载件数、数量、船名等应和发票相一致，货物描述可用总称，但不得与发票货名相抵触。收货人抬头必须是承包合同规定的名称地址，否则，可能会影响在项目东道国的进口通关。

2. 发票

发票应由供应商出具，无需签字，除非业主对供应商提交的发票另有规定。货物的名称、数量、单价、包装、价格条件、合同号码等描述，必须与信用证严格一致。

发票抬头应为开证申请人,必须记载出票条款、合同号码和发票日期。

3. 保险单

保险单正本份数应符合信用证要求,全套正本应提交开证行。投保金额、险别应符合信用证规定。保险单上所列船名、航线、港口、起运日期应与提单一致。保险单应列明货物名称、数量等,并应与发票、提单及其他货运单据一致。

4. 原产地证明书

审核该证的形式、内容以及授权机构等要求是否符合合同的要求。原产地证明书一般由供应商填写,并由出口国商会或其他授权机构认定或由信用证指定机构签署。货物名称、品质、数量及价格等有关商品的记载应与发票一致。签发日期不迟于装船日期。某些国家的原产地证明书还必须由有关国家的大使馆或其他机构予以法律认可。

5. 检验证书

应由信用证指定机构或双方在合同指明检验机构签发。检验项目及内容应符合信用证的要求,检验结果若有瑕疵,可拒绝受理。检验日期不得迟于装运日期,但也不得距装运日期过早。

6. 装箱单

审核装箱货名、件数、包装、重量、体积是否与海运提单,发票一致,装箱单抬头与合同一致。

第四节 国际物资采购常用的贸易条件

国际商会最新制定的《国际贸易术语解释通则 2010》(以下简称《通则 2010》)列出了 11 种贸易术语,可以作为国际工程项目货物采购常用的贸易条件的术语,《通则 2010》将术语分为两组,第一组适用于任何运输方式,包括七种:EXW、FCA、CPT、CIP、DAT、DAP、DDP,第二组只适用于水上运输方式,包括四种:FAS、FOB、CFR、CIF。下面对这些贸易条件分别介绍。

一、EXW

在《2010 通则》中,EXW 的英文全文为 Ex Works(insert named of delivery),中文意思是工厂交货(插入指定交货地点)。其后应注明 2010 年国际贸易术语解释通则或 INCOTERMS 2010。

这一贸易术语代表了在商品的产地或所在地交货条件。当卖方在合同约定的交货时间内在其所在地或其他指定地点,如工厂、矿山或仓库等,将合同规定的货物置于买方的处置之下时完成交货。此外,卖方要提交商业发票以及合同要求的其他单证。

按照 EXW 术语成交,有关风险转移、主要责任和费用划分等问题可归纳如下：

（一）风险转移问题

卖方承担将货物交给买方控制之前的风险，买方承担货物交给其控制之后的风险。也就是说以买方在交货地点控制货物作为风险转移的界限。

（二）通关手续问题

买方自负风险和费用，取得出口和进口许可证或其他官方批准证件，并且办理货物出口和进口所需的一切海关手续。

卖方根据买方的要求，并由其承担风险和费用的前提下，必须协助买方取得出口许可证或出口相关货物所需的其他官方授权。

（三）运输合同和保险合同

1. 卖方对于买方无订立运输合同的义务。同样，买方对卖方也无订立运输合同的义务。

2. 卖方对买方无订立保险合同的义务。但应买方的要求，并由其承担风险和费用的情况下，卖方必须向买方提供其办理保险所需的信息。

3. 主要费用的划分：

卖方承担交货之前与货物相关的一切费用。

买方承担接受货物后所发生的一切费用，包括将货物从交货地点运往目的地的运输、保险和其他各种费用，以及办理货物出口和进口的一切海关手续所涉及的关税和其他费用。

（四）适用的运输方式

适用于各种运输方式，包括公路、铁路、江河、海洋、航空运输以及多式联运。

从上述规定来看，按这一贸易术语达成的交易，可以是国内贸易，也可以是国际贸易。因为卖方一般是在本国的内地完成交货，其所承担的风险、责任和费用也都局限于出口国内，即使是在国际贸易中，卖方也不必过问货物出入境、运输、保险等事项，由买方自己安排车辆或其他运输工具到约定的交货地点接运货物，所以，在卖方与买方达成的契约中可不涉及运输和保险的问题。而且，除非合同中有相反规定，卖方一般无义务提供出口包装，也不负责将货物装上买方安排的运输工具。如果签约时已明确该货物是供出口的，并对包装的要求做出了规定，卖方则应按规定提供符合出口需要的包装。由此可见，按 EXW 术语成交时，卖方承担的风险、责任以及费用都是最小的。在交单方面，卖方只须提供商业发票或电子数据，如合同有要求，须提供证明所交货物与合同规定相符的证件。至于货物出境所需的出口许可证或其他官方证件，卖方无义务提供。但在买方的要求下，并由买方承担风险和费用的情况下，卖方应协助买方取得上述证件。

二、FCA

FCA 的英文全文为 Free Carrier（insert named place of delivery），中文意思是货

交承运人(插入指定交货地点),其后应注明2010年国际贸易术语解释通则或INCOTERMS 2010。

根据《2010通则》的解释,按FCA条件成交时,卖方是在合同中约定的日期或期限内在其所在地或其他约定地点把货物交给买方指定的承运人完成其交货义务。此外,卖方要提交商业发票以及合同要求的其他单证。

采用FCA术语时,双方承担主要义务可概括如下:

(一)风险转移问题

卖方承担将货物交给承运人控制之前的风险,买方承担将货物交给承运人控制之后的风险。

(二)通关手续问题

1. 卖方自负风险和费用,取得出口许可证或其他官方批准证件,并且办理货物出口所需的一切海关手续。

2. 买方自负风险和费用,取得进口许可证或其他官方批准证件,并且办理货物进口以及通过第三国过境所需的一切海关手续。

(三)运输合同和保险合同

1. 卖方对买方无订立运输合同的义务。但如果买方有要求,并在由买方承担风险和费用的情况下,卖方可以按照通常条件订立运输合同。

2. 卖方对买方无订立保险合同的义务。但应买方的要求,并在由其承担风险和费用的情况下,卖方必须向买方提供其办理保险所需的信息。

(四)主要费用的划分

1. 卖方承担在交货地点交货前所涉及的各项费用,包括办理货物出口所应交纳的关税和其他费用。

2. 买方承担在交货地点交货后所涉及的各项费用,包括办理货物进口所涉及的关税和其他费用。此外,买方要负责签订从指定地点承运货物的合同,支付有关的运费。

(五)适用的运输方式

FCA适用于各种运输方式,包括公路、铁路、江河、海洋、航空运输以及多式联运。

三、CPT

CPT的英文全文是Carriage Paid To(insert named place of destination),中文表示运费付至(插入指定目的地)。其后应注明2010年国际贸易术语解释通则或INCOTERMS 2010。

根据《2010通则》的解释,按CPT条件成交时,卖方要在合同中约定的日期或期限内,将合同中规定的货物交给卖方自己指定的承运人或第一承运人,完成其交货义务。此外,卖方要提交商业发票以及合同要求的其他单证。

采用 CPT 术语时,关于买卖双方义务的规定可概括如下:

(一)风险转移问题

卖方承担将货物交给承运人控制之前的风险,买方承担将货物交给承运人控制之后的风险。

(二)通关手续问题

1. 卖方自负风险和费用,取得出口许可证或其他官方批准证件,并且办理货物出口所需的一切海关手续。

2. 买方自负风险和费用,取得进口许可证或其他官方批准证件,并且办理货物进口及通过第三国过境所需的一切海关手续。

(三)运输合同和保险合同

1. 卖方有义务按照通常条件订立运输合同,将货物从交货地点运送到约定的目的地。

2. 卖方对买方无订立保险合同的义务。但应买方的要求,并在其承担风险和费用的情况下,卖方必须向买方提供其办理保险所需的信息。

(四)主要费用的划分

1. 卖方承担在交货地点交货前所涉及的各项费用,包括需要办理出口手续时所应交纳的关税和其他费用。此外,卖方要支付将货物运至指定地点的运费以及根据合同规定由卖方支付的装货费和在目的地的卸货费。

2. 买方承担在交货地点交货后与货物相关除运费之外的各项费用,包括办理进口手续时所应交纳的关税和其他费用。

(五)适用的运输方式

CPT 适用于各种运输方式,包括公路、铁路、江河、海洋、航空运输以及多式联运。

四、CIP

CIP 的英文全文为 Carriage and Insurance Paid To (insert named place of destination),中译文即运费保险费付至(插入指定目的地)。其后应注明 2010 年国际贸易术语解释通则或 INCOTERMS 2010。

根据《2010 通则》的解释,按 CIP 条件成交时,卖方要在合同中约定的日期或期限内,将合同中规定的货物交给卖方自己指定的承运人或第一承运人,完成其交货义务。除此之外,卖方还必须订立货物运输的保险合同。另外,卖方要提交商业发票以及合同要求的其他单证。

采用 CIP 术语时,关于买卖双方义务的规定可概括如下:

(一)风险转移问题

卖方承担将货物交给承运人控制之前的风险,买方承担将货物交给承运人控制之后的风险。

（二）通关手续问题

1. 卖方自负风险和费用，取得出口许可证或其他官方批准证件，并且办理货物出口所需的一切海关手续。

2. 买方自负风险和费用，取得进口许可证或其他官方批准证件，并且办理货物进口及通过第三国过境所需的一切海关手续。

（三）运输合同和保险合同

1. 卖方有义务按照通常条件订立运输合同，将货物从交货地点运送到约定的目的地。

2. 卖方有义务为买方订立有关货物运输的保险合同。

（四）主要费用的划分

1. 卖方承担在交货地点交货前所涉及的各项费用，包括办理出口手续时所应交纳的关税和其他费用。此外，卖方要负责签订从指定地点承运货物的合同，并支付有关的运费。此外，还要承担办理货运保险时须交纳的保险费。

2. 买方承担在交货地点交货后所涉及的各项费用，包括办理进口手续时所应交纳的关税和其他费用。

（五）适用的运输方式

适用于各种运输方式，包括公路、铁路、江河、海洋、航空运输以及多式联运。

五、DAT

在《2010 通则》中，对 DAT 的英文表示为 Delivered at Terminal (insert named terminal at port or place of destination)，中文意思是“运输终端交货”（插入指定港口或目的地的运输终端），其后应注明 2010 年国际贸易术语解释通则或 INCOTERMS 2010。

在 DAT 项下，卖方在合同中约定的日期或期限内将货物运到合同规定的港口或目的地的约定运输终端，并将货物从抵达的载货运输工具上卸下，交给买方处置时即完成交货。另外，卖方要提交商业发票以及合同要求的其他单证。

采用 DAT 术语时，关于买卖双方义务的规定可概括如下：

（一）风险转移问题

卖方承担将货物交给买方控制之前的风险，买方承担货物交给其控制之后的风险。也就是说以买方在交货地点控制货物作为风险转移的界限。

（二）通关手续问题

1. 卖方自负风险和费用，取得出口许可证或其他官方批准证件，并且办理货物出口以及交货前通过第三国过境运输所需的一切海关手续。

2. 买方自负风险和费用，取得进口许可证或其他官方批准证件，并且办理货物进口所需的一切海关手续。

（三）运输合同和保险合同

1. 卖方负责订立运输合同，将货物运至约定港口或目的地的指定运输终端，如对运输终端未作具体规定，卖方可选择在约定港口或目的地最合适的运输终端。

2. 卖方对买方无订立保险合同的义务。但应买方的要求，并由其承担风险和费用的情况下，卖方必须向买方提供其办理保险所需的信息。

（四）主要费用的划分

1. 卖方承担在交货地点交货前所涉及的各项费用，包括需要办理出口手续时所应交纳的关税和其他费用包括经由第三国过境所涉及的费用。此外，卖方要支付有关的运费和相关费用，如装货费以及合同中约定由卖方支付的与卸货有关的费用。

2. 买方承担在交货地点交货后所涉及的各项费用，包括在目的地办理进口手续时所应交纳的关税和其他费用。

（五）适用的运输方式

适用于各种运输方式，包括公路、铁路、江河、海洋、航空运输以及多式联运。

六、DAP

DAP 的英文表示为 Delivered At Place（insert named place of destination），中文意思是在目的地交货（插入指定目的地），其后应注明 2010 年国际贸易术语解释通则或 INCOTERMS 2010。

在 DAP 项下，卖方要在合同中约定的日期或期限内，将货物运到合同规定的目的地的约定地点，并将货物置于买方的控制之下，在卸货之前即完成交货。另外，卖方要提交商业发票以及合同要求的其他单证。

采用 DAP 术语时，关于买卖双方义务的规定可概括如下：

（一）风险转移问题

卖方承担将货物交给买方控制之前的风险，买方承担货物交给其控制之后的风险。

（二）通关手续问题

1. 卖方自负风险和费用，取得出口许可证或其他官方批准证件，并且办理货物出口以及交货前通过第三国过境运输所需的一切海关手续。

2. 买方自负风险和费用，取得进口许可证或其他官方批准证件，并且办理货物进口所需的一切海关手续。

（三）运输合同和保险合同

1. 卖方负责订立运输合同。将货物运至合同约定的目的地的特定交货地点，如对特定交货地点未作具体规定，卖方可在指定目的地内选择最合适的交货地点。

2. 卖方对买方无订立保险合同的义务。但应买方的要求，并由其承担风险和费用的情况下，卖方必须向买方提供其办理保险所需的信息。

(四)主要费用的划分

1. 卖方承担在交货地点交货前所涉及的各项费用,包括需要办理出口手续时所应交纳的关税和其他费用包括经由第三国过境所涉及的费用。此外,卖方要负责签订从指定地点承运货物的合同,并支付有关的运费和相关费用,如装货费以及合同中约定由卖方支付的与卸货有关的费用。

2. 买方承担在交货地点交货后所涉及的各项费用,包括在目的地的卸货费用以及办理进口手续时所应交纳的关税和其他费用。

(五)适用的运输方式

适用于各种运输方式,包括公路、铁路、江河、海洋、航空运输以及多式联运。

七、DDP

DDP 的英文表示为 Delivered Duty Paid (insert named place of destination),中文意思是完税后交货(插入指定目的地),其后应注明 2010 年国际贸易术语解释通则或 INCOTERMS 2010。

在 DDP 项下,卖方要在合同中约定的日期或期限内,将货物运到合同规定的目的地的约定地点,并且完成进口清关手续后,在运输工具上将货物置于买方的控制之下,即完成交货。另外,卖方要提交商业发票以及合同要求的其他单证。

采用 DDP 术语时,关于买卖双方义务的规定可概括如下:

(一)风险转移问题

卖方在进口国内的交货地点完成交货时,风险转移。

(二)通关手续问题

卖方自负风险和费用,取得出口和进口许可证或其他官方批准证件,并且办理货物出口和进口以及交货前通过第三国过境运输所需的一切海关手续。

(三)运输合同和保险合同

1. 卖方负责订立运输合同,将货物运至合同约定的目的地的特定交货地点,如对特定交货地点未作具体规定,卖方可在指定目的地内选择最合适的交货地点。

2. 卖方对买方无订立保险合同的义务。但应买方的要求,并在由买方承担风险和费用的情况下,卖方必须向买方提供其办理保险所需的信息。

(四)主要费用的划分

1. 卖方承担在进口国内的指定地点完成交货之前的一切费用,包括办理货物出口和进口所涉及的关税和其他费用。

2. 买方承担受领货物之后所发生的各种费用。

(五)适用的运输方式

DDP 术语适合于各种运输方式,包括公路、铁路、江河、海洋、航空运输以及多式联运。

八、FAS

FAS 的英文表示是 Free Alongside Ship(insert named port of shipment),中文意思是船边交货(插入指定装运港),其后应注明 2010 年国际贸易术语解释通则或 INCOTERMS 2010。

FAS 术语通常称作装运港船边交货。在 FAS 项下,卖方要在合同中约定的日期或期限内,将货物运到合同规定的装运港口,并交到买方指派的船只的旁边,即完成其交货义务。另外,卖方要提交商业发票以及合同要求的其他单证。

采用 FAS 术语时,关于买卖双方义务的规定可概括如下:

(一)风险转移问题

卖方在装运港将货物交到买方所派船只的旁边时,货物损坏或灭失的风险由卖方转移给买方。

(二)通关手续问题

1. 卖方自负风险和费用,取得出口许可证或其他官方批准证件,并且办理货物出口所需的一切海关手续。

2. 买方自负风险和费用,取得进口许可证或其他官方批准证件,并且办理货物进口和从第三国过境运输所需的一切海关手续。

(三)运输合同和保险合同

1. 卖方对买方无订立运输合同的义务,但如果买方有要求,或按照商业习惯,在买方承担风险和费用的情况下,卖方也可以按照通常条件订立运输合同。

2.卖方对买方无订立保险合同的义务。但应买方的要求,并在买方承担风险和费用的情况下,卖方必须向买方提供其办理保险所需的信息。

(四)主要费用的划分

1. 卖方承担交货之前的一切费用,包括办理货物出口所应交纳的关税和其他费用。

2. 买方承担受领货物之后所发生的一切费用,包括装船费用以及将货物从装运港运往目的港的运输、保险和其他各种费用,以及办理货物进口所涉及的关税和其他费用。

(五)适用的运输方式

FAS 术语仅适用于海运和内河水上运输方式。

九、FOB

FOB 的英文表示是 Free on Board(insert named port of shipment), 中文意思是船上交货(插入指定装运港),其后应注明 2010 年国际贸易术语解释通则或 INCOTERMS 2010。

FOB 习惯称为装运港船上交货。装运港船上交货是国际贸易中常用的贸易术语之一。在 FOB 项下，卖方要在合同中约定的日期或期限内，将货物运到合同规定的装运港口，并交到买方指派的船只的船上，即完成其交货义务。另外，卖方要提交商业发票以及合同要求的其他单证。

采用 FOB 术语时，关于买卖双方义务的规定可概括如下：

（一）风险转移问题

卖方在装运港将货物交到买方所派船只的船上时，货物损坏或灭失的风险由卖方转移给买方。

（二）通关手续问题

1. 卖方自负风险和费用，取得出口许可证或其他官方批准证件，并且办理货物出口所需的一切海关手续。

2. 买方自负风险和费用，取得进口许可证或其他官方批准证件，并且办理货物进口和从第三国过境运输所需的一切海关手续。

（三）运输合同和保险合同

1. 卖方对买方无订立运输合同的义务，但如果买方有要求，或按照商业习惯，在买方承担风险和费用的情况下，卖方也可以按照通常条件订立运输合同。

2. 卖方对买方无订立保险合同的义务。但应买方的要求，并在买方承担风险和费用的情况下，卖方必须向买方提供其办理保险所需的信息。

（四）主要费用的划分

1. 卖方承担交货前所涉及的各项费用，包括办理货物出口所应交纳的关税和其他费用。

2. 买方承担交货后所涉及的各项费用，包括从装运港到目的港的运费，以及办理进口手续时所应交纳的关税和其他费用。

（五）适用的运输方式

FOB 适用于水上运输方式。

FOB 与 FAS 相比较，二者都是在装运港交货，都只适用于水上运输方式。主要区别在于 FAS 是在装运港船边完成交货，FOB 则是在船上完成交货。

十、CFR

CFR 的英文表示是 Cost and Freight（insert named port of destination），中文意思是成本加运费（插入指定目的港），其后应注明 2010 年国际贸易术语解释通则或 INCOTERMS 2010。

成本加运费，又称运费在内价，也是国际贸易中常用的贸易术语之一。在 CFR 项下，卖方要在合同中约定的日期或期限内，将货物运到合同规定的装运港口，并交到自己安排的船只的船上，或者以取得货物已装船证明的方式完成其交货义务。另外，卖方要提交商业发票以及合同要求的其他单证。

采用 CFR 术语时，关于买卖双方义务的规定可概括如下：

（一）风险转移问题

卖方在装运港完成其交货义务时，货物损坏或灭失的风险由卖方转移给买方。

（二）通关手续问题

1. 卖方自负风险和费用，取得出口许可证或其他官方批准证件，并且办理货物出口所需的一切海关手续。

2. 买方自负风险和费用，取得进口许可证或其他官方批准证件，并且办理货物进口和从第三国过境运输所需的一切海关手续。

（三）运输合同和保险合同

1. 卖方必须按照通常条件订立或取得运输合同，将货物运到合同约定的目的港。

2. 卖方对买方无订立保险合同的义务。但应买方的要求，并在买方承担风险和费用的情况下，卖方必须向买方提供其办理保险所需的信息。

（四）主要费用的划分

1. 卖方承担交货前所涉及的各项费用，包括需要办理出口手续时所应交纳的关税和其他费用。卖方还要支付从装运港到目的港的运费和相关费用。

2. 买方承担交货后所涉及的各项费用，包括办理进口手续时所应交纳的关税和其他费用。

（五）适用的运输方式

CFR 术语适用于水上运输方式。

十一、CIF

CIF 的英文表示是 Cost Insurance and Freight （insert named port of destination），中文意思是成本加保险费、运费（插入指定目的港）。其后应注明 2010 年国际贸易术语解释通则或 INCOTERMS 2010。

CIF 又称运费保险费在内价，也是国际贸易中常用的贸易术语之一。在 CIF 项下，卖方要在合同中约定的日期或期限内，将货物运到合同规定的装运港口，并交到自己安排的船只的船上，或者以取得货物已装船证明的方式完成其交货义务。另外，卖方还要为买方办理海运货物保险。此外，卖方要提交商业发票以及合同要求的其他单证。

采用 CIF 术语时，双方的主要问题可概括如下：

（一）风险转移问题

卖方在装运港完成其交货义务时，货物损坏或灭失的风险由卖方转移给买方。

（二）通关手续问题

1. 卖方自负风险和费用，取得出口许可证或其他官方批准证件，并且办理货物出口所需的一切海关手续。

2. 买方自负风险和费用，取得进口许可证或其他官方批准证件，并且办理货物进口和从第三国过境运输所需的一切海关手续。

(三)运输合同和保险合同

1. 卖方必须按照通常条件订立或取得运输合同,将货物运到合同约定的目的港。

2. 卖方对买方有义务签订保险合同。保险合同应与信誉良好的保险公司订立,使买方或其他对货物有可保利益者有权直接向保险人索赔。

(四)主要费用的划分

1. 卖方承担交货前所涉及的各项费用,包括需要办理出口手续时所应交纳的关税和其他费用。卖方还要支付从装运港到目的港的运费和相关费用,并且承担办理水上运输保险的费用。

2. 买方承担交货后所涉及的各项费用,包括办理进口手续时所应交纳的关税和其他费用。

(五)适用的运输方式

CIF 术语适用于水上运输方式。

第五节　国际货物运输与保险

一、国际货物运输主要方式

运输方式的选择需要考虑以下因素:运输条件、运输可靠性、运输路线、运输时间、运输费用、发生货损的几率等。国际工程项目货物运输可以采用的运输方式有:海洋运输、铁路运输、航空运输、邮政运输、集装箱运输、大陆桥运输以及由各种运输方式组合的国际多式联运等。这些运输方式的送达速度、输送的连续性、运输的重量、保证货物的安全性和完整性等各项技术性能和运费各不相同。下面分别加以介绍。

(一)海洋运输

在国际货物运输中,运用最广泛的是海洋运输(ocean transport)。

目前,海运量在国际货物运输总量中占 80% 以上。海洋运输之所以被如此广泛采用,是因为它与其他国际货物运输方式相比,主要有下列明显的优点:

1. 通过能力大。海洋运输可以利用四通八达的天然航道,它不像火车、汽车受轨道和道路的限制,故其通过能力很大。

2. 运量大。海洋运输船舶的运输能力,远大于铁路运输车辆。如一艘万吨船舶的载重量一般相当于 250~300 个车皮的载重量。

3. 运费低。按照规模经济的观点,因为运量大,航程远,分摊于每货运吨的运输成本就少,因此运价相对低廉。

海洋运输虽有上述优点,但也存在不足之处。例如,海洋运输受气候和自然条件的影响较大,航期不易准确,而且风险较大。此外,海洋运输的速度也相对较低。

（二）铁路运输

在国际货物运输中，铁路运输（rail transport）是仅次于海洋运输的主要运输方式，海洋运输的进出口货物，也大多是靠铁路运输进行货物的集中和分散的。

铁路运输有许多优点，一般不受气候条件的影响，可保障全年的正常运输，而且运量较大，速度较快，有高度的连续性，运转过程中可能的风险也较小。办理铁路货运手续比海洋运输简单，而且发货人和收货人可以在就近的始发站（装运站）和目的站办理托运和提货手续。

（三）航空运输

航空运输（air transport）是一种现代化的运输方式，它与海洋运输、铁路运输相比，具有运输速度快、货运质量高、货物破损率较低且不受地面条件的限制等优点，另外，航空运输的包装简单，包装成本较低。航空运输的局限性表现在运费较其他运输方式高，不适合低价值物资；飞机舱容有限，对大件货物或大批量货物运输有一定限制，飞机飞行安全容易受到恶劣气候影响等。因此，它最适宜运送急需物资、鲜活商品、精密仪器和贵重物品。

（四）邮政运输

邮政运输（parcel post transport）是一种较简便的运输方式。各国邮政部门之间订有协定和合约，通过这些协定和合约，各国的邮件包裹可以相传递，从而形成国际邮包运输网。由于国际邮包运输具有国际多式联运和“门到门”运输的性质，加之手续简便，费用也不高，故其成为国际贸易中普遍采用的运输方式中之一。

（五）集装箱运输、公路运输与国际多式联运

集装箱运输（container transport）是以集装箱作为运输单位自动化货物运输的一种现代化的先进的运输方式，它可适用于海洋运输、铁路运输及国际多式联运等。其特点是安全、迅速、简便和高效。建筑材料中的水泥、玻璃、石棉制品、陶瓷制品、设备等都可以采用这种运输方式，由于其对运输设备有特殊要求，所以运费较高。

公路运输（road transportation）不仅可以直接运进或运出对外贸易货物，而且也是车站、港口和机场集散进出口货物的重要手段。其特点是机动灵活、简洁方便，在短途物资集散运转上比铁路、航空运输具有更大的优越性，尤其在实现“门到门”的运输中，其重要性更为显著。但是，公路运输载重量小，不适宜装载重件、大件物资，不适宜走长途运输；车辆运行中震动较大，容易造成货损事故，同时运输成本较高。

国际多式联合运输，是在集装箱运输的基础上产生和发展起来的一种综合性的连贯运输方式，它一般是以集装箱为媒介，把海、陆、空各种传统的单一运输方式有机地结合起来，组成一种国际连贯运输。其具有组织运输的全程性、运程凭证的通用性、托运手续的简易性等特点。实行联运后，货主托运货物，只要一次托运、一次结算，就可以在目的地收货，即一次起票全程负责、分段计费、相互结算。对于从

第三国采购的材料、设备,不必先运回国内再出口,可委托有跨国服务网络的国际货运公司直接组织境外运输。采用该运输方式,可以大幅降低运输费用和进口税费,减少运输中转环节和时间、加快运输速度。

二、国际货物运输保险种类

根据国际货物的运输方式,国际货物运输保险以其保险标的的运输工具相应分为四类:海洋运输货物保险、陆上运输货物保险、航空运输货物保险、邮包保险。国际货物运输过程中,有时一批货物的运输全过程使用两种或两种以上的运输工具,这时,往往以货运全过程的主要运输工具来确定投保何种保险种类。

(一)海洋运输货物保险

1. 海洋运输货物保险的基本险

(1)平安险(free from particular average,简称 FPA)

平安险这一名称在我国保险行业中沿用很久。其英文原意是指单独海损不负责赔偿。根据国际保险界对单独海损的解释,它是指保险标的物在海上运输途中遭受保险范围内的风险所造成的船舶或货物的部分灭失或损害。平安险的原来保障范围只赔全部损失,但在长期实践的过程中对平安险的责任范围进行了补充和修订,当前平安险的责任范围已经超出只赔全损的限制。概括起来,这一险别的责任范围主要包括:

①在运输过程中,由于自然灾害或运输工具发生意外事故,被保险货物实物的实际全损或推定全损。

②由于运输工具遭搁浅、触礁、沉没、互撞、与其他物体碰撞以及失火、爆炸等意外事故造成被保险货物的部分损失。

③只要运输工具曾经发生搁浅、触礁、沉没、焚毁等意外事故,不论该事故发生之前或者以后曾在海上遭恶劣气候、雷电、海啸等自然灾害所造成的被保险货物的部分损失。

④在装卸转船过程中,被保险货物一件或数件落海所造成的全部损失或部分损失。

⑤运输工具遭自然灾害或意外事故,在避难港卸货所引起被保险货物的全部损失或部分损失。

⑥运输工具遭自然灾害或意外事故,需要在中途的港口或者在避难港口停靠,因而引起的卸货、装货、存仓以及运送货物所产生的特别费用。

⑦发生共同海损所引起的牺牲、公摊费和救助费用。

⑧发生了保险责任范围内的危险,被保险人对货物采取抢救、防止或少损失的各种措施,因而产生合理施救费。但是保险公司承担费用的限额不能超过这批被救货物的保险金额。施救费用可以在赔款金额以外的一个保险金额限度内承担。

(2)水渍险(with particular average,简称 WPA)

水渍险的责任范围除了包括上列“平安险”的各项责任外,还负责被保险货物由于恶劣气候、雷电、海啸、地震、洪水等自然灾害所造成的部分损失。

(3)一切险(all risks)

一切险的责任范围除包括上列“平安险”和“水渍险”的所有责任外,还包括货物在运输过程中,因各种外来原因所造成保险货物的损失。不论全损或部分损失,除对某些运输途耗的货物,经保险公司与被保险人双方约定在保险单上载明的免赔率外,保险公司都给予赔偿。

上述三种险别都是货物运输的基本险别,被保险人可以从中选择一种投保。

此外,保险人可以要求扩展保险期,例如,对某些内陆国家出口货物,如在港口卸货转运内陆,无法按保险条款规定的保险期内到达目的地,即可申请扩展。经保险公司出立凭证予以延长,每日加收一定保险费。

2. 海运基本险别的除外责任

在上述三种基本险别中,明确规定了除外责任。所谓除外责任(exclusion)是指保险公司明确规定不予承保的损失或费用。

海运基本险别的除外责任一般有下列5项:

(1)被保险人的故意行为或过失造成的损失;

(2)发货人责任引起的损失;

(3)在保险责任开始前,被保险货物已存在品质不良或数量短差造成的损失;

(4)被保险货物的自然损耗、本质缺陷、特性以及市场跌落、运输延迟引起的损失和费用;

(5)战争险和罢工险条款规定的责任及其险外责任。

空运、陆运、邮运保险的除外责任与海运基本险别的除外责任基本相同。

3. 海洋运输货物保险的一般附加险

一般附加险包括:

(1)偷窃提货不着险(theft pilferage and non delivery,简称 t. p. n. d.)

保险有效期内,保险货物被偷走或窃走,以及货物运抵目的地以后,整件未交的损失,由保险公司负责赔偿。

(2)淡水雨淋险(fresh water rain damage,简称 f. w. r. d.)

货物在运输中,由于淡水、雨水、雪溶所造成的损失,保险公司都应负责赔偿,包括船上淡水舱、水管漏水等。

(3)短量险(risk of shortage)

负责保险货物数量短少和重量的损失。通常包装货物的短少,保险公司必须要查清外装包是否发生异常现象,如破口、破袋、扯缝等,如属散装货物,往往将装船和卸船重量之间的差额作为计算短量的依据。

(4)混杂、沾险(risk of intermixture & contamination)

保险货物在运输过程中,混进了杂质所造成的损换。例如矿石等混进了泥土、草屑等因而使质量受到影响。此外保险货物因为和其他物质接触而被沾污,例如布匹、纸制品、食物、服装等被油类或带色的物质污染因而引起的经济损失。

(5)渗漏险(risk of leakage)

流质、半流质的液体物质同和油类物质,在运输过程中因为容器损坏而引起的渗漏损换。如以液体装存的湿肠衣,因为液体渗漏而使肠衣发生腐烂、变质等损失,均由保险公司负责赔偿。

(6)碰损、破碎险(risk of clash & breakage)

碰损主要是对金属、木质等货物来说的,破碎则主要是对易碎性物质来说的。前者是指在运输途中,因为受到震动、颠簸、挤压而造成货物本身的损失;后者是在运输途中由于装卸野蛮粗鲁、运输工具的颠震造成货物本身的破裂、断碎的损失。

(7)串味险(risk of odour)

例如茶叶、香料、药材等在运输途中受到一起堆储的皮革、樟脑等异味的影响使品质受到损失。

(8)受热、受潮险(damage caused by heating & sweating)

例如船舶在航行途中,由于气温骤变,或者因为船上通风设备失灵等使舱内水汽凝结、发潮、发热引起货物的损失。

(9)钩损险(hook damage)

保险货物在装卸过程中因为使用手钩、吊钩等工具所造成的损失,例如粮食包装袋因吊钩钩坏而造成粮食外漏所造成的损失,保险公司在承保该险的情况下应予赔偿。

(10)包装破裂险(loss for damage by breakage of packing)

因为包装破裂造成物资的短少、沾污等损失。此外,对于因保险货物运输过程中续运安全需要而产生的候补包装、调换包装所支付的费用,保险公司也应负责。

(11)锈损险(risk of rust)

保险公司负责保险货物在运输过程中因为生锈造成的损失。不过这种生锈必须在保险期内发生,如原装时就已生锈,保险公司不负责任。

上述11种附加险,不能独立承保,它必须附属于主险下。也就是说,只有在投保了主要险别以后,投保人才允许投保附加险。投保“一切险”后,上述险别均包括在内。

4. 海洋运输货物保险的特别附加险

特别附加险也属附加险类,但不属于一切险的范围之内。其与政治、国家行政管理规章所引起的风险相关联。目前中国人民保险公司承保的特别附加险别有交货不到险、进口关税险、黄曲霉素险和出口货物到香港(包括九龙在内)或澳门存储仓火险责任扩展条款。此外,还包括战争险(war risk)和罢工险(strikes risk)等。

(二)陆上运输货物保险

陆上运输货物保险是货物运输保险的一种,分为陆运险和陆运一切险两种。

1. 陆运险的责任范围

被保险货物在运输途中遭受暴风、雷电、地震、洪水等自然灾害,或由于陆上运输工具(主要是指火车、汽车)遭受碰撞、倾覆或出轨。如在驳运过程,包括驳运工具搁浅、触礁、沉没或由于遭受隧道坍塌、崖崩或火灾、爆炸等意外事故所造成的全部损失或部分损失。保险公司对陆运险的承保范围大至相当于海运险中的"水渍险"。

2. 陆运一切险的责任范围

除包括上述陆运险的责任外,保险公司对被保险货物在运输途中由于外来原因造成的短少、短量、偷窃、渗漏、碰损、破碎、钩损、雨淋、生锈、受潮、霉、串味、沾污等全部或部分损失,也负责赔偿。

3. 陆上运输货物保险的除外责任

(1)被保险人的故意行为或过失所造成的损失。

(2)属于发货人所负责任或被保险货物的自然消耗所引起的损失。

(3)由于战争、工人罢工或运输延迟所造成的损失。

保险责任的起讫期限与海洋运输货物保险的仓至仓条款基本相同,是从被保险货物运离保险单所载明的启运地发货人的仓库或储存处所开始运输时生效。包括正常陆运和有关水上驳运在内,直至该项货物送交保险单所载明的目的地收货人仓库或储存处所,或被保险人用作分配、分派或非正常运输的其他储存处所为止。但如未运抵上述仓库或储存处所,则以被保险货物到达最后卸载的车站后,保险责任以 60 天为限。不过,在陆上运输货物保险中,被保险货物保陆运险和陆运一切险外,经过协商还可以加保陆上运输货物保险的附加险,如陆运战争险等。陆运战争险与海运战争险,由于运输工具有其本身的特点,具体责任有一些差别,但就战争险的共同负责范围来说,基本上是一致的。即对直接由于战争、类似战争行为以及武装冲突所导致的损失,如货物由于捕获、扣留、禁制和扣押等行为引起的损失应负责赔偿。

(三)航空运输货物保险

保险公司承保通过航空运输的货物,保险责任是以飞机作为主体来加以规定的。航空运输货物保险分为航空运输险和航空运输一切险两种。

航空运输险负责赔偿被保险货物在运输过程中遭受雷电、火灾、爆炸、恶劣气候、碰撞、倾覆、坠落、意外失踪及其他危难事故造成的全部或部分损失,以及被保险人对承保责任内的危险货物采取防止或减小货损措施支付的合理费用,但不超过该批被救货物的保险金额。

航空运输一切险除包括上述航空运输险的责任,对被保险货物在运输中由于外来原因造成的包括被偷窃、短少等全部损失也负赔偿之责。

在航空运输货物保险的情况下,除外责任与前节所述的海洋运输货物保险的除外责任相同。

航空运输货物保险的责任起讫期限从被保险货物运离保险单所载明起运地仓库或储存处所开始运输生效。在正常运输过程中继续有效，直至该项货物抵运保险单所载明目的地交到收货人仓库或储存处所保险人用作分配、分派或非正常运输的其他存处所为止。如保险货物款到达是上述仓库或储存处所，则以被保险货物在最后卸货地卸离飞机后30天为止。与上述陆运货物保险一样，被保险货物在投保航空运输险和航空运输一切险后，还可经协商加保滞空运输货物战争险等附加险。

(四)邮包保险

承保通过邮政局邮包寄递的货物在邮递过程中发生保险事故所致的损失。以邮包方式将货物发送到目的地可能通过海运，也可能通过陆上或航空运输，或航空运输，或者经过两种或两种以上的运输工具运送。不论通过何种运送工具，凡是以邮包方式将贸易物货运达目的地的保险均属邮包保险。邮包保险按其保险责任分为邮包险(parcel post risks)和邮包一切险(parcel post all risks)两种。前者与海洋运输货物保险水渍险的责任相似，后者与海洋运输货物保险一切险的责任基本相同。

邮包的责任范围为：

1. 被保险邮包在运输途中由于恶劣气候、雷电、海啸、地雷、洪水自然灾害或由于运输工具遭受搁浅、触礁、沉没、碰撞、倾覆、出轨、坠落、失踪，或由于失火爆炸意外事故所造成的全部或部分损失。

2. 被保险人对遭受承保责任内危险的货物采取抢救，防止或减少货损的措施而支付的合理费用，但以不超过该批被救货物的保险金额为限。

邮包一切险的责任除上述邮包险的各项责任外，还负责被保险邮包在运输途中由于外来原因所致的全部或部分损失。

邮包运输货物保险的除外责任和被保险人的义务与海洋运输货物保险相比较，其实质是一致的。其责任起讫为自被保险邮包离开保险单所载起运地点寄件人的处所运往邮局时开始生效，直至该项邮包运达本保险单所载目的地邮局，自邮局签发到货通知书当日子夜起算满15天终止。但是在此期限内邮包一经交至收件人的处所时，保险责任即行终止。

另外，在国际海运保险业务中，英国是一个具有悠久历史和比较发达的国家。它所制定的保险规章制度，特别是保险单和保险条款对世界各国影响很大。目前世界上大多数国家在海上保险业务中直接采用英国伦敦保险协会所制定的"协会货物条款"(Institute Cargo Clause，简称I. C. C.)。"协会货物条款"最早制订于1912年，后来经过多次修改，最近一次的修改是在1981年完成的，从1983年4月1日起实施。伦敦保险协会的保险条款一共有6种险别：

(1)协会货物条款(A)，Institute Cargo Clause A，简称I. C. C. (A)；

(2)协会货物条款(B)，Institute Cargo Clause B，简称I. C. C. (B)；

(3)协会货物条款(C),Institute Cargo Clause C,简称 I. C. C. (C);

(4)协会战争险条款(货物),Institute War Clause-Cargo;

(5)协会罢工险条款(货物),Institute Strikes Clause-Cargo;

(6)恶意损坏条款,Malicious Damage Clause。

随着世界经济的不断发展,国际贸易方面也产生了较大的变化,为了与之相对应,伦敦联合货运协会也对制订的协会货运条款进行了修订,经修订条款于 2009 年 1 月 1 日起生效。主要修订内容包括:澄清条款所载的不承保事项;条款改用现代化文字,以及加入某些词语的新释义。条款经过修订后,现更易为人明白,更重要的是扩大保障范围,使受保人获得更全面的保障。

以上 6 种险别中,(A)险相当于中国保险条款中的一切险,其责任范围更为广泛,故采用承保"除外责任"之外的一切风险的方式表明其承保范围;(B)大体上相当于水渍险;(C)险相当于平安险,但是承保范围较小些。(B)、(C)险都采用列明风险的方式表示其承保范围。6 种险别中,只有恶意损害险属于附加险别,不能单独投保,其他物种险别结构相同,体系完整。因此除(A)、(B)、(C)三种险别可以单独承保外,必要时,战争险和罢工险在征得保险公司同意后,也可以作为独立的险别进行投保。

三、国际货物运输保险程序

在国际货物买卖过程中,由哪一方负责办理投保,应根据买卖双方商订的价格条件来确定。例如按 FOB 条件和 CFR 条件成交,保险即应由买方办理;如按 CIF 条件成交,保险就应由卖方办理。办理货运保险的一般程序是:

1. 确定投保的金额

投保金额是诸保险费的依据,又是货物发生损失后计算赔偿的依据。按照国际惯例,投保金额应按发票上的 C. I. F. 的预期利润计算。但是,各国市场情况不尽相同,对进出口贸易的管理办法也各有异。向中国人民保险公司办理进出口货物运输保险,有两种办法:一种是逐笔投保;另一种是按签订预约保险总合同办理。

2. 填写投保单

保险单是投保人向保险人提出投保的书面申请,其主要内容包括被保险人的姓名、被保险货物的品名、标记、数量及包装、保险金额、运输工具名称、开航日期及起讫地点、投保险别、投保日期及签章等。

3. 支付保险费,取得保险单

保险费按投保险别的保险费率计算。保险费率是根据不同的险别、不同的商品、不同的运输方式、不同的目的地,并参照国际上的费率水平而制订的。它分为"一般货物费率"和"指明货物加费费率"两种。前者是一般商品的费率,后者系指特别列明的货物(如某些易碎、易损商品)在一般费率的基础上另行加收的费率。

交付保险费后,投保人即可取得保险单(insurance policy)。保险单实际上已构成保险人与保险人之间的保险契约，是保险人与保险人的承保证明。在发生保险范围内的损失或灭失时，投保人可凭保险单要求赔偿。

4. 提出索赔手续

当被保险的货物发生属于保险责任范围内的损失时，投保人可以向保险人提出赔偿要求。按照最新的《通则 2010》中对各个交易条件术语的定义及规定，确定具体的交易价格条件应由买方或是卖方办理索赔。

被保险货物运抵目的地后，收货人如发现整件短少或有明显残损，应立即向承运人或有关方面索取货损或货差证明，并联系保险公司指定的检验理赔代理人申请检验，提出检验报告，确定损失程度；同时向承运人或有关责任方提出索赔。属于保险责任的，可填写索赔清单，连同提单副本、装箱单、保险单正本、磅码单、修理配置费凭证、第三者责任方的签证或商务记录以及向第三者责任方索赔的来往函件等向保险公司索赔。索赔应当在保险有效期内提出并办理，否则保险公司可以不予办理。

第六章　国际工程总承包项目安全管理

本章主要介绍了安全管理的概念内涵和意义;安全管理的具体实施,如安全管理教育、组织、制度、技术措施等;职业安全健康管理体系(OHSMS);安全事故的处理程序与方法;国际工程项目应急预案,如应急组织与职能、应急程序等。

第一节　安全管理概述

一、安全管理的内涵

在国际工程项目实施过程中,安全管理是项目管理的一个重要组成部分,它是以安全生产为目的而进行有关决策、计划、组织、指挥、协调、控制等活动的总和。为了正确把握安全管理的内涵,理解安全管理的重要意义,必须深刻认识安全与生产、安全与质量、安全与效益、安全与速度以及安全与危险之间的辩证关系。

1. 安全与生产的关系

如果生产中人、物、环境等处于危险状态,则生产无法顺利进行。因此,安全是生产的客观要求;如果生产活动中事故层出不穷,生产势必陷于混乱、甚至瘫痪。自然,当生产完全停止,安全也就失去意义。有了安全保障,生产才能持续。当生产与安全发生矛盾、危及职工生命或财产安全时,生产活动须停下来整治、消除危险因素以后,生产形势会变得更好。所以安全和生产是统一的,安全管理的日的就是实现安全生产。

2. 安全与质量的关系

从广义上看,质量包涵安全工作质量,安全也有质量的内涵。交互作用,互为因果。安全第一,质量第一,两个第一并不矛盾。安全第一是从保护生产因素的角度提出的,而质量第一则是从关心产品成果的角度而强调的。安全为质量服务,质量需要安全保证。二者相互依赖,也是辩证统一的。

3. 安全与效益的关系

安全管理需要一定的投入, 而安全措施的实施,又会改善劳动条件,调动职工的积极性,焕发劳动热性,带来经济效益,使原来的投入得以补偿。从这个意义上说,安全与效益是一致的,安全促进了效益的增长。同时,安全管理投入要适度、适当,精打细算,统筹安排。既要保证安全生产,又要经济合理。单纯为了省钱而忽视安全生产,或单纯追求安全生产不惜资金的盲目高标准,都不可取。

4. 安全与速度的关系

没有安全保障的速度是不可靠的,一旦酿成不幸,非但无速度可言,反而会延误时间,即所谓欲速而不达。一味强调速度,置安全于不顾的做法是极其有害的。速度应以安全做保障,当速度与安全发生矛盾时,正确的做法应是暂时减缓速度,以保证生产安全。

5. 安全与危险的关系

安全与危险在同一事物的运动中是相互对立的,相互依赖而存在的。因为有危险,才要进行安全管理,以防止危险。安全与危险并非是等量并存、平静相处。随着事物的运动变化,安全与危险每时每刻都在变化着,进行着此消彼长的斗争。事物的状态将向斗争的胜方倾斜。在事物的运动中,不存在绝对的安全或危险,因此安全管理一刻也不能放松。

二、安全管理的意义

安全管理在国际工程项目管理中通常称作健康和安全管理,有效的健康和安全管理不仅仅是法律和政策规定的责任,更是对行业工作者的生命安全和切身利益的必要保护。

一个国际工程项目往往集中了多个国家的工程技术人员,在这样的一个群体里,任何安全事故尤其是人员伤亡事故不仅会造成经济损失,也会对劳动者的心理产生巨大的冲击,给伤亡者家人带来巨大痛苦,也会对项目现场人员的情绪产生严重的负面影响,同时也会损害承包商的声誉,甚至给国家在国际社会造成不良影响。

作为国际工程总承包商,应自觉地把安全放在第一位,采取必要的组织措施和技术措施,为劳动者创造安全可靠地劳动环境,保证劳动者生命健康和安全;同时应建立全面的安全制度,并教育员工严格遵守安全制度,按技术规范操作,最大限度地防止和消除各种有害因素和安全隐患,防止安全事故的发生,同时做好应对安全事故的预案,将可能的损失降到最低,使工程建设活动能持续顺利进行,树立和维护承包商在国际工程承包市场上的良好形象。

第二节　安全管理的具体实施

一、安全管理教育

安全管理教育是工程安全管理工作的首要基础。只有全体人员提高了安全意识,熟悉了安全规程,掌握了安全技术,才能增强自我防护能力,才能实现工程项目的安全生产。安全管理教育主要包括以下两方面:

1. 安全思想教育。向全体雇员宣传安全生产方针、政策、法规和劳动纪律。目的在于增强职工的安全意识,提高遵章守纪的自觉性。安全教育要注意方式和方法，最好结合实例，动之以情，晓之以理，注重实效，避免流于形式。

2. 安全技术教育。包括一般安全技术知识的教育和专业安全技术知识的教育。要组织职工学习和掌握工程施工普遍适用的安全技术知识和注意事项，学习和掌握各自专业和工种的安全技术操作规程。特别是对于从事新技术、新方法、新设备或新材料施工操作的生产岗位，必须对工人进行专门培训，经考核确认掌握了新的操作技术和安全技术之后，方能上岗。

二、安全管理组织

安全管理工作必须要有一定的组织保障。根据国际工程项目管理的经验，要做好工程项目安全管理，必须建立安全生产管理机构，同时把专业管理和群众管理结合起来。一般应实行项目经理安全负责制，各职能部门各负其责，各尽其职。此外还可以在施工作业班组设立兼职安全员，协助做好安全知识的宣传、安全操作的监督以及安全信息的反馈，形成“专管成线、群管成网”的安全管理组织保证体系。如图 6-1 所示。

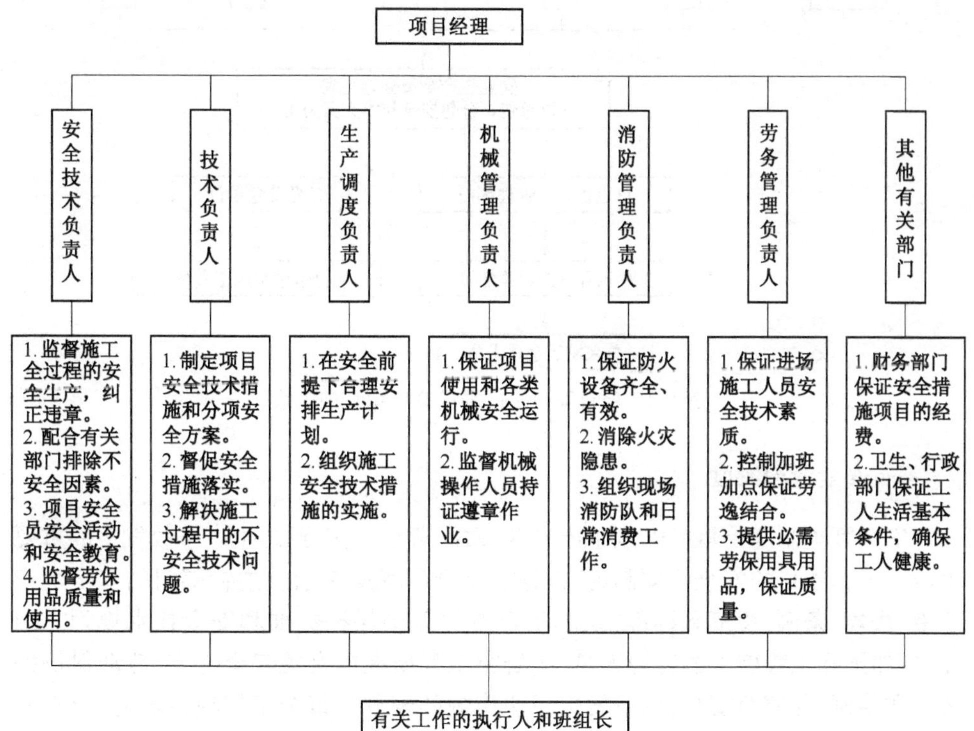

图 6-1　项目安全管理组织保证体系

对于实施大型工程项目的总承包商，由于参与工程建设的还有多个分包商，为督促各分包商做好各自分包项目的安全管理工作，可在总承包商项目经理的牵头下，吸收各个分包项目的负责人，共同组成安全生产委员会，协调整个项目的安全生产管理工作。安全生产委员会的组织成员,包括总承包商的安全技术部门和消防部门的负责人,以及各个分包单位的负责人。在他们的集体领导下,通过总包和各分包商的安全生产组织,把安全生产的各项规定和制度,向所有现场施工人员传达落实。如果发生安全事故,原则上由责任方承担责任,但各方必须服从安全生产委员会的统一领导,互相监督,互相支持,保证整个工程项目的安全生产。安全生产委员会的组织形式如图 6-2 所示。

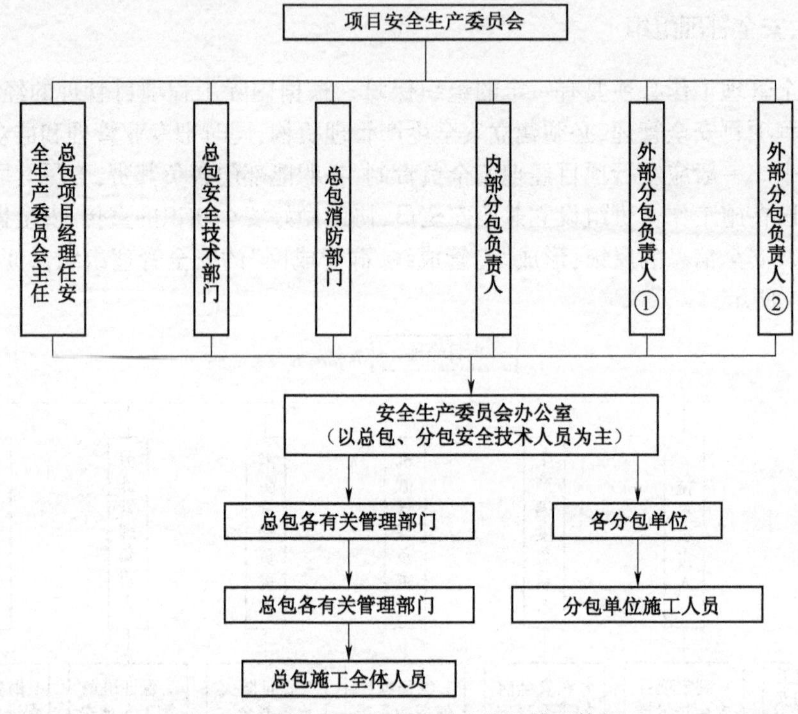

图 6-2 项目安全生产委员会组织管理体系

三、安全管理制度

安全管理制度是落实安全生产方针,做好劳动保护,预防生产事故发生的重要手段。工程项目的安全管理制度,首先要符合工程所在国及主管部门的安全生产政策、法规、条例、规范和标准,认真执行有关劳动保护标准和安全技术规程。因此,参加国际工程施工的管理人员,应研究工程所在国有关安全生产、劳动保护的法规和条例,并遵照实行,以免发生犯法违规的现象。每个工程项目现场,应有一套完善的安全生产管理制度,并广泛深入宣传,严格监督实施,才能在施工过程中预防事故的发生,才能做好国际工程项目的安全管理工作。

1. 安全管理责任制度

应建立健全以项目经理为第一领导的安全生产管理责任制度,构建各层次各部门共同参与的工程项目安全生产责任体系。

项目经理要把预防事故放在安全生产的首位,树立“安全第一,预防为主”的指导思想,督促或亲自抓好职工的安全生产教育。项目经理要定期召开安全生产会议,根据施工的不同阶段、不同季节,或临时出现的有关安全生产的问题,提出当前生产中应注意预防的安全事故,讨论落实预防措施,要求全体施工人员认真贯彻。此外,在定期的(如每周一次)生产会议上,项目经理在主持讨论施工进度和工程成本等问题的同时,要强调施工安全的问题,把安全生产提到与进度、成本等问题同等重要的地位。项目经理要经常检查安全生产规程和制度的执行情况。每次到施工现场检查工作时,除指导解决施工技术、质量等问题外,还应随时随地检查在安全生产方面存在的问题,要求立即纠正和注意。实践证明,这种领导亲临现场发现问题解决问题的工作作风,对预防安全事故有相当好的效果。

其他各级管理人员、技术人员、施工班组长直至各个岗位的操作人员,都应明确自己的安全生产管理责任,严格按照安全管理规章制度和安全生产规程开展生产,层层落实,相互监督,经常检查,才能防患于未然。

2. 安全管理奖惩制度

国际工程项目实施过程中,一旦发生严重的工伤事故,不仅会对承包商的声誉造成损毁,也会造成重大的经济损失。相反,如果项目部上上下下都注意安全生产,无形中造成的节约款额可能相当可观。因此,各项目部应根据工程项目的特点,制定具体的安全生产奖惩规定,从经济上奖励安全生产好的班组或个人,并对违章作业、造成工伤事故者进行惩处,这对促进安全生产有相当大的作用。项目部定期(如每季度或半年)对各施工班组的安全生产状况,进行奖惩,可以促进各工种、各工程部位的安全生产。对预防重大事故的有功人员,也可予以奖励。另外,工程承包公司总部对各项目部也应实行安全奖惩,这有利于督促各项目部提高管理水平,对维护全公司的经济利益、提高全公司的经营管理形象,起到很好的推动作用。

3. 其他安全管理制度

除安全管理责任制度和奖惩制度以外,项目部可以根据工程特点和实际需要,制定其他一系列安全管理制度,如各工种安全技术操作规程、安全教育制度、安全检查制度、防火安全管理制度、交通安全管理制度、特种作业安全管理制度、劳动安全防护用品管理制度、危险品管理制度、工伤事故应急管理制度等。

四、安全管理投入保障

在每个工程项目部内,应安排适度的安全生产费,以便购置安全器械和设备,保证施工现场的紧急开支。这些物质保证设施主要包含以下几项:

1. 购置足够数量的劳动保护用品和器械,如安全帽、安全带、专用劳动服、专用安全操作工具等。

2. 设立抢救医疗室,对工伤事故工人进行抢救性治疗。在严重工伤情况下,有急救专用车辆将工伤工人尽快运送至附近城市,以便在医疗设施齐全的医院内进行抢救治疗。

3. 设置火灾消防队,配备足够数量的消防灭火器具,设置必要数量的专用消防水管系统和消防栓,对易燃材料进行专库储存监护,对施工用炸药库进行专职警卫看守等。

五、安全管理技术措施

在工程建设的全过程中,从施工准备开始直到维修期满,都应该时刻注意影响安全的因素,及时采取预防措施,防止安全事故的发生。一旦发生安全事故,迅速采取处理措施。

比如高空作业、起重吊装区域必须做好清场、警示和必要的警戒工作;在易燃设备上方进行电焊、气焊切割工作时,要做好遮盖保护措施;对临时用电电源必须做到三级保护;进入现场的施工人员必须佩戴安全帽;高空作业必须系安全带。木材加工场所的防火措施,施工安装机械的使用和维护,邻边防护栏、网甚至施工环境的气候影响等都是安全防范应该特别注意的问题。

当然,不同专业工程施工中面临的安全事故风险种类和程度不尽相同,应根据自己工程项目的性质和特点,有针对性地采用适当的安全技术措施和防护设施,确保安全生产。

(一)土木建筑工程重点安全事项

对于土木建筑工程,根据施工经验,各个施工阶段和工程部位经常发生的安全事故风险和注意事项如下:

1. 施工准备阶段

在工程项目正式开工以前,项目经理及其项目组主要负责人,要对施工区域的周围环境、地下管线、施工地质情况进行全面考察,特别要注意下列问题:

(1)如施工区域内有地下电缆、水管或防空洞时,要令专人进行妥善处理,并绘出所在部位,使施工人员预先知晓。

(2)如施工区域或施工现场有高压架空电线时,要在施工组织设计中采取相应的技术措施,并在高压电线附近标出醒目的标志。

(3)在编制施工组织设计时,要注意防止施工设施对周围居民安全、住宿和交通等方面的干扰和造成危险,并采取必要的防护措施。

(4)在安排施工进度时,要妥善安排每个工序的进度,防止进度过紧或工作时间过长。施工进度过快或连续施工时间太长,容易导致工伤事故。

2. 基础施工阶段

基础施工阶段的安全生产,主要防范土方坍塌或深坑井内窒息中毒。因此,在施工时应注意做好以下工作:

(1)在开挖地基过程中，要严格按施工方案作业；根据土质情况，采取安全的边坡比。在深挖部位，应采取支护措施，并计算边坡荷载能力，采取加固边坡的措施。

(2)在雨季施工或地下水位较高的地区施工时，要做好基坑支护和排水措施，并密切注意防止基坑两侧土体滑塌。

(3)在深基内施工时，要注意防止出现沼气或有毒气体，防止因通风不良而出现窒息的危险。

3. 隧洞施工阶段

隧洞施工中最易发生的安全事故是：塌方，涌水，窒息和触电。由于特殊困难的地下施工条件，这些事故一旦发生，往往导致严重的后果。因此，在隧洞施工中，应严格按程序施工，时刻注意上述事故可能发生的迹象，并认真做好以下工作：

(1)高度警惕塌方。在软弱、破碎岩石地段，要有专人观察岩层应变状态，在岩石发生显著位移或有塌块时立即发出警报，迅速从施工掌子面撤出人员。在已经开挖好的隧洞线上，根据洞线上岩石状况，每隔一定距离设立监测岩石应力释放位变装置，预防已挖洞段塌方的危险。如果隧洞沿线岩石极为破碎松软，应采取边开挖边衬砌的施工方法，确保施工安全。

(2)注意防止涌水。在隧洞开挖通过含水层时，经常发生涌水，甚至出现高压射流，冲淹掘进工作面，造成施工中断。因此，在掘进过程中，要严密观察地下水的动态，及时采取凿孔排水的技术措施，并在个别地段进行速凝灌浆处理，待地下水渗流状态稳定后再谨慎地继续掘进工作。

(3)时刻注意通风，防止窒息。通风设备是隧洞施工中的必备设施，应保持经常有效地运转。在掘进掌子面上每次放炮爆破以后，炸药烟气和粉尘浪涌而出，对工人健康危害严重，应通过压力送风管道在尽短的时间内排出烟尘，然后进行下一道掘进工序。有时隧洞内有少量有毒气体从岩层释放出来，更要注意有效地通风排气。在长隧洞内掘进施工时，运输车辆和凿岩机动力设备排出大量气体常使人窒息难耐，视距仅大于 30 m，这时如无强大的通风设施，就不能继续施工。

(4)注意防止触电。在隧洞施工中，洞内有风、水、电管道线路，又有频繁来往的出渣进料运输车辆，加之潮湿多水，极易引起电缆破损漏电，稍有不慎，可能发生触电事故或火灾。因此应定期检查电缆线路，及时维修更新。

4. 结构施工阶段

在结构施工阶段，建筑物的高度不断上升，要特别注意高空作业的安全，尤其是作业人员的坠落或被坠落物砸伤。为此要注意下列事项：

(1)完善结构施工层的外防护，预防高处坠落事故。当结构施工高度超过 2 m 时，就要有可靠的防坠落设施。脚手架和外侧防护架要确保牢固。当结构升至 4 m 以上时，应在建筑物四周搭安全网。

(2)做好结构内各种洞口的防护，防止落物伤人。高层建筑物的各种洞口防护不善,往往造成重大伤亡事故,应予特别关注。

(3)加强起重作业的管理,预防机械伤害事故。在使用起重机施工时,要特别注意起重设备的安全稳定,起重机司机和指挥人员的技术熟练程度,以及起重机工作范围内地面行人和车辆的安全。

(4)特别注意危险作业的安全保护。对于水塔、输变电铁塔和摩天楼等超高空作业人员,大型梁架吊装人员,以及登高作业的架子工等人员,除对其在作业前进行严格的培训实习以外,在施工作业时的安全,要有充分保证的设施。

各类土建工程的施工管理人员,应根据自己工程项目的特点,有针对性地制定全面的安全施工制度和防护设施,确保安全生产。

(二)电气化改造工程重点安全事项

对于电气化改造工程,除了要特别注意危险作业的安全管理问题之外,还要注意以下几点:

1. 电线架设作业中的空中坠落风险防范;

2. 线路调试作业中的触电、灼烤以及因漏电导电而对作业地周边设施、场所造成损害的风险防范;

3. 易燃、易爆物品的管理与风险防范;

4. 变电器、变压器等电气设备的安全管理与风险防范;

5. 施工用电的安全管理与风险防范等;

6. 接触网作业时的触电风险;

7. 牵引变电所作业时的意外事故风险防范。

(三)车辆制造工程重点安全事项

对于车辆制造工程,除了注意一般安全管理问题之外,还要特别注意以下几点:

1. 在车辆及与设备、仪器的研发和实验等工作中的触电风险;

2. 设计失误所造成的相关危险;

3. 车辆的制造、加工工作中的机械碰撞、砸轧等危险;

4. 车辆的性能分析检测、试验过程中的碾压、冲撞等危险;

5. 车辆的使用、管理、保养、维修以及机械设备的安全使用和管理等情况;

6. 轨道作业车司机操作失误导致的意外危险情况。

(四)运营阶段重点安全事项

对于国际工程总承包项目的运营阶段,以列车运营为例,除了要注意以上所述的各项安全管理问题之外,还要特别注意防止下列事故:

1. 容易发生在平交道口处、车站内及货场编组线的列车冲撞、脱轨、颠覆、火灾、爆炸事故、列车撞击、辗压路旁行人等意外事故危险;

2. 旅客违章携带易燃、易爆物品上车或装载易燃、易爆物品的货物列车因冲撞、脱轨、颠覆等或列车本身的电路等设备故障而发生灾难性的爆炸、火灾;

3. 铁路旁的行人被高速行驶的火车形成的气流卷入车下辗压,或被列车拖挂、撞击造成意外伤害;

4. 桥梁防护架、铁道防护网等防护设施以及警示牌意外倒塌;

5. 机车、车辆溜入区间或站内碰撞人员、轻型车辆、小车、路料及施工机械;

6. 列车中机车、车辆、动车、重型轨道车断轴导致的意外事故;

7. 列车运行中刮坏行车设备或货物坠落损坏行车设备,导致行车设备损坏或人员伤亡;

8. 生产调度指挥失误导致的列车相撞,追尾等意外事故等。

第三节 职业健康安全管理体系(OHSMS)

一、OHSMS 概念和背景

OHSMS(Occupation Health Safety Management System,职业健康安全管理体系)是 20 世纪 80 年代后期在国际上兴起的现代安全生产管理模式,它与 ISO 9000 和 ISO 14000 等标准化管理体系一样被称为后工业化时代的管理方法。OHSMS 产生的一个原因是企业自身发展的需要。随着企业规模扩大和生产集约化程度的提高,对企业的质量管理和经营模式提出更高的要求,企业不得不采用现代化的管理模式使包括安全生产管理在内的所有生产经营活动科学化、标准化、法律化。包括杜邦、菲利浦在内的一些大型公司在进行质量管理的同时,也建立了与生产管理同步的安全生产管理制度,这些制度和方法进一步形成了标准,并逐渐得到更多企业的认可。

OHSMS 产生的另一个国际背景是在全球经济一体化潮流推动下出现的职业安全卫生标准一体化。早在 20 世纪 80 年代末 90 年代初,一些跨国公司和大型的现代化联合企业为强化自己的社会关注力和控制损失的需要,开始建立自律性的职业安全卫生与环境保护的管理制度,并逐步形成了比较完善的体系。到 20 世纪 90 年代中期,为了实现这种管理体系的社会公正性,引入了第三方认证的原则。

二、OHSMS 模式简介

OHSMS 的基本思想是实现体系持续改进,通过周而复始地进行"计划、实施、监测、评审"活动,使体系功能不断加强。它要求组织在实施职业安全卫生管理体系时始终保持持续改进意识,对体系进行不断修正和完善,最终实现预防和控制工伤事故、职业病及其他损失的目标。

OHSMS 一般包括的主要部分有:初始状态评审、安全卫生方针与计划、实施与运行、检查与改进措施、审核和定期评审总结。其中核心内容是方针、计划、实施、改进、审核这 5 个要素和持续改进的循环。

一般状态下，OHSMS 的运行从初始状态评审开始，依次进行到评审总结，就完成了一次循环；第二次循环的初始状态评审确定一个新的高于第一次循环的起点；而第三次循环的起点线又高于第二次，逐次提高，持续改进。

OHSMS 是企业总的管理体系中的一个子系统，其循环也是企业整个管理体系循环的一个子循环，企业通过 OHSMS 不断循环运行和改善，最终达到以下目标：使职工和其他有关人面临的风险减少到最低程度；改善经营效果和帮助企业在市场竞争中树立起一种负责的形象。

三、OHSMS 适用范围

OHSMS 标准是针对现场的职业安全健康，而不是针对产品安全和服务安全。它适用于有下列意愿的组织：

1. 建立职业安全健康管理体系，有效地消除和尽可能降低员工和其他相关人员可能遭受的与用人单位活动有关的风险。
2. 实施、维护并持续改进职业安全健康管理体系。
3. 确保遵循其声明的职业安全健康方针。
4. 向社会表明其职业安全健康工作原则。
5. 谋求外部机构对其职业安全健康管理体系进行认证和注册。

四、OHSMS 主要作用

职业健康安全管理体系（OHSMS）的实施对企业职业安全健康工作将产生积极的推动作用。主要体现在以下几个方面：

1. 全面规范、改进企业职业安全健康管理，保障企业员工的职业健康与生命安全，保障企业的财产安全，提高工作效率。
2. 改善与政府、员工、社区的公共关系，提高企业的声誉。
3. 防止安全管理失误、漏洞的发生，消除第三类危险源。
4. 有利于职业安全健康管理标准与国际接轨，克服产品及服务在国内外贸易活动中的非关税贸易壁垒，取得进入市场的通行证。
5. 有利于提高企业安全与卫生等级，降低企业职工职业安全和健康的保险成本。
6. 有利于提供持续满足法律要求的机制，降低企业风险，预防事故发生。
7. 有利于提高企业的综合竞争力和全员安全意识。

第四节　安全事故的处理

一、现场紧急救护

在安全事故发生之后，应当在第一时间组织员工、调运物资进行现场紧急救护。针对涉及人身伤害的安全事故，对于受伤人员及时对伤口采取护理措施；对于可能威胁到生命安全的要进行紧急抢救处理，之后再采取进一步的处理措施，例如送入当地医院救治等；对于已经死亡的人员，要对遗体进行打捞或者临时处置，并要结合实际情况及时采取进一步的处理措施。而对于安全事故所造成的财产损失，如材料物资和设备失火、受淹等情况，应及时采取救援措施，如进行灭火，排水、抢救、转移、关闭运行中的机械、切断电源以及隔离等。

通常情况而言，施工现场所发生的各种安全事故，凭借工程项目承包商自己的能力足以解决问题，完成救护。但是一些较重大的安全事故就必须要获得上级或是公司总部的支持与配合。牵涉到政治和外交关系的，需要寻求中国驻当地使领馆的支持和帮助，例如在苏丹、巴基斯坦、阿尔及利亚、阿富汗、菲律宾等国发生过的中方工作人员遭绑架事件，务必要在中国大使馆的领导下展开营救工作。有时也需要获得工程所在国政府机关、警察以及具有影响力的朋友或者华侨华人的帮助。

二、处理善后事宜

在完成了现场紧急救护之后，要尽快恢复生产。大多数工程项目施工工期都比较紧张，而出现比较大的安全事故以后，会导致工程项目的局部或者全部停工的可能性，也可能会在工作人员中引发情绪不稳定甚至强烈反应。因此，需要主动运用各种方法手段，用最短的时间恢复生产，如尽快清理和重建受损的工程，修理损毁的机械设备，稳定工作人员情绪并动员他们恢复工作。而对于造成严重人员伤亡的情况，则要根据实际情况，把伤亡人员送回国内，或者通过公司总部组织其家属赶到现场进行处理。

三、安全事故上报

项目部应根据合同合法规要求，及时向上级及政府有关部门提交安全管理报告汇报。项目安全管理报告分为定期和不定期两种形式。定期报告包括在每月提交给上级和公司总部的工程简报中，在简报中对项目安全管理问题进行综合评估和总结汇报。不定期报告主要是在突发安全事故后提交的报告。安全事故发生以后，要根据事故的性质及严重程度向相关方面报告。对于较小的事故，在项目内部由下级报告给上级即可。而有些事故需要告知项目的全体人员，或者向公司总部、当地警察、外交使领馆、受害人家属或保险公司等报告。

四、事故原因调查

在项目安全事故发生之后，要安排相关工作人员对事故进行调查取证，查清事故原因，对造成的损失进行科学的评估，进而确定事故的性质。在事故的性质确定之后，属于责任事故的，要根据公司制度的规定，追究相关责任人员的责任，情节严重的还要追究其法律责任。同时,还要分析查找项目安全管理体系所存在的缺陷和不足,并根据分析调查的结果对项目安全管理体系进行改进与完善。

五、事故损失赔偿

事故损失的赔偿包括两方面的内容,一方面是指承包商对于受伤害人员的赔偿,另一方面是指承包商向业主或者保险公司进行索赔。工期索赔和费用索赔是向业主进行索赔的主要内容。而经济补偿则是向保险公司所进行索赔的主要内容。承包商应当具有索赔意识,特别注意在事故的发生、发展以及结束后的取证和汇报工作,在恰当的时间合理合法地提出相关索赔申请。

第五节 应急预案

应急预案指面对突发事件如自然灾害、重特大事故、环境公害及人为破坏的应急管理、指挥、救援计划等。

对于不同的项目,由于项目性质、所处环境等因素不同,项目可能面对的重大风险事件也不相同。为提高应急能力,减少危机事件造成的影响和损失,总承包商应根据项目的具体情况,针对重大风险源制定应急预案,包括人员组织机构、应急预案的启动程序、危机处理的流程等,对于特别重大风险源,应组织必要的危机应对预演,通过演习发现问题,及时采取改进措施,提高人员对危机的反应和处置能力。

一、国际工程应急组织与职能

应急组织机构是应急预案的核心,也是应急处置的组织保障。一个项目的应急组织机构可根据项目的风险环境来确定,通常包括的职能如图 6-3 所示。

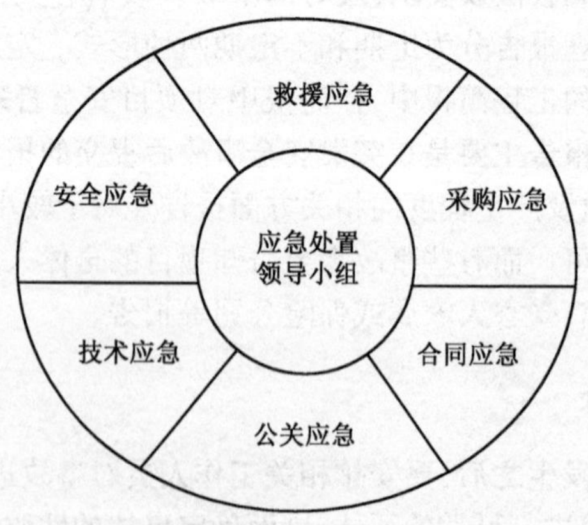

图 6-3　应急处置领导小组职能

1. 应急处置领导小组：领导协调各部门应急活动安排，协调应急所需人员、车辆、通信等资源，保持或尽早恢复各部门之间以及项目与外界的交通通讯联络。根据事件对项目造成的影响，组织各部门尽快全面恢复生产，把影响和损失程度减至最少。

2. 救援应急：立即拨打当地医疗救护和消防救援电话，尽力帮助受困人员撤离危险场所，根据受伤人员的伤势，开展适当的现场急救。

3. 安全应急：组织安全技术人员，调查判断发生安全事故的原因，对事故造成的后果合理处置，采取果断措施，制止事态恶化，防止次生灾害发生。

4. 技术应急：组织施工技术人员，对工程重点部位进行认真检查分析，评估安全事故对工程结构的影响，采取必要的纠正、修复或加固措施，保证工程质量安全。

5. 公关应急：收集安全事故的全面信息，包括事故发生的原因、伤亡和损失、救援措施和进展等，分析评估安全事故可能造成的政治和社会影响，并按应急领导小组的决策及时向项目系统外部有关部门汇报、沟通，对项目全体员工做好安抚，并做好应对可能的社会关注和媒体采访的准备，力求将负面影响降到最低。

6. 合同应急：跟踪事件发展和处理过程，收集并保留相关证据，对安全事故的原因进行分析，根据合同确定有关各方及相关人员的合同责任，为下一步奖惩决策、保险赔付或索赔等活动做好准备。对于投保部分，要及时通知保险公司申请赔付；对于需要向业主索赔部分，注意按照合同规定的期限发出索赔通知和提交索赔报告。调整进度计划，必要时可能要签订补充协议。

7. 采购应急：负责保障安全事故处置以及恢复生产所需材料和设备，调整材料、设备的采购计划，并及时与材料、设备供应商联系，保障供应。

二、国际工程应急程序

国际工程项目应急程序一般如下：

1. 当施工现场紧急事故发生时，当事人第一时间向项目经理汇报，根据合同要求一般还要求立即通知工程师或业主代表；

2. 应急领导小组根据情况及时启动应急预案，并组织求援小组进行救援并及时将情况上报总部，立即拨打项目所在国的急救电话或报警电话，必要时通知我国驻当地领使馆，寻求帮助；

3. 现场人员采取积极自救、互救措施，抢救人员和财产，防止事故扩大，并尽量保护事故现场；

4. 因抢救伤员，防止事故扩大以及疏通交通等原因需要移动现场时，应及时做出标志、摄影、拍照、详细记录和绘制事故现场图，并妥善保存现场重要痕迹、物证等；

5. 指挥领导小组到达现场后，立即了解现场情况及事故的性质，确定警戒区域和事故应急救援具体实施方案，下达救援指令，布置专业救援队伍和救援设备，积极实施救援；

6. 迅速和地方相关部门联系，尽快恢复被损坏的道路、通信等有关设施，确保应急救援工作的顺利开展；

7. 根据事件对项目造成的影响，及时采取补救措施，组织各部门尽快全面恢复生产，把影响和损失程度减至最少。

第七章　国际工程总承包项目合同管理

本章主要介绍了国际工程总承包项目合同管理的概念和内涵;主合同管理和分包合同管理;总承包商合同管理的任务和内容;合同变更、索赔和争端解决的程序和注意事项;国际工程承包常用合同条件简介等内容。

第一节　国际工程总承包合同管理概述

一、国际工程合同管理的概念

国际工程合同是国际工程项目不同参与方之间为了项目的顺利实施所签订的确定相互权利与义务关系的协议。在国际工程项目实施过程中,项目参与各方都应该自觉地严格遵守合同,按照合同规定行使各自的权力,履行各自的义务,并发扬协作精神,处理好伙伴关系,使项目能顺利实施,实现多方共赢。由于国际工程项目的参与方来自不同国家和地区,涉及不同的文化、语言、法律等,合同在调节各方权利义务方面发挥着更突出的作用,因此在国际工程项目管理中,合同管理具有更重要的地位和意义。国际工程项目实施的过程,归根到底就是合同各方按照合同规定的权利和义务履约的过程。因此,无论对合同的哪一方来说,合同管理都处于其项目管理工作的核心,是其他各项工作的基础。

国际工程合同管理就是对国际工程合同的订立、履行、变更、终止、违约、索赔、争议处理等进行的管理。对合同任一方来说,在合同实施阶段,合同管理的意义包括两个方面,一方面,应明确合同下自己有哪些义务和责任,并按照合同要求,使用适当方法和资源履行这些义务和责任。另一方面,明确合同赋予自己的权利,并在必要时适当行使这些权利来维护自己的权益。

二、总承包商的合同管理

国际工程总承包商的合同管理贯穿于整个项目实施的全过程。在招投标阶段,总承包商的合同管理主要是通过研究招标文件,明确投标人的权利、义务和风险,并在可能的情况下通过谈判争取达成比较公正的合同条件;在中标后的实施阶段则是按照最终达成的合同文件,认真履行合同规定的义务,保证项目质量和工期,使其达到相关的规范标准和令雇主代表满意的程度,同时也依据合同保护自己的正当权利和利益。

国际工程总承包商的合同管理包括主合同管理和分包合同管理。主合同管理是指总承包商与雇主之间的合同管理,分包合同管理是指总承包商与分包商之间的合同管理。对于总承包商来说,一方面,要与业主签订合同,即主合同。总承包商根据主合同要求的标准和时间,完成规定的设计、施工等工作,最终向业主提交一个合格的工程产品,而业主则按合同规定向承包商履行付款的义务。另一方面,总承包商还与分包商签订分包合同,即在不违反主合同有关规定的前提下,通过分包合同将主合同下的部分工作交给分包商,因此总承包商的合同管理也包括对分包合同的管理。以某国际工程 EPC 总承包项目为例,图 7-1 表示各方的逻辑关系,包括合同关系,其他的国际总承包方式的合同关系与 EPC 总承包方式类似,只是总承包的内容稍有不同。

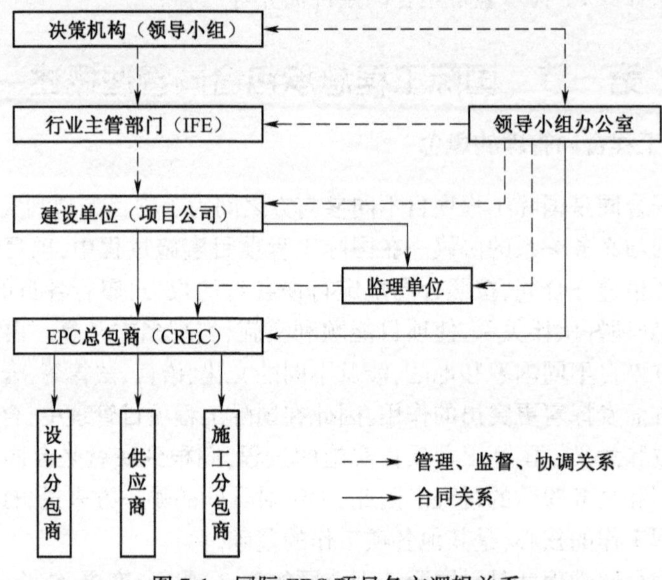

图 7-1　国际 EPC 项目各方逻辑关系

第二节　承包商的主合同管理

一、投标前的合同管理准备

对于谋求国际工程总承包的承包商来说,合同管理工作实际上在投标之前就开始了。在这一阶段,合同管理人员应根据市场开发人员提供的信息,尽可能详细地了解近期公司可能参与投标项目的情况,尤其是项目可能采用的发包模式及合同类型,如有必要提前查阅相关文献,学习相关合同条件,进行必要的知识储备,为今后合同管理工作打下基础。

二、投标阶段的合同管理

对于承包商来说,一经取得招标文件,合同管理工作即正式开始。招标文件是业主对承包商的要约邀请，它所确定的招标条件和方式、合同条件、工程范围和工程的各种技术文件是承包商报价的依据，也是双方商谈的基础，而且招标文件绝大部分内容将进入合同文件。一般合同都规定，承包商对招标文件的理解自行负责，即由于对招标文件理解错误造成的报价失误由承包商承担。因此，承包商必须安排专门的合同管理人员，认真研究招标文件，全面分析和正确理解招标文件，弄清楚业主的意图和要求，弄清承包商的义务和风险，为投标决策和报价人员提供参考。

在这一阶段，合同管理人员应在研究招标文件的基础上，完成以下重要工作：

1. 明确发包模式。该项目是施工总承包、设计-建造总承包还是 EPC 交钥匙工程？这可以帮助投标人初步判定项目范围以及承包商的胜任水平。

2. 明确招标方式。该项目采用的是公开招标还是邀请招标？这可帮助投标人判断投标竞争程度。

3. 明确合同类型。该项目采用的是单价合同还是总价合同、是否可调价、如何调价？这有助于判定承包商需要承担的工程量风险和价格风险。

4. 明确项目资金来源。承包商能否要求雇主提供资金证明，这涉及到承包商的支付风险。

5. 明确合同条件。该项目是否采用了标准合同范本、哪种范本、专用条款与通用条款有哪些重要变动？这可帮助投标人判断投标风险水平。

6. 明确风险分担情况。哪些风险由业主承担，哪些风险由承包商承担，有无责任限度，这直接关系承包商的风险承受能力以及报价决策。

7. 明确合同文件的组成及优先次序。这有助于投标人全面理解合同文件以及当各文件之间存在不一致时做出正确合理判断。

8. 明确承包商的工作范围和要求。明确设计、施工、运营等阶段所采用的标准和规范，这有助于投标人判定工程规模和难度，确定完成项目所需资源，并提前学习不熟悉的标准和规范。

9. 明确工程的工期要求。何时竣工、有无分段竣工？这与进度计划的编制直接相关。

10. 明确误期损害赔偿费额度。这关系到承包商误期竣工的损失大小。

11. 明确付款方式。付款周期、付款期限、延误付款如何处理、业主是否提供资金证明、有无预付款、保留金额度等，这关系到承包商的资金压力以及获得支付的保障程度。

12. 明确承包商需要提交的各种保函和保险的额度、时间、有效期。如投标保函、履约保函、预付款保函、工程保险、第三方责任险等。应及时到符合要求的机构办理，并按时提交，并在投标时考虑保函成本。

13. 明确承包商应递交的各类文件及时间期限。如图纸、方案、计划、报告等，最好归纳列表，以便提前编制，按时递交。

14. 明确承包商按合同规范应完成各项试验和提交的样品。这些试验和样品的成本由承包商自己承担,应包含在投标报价中。

15. 明确价格调整的类型和方式。如法律变化、费用上涨及技术变更是否可以以调整合同价格、有无价格调整公式?这关系到承包商的价格风险。

16. 明确变更的类型和程序。尤其是变更项目单价和价格的确定方法,这直接关系承包商的在变更项目的风险和利益。

17. 明确索赔的条件和程序。这关系到承包商可能获得额外支付的机会,也影响着承包商对待索赔的态度。尤其强调索赔的期限,超过期限可能丧失索赔权利。

18. 明确争端解决的方式和程序。这关系到争端处理的效率和公平程度,也影响着承包商对于争端的态度。

承包商研究招标文件的一个重要目的是发现和分析合同条件中的风险,以便在投标报价时将这些风险考虑在内,通过报价中的风险费或通过一定的报价策略来应对,或者通过与业主谈判,完善合同条文,合理分担风险,使合同能体现双方责权利关系的平衡。对明显不公平或不符合工程惯例的单方面约束性条款,承包商应做好记录,并在中标后的谈判中引证国际工程惯例,如 FIDIC 合同条件的规定,力争通过谈判签署一个比较公平、完善的承包合同。

此外需要强调的是,对于在研究招标文件过程中发现的问题,包括矛盾、错误、二义性,不明确或有疑问的地方,切不可随意理解,而是应在标前会议上或规定的期限内以书面的形式提出询问,业主方面应对这些询问给出明确的书面答复。这些书面答复作为对这些问题的解释,可看作招标文件的补充,有同等效力。

三、项目实施阶段的合同管理

(一)项目启动

1. 合同管理人员向项目管理人员和各部门相关人员进行"合同交底",组织大家学习合同和合同分析结果,对合同的主要内容做出解释和说明;

2. 将各种合同包含的各项责任分解落实到各部门或分包人;

3. 在合同实施前与其他相关的各方面,如业主方、雇主代表、政府部门等进行沟通,召开协调会议,落实各种安排,为顺利启动项目创造条件;

4. 对照合同,编制项目启动检查清单,检查督促各项工作的落实情况。

(二)合同实施控制

在合同实施阶段,总承包商应按照合同的要求,认真负责地、保质保量地按规定期限完成工程的设计、施工、竣工、修补缺陷,如果是 DBO 合同,还包括运营和维护。按合同要求做好各项工作既是合同管理的基础,也是承包商的中心任务。

这一阶段合同管理的主要任务,就是依据合同以及收集到的关于项目进展的各类信息,分析各部门执行合同要求的各项任务的情况,通过对合同实施情况的分析，找出偏离，通知相关部门以及决策部门，分析偏差原因，及时采取调整措施。合同实施控制时，尤其要根据合同要求关注以下方面：

1. 及时办理并提交各类保证；
2. 及时提交进度计划；
3. 完成各阶段设计并及时递交审批；
4. 及时组织现场开工、施工，保证工程质量；
5. 做好分包；
6. 根据工程需要做好保险；
7. 及时递交进度付款申请报表，以尽早得到批准和支付；
8. 做好信息管理和文件档案管理工作；
9. 处理好工程变更及调整；
10. 发现和把握索赔机会，及时索赔。

（三）合同档案管理

国际工程项目管理中，注重书面证据，凡涉及双方利益纠纷的问题，如变更、索赔等，必须有相关人员签字的文件以及现场收集的资料为依据，加上现场资料种类数量很多，档案管理显得尤为重要。现场资料信息收集以及雇主代表（业主）与承包商之间的信函和文件往来，应由专人负责，及时签收，及时送达相关人员，并分类归档，以备需要时查询。

1. 合同资料种类

在实际工程中与合同相关的资料面广量大，形式多样，主要包括下列。

（1）合同文件资料，如各种合同文本、招标文件、投标文件、图纸、技术规范等；

（2）工程实施中产生的各种资料，如发包人的各种工作指令、签证、信函、会谈纪要和其他协议，各种变更指令、申请、变更记录，各种检查验收报告、鉴定报告等；

（3）工程实施中的各种记录、施工日记等，官方的各种文件、批件，反映工程实施情况的各种报表、报告、图片等。

2. 合同资料文档管理的任务

（1）合同资料的收集：合同包括许多资料、文件，合同分析又产生许多分析文件，在合同实施中每天又产生许多资料，如记工单、领料单、图纸、报告、指令、信件等；

（2）资料整理：原始资料必须经过信息加工才能成为可供决策的信息，成为工程报表或报告文件；

（3）资料的归档：所有合同管理中涉及的资料不仅目前使用，而且必须保存，直到合同结束。为了查找和使用方便必须建立资料的文档系统；

（4）资料的使用：合同管理人员有责任向项目经理、向业主作工程实施情况报告，向各职能人员和各工程小组、分包商提供资料，为工程的各种验收、为索赔和反索赔提供资料和证据。

第三节 承包商的分包合同管理

承包商如果决定将项目的某个阶段交给分包商实施，就涉及到分包合同的管理。承包商的分包合同管理可以根据分包内容分为设计分包合同管理、施工分包合同管理、运营分包合同管理等。

一、设计分包合同管理

(一)设计分包商的选择

选择设计分包商可以采用直接委托，大型项目设计任务也可以采用招标方式。设计对工程施工和运营阶段都有着重要影响，而且设计单位主要的风险在于其声誉风险，而承担经济风险的能力有限，对于设计错误或延误，总承包商一般只能扣减相应设计费用，远远不能补偿由此给总承包商造成的损失。因此无论采用哪种方式选择设计分包商，都要特别重视其资质和经验的审查，设计单位必须具备与本工程相应的资质证书和许可证，其企业级别、业务规格、专业范围必须符合本工程的要求以及业主招标文件对总承包商有关工程设计的要求。在可能的情况下，尽量选择国内设计单位。如果在国内找不到能胜任的设计单位，需要在国外选择时，更要做好资格审查。对于总承包项目，承包商有权自己选择设计单位，如果业主指定设计单位，则总承包商可把其看作指定分包商，仍然要对其进行审查，如果认为不合格或与其不能达成设计分包协议，总承包商有权提出反对或要求业主承担相应风险并以补充协议方式加以明确。

(二)设计合同的签订

国际工程设计分包合同应明确设计任务的范围以及双方的权利与义务。设计分包合同可参考国内外设计合同范本，并结合主合同相应条款以及工程项目的具体特点加以细化，尤其注意明确以下内容。

1. 明确总承包商应向设计分包商提供的基础文件、资料的名称以及时间，包括本项目的设计依据，以及设计要求等；

2. 明确委托任务的工作范围：包括设计阶段的内容、设计深度要求、设计范围等，对于是否需要设计人员进行勘察或在采购、施工方面提供哪些协助也应作出约定；

3. 明确详细的设计流程；

4.明确是否包含合同的勘察工作以及开始和终止的时间；

5. 明确设计费用、支付条件及时间：如国际工程设计咨询费高达10%左右，比国内2%~4%要高很多；

6. 明确总承包商为设计方提供的现场服务：包括施工现场的工作条件、交通条件以及生活条件等方面的具体内容；

7. 明确合同的违约责任：包括承担违约责任的条件以及违约金的计算方法等；

8. 明确合同争议的最终解决方式：若采取仲裁方式解决时，需要注明仲裁委员会的名称。

（三）设计合同的实施

在设计分包合同实施阶段，总承包商或其专业顾问应依据设计分包合同随时检查监督设计进度和质量，对潜在问题及时发现及时采取措施，最大程度地避免设计延误或错误给下一阶段施工造成不利影响。

二、施工分包合同管理

在合同允许的范围内，总承包商有权选择施工分包商完成部分工程的施工。施工分包商一般通过招标方式选择，此时总承包商的角色相当于施工招标中的业主，因此可以参照施工招标的程序进行。

如果业主决定将某部分工程由特定分包商来实施，则该分包商为指定分包商，总承包商仍然要对其进行审查，如果认为不合格或与双方不能就各自的权利义务等达成一致，即无法达成分包合同，总承包商有权提出反对或要求业主承担相应风险并以补充协议方式加以明确。指定分包商最大的优势是在获得总承包商的支付方面更有保障，在指定分包商没有过失的前提下，如果总承包商拖欠指定分包商的工程款，则雇主可以直接向指定分包商支付，并从总承包商支付证书中扣除相应金额。

对于总承包商准备交给分包商完成的那部分工程的施工，总承包商应通过施工分包合同把自己在主合同下对于业主的相应义务和风险转移给分包商。施工分包合同条款国际上有比较成熟的范本，如 FIDIC 出版的施工分包合同条件，可结合具体工程参照使用。

无论是一般分包商还是指定分包商，总承包商对他们都负有管理的职责，他们的过失也会给总承包商造成连带损失，因此对于分包商承担的工作，总承包商的相关人员要随时检查监督，保证其进度、质量等符合要求，发现问题要求其立即整改，并按照分包合同致函要求其承担相应的损失，最大限度地避免或减少分包商违约给总承包商可能造成的损失。

三、运营分包合同管理

（一）主合同下承包商的运营服务义务

对于包含运营阶段的总承包项目，如 EPC+运营模式或 DBO 项目，要求承包商在按照合同完成项目建设后，还要负责提供若干年（如 20 年）的运营和维护服务工作。在这种模式中，运营服务期间所需要的原材料由雇主按照合同提供，项目的产权以及产品和收入均为雇主所有，承包商的运营维护人员应有相应资质并经雇主批准上岗，运营服务期间应能保证项目运营能达到项目原定的功能目标。如果雇主要求,承包商应对雇主人员提供有关项目运营和维护的培训。雇主则按照合同规定的时间和金额向承包商支付运营维护服务费用。承包商还应遵照合同办理运营期间的各类保险,如火灾、人员伤害等。

承包商运营服务依据的文件包括:合同中雇主要求部分的运营管理要求,由承包商编制并包含在合同中的运营维护计划,承包商在试运营期开始之前递交并经雇主批准的操作和维护手册。承包商的运营服务接受雇主代表的监督,同时承包商和雇主均要接受双方共同任命的独立的审计机构的审计监督。

(二)运营分包合同签订

如承包商将运营维护服务分包给某个运营商,则应注意将主合同下相应的义务和风险通过分包合同转移给运营商,尤其注意以下几点:

1. 关于运营商的义务范围,应参照主合同确定运营商的义务,包括运营商应承担的各项职责和递交的各类文件的要求,以及相应的违约责任,防止考虑不周造成遗漏引发纠纷,给总承包商带来损失。

2. 关于运营商开始或介入各项工作的时间,如果需要运营商介入项目运营计划和操作维护手册的制定,或参与设计-建造阶段验收等其他工作,应结合具体工作和实际情况考虑确定运营商介入的时间和具体工作。因为试运营阶段的开始需要满足一系列条件,包括前期设计-建造阶段通过验收,以及承包商与雇主就雇主要求、运营维护计划、操作维护手册等文件的可能变化或修改达成一致意见。如果前期工作延误,运营服务开始时间也相应延后,在确定运营商工作时间时应考虑这些因素,避免运营商因此提出索赔。

3. 关于为雇主提供的培训,要注意明确培训的范围和数量,对培训效果是否有明确要求。

4. 关于雇主提供的原材料,如果雇主未能及时提供或材料不合格造成损失,如何处理。

5. 关于运营期间发生故障以及不能达到预期产能或运能要求,要明确哪些责任应由哪一方承担。

(三)运营分包合同实施阶段

在运营期内,总承包商应由专业人员监督运营商的运营维护,及时发现问题,与相关方面沟通,并注意保留相关证据,以利于在可能发生的索赔或纠纷中维护自己的权益。

第四节　合同变更调整

一、合同变更的含义

在施工项目合同模式下,项目的设计一般是由业主负责,承包商只负责施工,凡是工程师指示或批准的工程质量、数量、性质、功能、施工次序和实施方案的变化都可以视为变更，且可以调整价格或工期。

在总承包项目合同模式下，由于一般由承包商对项目的设计、施工等全面负责，而且业主采用EPC这种总承包模式的主要目的之一就是提高项目工期和最终造价的确定性，因此总承包合同模式下的变更通常比施工合同模式下的变更要少得多。

在总承包模式下的变更，是指合同文件中的雇主要求发生实质性变更，如项目功能要求、义务范围、技术标准等的改变，以及由此导致的工程数量、进度计划、施工技术和方案以及材料、设备的改变，由此导致合同价格和工期变化的，应予以合理调整；相反，在雇主要求不发生实质变更的情况下，承包商因自己的原因改变施工技术、方案等，即使承包商费用发生变化，合同价格和工期也不能调整。

二、合同变更程序

国际工程项目的合同变更一般都有一套严格的程序，现以FIDIC合同条件下的工程变更程序为例进行介绍。

FIDIC合同条件下，雇主代表如认为有必要，可对工程或其中某些部分做出变更指令。同时规定，没有雇主代表的指示或批准，承包商不得做任何变更。

变更的一般程序如下。

1. 变更的提出

变更可以由业主代表提出，要求承包商递交实施方案以及价格调整的建议，雇主批准后下达变更指示；也可由承包商根据价值工程提出变更建议，经雇主批准后下达变更指示。雇主代表的变更指示应以书面形式发出。

2. 变更的估价

凡是由于承包商违约或毁约，致使雇主代表必须发出指示进行变更的，则此类违约造成的附加费用应由承包商承担。

对变更所涉及的工作的估价，如果合同中有相同的项目，则应以合同中适当项目的费率及价格进行估价。如合同中未包括相同的项目，则应在合理的范围内参考合同中类似项目的费率和价格作为估价的基础。如果对于某项变更工作，雇主代表认为合同中包括的任何工程项目的费率或价格均不适用时，则在雇主代表与业主和承包商适当的协商之后，由雇主代表与承包商议定合适的费率或价格。如未能达成一致意见，则雇主代表应确定他认为适当的费率或价格，并相应地通知承包商，同时将一份副本呈交业主，此前，雇主代表可以确定一个暂行费率或价格，以便作为暂付款，包含在当月发出的支付证书中。如果合同中规定以多于一种的货币进行支付，在确定费率和价格时应注意说明不同货币的比例。

3. 变更工作的支付

如果承包商已按雇主代表的指示实施变更工作，雇主代表应将已完成的变更工作或已部分完成的变更工作的费用，加入合同总价中，同时列入当月的支付证书中支付给承包商。

三、合同变更中应注意的问题

1. 雇主代表的批准权应依据合同。在国际工程中,业主常通过雇主代表对材料的批准权提高材料的质量标准,对设计的批准权提高设计质量标准,对施工工艺的批准权提高施工质量标准。当批准超过合同明确规定的范围和标准时,它即为变更指令,应争取业主或雇主代表的书面确认,进而提出工期索赔和费用索赔。

2. 应注意工程变更的实施、价格谈判和业主批准三者之间在时间上的矛盾性。一般情况下,在变更实施之前双方最好就变更工作的价格调整达成一致意见,在一些国际工程中,合同规定承包商必须无条件执行业主代表或雇主代表的变更指令,若工程变更已成为事实,雇主代表再发出价格和费率的调整通知,价格谈判常常迟迟达不成协议,或业主对承包商的补偿要求不批准,价格的最终决定权却在雇主代表。这样,承包商处于十分被动的地位。对于这种情况,承包商一定要做好各种记录,为将来发生争议时保护自己的权益做好准备。

3. 承包商不能擅自进行变更。若施工中发现雇主提供的资料错误或其他问题,需进行变更,首先应通知雇主代表,经雇主代表同意或通过变更程序再进行变更。否则可能不仅得不到应有的补偿,而且会带来麻烦。

4. 应注意收集变更方面的证据,特别注意因变更造成返工、停工、窝工、修改计划等引起的损失,作好记录。在变更谈判中应对此进行商谈,保留索赔权。在实际工程中,人们常常忽视这些损失,而最后提出索赔报告时往往因举证困难而被对方否决。

5. 注意合同中其他可调整价格的条款。对于工程所在国法律法规的变化、与合同有关的技术标准和规程的变化以及通货膨胀给承包商带来的费用增加,合同中如果规定了调价条款,则在上述情况发生时承包商应及时按照相应条款和证据要求对合同价格进行合理的调整。

第五节　国际工程索赔

一、索赔的条件

在国际工程总承包项目中,承包商的索赔要依据合同中双方的职责和风险条款。总体来说与施工项目相比,总承包项目的承包商由于承担更大的工作范围和更多的风险,因而合同允许的索赔机会相对较少,索赔难度更高,具体要参照合同对双方责任和风险的划分。比如施工合同下承包商可以对设计错误提出索赔,总承包合同下承包商负责设计,设计错误是承包商的责任,由此导致的所有损失,包括业主的损失,都要由承包商承担,即使该设计事先已得到了业主代表的批准。当然如果合同中包含由业主负责部分设计，如果业主负责的那部分设计有误，承包商则有机会针对该部分设计错误提出索赔。

具体来说，在总承包模式下，通常对于下列非承包商原因造成的工程延误或费用增加，承包商有权提出索赔：

1. “雇主要求”改变，如提高项目功能要求或技术标准，或与工程有关的法规的改变；

2. 承包商现场遇到具有地质或考古价值的遗迹或物品；

3. 雇主未能按合同规定的时间提供施工所需的现场；

4. 雇主代表指示非承包商原因导致的暂时停工；

5. 雇主代表指示进行合同中未规定的检验或额外工作；

6. 雇主负责提供的材料或设备不符合合同规定；

7. 雇主未能按合同规定期限付款；

8. 雇主方面的原因妨碍承包商按计划进行竣工试验；

9. 发生不可抗力；

10. 其他因雇主违反合同或雇主应承担的风险给承包商造成损失或延误的情况。

值得注意的是，一些在传统的施工合同模式下承包商可以索赔的典型情况，如“承包商遇到一个有经验的承包商无法合理预见到的障碍或条件”、“雇主代表未在合同规定的时间内颁发应由他发出的图纸或指示”、“雇主负责提供的原始数据有误”等，在 EPC 这样的总承包合同模式下并不适用。

二、索赔的内容

国际工程项目中承包商的索赔包括工期索赔和费用索赔，费用索赔又包括成本损失索赔和利润索赔。不同的情况下承包商有权索赔的内容是不一样的，应结合具体索赔事件依据合同条款的相应规定来进行处理。

总的来说，承包商可以索赔的情况可分为以下两类，一类是当雇主一方存在过错或未能按合同履约，且给承包商造成了额外费用或工期延误，对于这一类情况，承包商一般可以索赔工期延误和（或）成本补偿，还可以索赔合理利润；另一类是对于某个风险事件的发生虽然雇主并无过错，但根据合同应属于雇主承担风险，且该事件给承包商造成了额外费用或工期延误，对于这一类，承包商只能要求工期和（或）成本补偿，但不能索赔利润。还有一些情况，如异常恶劣的气候条件，或不可抗力中的严重自然灾害，承包商只能索赔工期，而不能索赔费用。

三、索赔的程序

承包商索赔一般按以下步骤进行。

1. 提出索赔要求

当出现索赔事项时,承包商一方面应及时发出索赔通知书,索赔通知应引用相应合同条款,并说明发生的事件,声明他的索赔权利;按照 FIDIC 合同条件的规定,这个书面的索赔通知书应在索赔事项发生后的 28 天以内,向雇主代表正式提出。否则,逾期再报时,索赔要求可能遭拒绝,但如果对于未能及时发出索赔通知承包商认为有合理的原因,则可以将延迟原因提交争端评判小组 DAB,如果 DAB 认为合理,可撤销上述时间限制。

2. 报送索赔资料

在正式提出索赔要求以后,承包商应做好同期记录,并抓紧准备索赔资料,计算索赔款额,或计算所必需的工期延长天数,编写索赔报告书,并在规定时间内(如,索赔事件发生后 42 天内)递交给雇主代表。如果索赔事项的影响持续存在,则每隔 28 天向雇主代表报送一次补充资料,说明事态发展情况。最后,当索赔事项影响结束后,在 28 天以内报送此项索赔的最终报告,附上最终账单和全部证据资料,提出具体的索赔款额或工期延长天数。

3. 雇主代表的回应

雇主代表在收到承包商的详细索赔报告后,在规定时间内(如,42 天),决定给承包商在工期和费用上是否补偿,并附上详细论据。雇主代表可以要求承包商提供必要的附加资料,但仍应在规定时间内(如,42 天)做出回应,并对能确定的部分做出决定。如果雇主代表未在规定时间内做出决定,可认为他拒绝了索赔,承包商如果不服可将此事作为争端提交争端评判小组 DAB。

承包商在收到雇主代表决定后如果不满意,可在规定时间内(如,42 天),提交 DAB,超过该期限,视为已接受雇主代表的决定。

4. 索赔款的支付

雇主代表决定的索赔款额,承包商可列入当月付款申请即月报表中,雇主按照合同规定期限随进度款支付。对于存在争议并按程序提交 DAB 的,仍然暂按雇主代表的决定执行,待 DAB 做出决定后,如有变化,再作调整。对于 DAB 决定还不满意的,可以按争端提交仲裁。参见本章下节。

第六节　国际工程争端解决机制

一、争端适用的法律

在国际工程合同中,不仅应规定解决争端须遵循的程序,而且还应明确规定适用于合同的法律,以便双方在履行合同义务方面严格遵守,减少或避免违约行为,同时,也便于在处理双方争议事项时,做到有法可依、有法必依。工程项目业主根据国家法律强制性规定,在其合同文本中往往已规定了适用于合同的法律,而承包商根本没有选择的权力。这种情况下,承包商必须熟悉工程项目所在国的各种法律，但由于国际工程项目涉及的法律种类繁多，承包商常需要聘请当地律师来处理一些法律事务。

二、解决争端的方式

在合同各方之间出现争端时，只要各方本着求同存异的愿望，一般能顺利解决争端。解决争端的方式很多，但应首选友好协商的解决方式，不能通过友好协商解决的，再选择其他方式。

（一）友好协商解决

友好协商解决有两种方式：

1. 双方当事人直接进行谈判解决争端。这通常是解决争端的首选方法，既快捷又经济。双方在谈判中，互谅互让，达成解决争端的一致意见。

2. 邀请中间人进行调节，解决争端。这里的中间人是指双方均熟悉且值得信赖的某个人或专门的组织。中间人通过与争议双方充分接触，在全面调查研究的基础上，对所争议的事项提出一个公正合理的处理建议供双方参考并接受，该建议对双方无约束力。

（二）DRB /DAB 方式

1. 争端评审委员会方式（Dispute Review Board，DRB）

DRB 最早出现于 20 世纪 70 年代的隧道工程项目中，在美国的世界银行贷款项目中，曾多次成功采用该方式。

争端评审委员会方式是介于雇主代表处理争议和仲裁或诉讼处理争议之间的一种解决争端的方式。处理争端的程序，并不影响雇主代表处理争议事项的程序，当任一方对雇主代表的决定不满意时，可将争端事项提交争端评审委员会进行解决。如果在合同规定的时间内，任一方不满意争端评审委员会作出的建议，仍然可以提交仲裁或提起诉讼。否则，争端评审委员会的决定将是终局性的，对双方均具约束力。

通常争端评审委员会由 3 名成员组成，双方各指定一名，再由该两名成员聘请第三名。在合同中，应对争端评审委员会成员的基本条件、指定成员的方式、委员会的工作程序和工作方法作出规定。同时应规定争端评审委员会的成员应定期访问现场和召开各方参加的现场会议，了解工程实际进展状况，听取各方对工程进展状况以及存在问题的说明，及时处理工程中产生的争端，对一些可能出现的争端事项提出避免方法。

如果合同双方决定采用争端评审委员会方式，则应在合同正式开始履行之前组成争端评审委员会，并在合同签订后开始工作。

2. FIDIC 争端评判委员会 DAB 方式

工程合同争端的恰当解决，一直是 FIDIC 研究的内容。DRB 方式在世界银行项目争端解决中的巨大成功，给国际咨询雇主代表联合会以很大的启示，FIDIC 在

1995 年版的“设计-建造与交钥匙工程合同条件”（橘皮书）及 1996 年对“红皮书”的增补中，提出用争端评判委员会（DAB）替代过去版本中依靠雇主代表和工程师解决争端的作用。在 1999 年版的“施工合同条件”（新红皮书）、“生产设备与设计-建造合同条件”（新黄皮书）、“EPC/交钥匙工程合同条件”（新银皮书）中，以及 2008 年版的“设计-建造-运营（DBO）合同条件”（金皮书）中，均统一采用 DAB 争端解决机制。DAB 和 DRB 在本质上、思路上是基本相同的。

DAB 方式解决争端的程序如下：

（1）如果合同双方由于合同、工程的实施或与之相关的任何事宜产生了争端，包括对雇主代表的任何证书的签发、决定、指示、意见或估价产生了争端，任一方可以书面形式将争端提交 DAB 裁定，同时将副本送交另一方和雇主代表。

（2）DAB 应在收到书面报告后 84 天内对争端做出决定，并说明理由。

（3）如果合同双方中任一方对 DAB 做出的决定不满，他应在收到该决定的通知后的 28 天内向对方发出表示不满的通知，并说明理由，表明他准备提请仲裁；如果 DAB 未能在 84 天内对争端做出决定，则合同双方中任一方都可在上述 84 天期满后的 28 天内向对方发出要求仲裁的通知。如果 DAB 将其决定通知了合同双方，而合同双方在收到此通知后 28 天内都未就此决定向对方提出上述表示不满的通知，则该决定成为对双方都有约束力的最终决定。只要合同尚未终止，承包商就有义务按照合同继续实施工程。未通过友好解决或仲裁改变 DAB 做出的决定之前，合同双方应执行 DAB 做出的决定。

（4）在一方发出表示不满的通知后，必须经过 56 天之后才能开始仲裁。这段时间是留给合同双方友好解决争端的。

（5）如果一方发出表示不满的通知 56 天后，争端未能通过友好方式解决，那么此类争端应提交国际仲裁机构做最终裁决。工程竣工之前和竣工之后，均可开始仲裁。在工程进行过程中，合同双方、雇主代表及 DAB 均应正常履行各自的义务。

3. DAB 与 DRB 两种方式的比较

世界银行的 DRB 与 FIDIC 的 DAB 都借鉴了美国国内行之有效的解决争端的经验，因而二者在委员的选定和工作程序等方面大同小异。下面做一简要比较（DAB 以 1999 年版合同条件规定为准）。

（1）关于委员的选定：DAB 与 DRB 均是在规定时间内由合同双方各推举一人，然后由对方批准。DAB 由合同双方和这两位委员共同推举第三位委员任主席，DRB 则是由被批准的两位委员推选第三人，经合同双方批准，如推举有困难时，由投标书附录（DRB）或专用条件（DAB）中指定的机构任命委员。

（2）关于委员会任期的终止：DAB 规定是在结清单生效或双方商定的时间任期终止；而 DRB 则规定是在最后一个区段的缺陷责任期期满或承包商被逐出现场时委员会工作即告终止。

(3)关于工作程序:合同任一方就雇主代表未能解决的争端提出书面报告后,DAB 应在 84 天内做出书面决定(DRB 要求在 56 天内提出解决争端的建议书)。双方收到决定或建议书后,如在一定时间内(DAB 为 28 天,DRB 为 14 天)未提出异议,即应遵守执行。如某一方既未表示反对,且事后又不执行,则另一方可直接申请仲裁;如收到委员会的决定或建议后任一方表示不满,或委员会在一定时间(DAB 为 84 天,DRB 为 56 天)内未能做出决定或建议,则可在一个时限内(DAB 为 28 天,DRB 为 14 天)要求仲裁,但 FIDIC 规定在要求仲裁后必须经过一个 56 天的友好解决期,而世界银行无此要求。

4. DRB/DAB 方式解决国际工程争端的优点

DRB/DAB 方式是介于雇主代表处理争议和仲裁或诉讼处理争议之间的一种解决争端的方式。DRB/DAB 对争端的处理,并不影响雇主代表正常处理合同事项的程序,因 DRB/DAB 并不干预项目的任何管理工作,只是当任一方对雇主代表的决定不满意时,可将争端事项提交争端评审委员会/争端裁决委员会进行解决。

(1)适用性

因为 DRB/DAB 可以在工程施工期间直接在工程现场处理大量常见争议,避免了由于争议的拖延解决而导致的工期延误,也可防止由于争议的积累而使之扩大和更为复杂化。

(2)公正性

由于 DRB/DAB 成员都是具有工程施工和管理经验的技术专家,比起将争议交给仲裁或诉讼中的法律专家、律师和法官来处理复杂的技术问题,更令人放心,即其处理结果可能更符合实际,并有利于执行。

(3)效率性

由于 DRB/DAB 成员定期到现场考察工程情况,他们对争议起因和争议引起的后果了解得更为清楚,与仲裁和诉讼相比,DRB/DAB 的决策很快,可以节省很多时间。

(4)经济性

不仅总费用较少,而且所花费用是由争议双方平均分摊的,而在仲裁或诉讼中,任何一方都有可能要承担双方为处理争议而花费的一切费用的风险。

任一方不满意争端评审委员会做出的建议或裁决,仍然可以提交仲裁。

(三)仲裁

1. 发出提交仲裁通知的时间

合同任一方就工程师(雇主代表)未能解决的争端提出书面报告后,DAB 应在 84 天内做出书面决定(DRB 为 56 天内)。双方收到决定后,如在一定时间内(DAB 为 28 天,DRB 为 14 天)未提出异议,即应遵守执行。如某一方既未表示反对,且事后又不执行,则另一方可直接申请仲裁;如收到委员会的决定后任一方表示不满,或委员会在一定时间(DAB 为 84 天,DRB 为 56 天)内未能做出决定或建议,则可在一个时限内(DAB为28天,DRB为14天)要求仲裁,但FIDIC规定在要求仲裁后必须经过一个56天的友好解决期,而世界银行无此要求

2. 仲裁的效力

除非双方另有协议,所有争端均应按国际商会的调解与仲裁章程进行仲裁,由一名或数名仲裁人予以最终裁决。仲裁是最终的裁决,由仲裁裁定的争端一般不得再提交诉讼,除非该裁定明显违背法律或社会公德。

在国际经济合作中,由于有联合国发布的《承认及执行外国仲裁裁决公约》的约束,不仅所有该公约的缔约国,而且世界上绝大多数的国家都承认和执行国际仲裁的裁决。因此,如果仲裁败诉方拒不执行仲裁决议,胜诉方可向败诉方所在国的法院提起诉讼,由法院强制对方执行仲裁裁决。

(四)诉讼

诉讼是一种通过司法途径解决双方争端的方式。如果采用此种方式解决争议,应在合同条件中列入相应的条款,明确规定在出现合同争端时,应提交给某一指定法院进行审理和作出判决。

在提起诉讼后,整个审理过程应遵守该法院的诉讼规则和程序。在作出判决后,如果败诉方拒不执行法院的判决,胜诉方可请求法院予以强制执行;如果该法院无法强制败诉方执行判决,胜诉方可直接向有管辖权的外地或外国法院申请承认和执行。

法院在受理申诉后,其审理过程一般是公开的,故不利于保守当事人的商业秘密和维护当事人的商业信誉。如果争议涉及公司的商业机密,应采用其他解决争端的方式。

第七节　国际工程合同条件

一、国际工程合同条件概述

合同条件是国际工程承包合同的重要组成部分,是规定合同双方权利和义务的重要文件。自20世纪40年代以来,随着国际工程承包事业的不断发展,逐步形成了国际工程施工承包常用的一些标准合同条件。许多国家在土木工程的招标承包业务中,参考国际性的合同条件标准格式,并结合自己的具体情况,制定出本国的标准合同条件。

目前国际上常用的施工合同条件包括:国际咨询工程师联合会(FIDIC)编制的一系列合同条件,称为FIDIC合同条件;英国土木工程师学会的“ICE土木工程施工合同条件”;英国皇家建筑师学会(Royal Institute of British Architects)、英国皇家测量师协会(Royal Institution of Chartered Surveyors)、英国咨询工程师协会(Association of Consulting Engineers)等联合制定的“JCT合同条件”(Joint Contract Tribunal);美国建筑师学会(American Institute of Architects)的“AIA合同条件”,美国

承包商总会(Associated General Contractors of America)的“AGC 合同条件”,美国工程师合同文件联合会(Engineer's Joint Contract Document Committee)的“EJCDC 合同条件”等。其中,以国际咨询工程师联合会编制的“土木工程施工合同条件”、英国土木工程师学会的“ICE 土木工程施工合同条件”和美国建筑师学会的“AIA 合同条件”最为流行。

国际工程施工合同条件一般分为两个部分:“通用条件”也称合同条件的第一部分;“专用条件”也称合同条件的第二部分。

通用条件是指适用于某一类工程的所有工程项目,如 FIDIC《土木工程施工合同条件》的通用条件,对于各种土木工程施工项目(如房屋建筑、工业厂房、公路、桥梁、水利、港口、铁路等)都适用。

专用条件则是针对一个具体的工程项目,根据工程项目特点和业主对合同实施的不同要求,而对通用条件进行的具体化、修改和补充。通用条件和专用条件共同构成一个完整的合同条件。一般在合同条件的专用条件中,有许多建议性的措辞范例,业主与其聘用的咨询工程师有权决定采用这些措辞范例或另行编制自己认为合理的措辞来对通用条件进行修改和补充。专用条件的条款号与通用条件相同。专用条件的规定优先于通用条件,凡合同条件专用条件和通用条件有不同之处均以专用条件为准。

并非所有的国际通用的施工合同条件都采用通用条件和专用条件两部分组成的形式,如 ICE 合同条件没有独立的第二部分专用条件,而是用其合同条件标准本的第 71 条来表述专用条件的内容。

二、FIDIC 合同条件

FIDIC 是国际咨询工程师联合会(International Federation of consulting Engineers)的法文名称的缩写,它是各国咨询工程师协会的国际联合会。FIDIC 创建于 1913 年,最初是由欧洲几个国家的独立咨询工程师协会创建的,其目标是共同促进成员协会的专业影响,并向各成员协会传播他们感兴趣信息。FIDIC 目前拥有遍布全球近百个成员协会,成为在世界上最具权威性的国际工程咨询工程师组织。中国工程咨询协会在 1996 年代表中国的咨询工程师正式加入该组织。

(一)FIDIC 系列合同条件的特点

1. 国际性、通用性、权威性

FIDIC 编制的合同条件是在总结国际工程合同管理各方面的经验教训的基础上制定的,是在总结各个国家和地区的业主、咨询工程师和承包商各方的经验的基础上编制出来的,并且不断地修改完善,是国际上最具权威性的合同文件,也是世界上国际招标的工程项目中使用最多的合同条件。我国有关部委编制的合同条件或协议书范本也都把 FIDIC 编制的合同条件作为重要的参考文本。世界银行、亚洲开发银行、非洲开发银行等国际金融组织的贷款项目,也都采用FIDIC编制的合同条件。

2. 公正合理、责权分明

FIDIC合同条件较为公正地考虑了合同双方利益,包括合理地分配工程责任,合理地分配工程风险,为双方确定一个合理的价格奠定了良好的基础。

3. 程序严谨、易于操作

合同条件中对处理各种问题的程序都有严谨的规定,特别强调要及时处理和解决问题,以避免由于拖拉而产生不良后果。另外还特别强调各种书面文件及证据的重要性,这些规定使各方均有章可循,易于操作和实施。

需要指出,国内目前出版的各类FIDIC合同条件的译本,虽经译者反复推敲,但大多难免或多少存在错误和疏漏之处,在实际工作中使用FIDIC合同条件时,必须以正式的英文原版为准。

(二)1999年以前出版的FIDIC系列合同条件

1.《土木工程施工合同条件》(Conditions of Contract for Works of Civil Engineering Construction,简称FIDIC Red Book,即"红皮书")

该合同条件是基本的合同条件,适用于土木工程施工的单价合同形式。该合同条件的第一部分是通用条件,内容是工程项目普遍适用的规定。第二部分专用条件用以说明与具体工程项目有关的特殊规定。世界银行、亚洲开发银行和非洲开发银行要求所有利用其贷款的工程项目,都必须采用该合同条件。

2.《业主/咨询工程师标准服务协议书》(Conditions of the Client/Consultant Model Services Agreement ,简称FIDIC White Book,即"白皮书")

该条款用于业主与咨询工程师之间就工程项目的咨询服务签订的协议书。适用于投资前研究、可行性研究、设计及施工管理、项目管理等服务。

"白皮书"第一部分为通用条件,包括9节44条49个款,论述了有关定义与解释,包括咨询雇主代表的义务、业主的义务、职员责任和保险、协议书的开始、完成、变更与终止、支付一般规定、争端的解决等方面的内容。

"白皮书"第二部分为专用条件,它是为适应某个特定的协议书和服务类型而准备的。

3.《电气与机械工程合同条件》(Conditions of Contract for Electrical and Mechanical Works,简称FIDIC Yellow Book,即"黄皮书")

该合同条件是FIDIC为机械与设备的供应和安装而专门编写的,它是用于业主和承包商机械与设备的供应和安装的电气与机械工程的标准合同条件格式,该合同条件在国际上广泛采用。

"黄皮书"第一部分为通用条件,包括32节51条197款,论述了有关定义与解释,包括雇主和雇主代表、转让与分包、合同文件、承包商的义务、业主的义务、劳务、工艺和材料、工程、运送或安装的暂停、竣工、竣工验收、移交、移交后的缺陷、变更、设备的所有权、索赔、外币和汇率、暂定金额、风险与责任、对工程的照管和风险的转移、财产损害和人员伤害、责任的限度、保险、不可抗力、违约、费用和法规的变更、关税、通知、争议与仲裁、法律程序等 32 个方面的问题。

"黄皮书"第二部分是专用条件,分为 A、B 两项内容,A 项涉及应在专用条件中阐明的替代解决办法的情况和有关诸如履约保证金,设计图纸的批准方法、支付、仲裁规则等问题,B 项补充某一特定工程需要的,而且在 A 项中没有涉及的任何进一步的专用条件。

4.《设计-建造和交钥匙工程合同条件》(Conditions of Contract for Design-Build and Turnkey,简称 FIDIC Orange Book,即"桔皮书")

该合同条件是为了适应国际工程项目合同管理方法的新发展而出版的,适用于设计-建造与交钥匙工程,在我们国内一般称为总承包工程项目。该条件适用于总价合同。

FIDIC"桔皮书"第一部分为通用条件,包括 20 节 20 条 160 款,论述了涉及合同、业主、业主代表、承包商、设计、职员与劳工、工程设备、材料和工艺、开工、延误和暂停、竣工检验、业主的接受、竣工后的检验、缺陷责任、合同价格与支付、变更、承包商的违约、业主的违约、风险和责任、保险、不可抗力、索赔、争端与仲裁等 20 个方面的问题。

第二部分为专用条件编制指南,附件中包括履约保函,履约担保书以及预付款保函的范例格式。

FIDIC"桔皮书"的最后附有投标文件、投标文件附件和协议书的范例格式。

5.《土木工程分包合同条件》(Conditions of Subcontract for Works of Civil Engineering Construction)

该合同条件适用于国际工程施工项目中的工程分包,与《土木工程施工合同条件》配套使用。

《土木工程分包合同条件》第一部分为通用条件,包括 22 节 22 条 70 款,论述了涉及定义与解释,包括一般义务、分包合同文件、主合同、临时工程、承包商和(或)其他设备、现场工作和通道、开工和竣工、指示和决定、变更、变更的估价、通知和索赔、保障、未完成的工作和缺陷、保险、支付、主合同的终止、分包商的违约、争端的解决、通知和指示、费用和法规的变更、货币和汇率等 22 个方面的内容。

《土木工程分包合同条件》第二部分为专用条件。之后附有分包商的报价书、报价书附录以及分包合同协议书范例格式。

(三) 1999 年新版 FIDIC 合同条件

为反映国际建筑业的新发展,适应雇主对项目管理模式的新要求,在以前出版的各类合同条件的基础上,FIDIC 于 1999 年正式推出了 4 本新的 FIDIC 合同条件,即《施工合同条件》(也称新红皮书);《生产设备和设计-施工合同条件(Conditions of Contract for Plant and Design-Build)》(也称新黄皮书);《设计采购施工/交钥匙工程合同条件(Conditions of Contract for EPC/Turn-key Project)》(简称银皮书);以及《简明合同格式(Short Form of Contract)》(简称绿皮书)。与以前的合同条件相比,1999 版 FIDIC 合同条件具有编排格式更统一、语言结构更简明以及术语定义更科学全面等特点。

1.《施工合同条件》(新红皮书)

该合同条件推荐用于雇主或其委托的工程师设计的建筑或工程项目。这种合同的通常情况是,由承包商按照雇主提供的设计进行工程施工。但该工程可以包含由承包商设计的土木、机械、电气和(或)构筑物的某些部分。

在价格方式上,新红皮书采取传统的单价合同,并在通用条件中规定了调价公式。新红皮书划分工程实施过程中的责任和风险的原则是:一般由雇主承担政治风险(如战争、军事政变等)、社会风险(如罢工、内乱等)、经济风险(如物价上涨、汇率波动等)、法律风险(如立法的变更)和外界风险等,以及不可抗力出现时承包商的直接损失,而其余风险则由承包商承担。

新红皮书对工程质量的控制是通过对工程的检验来进行的,包括施工期间的检验和竣工检验。如果专用条件中有规定,对工程某些部分还要进行竣工后的检验。工程被雇主接收后,在缺陷通知期内,承包商应负责修补由其工作不当引起的质量问题。

新红皮书争端解决的程序是首先将争端提交争评判决委员会(Dispute Adjudication Board,DAB)。

对于雇主拖欠工程款,明确规定承包商有权就未付款额按月计复利收取延误期的利息作为融资费用,此项融资费的年利率是以支付货币所在国中央银行的贴现率加上 3 个百分点计算而得。

此外,对不可抗力的定义增加了“恐怖活动”;还增加了有关知识产权及环保等条款。

2.《设计采购施工(EPC)/交钥匙工程合同条件》(银皮书)

银皮书推荐用于在交钥匙的基础上进行的工程项目的设计和施工,不推荐用于地下工程较多的项目。承包商要负责实施所有的设计、采购和建造工作。即在“交钥匙”时,要提供一个设施配备完整、可以投产运行的项目。这类项目具有两个特点:对最终价格和施工时间的确定性要求较高;承包商完全负责项目的设计和施工,雇主基本不参与工作。

银皮书采取总价合同方式。只有在某些特定风险出现时,雇主才会花费超过合同价格的款额,如果雇主认为实际支付的最终合同价格的确定性(有时还包括工程竣工日期的确定性)十分重要,可以采取这种合同,不过其合同价格往往要高于采用传统的单价与子项包干混合式合同。

银皮书形式下,没有独立的工程师这一角色,由“雇主的代表”管理合同。他代表着雇主的利益,与新红皮书模式下的“工程师”相比,其权力较小,有关延期和追加费用方面的问题一般由雇主来决定,也不像要求工程师那样,在合同中明文规定要"公正无偏"地做出决定。

在风险分配方面,银皮书和新红皮书相比,承包商要承担较大的风险,如不利或不可预见的地质条件的风险,以及雇主在"雇主的要求"中说明的风险。因此在签订合同前,承包商一定要充分考虑相关情况,并将风险费计入合同价格中。不过仍有一部分特定的风险由雇主承担,如战争、不可抗力等。至于还有哪些其他的风险应由雇主承担,合同双方最好在签订合同前做出协议。

质量管理方面,银皮书对工程质量的控制是通过对工程的检验来进行的,包括施工期间的检验、竣工检验和竣工后的检验。其中竣工后的检验是 EPC 合同中的一种特殊要求。为了证实承包商提供的设备和仪器的性能及其可靠性,竣工检验通常会持续相当长的一段时间,只有当竣工检验都顺利完成时雇主才会接收工程。

如果雇主采用这种合同形式,则仅需在"雇主的要求"中原则性地提出对项目的基本要求。由投标人对一切有关情况和数据进行证实并进行必要的调查后,再结合其自身的经验提出最合适的详细设计方案。因此,投标人和雇主必须在投标过程中就一些技术和商务方面的问题进行谈判,谈判达成的协议构成签订合同的一部分。签订合同后,只要其最终结果达到了雇主制定的标准,承包商就可自主地以自己选择的方式实施工程。而雇主对承包商的控制是有限的,一般情况下,不应干涉承包商的工作。当然,雇主应有权对工程进度、工程质量等进行检查监督,以保证工程满足"雇主的要求"。

3.《生产设备和设计-施工合同条件》(新黄皮书)

新黄皮书推荐用于电气和(或)机械设备供货和建筑或工程的设计与施工。这种合同的通常情况是由承包商要按照雇主的要求进行设计、提供设备及建造其他工程(可能包括由土木、机械、电力、工程的组合)。

新黄皮书合同也是一种总价合同方式。风险分配上,新黄皮书合同双方风险的分摊也与新红皮书中的规定基本类似,而与 EPC 合同形式有很大不同。质量管理方面,新黄皮书与银皮书相似,这种合同对工程质量的控制也是通过施工期间的检验、竣工检验和竣工后的检验进行的。在进行竣工检验时,承包商要先依次进行试车前的测试(Pre-commission Tests)、试车测试(Commission Tests)、试运行(Trial Operation),而后才能通知雇主代表进行性能测试(Performance Tests),以确认工程是否符合"雇主的要求"及"保证书"(Schedule of guarantee)的规定。

如果采用这种合同方式,雇主要在"雇主的要求"(Employer's Requirement)中说明工程的目的、范围和设计及其他技术标准。开工后一定期限内,承包商要对"雇主的要求"进行审查,若发现错误或不妥之处要通知雇主代表。如果雇主代表决定修改"雇主的要求",则按变更处理,竣工时间和合同价格都将随之调整。否则,承包商应按"雇主的要求"进行设计。此后如果出现设计错误,承包商必须自费改正其设计文件和工程,而无论此设计是否已通过雇主代表的批准或同意。

4.《简明合同格式》(绿皮书)

“绿皮书”适用于投资相对较低的、一般不需要分包的建筑或工程设施,但是对于投资较高的工程,如果其工作内容简单、重复,或建设周期较短,此格式也同样适用。通常情况下,由承包商按照雇主或其代表提供的设计进行工程施工,但这种格式也适用于包括或全部是由承包商设计的土木、机械、电气和(或)构筑物的合同。

“绿皮书”合同条件没有规定计价的方式,到底采用总价方式、单价方式还是其他方式应在附录中列明。管理方式上,绿皮书与银皮书中由雇主的代表管理合同的模式基本相同。风险分配上,绿皮书雇主承担了较大的风险。

(四)设计-建造-运营(DBO)合同条件(金皮书,2008)

FIDIC 以往编制的合同条件都是针对项目的建设阶段,随着国际建设市场的发展,市场出现了一种新的需求,即雇主希望将工程的设计、施工和安装、运营和维护纳入一个合同授予一个承包商,要求承包商不仅负责项目设计和建造阶段,并且负责合同约定的一定年限的运营,项目竣工时应能达到预期的产能和功能要求,运营期间承包商负责设施的维修保养以及更换在合同期内已经超过其使用期的资产,运营期一般为 5~25 年。

一些雇主为满足这种需求,通常将黄皮书进行改编,加入了运营服务的内容。FIDIC 注意到这种需求,于 2008 年秋天推出了 FIDIC《设计-建造-运行项目合同条件》(Conditions of Contract for Design, Build and Operate Projects),即 FIDIC 金皮书。

该模式在两类国家得到较多应用,一类是资金比较充裕的国家,如美国、欧洲、中东的一些国家,另一类是接受世行等国际金融组织贷款援助的国家。2000 年前后世界银行开始在国际市场上试行 DBO 模式,我国天津、香港和澳门等地均有此类项目应用的实例。

1. DBO 合同条件内容简介

FIDIC 金皮书与 FIDIC 先前出版的合同条件在形式和编排设计上基本相同。同样有 20 个条款,而且在其中也使用了一些与其他的合同条件相同的术语和定义。该合同的核心文件主要包括合同协议书、通用和专用合同条件、业主要求、承包商建议书以及资料表。

与先前出版的合同条件不同之处主要在专用合同条件部分。DBO 合同的专用合同条件分为两部分:

A 部分:合同数据(Contract Data-Particular Conditions Part A)。该部分取代了“投标函附录”。两者的不同在于:投标函附录中的数据一部分由业主填写,一部分由承包商填写;而合同数据完全由业主提供,并包括在招标文件中,除非业主在招标文件中特别指明由承包商填写某些数据。

B 部分:特殊规定(Special provisions-Particular Conditions Part B)。此部分是

针对具体项目对通用条件的修改和补充。DBO 合同通用条件中的一些条款要求提供数据的,应全部列入 A 部分合同数据中,而不能列入 B 部分。专用条件 A 部分优先于专用条件 B 部分。

2. DBO 合同条件适用范围

FIDIC 金皮书推荐使用于新建项目,如果再改扩建项目上使用这种模式,需要对 DBO 合同条件做出较大修改。

FIDIC 金皮书适用于运营期较长的项目,FIDIC 推荐最适宜的运营期为 20 年,同时给出了在运营期较短的情况下修改 DBO 合同条件的指南。

这种模式下雇主将工程的设计、施工和安装、运营和维护纳入一个合同授予承包商,但由于同时具备这些能力的公司并不多,所以承担此类项目的公司通常是几家公司组成的联营体。

3. DBO 合同条件特点

DBO 模式下雇主负责项目的融资,承包商在设计-建造阶段获得进度付款,而在运营阶段获得运营费用,承包商不负责融资,没有融资风险。

DBO 模式为总价合同,承包商对完成合同的全部费用做出承诺,并承担相应风险,雇主在很大程度上可避免投资超支风险。

将设计-建造-运营纳入单一合同,避免或减少了设计、建设、运营因主体不同可能产生的争议,减少了雇主的合同管理与协调工作量。

承包商可以将设计、施工和运营阶段的相关活动进行合理搭接,统筹安排,有利于优化进度安排。

在设计、施工阶段考虑运营阶段需求,有利于实现基于全寿命周期效益的管理。

三、ICE 与 AIA 合同条件简介

1. ICE 合同条件简介

ICE 是英国土木工程师学会(The Institution of Civil Engineers)英文名称的缩写,它是设在英国的国际性组织,拥有包括专业土木工程师会员和学生会员 8 万多名,其中 1/5 在英国以外的 140 多个国家和地区。ICE 是根据英国法律具有注册资格的教育、学术研究与资质评定团体。1818 年由一群年轻工程师创建,现已经成为世界公认的学术中心、资质评定组织及专业代表机构。ICE 出版的合同条件目前在国际上得到了广泛的应用。

作为经济发达的国家,英国在工程承包方面有着较为完善的规章制度。ICE 合同条件属于固定单价合同格式。同 FIDIC 合同条件一样,ICE 合同条件是以实际完成的工程量和投标文件中的单价来控制工程项目的总造价。FIDIC“红皮书”的最早版本来源于 ICE 合同条件,因此可以发现二者有很多共同之处。ICE 也为设计-建造模式专门制定了合同条件。同 ICE 合同条件配套使用的还有一份《ICE

分包合同标准格式》,它规定了总承包商与分包商签订分包合同时采用的标准格式。

2. AIA 合同条件简介

AIA 是美国建筑师学会(The American Institute of Architects)英文名称的缩写,AIA 是一个有近 140 年历史的建筑师专业社团,在美国建筑界及国际工程界有较高的威信。该机构致力于提高建筑师的专业水平,促进其事业的成功并改善大众的居住环境。AIA 的成员总数达 56000 名,遍布美国及全世界。AIA 出版的系列合同文件在美国建筑界及国际工程承包界特别在美洲地区具有较高的权威性,应用广泛。

该学会制定发布的合同条件主要用于私营的房屋建筑工程。针对不同的工程项目管理模式及不同合同类型,出版了多种形式的合同条件。

AIA 的合同文件共有 5 个系列:A 系列是用于业主与承包商的标准合同文件,不仅包括合同条件,还包括承包商资格申报表,保证标准格式等;B 系列是用于业主与建筑师之间的标准文件,其中包括专门用于建筑设计,室内装修工程等特定情况的标准文件;C 系列是用于建筑师与专业咨询机构之间的标准文件;D 系列是建筑师行业内部使用的文件;E 系列是建筑师企业及项目管理中使用的文件。

AIA 系列合同文件的核心是“通用条件 A201”。AIA 为包括 CM 方式在内的各种工程项目管理模式专门制定了各种协议书格式,采用不同的工程项目管理模式及不同的计价方式时,只需选用不同的“协议书格式”与“通用条件”。AIA 合同文件按计价方式划分主要有总价合同、成本加酬金合同及最高限额定价合同。

四、对合同条件的解释原则

在国际工程实施过程中,无论在投标阶段、签订合同时,或合同实施阶段,尤其是遇到合同纠纷或索赔争执时,往往要对合同条款的含义进行解释,借以论证自己的合同根据和正当理由,达到自己的目的。而合同双方如果对合同文件中的条款含义理解不同,则会引起争议。这时,需要对该项合同条款进行公正地解释,以保证合同的顺利实施。

国际上对合同的解释,通常遵循一些公认的基本原则或合同学说。在解释合同条款的含义时,咨询雇主代表并不能随心所欲地进行解释,而应根据国际上对工程承包合同文件进行解释的一般准则,以理服人,公正行事,并对合同双方的职责和权利,作出相应的调整。这里就一些主要的解释原则简述如下。

1. 依据法律和事实原则

对合同条款的解释应依据合同产生的法律体系背景,如 FIDIC 合同条款规定,对合同的解释应该以合同规定的国家(一般为工程所在国)的法律为依据。解释合同还应依据客观事实和环境,尽量做到公平公正,有利于工程项目的顺利实施和完成。

2. 结合上下文原则

解释合同时应按照整个合同的文字含义理解，不能孤立地、违背整个合同精神地去解释某一条款。对每一字句的理解和解释，应结合合同条款的上下文。构成合同的文件不止一个，这些文件是相互解释的，对一个文件的解释应参考其他文件。例如FIDIC合同中规定了一个合同文件优先次序，不同文件之间如有不一致的地方，可参考这个优先次序。

3. 以书写文字为准的原则

在印刷或打字形成的合同文件中，尤其是协议书或会谈纪要等合同文件中，有时，签字双方中的任何一方要求增加手写的几个字（或一句话），以便合同含义更加明确，如果另一方同意，并在相应位置签字确认。那么在双方签署的这一合同文件中，书写部分则更具有优先性。此后，双方在理解和解释这一条款时，应首先以书写文字为准（Written words prevail），即以增写或修改的那几个字为准。因此，在签署合同文件时，要慎重对待在合同文件的一些条款上临时增加手写的字句。如果甲方增写的字句被乙方同意，将来如发生纠纷，甲方就有了优势。

4. 专用条款优先原则

当合同文件的“一般条款”（“通用条款”或“标准条款”）和“专用条款”的论述不一致时，以专用条款的论述为准。合同的一般条款针对某一类工程编写的通用的标准条件，而由专用条款是针对具体项目，对通用条款中的某些条款的具体化、修改和补充，由业主方编制，但如果双方认为必要，可通过谈判对其中某些内容进一步修订，而最终议定。

5. 定量优先的原则

如果合同文件中出现含糊不清之处，双方发生争议时，根据定量优先的原则，以定量方式所做的解释优先于其他任何方式的解释。例如，当合同中关于数量的论述或互相矛盾，或理解不同时，则以有具体数量规定的论述为准。当某项要求在不同的合同文件中论述不一致时，则以合同文件的优先顺序（Priority order）为准。

6. 反义居先原则

又称逆编者释义的原则，如果由于合同中有模棱两可、含糊不清之处，因而导致对合同的规定或要求有两种不同的解释时，不是以合同文件编写者的意图为准，而是以与原作者（编写者）的意图相反的解释居于优先地位。这样处理的原因，是制止合同文件编写者利用含糊的条款而达到有利于自己的目的。在国际工程承包实践中，承包商同业主（包括雇主代表）之间往往发生对某一合同条款有不同的理解。由于业主一方是合同文件的编写者，根据反义居先的原则，承包商的理解应居优先地位。但事实上，合同文件的解释权通常属于雇主代表。因此，承包商应尽量在投标前要求雇主对含糊、矛盾之处作出文字上的解释。

第八章 国际工程总承包项目组织与人员管理

本章主要介绍了国际工程总承包项目人员管理的概念、组织机构及岗位设置、人员计划的编制、人员的招聘、人员的培训、人员管理制度体系和项目团队文化的建设等。

第一节 项目人员管理概述

国际工程项目的实施需要调动多种资源,其中最重要、最基本的资源就是人力资源。项目管理中常说的4M1E要素中,第一要素就是人。项目所包含的任何工作都需要相应的人去实施,对任何工作和活动的控制都要通过对其参与者的管理得以实现。因此,人员管理对于项目的顺利实施至关重要,是承包商项目管理的重要方面。

国际工程总承包项目的人员管理就是根据总承包项目的特点和工作内容,制定项目人员需求计划,对项目人员进行合理配置,并通过培训、约束、激励等机制,使项目人员的行为符合项目合同的要求,调动其积极性和创造性,保证总承包项目各个环节的工作和活动能够高效率地完成,并达到规范和标准的要求,最终使项目能够按照合同规定的工期顺利竣工。

参照《项目管理知识体系指南(PMBOK)》,结合国际工程项目管理实践,项目人员管理主要包括三个方面:根据项目实施的需要制定人员计划;按照项目的人员计划进行人员招聘,组建项目团队;通过各种制度和方法实现对项目团队的建设和管理。

第二节 项目组织机构的设置原则

工程项目部在筹划阶段,人员组织与管理应该遵循以下原则。

一、目的性原则

因目标设事、因事设机构定编制、按编制设岗位定人员。

二、精干高效原则

海外项目人力资源成本远高于国内项目,项目组织机构的人员设置,以能实现项目所要求的工作任务为原则，尽量一专多能，简化机构，精干高效。

三、管理幅度和层次统一的原则

管理层次是指项目部内部划分为多少等级，管理幅度则是指上一级管理下一级别员工数量。管理层次过多，容易造成沟通不畅，信息失真；管理幅度增大，管理人员的接触关系增多，工作负担加重。项目部的机构设置要考虑合理划分管理层次，同时管理幅度应保持适当。

四、专业搭配原则

在设置组织机构时按照工程项目实施的程序、工艺、专业划分机构岗位，使项目部成为一个严密的、封闭的组织系统，能够完成项目管理总目标而实行合理分工及和谐工作。海外总承包项目尤其要注意技术部门与商务部门的平衡，在配齐专业技术人员的同时，要注意搭配商务人员，以应对大量的商务谈判、索赔等业务。

五、弹性与流动性原则

工程项目的单件性、阶段性和流动性是工程项目生产活动的主要特点，这些特点必然带来生产对象数量、质量和地点的变化，要求项目部工作地点和组织机构随之进行调整。

六、项目组织与企业组织协调原则

项目部的组织机构与企业的组织机构是局部与整体的关系，项目部是企业组织机构体系中的有机组织部分，企业是它的母体，归根结底，项目组织是由总承包企业组建的，不能离开企业的组织形式去谈项目部的组织形式。具体工作中，应作到两者在机构设置、职能分工上尽可能统一，上下级业务尽可能对口。

第三节　项目人员计划

项目的人员计划就是指在项目开始之前，分析预测为完成项目所需要的各类人员以及他们在项目中的角色、应承担的责任以及应具备的素质，确定项目实施各个环节、各个阶段所需设置的岗位、岗位职责以及人员配备的要求，并据此做出项目人员的具体安排。项目的人员计划是项目管理计划的一部分，是承包商配备、管理、控制以及遣散项目人员的指南。项目人员管理计划应包括岗位设置、组织结构以及人员配备等内容。

一、项目人员的岗位设置

岗位设置是指通过对项目需要完成的工作进行分析，确定需要的岗位类型、岗位数量以及相应的岗位责任。岗位设置是人员管理计划中的一项非常重要的工作，它的合理与否直接影响着项目组织的效率，决定着项目能否按合同工期及时竣工。

（一）岗位设置的依据和原则

岗位设置的依据包括项目的性质和规模，合同对项目质量、工期以及人员等的要求，承包商的施工组织方案和技术水平，可供选择的人员素质，承包商以前类似项目的人员配备情况等。

岗位设置应该遵守两个基本原则，一是按事设岗原则，二是有效管理原则。

按事设岗原则要求按照项目工作的实际需要设立工作岗位。项目的性质和特点不同，项目的工作内容、数量和复杂程度不同，在岗位的设置上也有所区别；按事设岗，应做到人员分工明确、职责分明，严禁设置虚岗或重复设岗，在满足工作需求的基础上，岗位数量要尽可能的少，既可以减少费用支出，还便于进行管理。按事设岗对事不对人，有利于形成良好的人际关系，有利于调动员工的积极性。按事设岗时，岗位的类别和数量并不是一成不变的，而是应在项目的发展进程中根据实际需要及时作出合理的调整。

有效管理原则是指岗位的设置应有利于岗位之间的有效配合，有利于实现对各个岗位及项目人员的有效管理。这要求在岗位设置时要考虑合理的管理层次和幅度，实现对人员最有效的管理。另一方面要考虑各岗位之间的相互协调与配合。每个岗位要设定明确的职责，岗位之间应有明确责任划分。对任何事项，既要防止无人负责，又要尽量避免多头负责。岗位职责确需交叉的，应明确主要责任人，避免推诿扯皮，工作效率降低。

（二）岗位说明书

当我们确定需要设置某个岗位后，就要对该岗位的名称、工作内容、工作范围、职责等进行描述，即需要编制岗位说明书。岗位说明书是岗位设置工作的书面成果，这是企业、项目管理人员规范化管理的一个正式的、重要的文件。一般来说，岗位说明书应至少包括以下几方面的内容：

1. 岗位基本资料：包括岗位名称、岗位工作编号、汇报关系、直属主管、所属部门、工资等级、工资标准、所辖人数、工作性质、工作地点等；

2. 岗位工作描述：重点描述从事该职位的工作所要完成或达到的工作目标，以及该职位的主要职责权限等；

3. 岗位工作内容：此栏详细描述该职位所从事的具体的工作，应全面、详尽地写出完成工作目标所要做的每一项工作，包括岗位工作的特点，如工作的时间特征，并应说明工作完成结果及考核标准等；

4. 岗位资格：即从事该项岗位工作所必须具备的基本资格条件，主要有教育背景、工作经验、技能证书、个性特点、体力要求等。应说明基本资格和理想资格，其中基本资格是完成某职位工作要求的最低资格，理想资格是在具备必备资格的基础上，若具备某些条件更为理想。

有些岗位说明书中还会加上岗位发展方向，希望通过岗位发展方向不仅明确不同岗位间的相互关系，而且还有利于员工明确发展目标，将自己的职业生涯规划与企业发展结合在一起。

岗位工作说明书的内容，可依据岗位工作分析的目标加以调整，内容可繁可简。岗位工作说明书的外在形式既可用表格显示，也可用文字叙述。一份科学严谨的岗位说明书不管对企业还是对员工都发挥着重要的作用。对于员工而言，岗位说明书清晰地列出了员工的职责范围，有助于员工为自己确定工作目标，制定规划，促进员工的自我提升。对于项目管理者而言，岗位说明书明确了上下级之间的关系，便于进行人员的管理。主管招聘新员工，或者考核老员工的工作表现，都可以参考岗位说明书的要求。

二、项目的组织机构

建立项目的组织机构是在岗位设置基础上的一项活动，它确定了各岗位正式关系与职责的形式以及项目内部的信息沟通体系，对于项目的顺利进行具有重要的意义。在创建项目的组织结构图时要注意部门的划分要与项目的需要结合起来，组织机构的管理层次、管理跨度要合理，要明确各员工的岗位职责。此外，承包商在提交其项目组织机构时，应考虑尽可能与业主方的项目组织机构设计相一致，这样便于与业主的接口管理，也能证明承包商对项目的透彻理解。如表 8-1 为某总承包项目组织机构及岗位设置对应表。

表 8-1　总承包项目组织机构及岗位设置对应表

<table>
<tr><th>总造价(万美元)</th><th>人数</th><th colspan="2">组织机构及岗位设置</th></tr>
<tr><td rowspan="3">1 500 以下</td><td rowspan="3">3~4</td><td colspan="2">项目经理(兼现场经理、施工经理、设计经理、控制经理)</td></tr>
<tr><td>技术部</td><td>专业技术工程师、安全经理</td></tr>
<tr><td>商务部</td><td>商务经理(兼采购物流经理)</td></tr>
<tr><td rowspan="3">1 500~5 000</td><td rowspan="3">4~6</td><td colspan="2">项目经理(兼现场经理)</td></tr>
<tr><td>技术部</td><td>设计经理(兼施工经理)、安全与控制经理、专业技术工程师</td></tr>
<tr><td>商务部</td><td>商务经理(兼采购物流经理)、行政经理</td></tr>
<tr><td rowspan="4">5 000~10 000</td><td rowspan="4">6~12</td><td colspan="2">项目经理(兼现场经理)</td></tr>
<tr><td>技术部</td><td>设计施工经理、安全与控制经理、专业技术工程师</td></tr>
<tr><td>商务部</td><td>合同经理、采购物流经理</td></tr>
<tr><td>办公室</td><td>行政管理员(财务、信息)</td></tr>
<tr><td rowspan="9">10 000 以上</td><td rowspan="9">15 以上</td><td colspan="2">项目经理、项目副经理</td></tr>
<tr><td>技术部</td><td>控制经理、安全经理、专业技术工程师</td></tr>
<tr><td>采购部</td><td>采购物流经理</td></tr>
<tr><td>商务部</td><td>合同经理</td></tr>
<tr><td>设计部</td><td>设计经理</td></tr>
<tr><td>现场部</td><td>现场经理、施工经理、安全经理、试车经理</td></tr>
<tr><td>办公室</td><td>信息管理员、行政经理、财务经理</td></tr>
<tr><td>其他部门</td><td>其他岗位</td></tr>
</table>

三、项目人员配备

人员配备是对项目所需的全部人员进行配备，就是为各岗位、各职位确定合适的人员。根据项目的岗位设置要求和组织机构的需要确定出每个岗位需要的人员类型以及每一类型的人员数量，把具有不同的知识结构和水平、不同的能力结构和水平的人与相应的工作进行匹配。

对项目岗位进行人员配备时应遵循如下原则。

1. 人事匹配原则。因事择人就是项目人员的配备应以项目需要的工作为出发点，以职位对人员的实际要求为标准，要求占据某职位的人员，应具备相应的知识和工作能力。这是组织中人员配备的首要原则。

2. 经济效益原则。任何的人员配备要以岗位需求为依据，岗位人员数量应根据工作性质、内容和工作量大小确定，人员过多导致人浮于事，效率低下，造成浪费，人员太少则工作负荷太重，影响员工身心健康，不利于调动积极性，也容易导致疏漏和事故。所以岗位人员配置应本着经济效益的原则，适度配置。

3. 用人所长原则。在进行人员配备的时候，要重视和聘用有真才实学的人，要根据每个人的能力和素质条件安排相应的工作，充分发挥员工的特长，这样才可以激发员工的工作热情，使员工的潜能得到充分的发挥。

4. 规范化原则。在进行人员配备的时候，必须遵循一定的标准和程序。科学合理地确定项目成员的选拔标准和聘任程序是获得优秀人才的重要保证。

5. 动态平衡原则。一般来讲，由于项目的实施过程复杂，项目的建设周期长，项目的内外部环境处于一个不断变化的过程中，这就使得项目对其团队成员的需求不是固定的，而且随着时间和环境的变化，员工的能力和知识也发生着变化，所以就需要对项目的人员状况进行调整，实现员工与工作之间的动态平衡。

第四节　项目人员的招聘

为了保证每一岗位上的人员具有必备的知识和技能，并能胜任岗位职责，必须对来自企业内部或外部的候选人进行科学合理的筛选，择优录用。鉴于国际工程总承包项目自身具有的特点，为国际工程选拔人员的要求一般比国内项目要高。国际工程承包项目的人员主要分为来自本国的雇员和来自项目所在国的雇员。对于来自本国的雇员，除了具备优良的专业技能和身体素质，还应具备一定的外语能力，并且要有团队协作精神，能够在独立完成自己工作的同时与项目的其他人员很好的合作；对于当地雇员的选拔聘任，最好采用本土化管理策略，通过当地劳务公司或代理来进行，尤其注重工长或副工长等关键岗位人员的选聘。

一、项目人员的招聘方式

1. 预安排

在某些特殊情况下,部分项目人员可能被预先安排好了。这种情形常发生在下述情况中:承包的项目是一个竞争性建议的结果,特别的人员已作为建议书的一部分被确定了;承包的项目是一个内部服务项目,人员安排在项目的有关批准文件中已被确定;项目委托方对项目人员有特殊要求,项目团队的一些特别人员必须按委托方要求来安排;项目的成功实施必须依赖于某些人员的特定技能等。

2. 商谈

由于对本公司人员情况比较熟悉,对于需要从公司内部招聘的人员,项目经理一般可通过与相关部门和人员进行商谈来获得。也可以采用选拔作为一种特殊的商谈形式,选拔可以是某个部门内部,也可以是公司内部。

3. 招聘

招聘一般用于从外部获得所需要的人力资源。招聘可以是面向全社会的招聘,也可以是针对某一特定群体进行的招聘。常用的招聘渠道有:互联网、媒体广告、现场招聘会、校园招聘、人才中介机构、猎头公司、雇员推荐等。通过招聘为项目选拔合适的人员,其好处在于资源广,可供选择的余地大,但是耗费的时间比较长、企业的成本比较高。

4. 组建虚拟团队

随着高科技的发展和网络应用技术的普及,电子通信工具给我们的工作和生活带来了极大的便利,这同时也为项目团队成员的招聘提供了一种新形式,即组建虚拟团队,即指那些具有共同目标、在完成角色任务的过程中很少或没有时间面对面工作的一群人。电子通信工具(如电子邮件、电话会议、网络会议和视频会议等)使得虚拟团队的组建成为可能。

通过组建虚拟团队,可以使处于不同地理位置的、工作时间有差异的人们为同一项目工作,集思广益、博采众长,这对项目的成功具有重要的意义,尤其是对国际工程项目。在国际工程项目的建设过程中,通过组建虚拟团队,克服了许多地域、时间上的困难,可以使不同国家的专家、管理人员、工作人员充分地参与到项目的建设中来;同时也可以给企业减少不必要的费用支出,如差旅费等,节约项目的成本。

二、项目人员招聘的原则

招聘项目人员应遵循以下原则。

1. 合适原则。这里的合适含有两方面的含义:首先是选聘的依据和条件一定要根据项目的实际需要来制定,以实际工作的需要和岗位的空缺情况为出发点,根据岗位对任职者的资格要求选用人员;其次是要将合适的人才放在合适的位置上,选聘人员时应尽量选择素质高、质量好的人才,但也不能一味强调高水平,而应当是人尽其才、用其所长,并保证整个项目人力资源结构的合理化。

2. 公平公正原则。公平公正就是确保选拔制度给予合格应征者平等的获选机会。在根据岗位需要制定科学标准的基础上,对于所有的应征者我们要按照统一的标准进行招聘。制定岗位能力标准时,应主要考虑与该岗位工作职责有关的各项能力,而与工作无关的能力,一般不予考虑。

3. 效率原则。即用尽可能低的招聘成本录用到合适的最佳人选。不管采用何种方法招聘员工,都会产生招聘成本,主要包括招聘广告的费用,对应聘者进行审查、评价和考核的费用等。效率原则在招聘中的体现就是根据不同的招聘要求,灵活选用适当的招聘形式和方法,在保证招聘质量的基础上,尽可能降低招聘成本。

在实际的招聘过程中,招聘原则的选取会因企业自身的特点以及招聘主管人员的偏好有所差异。除了上述的原则外,还有竞争择优原则、程序化原则、唯才是举原则等。

三、项目人员招聘的一般步骤

为了保证招聘工作的科学规范,提高招聘的效率,招聘活动一般按照图 8-1 所示的六个步骤来进行:

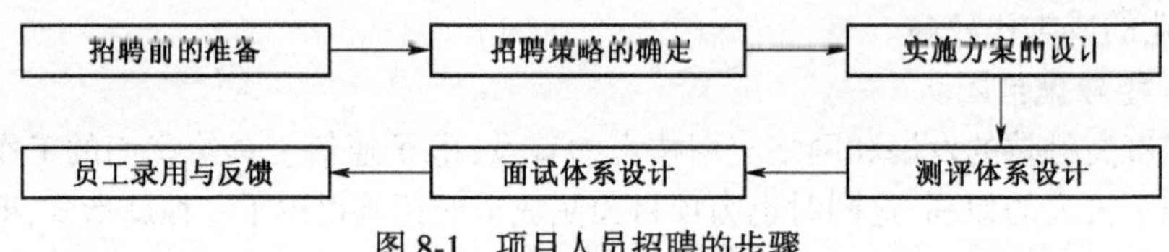

图 8-1　项目人员招聘的步骤

1. 招聘前的准备

在招聘之前,需要做两项重要的基础性工作,人员计划和工作分析。项目的人员计划是进行项目人员招聘和管理的基本依据,在招聘之前一定要仔细研读项目的人员计划,确保招聘的人员数量、结构、层次等符合项目的需要。工作分析,是分析项目中的这些职位的职责是什么,这些职位的工作内容有哪些以及什么样的人能够胜任这些职位。两者的结合可以使招聘工作更科学性、更合理。

2. 招聘策略的确定

招聘的策略包括了对目标人才进行界定,对企业、项目吸引人才的核心优势进行挖掘和推广宣传,以及对招聘渠道和方法的选择等。依据招聘策略以及人员计划和工作分析的结果,可以制定详尽的招聘计划。

3. 实施方案的设计

发布招聘信息的招聘广告,应该易于引起受众的注意和兴趣,易于激起求职者的求职愿望,有利于促使求职者前来应聘。招聘广告的设计还要保证内容客观、真实,符合国家和地方的法规和政策。广告应要简洁明了,重点突出招聘岗位名称、任职资格等内容以及联系方式。

4. 测评体系设计

招聘测评又称为选拔过程，就是通过一系列科学的或直观经验的测试方法，挑选出符合岗位要求的人员的过程。招聘测评的方法很多，心理测评、笔试、面试、评价中心技术、系统仿真等都可以作为测评手段。其中，心理测评、笔试、评价中心技术的应用最为普遍。在实际应用中，可以根据需要选择合适的测评方法。

5. 面试体系的设计

理想的面试包括五个阶段：准备、引入、正题、收尾以及回顾。面试准备时，首先要审查求职者的申请表和简历，并注明能表明其优缺点和尚需进一步了解的地方，同时应当查阅工作说明书；在引入阶段，应聘者刚开始进行面试时问一些比较轻松的话题，以消除应聘者的紧张情绪，建立起宽松、融洽的面试气氛；在正题阶段，面试者要按照事先准备或者根据面试的具体进程，对应聘者提出问题，同时对面试评价表的各项评价要素做出评价；在收尾阶段，主要问题提问完毕以后，面试就进入了收尾阶段，这是可以让应聘者提出一些自己感兴趣的问题由面试者解答；在回顾面试阶段，面试者检查面试记录，把面试记录表填写完整。

6. 员工录用与反馈

决定录用一位职位候选人需要做出以下四步骤：做出初步录用决策、决定薪酬福利、背景调查、通知未被录用的应聘者。一个完整的招聘过程的最后，应该有一个评估与反馈阶段。对本次招聘进行综合评估，撰写招聘小结。

第五节　项目人员培训

除了为各岗位、各职位选配合适的人员外，项目的人员配备工作还包括对岗位人员的培训。由于项目及岗位的特殊性，为使选聘的人员尽快融入新的角色，更好更快地胜任其岗位职责，应根据人员自身状况、项目的技术要求、环境特点等，及时组织相关人员，特别是重要管理和生产岗位人员，进行入职前的培训，对于国际项目，该培训还应包括对出国人员进行相关外事纪律以及工程所在国法律、文化等的相关内容的教育。

员工培训是指为项目招聘的员工提供有关项目的基本情况，使员工了解所从事的工作的基本内容与方法，使他们明确自己工作的职责、程序、标准，并向他们初步灌输企业及其部门所期望的态度、规范、价值观和行为模式等，从而帮助他们为适应新环境和新岗位做好准备，尽快进入角色。

对新进人员的内容培训主要如下。

一、企业文化培训

介绍本项目的性质、规模、目标、意义等基本情况，说明项目实施的有利条件和不利条件,主要困难和需要重点注意事项等,分析讨论不同岗位工作的职责和意义,让员工结合自己的岗位职责思考、讨论如何做好本岗位工作,增强必胜信念。对于从本企业外部招聘的新员工,还应向他们介绍企业的宗旨、规模、经营范围和经营历史、重要业绩和企业的发展前景,使员工对企业有一个基本的认识,激励员工积极工作,为企业的繁荣作贡献。

介绍公司及项目的规章制度和岗位职责,包括工资、奖金、津贴、保险、休假、医疗、晋升与调动、交通、事故、申诉等人事规定;福利方案、工作描述、职务说明、劳动条件、作业规范、绩效标准、工作考评机制、劳动秩序等工作要求。

介绍项目和企业的组织结构、部门设置,各部门之间的服务协调网络及流程。使新员工了解各个部门的职能,明确在企业中进行信息沟通、提交建议的渠道,以便在今后工作中能与有关部门进行联系,随时就工作中的问题提出建议或申诉。

介绍企业文化。企业的文化对其员工有重要的影响,在团队成立之初需要向员工传递本企业的文化、价值观;让新员工知道企业反对什么、鼓励什么、追求什么;了解本企业员工的行为举止要求,如职业道德、环境秩序、作息制度、仪表仪容、精神面貌、谈吐着装等。

此部分内容参见本章第七节。

二、业务培训

一个新项目,涉及繁杂的技术文件和合同文件,其中往往包含一些新的技术标准和要求,因此有必要通过培训向有关人员进行交底。如请设计单位或项目总工向技术部门进行技术交底,请合同专家向项目管理人员做合同交底等。

为本项目招聘的员工,有些可能尚不具备完成项目所必需的知识或技能,尤其是对于新招聘的大学生,应根据需要对他们进行一定的业务培训,通过培训来提高他们的综合素质,适应项目的工作。对员工知识和技能的培训,应根据招聘记录,并结合测评、座谈等方式调查了解新员工的业务水平及培训需求,根据实际需要决定业务培训的主要内容。而且工作岗位的不同,培训的内容也不相同,并可采用灵活多样的方式。

三、安全措施培训

因国际工程项目的工作生活环境复杂,存在的危险源比较多,而且人员流动性大,这就会对项目工作人员的安全性产生一定的影响。安全事故不仅会造成人员伤亡,增加企业的成本支出,还会对企业、对项目造成负面的社会影响,影响项目的成功实施,因此一定要对项目人员进行必要的安全培训,提高每一位员工的安全意识。

通过安全措施培训使每位员工掌握必要的安全生产知识,包括相关的法律法规、生产过程中的安全知识、事故应急救援和逃生知识等,掌握安全生产规章制度和操作规程,掌握本岗位的安全操作技能。

针对一些政治形势动荡、民族宗教矛盾突出、治安形势恶劣的项目所在地，还应对员工进行公共安全和反恐防护教育，必要时组织开展相关预防和应急演练。

四、出国前教育

对于国际工程总承包项目，招聘的人员将要赴海外工作，对很多人来说是第一次出国，出国前教育培训是必须的。

应对项目人员进行有关项目所在国语言、文化、法律、制度等内容的培训。通过培训，让他们学习了解当地法律、法规、制度、做法，了解当地文化习俗，掌握国际交流中的基本原则。根据各岗位的需要以对项目团队成员进行必要的语言培训，使他们达到合同要求的外语水平，能够使用相应语言与业主、监理工程师的沟通交流。文化语言培训不仅可以提高员工自身素质，并有助于加强与项目所在国本地语言、文化的融合，化解和避免不必要的矛盾和冲突，减少海外建设项目的风险，有助于项目的顺利实施。

五、心理教育

对于首次赴海外项目的员工，还应进行必要的心理辅导。一般来说，每一个项目都是一个新的环境，不同的地理位置、不同的习俗、不同的项目要求等都会对项目的工作人员提出新的要求。但是员工对新环境的适应能力是不同的，每一位员工对于现实与理想之间的落差的反应程度也是不同的，特别是那些第一次从事海外项目的员工，他们面临的是一个完全陌生的环境，表达沟通上的障碍、文化上的差异等因素更容易造成他们的心理困扰，影响工作的效率。作为管理人员一定要重视员工的心理素质的变化，帮助他们快速适应新的环境，调整状态，以积极上进的态度对待要从事的工作。进行员工心理素质培训常用的方法有：心理暗示法、游戏训练法、拓展训练法、头脑风暴法、角色模拟法、心理剧技术等。必要时可请心理专家进行咨询和辅导。

培训的方式可以灵活多样，既可以是课堂教学、小组研讨、专家讲座等室内形式，也可以采用现场指导、实地参观等室外形式，或多种方式相结合。既可以是内部培训，必要时也可派员工参加外部学习，如参加建造师继续教育等培训。还应强调员工的自我培训，鼓励员工结合本职工作刻苦钻研，学习新知识，掌握新技能，不断提高员工的岗位工作能力和自我创新的能力。

第六节　项目人员管理制度

国际工程总承包项目人员众多，通过制定人员管理制度，既为项目人员的管理工作提供了依据，使得管理工作有章可依，便于建立规范化、程序化的工作流程，提高工作效率，保证项目的正常进行。同时可以作为员工行为规范的模式，使员工的活动在规定的范围内合理进行,维护员工的利益。

每个项目可根据具体情况制定不同的管理制度,形成项目人员管理的制度体系,人员管理的制度体系一般如图 8-2 所示。

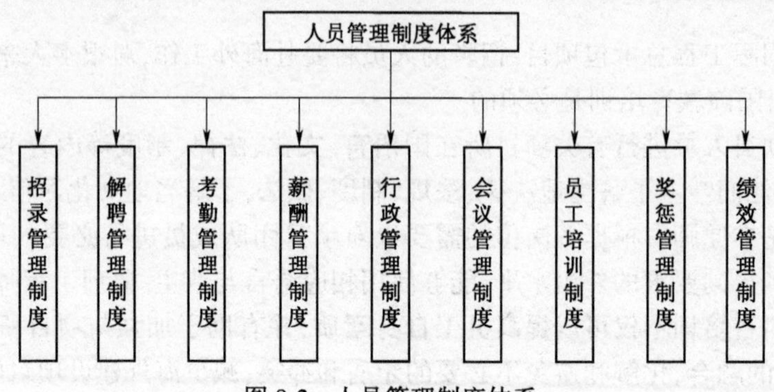

图 8-2　人员管理制度体系

一、招聘录用制度

招聘录用活动是企业、项目进行人员管理的基础。项目人员的招聘不是随意的,必须有一定的依据和规范化的管理。项目的招聘录用制度的主要内容有:招聘的目的和招聘过程中应遵循的原则、项目所需各岗位的标准、招聘的实施细则、新员工的报到的规定、员工的试用期以及转正的规定。

二、解聘制度

当公司或项目不再需要某些人员或是由于员工的某些行为违反到企业的相关规定、损害到企业的利益的时候,企业往往会解聘这些人员。项目的解聘制度主要包括解聘条件和解聘流程。

三、考勤制度

考勤制度主要规定各项目人员的工作时间,通过明确的考勤制度,规范了每位员工的工作时间,在一定程度上保证了工作的效率和项目的正常进度。项目考勤制度包括的内容主要有:日常作息说明、请假制度、加班制度以及对旷工状况的说明。

四、薪酬福利制度

薪酬福利是每个人关注的焦点,这是对员工所付出的劳动的一种肯定,是进行项目人工费用核算的依据。它不仅直接关系到员工的工作状态和工作积极性,还会对项目的成本产生一定的影响。一个科学、合理的薪酬福利制度既能够充分调动员工工作的积极性又能使企业、项目的利益最大化。薪酬福利制度主要包括薪酬制度和福利制度。薪酬制度包括:薪酬的概念、薪酬的构成、发薪日期和支付方式等；福利制度包括：休假期间工资的核算制度、社会统筹（社会保险和住房公积金）制度、职工活动支出制度等。

五、行政管理制度

项目的行政管理主要是指对项目中各项日常活动进行的治理和管理工作。一个有效的行政管理制度是维持项目正常进行的强有力的手段和工具。项目的行政管理制度主要包括：行政办公规范管理制度、办公室行为规范、办公室事务处理规则、劳动合同制度。

六、会议管理制度

召开会议是进行任务分配、指导、反馈、总结的必备的过程。因项目的建设周期很长、工作多而复杂，不管是项目建设之前还是在项目的建设过程中都会召开各种各样的会议，对项目建设过程中存在的各种问题和现象进行总结。根据会议的性质不同，会议管理制度主要包括：公司例会制度、日常工作会议制度、员工大会制度、上级或是外单位（建设单位、监理单位、设计咨询单位等）在本公司召开会议的制度、业务会以及对各会议的要求等。

七、员工培训制度

培训对于一个企业的发展、项目的成功具有重要的作用，是项目开始之前必须进行的一项基本活动。企业什么时间培训、以哪种形式进行培训以及培训维持的时间长短都是有一定的规定的。员工培训制度主要包括：新进员工指导方法、培训权责划分、培训类别、培训计划的制定、培训的实施等。

八、奖惩制度

根据员工在工作中的表现情况以及完成任务的效果要进行适当的奖励和惩罚，这是提高员工工作效率的一种有效的方法。奖惩制度主要包括奖励制度和惩罚制度。奖励制度明确地列举出给予奖励的情况以及奖励方式（物质上的或是工作职位的升迁）；惩罚制度则明确地告诉员工哪些行为是不被允许的，以及员工出现那些情况时应接受的处分。

九、绩效考评管理制度

绩效是反映项目人员从事相应的活动所取得的成绩或成果，绩效考评就是指按照一定的标准和指标，运用一定的方法对这些成绩或成果做出价值判断的过程。通过进行绩效考评可以检测项目的进展情况，及时发现建设过程中存在的问题，加强项目的管理工作，保证项目的经济效益。项目绩效考评管理制度主要包括：绩效考评的目的和原则、绩效考评的种类以及具体内容、项目各部门职责规范要求等。

除了上述管理制度外，根据各公司、各项目的具体情况，制度内容还可能有文件及印章管理制度、后勤管理制度、报销管理制度等。

第七节　项目团队文化建设

一、团队文化的概念

团队文化是指团队成员在相互合作的过程中，为实现各自的人生价值，并为完成团队共同目标而形成的一种潜意识文化。团队文化是社会文化与团队长期形成的传统文化观念的产物，包含价值观、最高目标、行为准则、管理制度、道德风尚等内容。它以全体员工为工作对象，通过宣传、教育、培训和文化娱乐、交心联谊等方式，以最大限度地统一员工意志，规范员工行为，凝聚员工力量，为团队总目标服务。

二、项目团队文化建设的意义

项目团队成员是因为项目的需要而临时组建在一起的，每一位项目人员的能力、素质、性格等都是有差异的，这就使得他们产生了不同的需求，这些都会对项目的成功实施产生一定的影响。为了保证整个团队的工作效率，确保各项目人员能高效完成所承担的工作，在完成团队的组建的工作后加强团队文化建设。通过项目团队文化建设，增强团队成员之间的信任和认同感，减少成员之间的冲突，增强团队合作意识，分享知识和经验，提高个人和团队生产效率；增强团队凝聚力，提升团队的士气，振奋团队精神，形成积极向上、富有生气的团队文化。

三、对新进人员的企业文化培训

介绍本项目的性质、规模、目标、意义等基本情况，说明项目实施的有利条件和不利条件，主要困难和需要重点注意事项等，分析讨论不同岗位工作的职责和意义，让员工结合自己的岗位职责思考、讨论如何做好本岗位工作，增强必胜信念。对于从本企业外部招聘的新员工，还应向他们介绍企业的宗旨、规模、经营范围和经营历史、重要业绩和企业的发展前景，使员工对企业有一个基本的认识，激励员工积极工作，为企业的繁荣作贡献。

介绍企业文化。企业的文化对其员工有重要的影响，在团队成立之初需要向员工传递本企业的文化、价值观；让新员工知道企业反对什么、鼓励什么、追求什么；了解本企业员工的行为举止要求，如职业道德、环境秩序、作息制度、仪表仪容、精神面貌、谈吐着装等。

四、团队文化建设的要点

1. 选好优秀的团队领导

团队的领导者对于团队文化的形成起着决定性的作用。无论是项目经理还是基层班组长，承担着团队文化引领者的角色，对团队的精神面貌、价值取向以及战斗力高低有着重大影响。应挑选那些专业技能成绩突出、又具有较强号召力的员工，担任班组长或工长，增强团队凝聚力，提高团队战斗力。

2. 加强团队成员的沟通

作为项目的管理人员首先要主动与团队成员进行沟通，了解他们对项目、团队、自身以及要从事的工作的期望，然后向他们说明项目的目标，并且设想成功的美好前景，让每个成员知道，项目成功可以为每一个人带来益处；其次为团队的成员创造一个充满信任、和谐、健康的工作氛围，支持和提倡团队成员不断学习，使他们有成长和学习新技术的机会；最后要增强团队成员之间的互动、互信、互学，可以举办丰富多彩的活动，如户外拓展训练、聚会等，这些活动可以培养和发展成员之间的友谊，是鼓舞团队士气的一种有效的方式。另外要鼓励成员之间的非正式沟通，灵活的开展工作，促进相互之间的合作，这可以在很大程度上提高团队的凝聚力。工程项目团队内部成员之间相互了解越深入，彼此合作越默契，团队建设也就越出色，效率也会因此提高，但是人与人之间相互了解需要一定的磨合时间，尤其是项目初期，存在冲突是很正常的，重要的是及时通过沟通对这些冲突做出有效处理。如果缺乏沟通，不能及时将矛盾化解，则可能导致冲突进一步恶化，导致效率的严重下降。

3. 鼓励成员协同合作

工程项目的实施复杂漫长，无论一个人的能力有多强，仅靠个人的力量是不可能完成项目的。国际工程项目管理相对于国内项目管理更为注重团队精神，项目的管理者应该在项目实施过程中始终贯彻团队思想，鼓励各成员之间协同合作。在鼓励竞争和业绩的同时，也应遏制和避免“个人英雄主义”。

4. 合理配置人力资源

国内派出的人员往往是根据其以往的经历和能力进行选拔的，是基于一定条件做出的价值判断。团队成员在选拔时表现出的能力可能差不多，招聘时符合都能符合岗位条件，但在国外不同的社会、自然条件下，在各种不同激励约束条件下，人的吃苦能力、劳动效率和创新精神却不一定相同，部分人往往会逐渐显现出特有的各种才能，部分人也可能无法胜任新环境下相应的工作。因此，应努力发掘各人的特长，根据情况合理调整岗位安排，把他们放置到能发挥他们最大优势的位置上，实现资源的合理优化配置。

5. 实施绩效考核和激励机制

绩效考核机制主要指对成员绩效进行考察，绩效管理是指团队成员在团队工作过程中的付出和最终产出的总和。一个团队成员在完成委派的任务后都非常期待着评价。评价可以是正向的也可以是负面的。一般都可以表扬、提醒、批评和处罚。表扬和批评最好公开公正，否则达不到鼓励先进、鞭策后进的作用。对工作中出现的过失或因事先没有约定造成的问题，应该考虑先提醒。提醒要隐蔽，让成员知道错误和后果,并承诺不再犯错。处罚不是惩罚,是中性处理措施,不涉及人身攻击。绩效考核的存在必然会产生团队内部的竞争。在团队内部引入竞争机制,有利于打破另一种形式的大锅饭。如果一个团队内部没有竞争,那么团队成员的热情就会减退。而通过引入竞争机制,实行"赏勤罚懒、赏优罚劣",打破看似平等实为压制的利益格局,团队成员的主动性、创造性才会得到充分的发挥,团队才能长期保持活力。

对项目团队成员进行激励,可以激发团队成员工作的积极性与创造性,勉励团队成员向着所期望的目标与方向而努力的调节手段,是项目人力资源管理的重要内容。科学研究与现实实践表明:人的行为或工作动机产生于人的某种欲望或期望,这也是人的能动性源泉。大多数人都把自己的努力工作过程看作是获取某种报酬的手段,预期都跟自己的努力成正比,如果项目工程结束时,团队成员通过努力能得到相应合理而公平的报酬,则满意程度自然会增加,这就有利于强化和巩固这种努力,从而形成良性的循环,整个激励过程是一个项目人员需要、欲望或期望及其在工作中的行为表现来回持续往返的过程。当然,正如马斯洛需求层次理论表述的那样,不同的人对不同的激励有不同敏感度,即不同人注重的事物不完全一样。具体到一个项目实施中,项目团队管理者需根据不同类型人员、不同地点时间以及员工不同的需求选择不同的激励方式,如物质奖励、精神激励、榜样激励、综合激励、成就激励、挫折激励、激励强化等多种方式灵活运用,才能达到预期的激励效果。

第八节　项目属地化用工管理

一、属地化用工管理概述

传统上,我国工程公司对外承包项目采取大规模劳务输出的模式,为对外承包项目提供了必要的人力支持,同时也产生了许多问题,主要包括:

1. 规模的劳务输出大幅增加了公司的人工成本,进而使得各公司的经营成本不断上升,利润空间不断缩小。

2. 大量的中国员工在海外工作,不可避免地会引起各种纠纷。中国员工之间、当地员工之间以及中国员工和当地员工之间,因为沟通不足和管理缺失,都有可能产生纠纷。纠纷的出现不仅会提高成本、拖延工期,而且还会损害公司形象甚至国家形象,影响品牌推广,阻碍海外市场的开发与维护。

3. 由于历史、地缘、语言、风俗文化、教育程度等各方面的差异,各公司都面临跨文化管理的问题。目前,对外承包项目中,各层管理人员大多为中国员工,在与当地员工、当地企业和当地政府部门沟通时存在很多障碍,极大地影响了项目的进展。

4. 大规模的劳务输出也带来了巨大的安全和财产风险。海外项目环境复杂、人员多变，适用的也是当地的法律法规，容易产生各种人身和财产的意外事件，而且处理程序复杂、难度较大，最终也会对项目造成不利影响。

由此可以看出，人力资源的属地化是中国国际工程公司升级和转型的重要任务之一。目前，我国在海外承担工程的公司人力资源属地化工作还处于起步阶段，与世界发达国家的国际工程公司相比，属地化程度仍然较低，大多还停留在普通工人属地化的阶段，有关管理人员属地化的问题，尤其是中、高级管理人员属地化的问题仍普遍存在。此外，很多中国国际工程公司对自身人力资源属地化程度的认知能力不足，缺乏系统地分析、解决和管理的办法。因此，对中国国际工程公司对外承包项目属地化管理模式虽是势在必行，而另一方面也任重道远。

二、属地化用工中常见的问题

对于我国很多承包商来说，目前属地化用工还是一个新的课题，还有诸多问题需要面对。

1. 当地工人素质不高。大多数不发达国家属农业型国家，属地化用工人员素质普遍不高，他们大多没有接受过职业教育和培训，基本技能知之甚少，没有从事过相关工作，因此只能从事普通力工和后勤服务工作。

2. 当地雇员工作随意性强，自我约束力差。由于没有经受过职业教育和培训，工人工作随意性强，自我约束力差，当自己或家庭有事时，往往不经过监管人员就直接脱离工作岗位，影响施工。

3. 当地缺少专业技术工人和管理人员。在劳动力市场上，专业技术工人和管理人员很少，特别是施工相关的技术工人和项目管理人员更是少之甚少，无法满足施工的需要。

4. 当地劳动法规和劳动保护不健全。针对当地属地化用工有相关的法律规定，但管理和监督并不严格，用工随意性较强，法律约束力差，短期内有利于项目部，但从长远来看会给属地化用工的正规化造成负面的影响，而且还可能造成法律纠纷。

三、属地化用工的注意事项

1. 人员聘用时的注意事项

对于项目管理人员和技术工人，宜采用发布招聘启示，择优录取方式；对普通力工和后勤服务人员宜以营地为单位就近聘用，解决施工沿线人员的就业问题。在人员聘用前要核对其基本信息、护照情况、身体状况，并通过专业人员考核，择优录取，签定正式的劳动用工合同后才允许参加工作。

2. 人员聘用后的注意事项

在与属地化用工人员签订用工合同后，项目部对用工人员进行入场教育、HSE风险教育、质量要求教育，然后根据用工情况进行专门的岗前培训，培训合格后才允许正式上岗工作。所有聘用人员都要根据该国法律和法规要求配备必要的生活、劳保用品,为其提供生活、住宿提供保障。

3. 人员使用中的注意事项

在属地化用工使用过程中,要严格执行《属地化用工管理制度》,实行严格的考勤制度和现场考核制度,尊重员工的宗教信仰和风俗习惯,按规定的时间将工资发放到员工个人手中。对出现的工作纠纷力争协商解决,协商解决不了的可通过正规的法律手段加以处理。在完成合同工作后,根据规定程序办理解聘手续。

4. 使用规范化的合同文本

在与聘用工人或劳务公司签订劳务用工合同时,尽量使用当地规范的劳动合同模板,并咨询专业律师,确保合同条款符合当地法律规定。

第九章　国际工程总承包项目沟通管理

本章主要介绍了项目沟通管理概述,如沟通原则、沟通计划、沟通方式、沟通制度等;总承包商与业主方的沟通;总承包商与各分包商的沟通;跨文化因素对沟通的影响等内容。

第一节　国际工程沟通管理概述

沟通有两种情况,一种是人际沟通,一种是组织沟通。人际沟通是个体之间思想、情感的交流。组织沟通是组织围绕既定的目标,通过各种信号、媒介和途径有目的地交流信息、意见和情感的信息传递行为,是群体之间的沟通,是企业的管理行为。

沟通管理就是通过对沟通要素的合理选择与配置,以期达到最佳的沟通效果。沟通的构成要素包括沟通背景、沟通发起者、沟通编译码、沟通渠道、沟通干扰、沟通接受者和沟通反馈。

鉴于项目管理关注各方关系和利益的协调,项目管理中的沟通,项目沟通管理主要是指项目各方之间的沟通,即组织沟通。项目沟通管理具有复杂性和系统性的特征。

项目沟通的目的就是为了消除或减少双方预期或要求之间的偏差。工程项目是基于工程项目实施者和利益关系人紧密协作完成特定任务的过程,存在大量分工协作和接口,也就存在大量的沟通问题。

国际工程沟通管理是在国际工程项目实施过程中,为了确保项目信息合理收集、传输、处理所需实施的一系列过程,是协调各方关系和利益、落实项目实施计划、实现项目目标的重要手段。由于国际工程项目中沟通要素具有更复杂的形式和内容,其沟通管理也更加复杂,这一方面增加了沟通的难度,另一方面也反映了沟通管理在国际工程管理中的重要性。

一、沟通原则

1. 准确性原则。为了保证信息在整个传送过程中不失真、不歪曲,一方面,信息发送者作为信息的编码者,需要具备较强的沟通能力,包括对信息的准确把握,对语言和非语言符号的熟练运用,对传送对象信息接收习惯以及接收能力的了解,以及对信息传递通道的合理选择等；另一方面，提高信息接受者的解码能力也是沟通准确性的重要保证。

2. 时效性原则。首先，在沟通过程中，信息发送应及时，尽量减少不必要的中间环节，避免信息过滤现象发生，使信息以最快速度到达接受者；其次，要做到信息利用及时，以避免信息的过期失效；同时，接受者对信息的及时反馈也很重要，有利于发送者修正信息，优化沟通效果。

3. 效率性原则。沟通是否高效，取决于信息发送者和接受者的信息理解、处理能力，以及沟通渠道的选择。发送者在传递信息时，应尽量选择简单明确的语言和非语言符号，以及接受者所熟悉的传递方式。接受者要事先对沟通做好准备，集中注意力，以正确理解信息内涵。对于传真、网络、视频电话会议等现代媒体的科学利用是提高沟通效率的手段之一。在有效运用正式沟通方式的同时，还应充分发挥非正式沟通渠道的作用，灵活运用，提高组织的沟通效率。

二、沟通计划

项目沟通计划是项目整体计划中的一部分，是通过确定沟通需求和沟通策略实现有效的沟通。沟通需求就是指与哪些人进行哪些沟通，沟通策略就是如何达到好的沟通效果。没有计划的沟通常常导致沟通混乱和无效。

在编制项目沟通计划时，最重要的是理解组织结构和做好项目干系人分析。组织结构通常对沟通需求有较大影响，比如组织要求项目经理定期向项目管理部门做进展分析报告，那么沟通计划中就必须给予考虑。项目干系人的利益要受到项目成败的影响，因此他们的需求必须予以考虑。不同干系人需要的信息可能不同。所以项目管理者在项目启动时，就要识别所有的项目干系人，以及不同人的不同信息需求。最典型也最重要的项目干系人是业主，而项目组成员、项目经理以及他的上司也是较重要的项目干系人。所有这些人员各自需要什么信息、在每个阶段要求的信息是否不同、信息传递的方式上有什么偏好，每个项目干系人所参与的沟通将会如何影响到项目的实施等都是需要细致分析的。分析后的结果要在沟通计划中体现并能满足不同人员的信息需求，这样建立起来的沟通体系才会全面、有效。

一般说来，管理者制定沟通计划必须仔细考虑以下问题。

1. 哪些人需要哪些信息；
2. 何时需要这些信息；
3. 从哪里获取这些信息；
4. 何人通过何种渠道可以传递这种信息；
5. 期望达到怎样的效果；
6. 信息格式应是什么样；
7. 应采用怎样的沟通方式；

8. 可能遇到怎样的沟通障碍；

9. 哪些因素可能影响沟通的效果；

10. 如何获得信息的反馈。

国际工程总承包项目中，总承包商在项目跟踪、投标、谈判、签约以及项目实施的每个阶段，沟通的对象和信息内容可能不断变化，承包商要不断思考上述问题，做出正确的决策，把有效的信息及时准确地传递给利益相关者，并及时获得反馈信息，实现信息及时、有效的互动交流，才能实现有效的沟通。解决这些问题的依据包括各方合同文件、相关法律法规、项目自身特点、管理者的知识和经验等。

三、沟通方式

信息沟通的具体方式有多种，如书面形式的和口头形式，有非正式的备忘录以及正式的报告，有面对面的会谈、会议或谈判，有电子邮件、电话、电传等。项目沟通形式受组织环境、组织文化与组织结构的影响，也受网络技术、通信技术与信息技术的影响。具体采用哪一种方式，都需要管理者结合具体环境、沟通对象的偏好和要达到的效果做出计划和决策。常见的沟通方式及分类标准见表 9-1。

表 9-1　常见的沟通方式

序号	分　类　标　准	沟　通　方　式
1	按是否形成书面文字	书面形式、口头形式
2	按沟通双方是否互动	双向沟通、单向沟通
3	按信息传递方向	纵向沟通、平行沟通、网络状沟通
4	按正式程度	正式沟通、非正式沟通

（一）书面形式和口头形式

按是否形成书面文字分为书面形式的沟通和口头形式的沟通。

1. 书面沟通。包括信函、通知、备忘录、报告等。书面沟通大多用来进行通知、确认和要求等活动。

2. 口头沟通。包括会议、评审、私人接触、自由讨论等。这一方式简单方便，但是不像书面形式那样“白纸黑字”留下记录，因此不适用于类似正式通知、确认和要求等。

国际工程项目管理强调各方严格按照合同履约，无论是检查、指示、索赔、变更等，都强调书面证据，因此项目各方之间（如业主与承包商）的沟通多采用书面沟通形式。而口头沟通形式多用于各方自己内部的沟通，或作为各方沟通的补充方式。

（二）双向沟通和单向沟通

按沟通双方是否互动分为双向沟通和单向沟通。

双向沟通是指信息的发出人与接收人的角色在沟通双方之间不停转换，即二者之间是信息互动交流。在信息发出之后还需要及时地听取对方反馈意见,在情况需要的条件下双方可以进行多次性重复的沟通交流,直到双方都已经明白并且都对沟通结果满意为止。因而双向沟通是一种有反馈的沟通方式。项目关系人各方之间的沟通多是双向沟通。项目谈判就是一种典型的双向沟通。

单向沟通是指信息发出人只是单纯发送信息,而信息接收人只是单纯接收信息,信息的传递是单向的。因而,单向沟通是无反馈的沟通方式。例如上级发布命令就属于单向沟通,单向沟通在项目管理中应尽量少用。

(三)纵向沟通、平行沟通与网络状沟通

按信息传递方向分为纵向沟通、平行沟通与网络状沟通。

1. 纵向沟通

纵向沟通是指组织中沿着组织结构直线等级进行的沟通,包括上行沟通和下行沟通,是项目组织上下层级人员之间的沟通。上行沟通指的是自下而上,由下属主动发送信息而上司作为接收者所进行的沟通,主要有效方法有:意见反馈系统(意见箱)、员工座谈会、巡视员制度等。下行沟通指的是上司作为信息发送者对下属所进行的一种沟通形式,主要方法有:书面类,包括指南、声明、公司政策、公告、报告、信函以及备忘录等;面谈类,包括口头指示、谈话、电话指示、广播、各种会议、小组演示乃至口口相传的小道信息;电子类,主要包括闭路电视系统、新闻广播、电话会议、传真、电子信箱等。

2. 平行沟通

平行沟通指的是沿着组织结构中的横线进行的沟通,所以也叫横向沟通。包括同一层次上的管理者进行的跨部门沟通和不同部门间不同层次上的管理者以及员工之间的斜向沟通。平行沟通的目的是为了增强部门之间的合作,减少部门之间的摩擦,并最终实现项目以及公司的总体目标。这对于组织的整体利益有着重要的作用。

不同类型的平行沟通采用的沟通形式不同。跨部门的平行沟通通常采用会议、备忘录、报告等形式。部门内员工的平行沟通,更多地采用面谈、备忘录的形式。

3. 网络状沟通

网络状沟通的意思是项目组织各个层级人员之间的交叉型沟通与交流。网络状沟通主要包括信息群发式沟通、视听会议式沟通、新闻发布式沟通、网上及时交流式沟通以及电子商务式沟通等类型。

在国际工程项目管理中,由于存在复杂的组织系统和人员关系,因此纵向沟通、平行沟通与网络状沟通几种方式均有大量使用。

(四)正式沟通与非正式沟通

按正式程度不同分为正式沟通与非正式沟通。

1. 正式沟通

正式沟通最明显的特点就是按照项目组织所明文规定的途径来进行信息传递

和交流。主要包括按正式组织系统发布的命令、指示、文件，组织召开的正式会议，组织正式颁布的法令、规章、手册、简报、通知、公告，组织内部上、下级之间和同事之间因为工作需要而进行的正式接触。例如组织之间的公函往来、组织内部的文件传达、召开会议、上下级之间的定期情报交换等。正式沟通的优点是沟通效果好，严肃而且约束力强，易于保密。缺点是沟通速度慢。

2. 非正式沟通

非正式沟通简单地说就是在正式沟通外进行的信息传递和交流的方式。非正式沟通的形式、途径等都没有明确的规定，较之正式沟通来说非常自由，可以采用各种途径来进行。

非正式组织是由于组织成员的感情和动机上的需要而形成的，与组织内部明确的规章制度无关。其沟通途径是通过组织内各种关系，这种关系超越了部门单位及层次，因而气氛也较轻松缓和，更容易传递和交流更多的信息。它的沟通对象、时间以及内容等各方面都是未经计划和难以辨别的。这种沟通有较大的弹性，可以是横向的和斜向的，而且速度很快。在很多情况下，来自非正式沟通的信息反而易于获得接受者的重视。由于这种沟通一般是以口头方式进行的，不留证据、不负责任，有许多在正式沟通中不便于传递的信息却可以在非正式沟通中传递。根据专家的研究，组织中 80% 的小道消息是正确的。但组织并不能过分地依赖这种非正式沟通途径，因为这种信息容易失真、难以控制，而且可能导致小集体、小圈子，影响组织的凝聚力以及人心稳定。

国际工程项目管理中，由于各方存在不同利益关系，且强调书面证据，所以沟通以正式沟通为主，必要时辅以非正式沟通。

四、沟通制度

制度及规则是约束组织内部或一个系统中各组织的行为规范。不同的制度可能具有不同的目的，从经济意义来说，好的制度最终应能提高组织的效率。项目沟通制度是指针对重要的沟通活动制定一个基本的流程，以提高沟通的科学性、准确性和及时性，提高沟通的效率和项目执行的效率。项目沟通制度可以涉及通知、检查、报告、会议、谈判等。例如针对谈判活动，可以制定谈判制度，包括谈判的提出、审批、组织、策划等。

第二节　国际工程总承包项目各方简介

国际工程总承包项目各方，即主要项目关系人包括：总承包商、业主、监理单位（业主代表）、设计单位（设计分包商）、施工单位（专业分包商）、政府部门等。总承包商沟通的对象可分为两个方面：一是项目内的对象，包括业主（业主代表）和各分包商；二是项目外的对象，涉及政府监管部门、相关单位、周边居民及媒体等。

就合同实施来说,总承包商最重要的关系方是业主(业主代表)。

一、总承包商

与业主签订总承包合同,工作范围可能包括设计、采购、施工、运营等环节,因此总承包商还与各分包商和供应商之间有合同关系,协调接口多,沟通量大。

二、业主

一般是项目的出资方和招标人,也是项目参与各方的总体组织协调者。它通过签定施工总承包合同,与总承包商形成合同关系,成为合同中总承包商的服务对象。

三、设计单位

对于施工承包项目,通过设计合同为业主提供专业化的设计服务,在合同关系上,设计单位与承包商是独立并行的,在工作关系上二者是协同合作,在工作流程上是前后工序的关系。对于工程总承包项目,设计单位则是总承包的设计分包商,与总承包商签订设计合同,接受总承包商管理,一般不直接与业主发生关系。

四、监理单位(业主代表)

也是业主通过合同选定的专业服务提供者,或是业主自己内部专家,在项目建设全过程中,为业主提供技术咨询服务,确保业主要求和承包商按合同实现承诺。它与承包商的工作关系是监督与被监督的关系。

五、政府部门

包括政府相关职能和行业主管部门,涉及建设管理、规划、土地、市政、质检、安检、工商、税务、劳动、环保、公安、消防、卫生、档案等方面。政府一般不直接参与本项目的投资与招标,原则上也不干预项目的正常实施,但通过相关法律法规、方针、政策和技术标准规范及相关职能主管部门的行政许可、审核批准及必要的监督检查,来规范项目建设相关方从工程立项、设计、招投标、施工、竣工验收、保修等全过程的行为活动。

除了以上5个主体,总承包商需要沟通的主体还有供货商、项目周边关联单位如电力、通信、水务、市政、热力、医疗、银行、保险等,周边物业、居民及与业主另签合同的其他施工承包商等。此外,对于大型工程项目,往往会引起媒体的广泛关注,媒体的宣传报道对项目及总承包商的公众形象起着重要作用。总承包商与各方的沟通如图9-1所示。

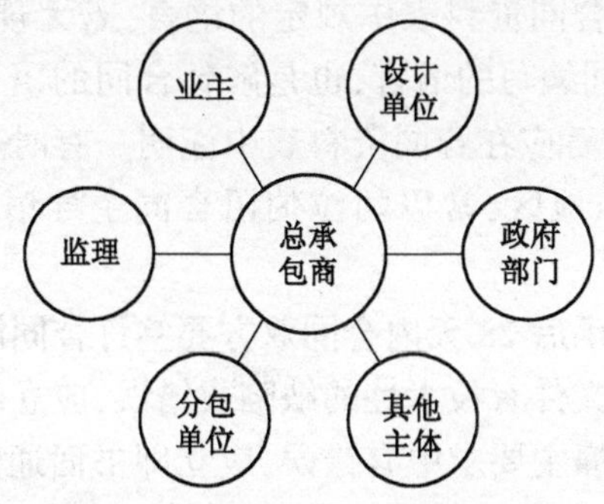

图 9-1　总承包商与各方的沟通

第三节　总承包商与业主方的沟通

在国际工程总承包项目中,雇主与承包商的关系是最重要的关系,作为合同双方,为项目实施需要大量沟通协调,鉴于双方的利益关系,二者之间有关项目及合同的沟通主要通过正式的信函、通知等书面形式,当然也需要其他非正式沟通作为补充。本节介绍的承包商与雇主之间的沟通,应该说不同于一般意义上沟通,但正是这种正式的基于合同的沟通,构成了双方合同管理的主要内容,也形成承包商与雇主了之间的既对立又和谐的合作与协调机制,为了项目能顺利实施创造了可能。

一、总承包商与业主(业主代表)沟通的内容

在项目跟踪和投标阶段,总承包商与业主之间直接沟通比较多,而在项目实施阶段,总承包商一般只与业主代表(工程师)进行正式的直接沟通,但往来的文件均抄送业主,因此业主和承包商的沟通事实上一直都在进行。总承包商在合同的履行过程中要时刻注意与业主方(包括业主代表或监理工程师)做好沟通工作,特别是合同条款中规定需要具体沟通的地方。FIDIC 编写的各类合同条件中都包含许多与业主和承包商通过通知、报告等正式沟通的规定,几乎贯穿合同的每个条款,有一种说法叫"不沟通,无管理",其实并不夸张。以下结合 FIDIC 设计-建造-运营合同条件(DBO),就主要需要沟通的内容加以说明。

1. 根据合同发出的通知或其他通信包括批准、证书、同意决定、指示和要求,均应包括发出这些通知或通信所依据的合同条款;这些通知或通信应为书面,且应派人面交并取得收据,或者邮寄,或由信使送达,或按双方商定并在合同资料表中注明的电子传输系统传输;递交、邮寄或电子传输应按照合同资料中注明的收件人地址,如果收件人发出了更改地址的通知,则其后的信件应投送到相应的地址;如果一方要求对方给予批准或同意时没有对通信地址另做说明,则此批准或同意可送达发出要求的地址。通知和其他通信信息不得被无故扣押或拖延(参见 FIDIC 合同条件中与此部分内容对应的条款编号 1.3,下同)。

2. 通信交流应使用合同资料表中规定的语言,若无规定,应使用合同的主导语言。主导语言是指合同编写的语言,也是解释合同的语言。如果合同采用不止一种语言编写,则主导语言应在合同资料表中注明。有时主导语言并不一定是通信交流的语言,例如中东地区,常以阿拉伯语合同主导语言,而英语为交流语言(1.4)。

3. 承包商收到中标函后 28 天内合同双方要签订合同协议书(1.6)。

4. 如果一方发现某文件有技术性的缺陷或错误,应立即通知对方(1.9)。

5. 如果承包商发现雇主要求中有错误,应立即书面通知雇主代表错误的性质和详情,并要求其给出修正指示。雇主代表收到承包商的通知后应立即作出回应,确认是否有错误,是否属于承包商应能在审核时合理发现的错误,以及要求承包商采取的措施(1.10)。

6. 为证实承包商履行合同,雇主代表可以合理要求承包商提供所有保密事项和其他信息。承包商应将合同详情视为秘密,雇主应将承包商的设计信息视为秘密,均不能透露给第三方(1.13)。

7. 联营体各当事人应将牵头人通知雇主(1.15)。

8. 雇主对设计、施工和运营阶段的资金安排,包括资产更换资金,应详细写入财务备忘录;如果资金安排有大的变动,应通知承包商,说明详情;如果承包商要求雇主提供合理证据,证明其资金已经到位,有能力按合同向承包商支付,雇主应在 28 天内提供(2.4)。

9. 雇主代表可以随时根据合同向承包商发出指示,承包商应遵照执行,如果承包商认为雇主代表的指示不合法或者在技术上不可行,应立即书面通知雇主代表。承包商只能从雇主代表或其授权的助理处接收指示(3.3)。

10. 如果雇主打算更换雇主代表,至少提前 42 天将替代人选的详情通知承包商,承包商如有正当理由,可提出反对(3.4)。

11. 雇主代表在根据合同就某事做出决定前要与当事双方充分协商,并将决定通知双方,如一方有异议,可启动争端解决程序(3.5)。

12. 当雇主代表要求时,承包商应提交其计划采用的施工方案细节。如未事先通知雇主,不得对施工方法和安排作重要改变。承包商有义务参加雇主或雇主代表合理要求的会议(4.1)。

13. 承包商应在收到中标函后 28 天内向雇主提交履约保证。如果在履约保证有效期满前 28 天时尚无收到合同完成证书,承包商应及时延长其有效期(4.2)。

14. 承包商代表可以在合同中事先指定,也可在开工前提出并请雇主代表批准。如果承包商暂时离开现场,经雇主代表事先同意,可任命一名替代人员,并通知雇主代表。承包商代表可委派助手,也可撤销委派,但应在书面通知雇主代表后生效,通知中应写明助手的权利和职责。承包商代表及其关键职员应能流利地使用合同规定的语言进行交流(4.3)。

15. 承包商选择材料供应商或合同已经指明的分包商无需经雇主代表同意,其他拟雇佣的分包商须经其批准。承包商应至少提前 28 天将各分包商工作的预计开始日期和在现场开始分包工作的预计日期通知雇主(4.4)。

16. 对于雇主指定的分包商,承包商如果反对,应尽快发出合理反对通知并附详细证明材料(4.5)。

17. 如果合同要求雇主按照承包商文件准许承包商占用任何基础、结构、生产设备等,承包商应按雇主要求中规定的时间和方式向雇主代表提交此类承包商文件(4.6)。

18. 在设计、建造、运营每个阶段开始前,承包商应向雇主代表递交进度计划和相关文件供其参考。承包商递交的任何技术文件,应有事先已经承包商本人批准的明显证据(4.9)。

19. 雇主应在基准日期前向承包商提供他掌握的现场数据,如基准日期后获得进一步数据,也应提供给承包商。承包商自己负责对数据的解释(4.10)。

20. 承包商遇到不利的物质条件应尽快通知雇主代表,说明不可预见的理由。承包商采取合理措施继续施工,并及时提出索赔(4.12)。

21. 承包商至少提前 21 天将主要物资运达现场的时间通知雇主代表(4.16)。

22. 对于雇主负责提供的设备和材料,承包商接收时要进行目测检查,发现短少、缺陷或缺项,立即通知雇主(4.20)。

23. 在设计-建造期间,承包商每个月按照与雇主代表商定的格式编制月进度报告,一式六份,每个月结束后 7 日内递交给雇主代表,进度计划应包含雇主要求中规定的内容(4.21)。

24. 如果总承包商遇到不可预见的物质条件以及化石、文物及其他遗迹或物品应尽快通知业主代表,业主代表应就此作出指示。如果承包商为此蒙受延误或损失,应及时提出索赔(4.24)。

25. 承包商每年向雇主代表提交审计后的财务报表和财务报告。如果承包商意识到其财务状况恶化,会对其履行合同产生不利影响时,应立即详细通知雇主代表。雇主代表应在 28 天内通知承包商,说明他将采取的措施以及承包商应采取的措施(4.25)。

26. 承包商的每位设计人员和设计分包商均应经过雇主的批准。承包商应保证其设计人员在一切合理时间能参加与雇主代表的讨论。在收到开工通知后,承包商应审核雇主要求(包括设计标准和计算等)和 4.7 款(放线)中的设计参考数据,如发现错误应在合同数据中规定的时间内通知雇主代表。雇主代表应确认是否变更,并通知承包商(5.1)。

27. 对于合同数据表中列明需提交给雇主代表批准的承包商文件,承包商应及时提交,雇主代表在收到后 21 天内审核批复。审核期内雇主代表可通知承包商修改不符合规定的地方,并重新递交。导致的附加费用由承包商承担。如承包商递交后希望修改,应立即通知雇主代表,并提交进行修改的详细说明(5.2)。

28. 如果基准日期后工程所在国修改或发布新的标准,承包商应通知雇主代表,必要时提交符合新标准的建议书。如果雇主代表要求执行新标准,则按变更处理。承包商应及时提出变更调整或索赔(5.4)。

29. 承包商应按工程进展编写并持续更新竣工记录,保存在现场,并在设计-建造竣工试验开始前向雇主代表提交,一式两份。承包商应按照雇主代表同意的尺寸和细节要求,在颁发试运营证书前,按雇主要求规定的份数和类型,向雇主提交竣工图纸(5.5)。

30. 在试运营期开始前,承包商应向雇主代表提交两份操作和维护手册,并在试运营证书颁发前提交所要求剩余数量的手册(5.6)。

31. 如果承包商在当地公休日或合同数据表中规定的正常时间以外在现场工作,须事先获得雇主代表同意(6.5)。

32. 如果现场发生事故,承包商应尽快详细通报雇主代表,保持记录并按要求报告人员和财产损失情况(6.7)。

33. 在设计-建造期间,承包商应向雇主提交在现场工作的各类人员和各类承包商设备数量的详细资料(6.10)。

34 承包商应按照提交承包商文件的程序,向雇主代表提交样品和相关信息,供其审核批复。雇主代表可以按变更指示承包商提交附加的样品(7.2)。

35. 在隐蔽工程将被覆盖前,承包商应通知雇主代表进行检查,雇主代表应随即进行检查或通知无需检查,不得无故拖延(7.3)。

36. 承包商应与雇主代表商定试验的时间和地点。如果雇主代表想参加某项试验,应提前至少 24 h 通知承包商。如雇主代表在商定时间未去,除非另有指示,承包商可自行试验,视为雇主代表在场。如因雇主代表指示或雇主拖延导致承包商损失,承包商可及时索赔。实验结束后,承包商应立即向雇主代表提交实验报告,雇主代表应签署认可(7.4)。

37. 如果检查和试验发现缺陷或不符合合同,雇主代表可通知承包商说明理由并拒收(7.5)。

38. 雇主代表应至少提前 14 天将开工日期通知承包商(8.1)。

39. 承包商收到开工通知后 28 天内向雇主代表提交一份详细进度计划,内容包括全部活动的顺序、提交承包商文件和样品的时间、各项检验和试验的顺序和时间、一份包括方法说明和资源需求的支持报告。除非雇主代表收到后 21 天指出其中不符合要求的部分,否则视为批准,承包商应按该计划工作。雇主代表可随时发出通知,说明进度计划不符合要求,承包商应在 14 天内提交修订的进度计划(8.3)。

40. 每一方应尽力通知另一方已知或可能发生的,影响合同价格或工期的不利事件。雇主可以要求承包商提交一份对不利事件预期影响的评估和应对措施建议书。注意承包商可按变更要求价格调整或索赔(8.4)。

41. 雇主代表应根据相关规定,在合同期最后一天后(包括最后一天)的21天内,向承包商颁发合同完成证书(8.6)。

42. 如果由于变更、当局造成的延误、异常不利的气候条件、流行病或政府原因导致人员物品短缺;雇主或其他承包商的原因导致设计-建造的竣工时间受到延误,承包商应按索赔程序向雇主代表提出索赔(9.3~9.4)。

43. 雇主代表可随时指示承包商暂停施工,并通知原因。如果非承包商原因所致,承包商应及时发出索赔通知。如果生产设备和材料的交付被暂停28天以上,则承包商按雇主代表指示将其标记为雇主财产后,可根据合同规定按暂停开始之日设备和材料的价值要求付款。如果暂停超过84天,承包商可要求复工,如果28天内雇主代表没有发出复工许可,承包商可采取进一步措施(9.7~9.10)。

44. 运营维护人员应具备相应资质并事先经雇主批准。运营期内承包商应遵守运营管理要求、运营维护计划和操作维护手册,经双方同意可以对这些文件作出变更。如果承包商希望修改已获批准的文件,应通知雇主代表,并提交修改后的文件及说明,雇主批准后才能实施修改后的文件(10.1~10.2)。

45. 在运营服务开始前不少于182天,雇主和承包商应按雇主要求中条例共同商定任命审计机构(10.3)。

46. 承包商按合同对雇主人员的培训计划和日程应取得雇主同意。承包商委派有经验的培训师并提供培训资料。雇主提供培训设施(10.5)。

47. 雇主代表可随时指示暂停运营服务,如非承包商原因,暂停持续超过84天,承包商可要求继续运营,如雇主28天未予许可,承包商可发出终止通知。若许可运营,承包商应和雇主联合检查作好记录,承包商及时提出成本和利润补偿(10.6)。

48. 承包商应至少提前21天将每项设计-建造竣工试验可以开始的日期通知雇主代表,试验应在14日内在雇主代表指示的时间进行。试验按照试运营前试验、试运营试验和试运营的顺序进行。在通过三项竣工试验后,承包商向雇主代表提交一份实验结果报告。如果试验被雇主延误,承包商可提出索赔,若试验被承包商延误,雇主可要求他在接到通知后21天内进行,如21天内未进行,雇主可自行试验,但承包商应承担风险和费用并认可实验结果(11.1~11.2)。

49. 若重新进行的设计-建造竣工试验仍然未能通过,雇主代表可下令再次试验,或发出纠正和补救此类违约行为的通知(11.4)。

50. 承包商可在其认为工程或区段将竣工并准备好开始运营前不早于14天,向雇主代表发出申请试运营证书的通知。雇主应在28天内颁发试运营证书或驳回申请并说明影响发证的工作。承包商完成这些工作后再次申请(11.5)。

51. 雇主代表和承包商在运营期满前至少两年时进行一次联合检验,承包商在检验完成后28天内提交一份工程状况报告(11.8)。

52. 雇主至少提前21天通知承包商将要进行合同完成前试验的日期。试验在该日期后14日内雇主制定的时间进行。承包商应在收到任何试验、检验或监督的报告后7日内,将这些报告的结果提交给雇主代表。承包商完成全部试验后应通知雇主进行最终检验。通过最终试验后,雇主代表颁发合同完成证书前通知双方(11.9)。

53. 承包商无正当理由延误合同完成前试验,导致雇主损失,雇主可以索赔。如果承包商未能在规定时间开始试验,雇主代表应再次通知,除非承包商在此通知后14天内开始试验,雇主代表自行试验,承包商承担费用并认可实验结果(11.10)。

54. 如果未通过合同完成前试验,雇主代表可下令再次进行试验,或拒收,或颁发合同完成证书,但降低合同价格(11.11)。

55. 对于承包商未能在合理期限内修补的缺陷,雇主代表可确定一个固定期限,并通知承包商。如承包商到期还未修补,且该工作本应承包商自费修补,则雇主可合理减少合同价格或运营期费率,或提出索赔,或终止合同(12.3)。

56. 若缺陷修补后可能影响到工程的性能,雇主代表可要求进行合同规定的试验,但该要求应在缺陷修好后28天内通知承包商(12.4)。

57. 雇主代表可随时指示承包商变更,承包商也可随时提出变更建议。变更应按照合同规定的编程序进行(13.1~13.3)。

58. 因法律变化导致必须对工程实施或运营进行调整时,应按变更处理。未遵守新的法律规定,任何一方可通知另一方,要求对合同规定作出调整(13.6)。

59. 设计-建造期内,因技术改变导致承包商延误进度和蒙受费用,承包商应及时提出变更调整或索赔(13.7)。

60. 因物价上涨导致的成本上升,判别雇主是否允许调价要看雇主是否在招标文件的付款计划表中列入了费用指数资料表,如果没有,则意味着雇主不允许调价(13.8)。

61. 承包商应提交金额与货币与预付款金额相同的保函,有效期一直到预付款偿清,但金额可随预付款逐步偿还递减(14.2)。

62. 在每个月末之后,承包商应按照雇主代表批准的格式提交月报表,即期中付款申请,一份正本,五份副本。14.3款对报表所包含的款项及顺序作了详细规定(14.3)。

63. 雇主代表应在收到预付款申请后14日内,发出支付预付款的期中付款证书。其他期中付款证书应在收到报表后28天内颁发(14.7)。

64. 预付款的支付应在雇主收到履约保函、预付款保函、预付款申请和预付款期中付款证书后21天内。其他期中付款应在雇主代表收到相应报表和证明文件后56天内支付,最终付款应在雇主收到相应的设计-建造最终付款证书和运营最终付款证书后 56 天内支付(14. 8)。

65. 在保留期结束后 28 天内,承包商应向雇主代表提交一式五份设计-建造最终报表及证明文件,同时提交一份承诺文件,说明此报表包含了根据合同完成的与设计-建造有关的全部事宜和相应债务。雇主代表应在收到后 28 天内颁发设计-建造最终付款证书(14. 11~14. 12)。

66. 在收到合同完成证书后 56 天内,承包商应提交运营服务最终报表及证明文件,一式五份,同时提交一份结证明,确认运营服务最终报表总额与设计建造报表总额之和即为应支付给承包商的全部和最终的结算总额。雇主代表应在 28 天内颁发运营服务最终付款证书(14. 13~14. 15)。

67. 承包商应至少提前 28 天通知雇主代表其准备更换的资产(14. 18)。

68. 承包商没有履行某一合同义务时,雇主代表应通知其在合理时间内改正。对于承包商破产或有欺诈腐败行为的,雇主可立即终止合同,对另外严重违反合同的 6 种情况,雇主可提前通知,若承包商接到通知后 14 天内没有使情况好转,雇主可终止合同(15. 1~15. 2)。

69. 在承包商没有违约的情况下,雇主可因自身原因发出通知终止合同,终止在通知发出后 28 天生效,或者雇主退还履约保证后 28 天生效,以较晚者为准(15. 5)。

70. 如果雇主代表没能按合同规定期限开出付款证书或雇主未能在规定期限内付款或提供资金证明,承包商可提前 21 天发出通知,21 天后可暂停工作或降低工作速度(16. 1)。

71. 如果发生雇主破产或非承包商原因雇主指示的暂停拖得太长且影响整个工程,承包商可发出通知后即终止合同。对于其他 5 种雇主严重违约的情况,承包商可提前 14 天发出终止通知,如果 14 天内雇主没能使状况好转,则终止合同(16. 2)。

72. 如果发生雇主风险并导致工程、财产、货物或承包商文件的损害,承包商应立即通知雇主代表,并按照雇主代表指示进行修正,视为变更(17. 6)。

73. 如果一方因另一方侵犯第三方知识产权或工业产权而受到第三方的索赔,应在收到索赔的通知后 28 天内向另一方发出通知。否则视为放弃按照合同第三方本应为其提供的保障(17. 12)。

74. 如发生特殊风险事件,受影响的一方应在察觉或应察觉后 14 天内向另一方发出通知,说明遭遇的风险及履行义务受阻的程度。当一方不再受特殊风险影响时,应通知另一方。如果特殊风险事件导致持续停工达 84 天或累计停工达 140 天,任意一方可发出终止通知,该终止通知 7 天之后生效(18. 2、18. 5)。

75. 如果根据适用的法律,一方履约成为不可能或违法时,可通知另一方解除进一步履约,但不影响合同终止前因任一方违约而赋予另一方的权利(18. 6)。

76. 承包商在意识到或应意识到索赔事件后 28 天内向雇主代表发出通知,并在 42 天内或其他规定时间内提交详细索赔报告。如 28 天内未及时发出索赔通知,可将延迟原因提交 DAB。雇主代表在收到索赔报告后 42 天或其他规定时间内给出回应。收到雇主代表决定后,任一方如不满意,可在 28 天内发出不满意通知,此后进入 DAB 程序(20.1)。

77. 雇主意识到或应意识到索赔事件后,雇主或雇主代表应尽快向承包商发出通知,并提供详细资料,说明依据的具体条款。雇主代表确定雇主有权从承包商索赔到的金额,但任一方如不满意,可在雇主代表决定后 28 天内发出不满通知,此后进入 DAB 程序(20.2)。

78. DAB 由合同双方在合同数据中规定的期限内共同任命(20.3)。

二、总承包商与业主方沟通的注意事项

1. 加强合同履行管理

合同是承包商和雇主交流的平台,认真履行合同是双方沟通的基础。承包商应明确合同所规定的权利和义务,并认真履行合同。主观上牢记规范标准和进度要求并尽最大努力严格遵守。对合同实施动态管理,跟踪收集、整理以及分析合同履行中的信息,在这个基础上,对合同履行应进行预测,及早提出和解决影响合同履行的问题,对出现的问题与雇主及时沟通,积极协商,在依据合同维护自己权益的同时,避免或减少可能发生的矛盾以及纠纷。

2. 主动沟通

主动沟通反映了对沟通的一种积极态度,也体现对另一方的尊重。在工程项目管理中,应提倡主动沟通,尤其是承包商管理者对于业主,或是下级对于上级,主动沟通不仅更容易建立紧密的联系,也更能表明你对项目的重视和参与,会使沟通的另一方满意度大大提高,对整个项目非常有利。在合同或者契约关系中,业主方和承包商是平等的主体,就工程项目而言,业主代表是项目管理的核心,处于主导地位。而作为工程项目总承包方,就需要积极主动的态度业主方沟通和协商有关事项。

3. 充分利用非正式渠道沟通

非正式渠道沟通是承包商与业主沟通的重要方式之一。由于在非正式场合下业主更容易敞开心扉,更容易真诚地进行交流,因而承包商更有机会与业主建立长久的和谐合作关系。在项目初始承包商与业主进行沟通时,由于彼此不熟悉,双方都表现得比较谨慎,而如果双方有过非正式场合的沟通,则可以很快拉近彼此的距离。承包商如果在此基础上适时展开正式沟通,则比较容易建立起双方之间的信任,更顺利地开展工作。

4. 灵活运用沟通技巧

承包商应实现做好沟通计划,熟悉沟通的主题内容,明确自己要求的底线,并根据事态的发展和具体环境,注意选择合适的沟通场合、方式、策略和技巧,灵活运

用，避实就虚，有进有退，尽量避免发生正面尖锐冲突。在谋取自身的最大利益的同时维持和业主的和谐关系。

5. 尊重业主代表（监理工程师）

业主代表（监理工程师）接受业主委托在合同工期内对承包商履行合同的情况进行监督与管理，与承包商的员工一起在现场工作，朝夕相处，承包商应教育自己的员工以适当方式表现出对业主人员的适度尊重；对于雇主代表根据合同发出的指示，承包商应尽快执行，消极懈怠和懒散会给业主留下不好的印象，不利于今后的合作。

6. 正确处理索赔

承包商要索赔成功不是一件容易的事情，对于承包商来说比较理想的选择是运用签证，承包商适时地利用变更的机会以签证形式向业主索取额外成本的补偿，这种情况一般来说业主是比较容易接受的，而且不会对双方已经形成的合作关系有较大的负面影响。当发生合同规定的索赔事件（如图纸、征地、支付等环节的延误）以及物价上涨等问题时，承包商要及时就影响事件提出索赔要求，提出有根据的索赔并不会影响与业主的关系。但应注意实事求是，有理有据有节，不可漫天要价。

第四节　总承包商与分包商的沟通

一、总承包商与设计分包商的沟通

对于国际总承包项目，设计对整个项目起主导作用。设计图纸和文件是订货采购、施工和验收的依据。总承包商要在领会雇主项目功能要求的基础上，明确设计要求，通过招标或谈判选择设计单位，并将设计单位的权利和责任、费率和支付方式等重要事项通过设计合同予以确认。人型项目设计任务量大，有时还分为几个部分由几个单位分工设计完成，总承包商的沟通和协调不可缺少。与设计单位的沟通可以采取多种方式：当面咨询、小型会议、论证会、审图会等都是常用的方式，但为保密起见，不宜采用电子邮件的方式。

总承包商通过与设计人员直接的持续的沟通，实现对设计过程的把握和控制。与设计单位的沟通包括很多方面，涉及很多细节。总体来说应注重以下方面：

1. 制定科学合理的设计工艺流程。设计流程对保证设计质量有着重要影响。应依据雇主要求，组织各方面专家反复论证，确定出详细的设计流程，各设计单位和设计人员遵照执行。需注意的是，与国内将设计分为初步设计和施工图设计连个阶段不同，国际上设计程序一般为工艺设计、基础设计和详细设计，并采用版次设计流程，前一个阶段的工作成果是后一个阶段工作的输入，设计过程连续而不断深化和细化，有利于控制和提高设计质量，减少错误和现场的图纸修改。

2. 明确设计的范围和目标。根据总承包合同雇主要求中有关设计-建造的内容，以及与雇主代表的沟通，要求设计单位深刻把握每个阶段设计以及设计成品的设计意图、设计范围、设计深度等。

3. 要加强设计与采购、施工的一体化，设计、采购、施工、调试和验收合理交叉，密切配合，有利于保证设计成果的质量，还可以缩短建造周期，降低造价。组织采购和施工专家适时对设计提供咨询，组织设计人员适时依据设计成果向采购、施工单位进行技术交底。

4. 要对设计人员进行审核，设计人员的资质应不低于业主要求中对总承包商设计人员的资质要求，并能胜任相应的设计岗位；设计人员的数量应能满足设计任务的要求，保证合理的设计进度。

5. 建立与设计单位沟通制度，并要求设计人员能随时参加总承包商或雇主召开的关于设计的会议、面谈、询问等。

6. 加强对各设计单位、各阶段设计的接口协调。及时了解设计计划与进展情况，协调解决各专业之间的矛盾，协调安排设计单位现场勘察、试验等工作，帮助设计分包商获取设计所需的基础资料和数据。

二、总承包商与施工分包商的沟通

施工分包商一般通过招标选择，与总承包商签订施工分包合同，依据分包合同向总承包商负责。总承包商通过分包合同，把主合同中与分包工程对应的义务和风险转移给分包商，从而施工分包商对总承包商的角色关系，类似于总承包商对雇主的角色关系。因此，针对分包的工程，总承包商与分包商之间合同沟通的内容也和雇主与总承包商相应的沟通内容类似，可参考上一节总承包商与雇主方的沟通内容，FIDIC 合同系列中有一本配合施工合同的分包合同条件，规定了分包商的权利义务，总承包商可参考使用。

除上述一般要求，总承包商与施工分包商的沟通应重点注意如下方面：

1. 做好技术交底。及时向分包商提供分包合同规定数据资料和设计图纸，必要时应分包商要求可组织设计人员进行技术交底。

2. 制定沟通制度。如例会制度、报表制度、检查制度等，要求承包商按时报送合同规定的各种文件、报告、方案等。

3. 采用合适的沟通方式。鉴于口头沟通容易误解和引起纠纷，合同沟通一般采用正式的书面方式，如信函、通知、报告、备忘录等，但由于总承包商与分包商在项目现场朝夕相处，非正式的、口头的沟通具有方便灵活的优点，有助于双方感情联系，促进项目和谐氛围，因此也是日常沟通的重要方式，可作为正式的合同沟通的补充。

4. 尊重分包商的文化习惯。国际工程分包商往往来自工程所在国当地，与总承包商可能存在较大文化习惯等的差异。总承包商应提前调查学习和了解他们的文化传统、风土习俗、饮食习惯等，并在工作安排和日常交往中注意体现对他们的尊重,沟通时应注意采取适当的方式,从而有利于减少误解,避免摩擦,增强互信,提高双方合作效率。

5. 做好文档管理。现场各方往来文件、信函数量多,内容繁杂,而这些文件可能在以后随时被需要,其中有些可以作为变更、索赔等的论证资料,因此应有专人负责收发、分类、归档、保管,提高查找和使用效率,并为与各方沟通打好基础,做好准备。

6. 加强动态监控。由于分包并不能解除总承包商对业主的责任,所以分包商的不当履约也会给总承包商带来麻烦,虽然可以根据分包合同向其索赔,但由于现场可能不止一个分包商,一个分包商的质量进度出现问题可能导致其他分包商受到影响而向总承包商提出索赔,使总承包商陷于纷繁复杂的合同纠纷。所以总承包商必须加强对分包工程的动态监控,注意现场信息的收集和处理,对分包商可能出现的质量、进度等问题及早发现,尽早沟通,并指令其立即采取措施加以纠正,避免造成更大损失。

7. 协调各个分包商的关系。如果现场不止一个分包商,那么施工中就有可能出现相互交叉、影响甚至出现摩擦,这对项目是很不利的。总承包商应要求各方加强现场组织和管理,并本着公平公正的原则与各方沟通、协调,促进各方之间的合作互助。

第五节　跨文化沟通

一、文化和跨文化的概念

所谓跨文化沟通是指具有不同文化背景的人们之间的沟通。文化在很大程度上影响并决定了人们如何将信息进行编码、如何赋予信息意义以及是否可以发出、接收、解释各种信息。在跨文化沟通中,由于信息的发送者与信息的接收者为不同文化的成员,在一种文化中的编码,要在另一种文化中解码,因此,整个沟通过程中都要受到文化的深刻影响。

二、跨文化因素对沟通的影响

文化差异是客观存在的,反映在人们的观念、思维方式、民族性格、风俗习惯、沟通方式等多个方面,对沟通活动产生重要影响。

1. 观念的影响

观念是指人们对客观事物的评价标准,包括时间观念、财产观念、看待生活的立场等。不同的观念会产生不同的沟通方式以及沟通内容。例如,西方人十分注重个人隐私,不愿主动向别人过多地说起自己的事情,更不愿意受到他人干涉,而东方人则认为这是对他人的关心。

2. 思维方式的影响

不同地域和文化背景下的人看待世界的方式是不同的,他们有各自的价值观、信仰、传统和习俗。人们的思维方式也呈现着不同特点,如西方人重视思维的个体性,其思维方式是分散型,重理性;而中国人重视思维的整体性,思维方式是综合型,重直觉;美国人一般喜欢沟通时有话直说、开门见山;日本人一般认为互动交流的意义远超过目的,注重人际互动。

3. 民族性格的影响

文化记录了一个民族的历史发展过程,形成了不同的民族特征,表现出特有的民族性格。例如,日本人讲究相互依存,注重在交易中建立和谐的人际关系。美国人率直,爱好辩论,认为生意就是买卖,坚持对事不对人的原则,认为观点的不一致不会影响人际关系,经常直入主题地表达自己的观点、请求以及问题。韩国人含蓄而且审慎,在谈判中很少直接表达见解,往往需要对方琢磨,坚持己见,不轻易让步。英国人较为守旧,重视规矩,一切都得按规则办,只要他们认为某一细节没有解决,就绝不会批准签字等。

4. 风俗习惯的影响

不同的民族在长久的发展过程中,物质和文化生活方面各有其特色,造成了各自的语言、风气、喜好以及习惯。比如东方人崇尚共性,讲求谦逊,而西方人听到中国人否定别人对自己加以赞赏的时侯,会感到很难理解。

5. 沟通方式的影响

来自文化素养不同的国家,沟通时会选用不同的沟通方式。比如来自一些区域的谈判人员会斩钉截铁地表达自己的意思,而这往往被另一方认为过于粗暴、缺少诚意,招致会谈气氛的不和谐,甚至导致失败。

三、基于跨文化的沟通管理对策

1. 适应当地文化

中国有句俗话叫“入乡随俗”,其实就是讲无论在哪里,都应该适应当地文化。处在异域文化中的国际承包商,适应当地文化,避免激烈文化冲突是跨文化沟通的重要内容。适应当地文化,亲近当地文化,可使承包商更容易被当地人所接受,有助于承包商融入当地社会,有利于减少风险和项目顺利实施。

2. 尊重文化差异

国际工程项目各方可能来自多个国家,都有自己的传统文化,承包商应深入了解沟通者所属国家或地区的社会文化环境,不要以本国文化框框去硬套他国文化,要尊重他们的民族传统和风俗习惯,以达到不同文化之间的理解、尊重与容纳,以利于增强沟通效果,实现沟通的目标。

3. 为当地社会经济发展作贡献

在尊重当地文化的基础上,通过文化交流活动丰富当地文化生活,增进理解和友谊。在可能的情况下,尽量为当地人创造更多的就业机会,原材料尽量从当地采购,如此既可为当地社会和经济发展做出贡献,又可降低承包商风险。

4. 跨文化培训

跨文化培训是构建跨文化沟通平台不可或缺的一步,培训内容包括文化认识、语言学习、处理跨文化冲突的技巧、区域环境模拟等。跨文化培训的地点可选择企业内部,也可通过外部培训机构,如大学、咨询公司等。

第十章　BOT与项目融资

本章主要介绍了BOT项目融资的概念、特征及操作程序；企业参与BOT项目的方式和注意事项；BOT衍变模式及PPP等其他项目融资模式。

第一节　BOT简介

一、BOT概念

BOT即建设-经营-转让，BOT是英文Build-Operate-Transfer的缩写，通常直译为“建设-经营-转让”。这种译法直截了当，但不能直接反映BOT的实质。BOT实质上是基础设施投资、建设和经营的一种方式，以政府和私人机构之间达成协议为前提，由政府向私人机构颁布特许，即通过契约授予私营企业（包括外国企业）以一定期限的特许专营权，许可其融资建设和经营特定的公用基础设施，并准许其通过向用户收取适当费用或出售相应产品以清偿贷款，回收投资并赚取利润；政府对该机构提供的公共产品或服务的数量和价格可以有所限制，但保证私人资本具有获取利润的机会。整个过程中的风险由政府和私人机构分担。特许权期限届满时，该基础设施无偿移交给政府，转由政府指定部门经营和管理。

BOT融资方式在我国称为“特许权融资方式”，其涵义是指国家或者地方政府部门通过特许权协议，授予签约方的外商投资企业（包括中外合资、中外合作、外商独资）承担公共性基础设施（基础产业）项目的融资、建造、经营和维护；在协议规定的特许期限内，项目公司拥有投资建造设施的所有权，允许向设施使用者收取适当的费用，由此回收项目投资、经营和维护成本并获得合理的回报；特许期满后，项目公司将设施无偿地移交给签约方的政府部门。

BOT的概念是由土耳其总理厄扎尔1984年正式提出的。当时土耳其想利用BOT方式建造一座电厂。这个想法立即引起了世界的注意，尤其在发展中国家，如马来西亚和泰国，他们把BOT看成是减少公共部门借款的一种方式，同时也推动他们国家吸引国外直接投资。

BOT经历了数百年的发展，为了适应不同的条件，衍生出许多变种，如BOOT（Build-Own-Operate-Transfer）、BOO（Build-Own-Operate）、BLT（Build-Lease-Operate）和TOT（Transfer-Operate-Transfer）等。广义BOT概念包括这些衍生品种

在内。人们通常所说的 BOT 应该是广义的 BOT 概念。

二、BOT 特征

1. 有限追索的项目融资

在国际融资领域 BOT 不仅仅包含了建设、运营和移交的过程，更主要的是项目融资的一种方式，具有有限追索的特性。所谓项目融资是指以项目本身信用为基础的融资，项目融资是与企业融资相对应的。通过项目融资方式融资时，银行只能依靠项目资产或项目的收入回收贷款本金和利息。在这种融资方式中，银行承担的风险较企业融资大得多，如果项目失败了银行可能无法收回贷款本息，因此项目结构往往比较复杂。为了实现这种复杂的结构，需要做大量前期工作，前期费用较高。上述所说的只能依靠项目资产或项目收入回收本金和利息就是无追索权的概念，有限追索权是国际项目融资的专业术语，即以项目本身的资产和权益为抵押或质押获得银行贷款的一种融资和法律结构，这种结构适合那些投资额大、回收期长、收益不高但十分稳定的基础设施项目。项目公司在其股东投入股本金后，可以将项目资产和公司权益抵押和质押给银行，从银行获得贷款。

在实际 BOT 项目运作过程中，政府或项目公司的股东都或多或少地为项目提供一定程度的支持，银行对政府或项目公司股东的追索只限于这种支持的程度，而不能无限的追索，因此项目融资经常是有限追索权的融资。

前国家计委试点的外商投资基础设施 BOT 项目，以及这几年有影响的外商投资的 BOT 项目，都采用了有限追索项目融资结构，并为国际金融市场认可，取得了成功。目前，国内银行也在开始学习和引进有限追索项目融资方式。

2. 表外融资

由于 BOT 项目具有有限追索的特性，BOT 项目的债务不计入项目公司股东的资产负债表，这样项目公司股东可以为更多项目筹集建设资金，所以受到了股本投标人的欢迎而被广泛应用。

3. 公私合营

公私合营是市场机制和政府干预相结合的产物。当代资本主义国家在市场经济的基础之上引入了强有力的国家干预。同时经济学在理论上也肯定了“看得见的手”的作用，市场经济逐渐演变成市场和计划相结合的混合经济。BOT 恰恰具有这种市场机制和政府干预相结合的混合经济的特色。

一方面，BOT 能够保持市场机制发挥作用。BOT 项目的大部分经济行为都在市场上进行，政府以招标方式确定项目公司的做法本身也包含了竞争机制。作为可靠的市场主体的私人机构是 BOT 模式的行为主体，在特许期内对所建工程项目具有完备的产权。这样，承担 BOT 项目的私人机构在 BOT 项目的实施过程中的行为完全符合经济人假设。

另一方面，BOT 为政府干预提供了有效的途径，这就是和私人机构达成的有关 BOT 的协议。尽管 BOT 协议的执行全部由项目公司负责,但政府自始至终都拥有对该项目的控制权。在立项、招标、谈判三个阶段,政府的意愿起着决定性的作用。在履约阶段,政府又具有监督检查的权力,项目经营中价格的制订也受到政府的约束,政府还可以通过通用的 BOT 法来约束 BOT 项目公司的行为。

三、BOT 模式的理论依据

发展基础设施项目是政府的义务,但是政府没有财力做;即使政府有财力,政府直接投资和经营项目往往效率低下;虽然可以将项目交给私人投资者建设和运营,但项目具有公益事业的性质,最终的财产所有权应由政府代表公众拥有;政府负责项目与社会公共利益的协调,不管项目多么私营化,公共服务的价格须由政府确定。可见,BOT 项目既鼓励了私人投资,又保留了政府的最终控制权,可以较好地实现投资人、政府和公众之间的利益平衡,很适合关系国计民生的基础设施建设项目。

对基础设施这类投资额度大、利润低但稳定、回收期长的项目,任何人都不会完全以股本金投资的方式来运作,因为从商业盈利和资金成本的角度看,这样作是不划算的,违反商业惯例和市场法则。如果强行要求投资人全部以股本金投资,一种可能是只有少量资金雄厚的大腕够格,将大量潜在投资人挡在门外,降低竞争度;另一种可能是投资人暗地里东凑西借,变相借款冒充股本金,而这将给项目带来极大的潜在风险,进而给政府和公众带来风险。

如果不采用项目融资,投资人只好借助股东贷款的融资方式,这同样会对项目造成潜在风险。其一,不管投资人有多强的实力,都有可能出现经营不善、资金紧缺、资金链断裂、银行下调信贷额度、撤回贷款的风险。一旦母公司出现问题,资金链断掉,作为子公司的项目公司会立即陷入危机。其二,任何投资人的资金实力都不是无限的,它可能使用股东贷款的方式做了几个项目后,就无法再从银行贷款了,因为它的信贷额度或资产抵押可能已经用尽了。在这种情况下,或者它不再参加此类项目,仅限于已有项目,不再扩张,而这是违反市场生存竞争法则的;或者为获得项目不惜违规贷款,例如双重或超额抵押质押骗取贷款,从而危及母公司财务状况,也给项目公司的经营埋下隐患;或者被迫急于转让项目公司的股权,脱身去做更具商业价值的项目,使得项目运营管理的稳定性和连续性受到影响。因此,可以说 BOT 项目的核心是可行的财务和融资结构,最大的风险是融资风险。

四、BOT 项目的操作程序

每个 BOT 项目虽然不尽相同,但一般都经过项目确定、准备、招标、各种协议和合同的谈判与签订、建设、运营和移交等过程。大致分为准备、实施和移交三个阶段,包括多方参与。

1. 准备阶段

这一阶段主要是选定 BOT 项目,通过资格预审与招标,选定项目承办人。项目承办人选择合作伙伴并取得它们的合作意向,提交项目融资与项目实施方案文件。项目参与各方草签合作 合同,申请成立项目公司。政府依据项目发起人的申请,批准成立项目公司,并通过特许权协议,授予项目公司特许权。项目公司股东之间签订股东协议。项目公司与财团签订融资等主合同以后,项目公司另与 BOT 项目建设、运营等各参与方签订子合同,提出开工报告。

2. 实施阶段

实施阶段包括 BOT 项目建设与运营阶段。在建设阶段,项目公司通过顾问咨询机构,对项目组织设计与施工,做好进度计划与资金安排,控制工程质量与成本,监督工程承包商,并保证财团按计划投入资金,确保工程按预算按时完工。在项目运营阶段,项目公司的主要任务是要求运营公司尽可能边建设边运营,争取早投入早收益,特别要注意外汇资产的风险管理及现金流量的安排,以保证按时还本付息,并最终使股东获得一定的利润。同时在运营过程中要注意项目的维修与保养,以期项目以最大效益地运营以及最后顺利地移交。

3. 移交阶段

在特许期期满时,项目公司把项目移交给东道国政府。项目移交包括资产评估、利润分红、债务清偿、纠纷仲裁等。

五、BOT 项目的参与方

采用 BOT 模式投资建设的项目涉及到众多参与方,包括东道国政府、发起人或股东、贷款人、供应商、保险公司、运营公司、承包商和产品购买商等。主要参与方在 BOT 项目中的地位和作用如下:

1. 东道国政府

东道国政府是 BOT 项目的最终拥有者。它的职责是:颁布支持 BOT 项目的政策和措施;确定 BOT 项目的执行程序以及对项目的选定;授予特许权协议;对项目进行宏观管理;接受项目公司在特许期满时移交的项目。东道国政府对 BOT 项目的态度以及在 BOT 项目实施过程中给予的支持直接影响项目的成败。

2. 项目公司

项目公司通常是由一些国际投资公司、国际承包商、设备供应商、运营公司组成,依照东道国政府的法律而建立。项目公司是整个 BOT 项目的核心,是项目的主办者。它的权利和责任是:在特许期内拥有特许权协议规定的特许权;全面负责项目的融资、设计、建造及运营;负责对贷款银行债务和利息的清偿,以及在股东中的利润分配;特许期期满时将项目移交给东道国政府。

3. 投资人

投资人一般分为两类:一类虽为项目注入股本金,成为股东,但他们并不直接参与项目的经营管理;另一类可成为项目的发起人,不仅为项目注入股本金,而且还负责项目的承办,他们既是项目的主要股本注入者,又是项目公司的主要组建人。

4. 贷款人

贷款人包括各类商业银行、金融机构、基金会等。他们为项目需要的大部分资金贷款,是项目的债权人。他们按贷款协议有计划、分期地投入资金,并对贷款的使用进行监督。

5. 承包商

承包商是项目的承建者,与项目公司签订承包合同。合同一般为总承包合同,包括设计、采购和施工。承包商也可以是项目公司的股东或其所属企业。

6. 运营公司

运营公司受项目公司委托,按照双方签订的运营合同,对已完成的项目进行运行、管理、设施的维护以及收费。

7. 用户

用户即 BOT 项目所提供产品或服务的对象,一般为公众或东道国的公用事业机构。为保证 BOT 项目的正常收入,项目公司一般与东道国管理部门或公用事业机构签订购买协议,保证项目的最低收入。对于一些项目(如道路项目),服务对象为个体用户,这种情况下 BOT 项目公司与用户是没有合同的。

8. 供应商

供应商即为 BOT 项目提供原材料和燃料的供应商。项目的运营可能需要一些原材料或燃料,如火电厂需要煤或油。

9. 信托银行

项目公司按贷款人的要求,在一家银行设立一信托账户(或称为第三方账户),在满足必要的开支后,项目收益直接汇入该账户。设立信托账户的银行为信托银行。设立信托账户主要目的是保护贷款的权利,确保项目收益的合理分配。

10. 保险公司

保险公司是指接受项目公司的保险费,为项目提供保险的公司。它的责任是对项目中风险进行保险。

项目参与各方关系结构示意如图 10-1 所示。

六、BOT 项目参与方之间的主要合同关系

BOT 项目的参与方主要包括政府、项目公司(即被授予特许权的私营部门)、投资者、贷款人、保险和担保人、总承包商(承担项目的设计、建造)、运营开发商(承担项目建成后的运营和管理)。各参与人之间的权利与义务通过各种合同、协议确立。

(一)咨询协议

由于政府机构缺乏 BOT 领域的专业经验,特别是 BOT 项目涉及了大量的法律、金融和技术问题。按国际惯例,东道国政府均聘用有经验的咨询公司进行 BOT

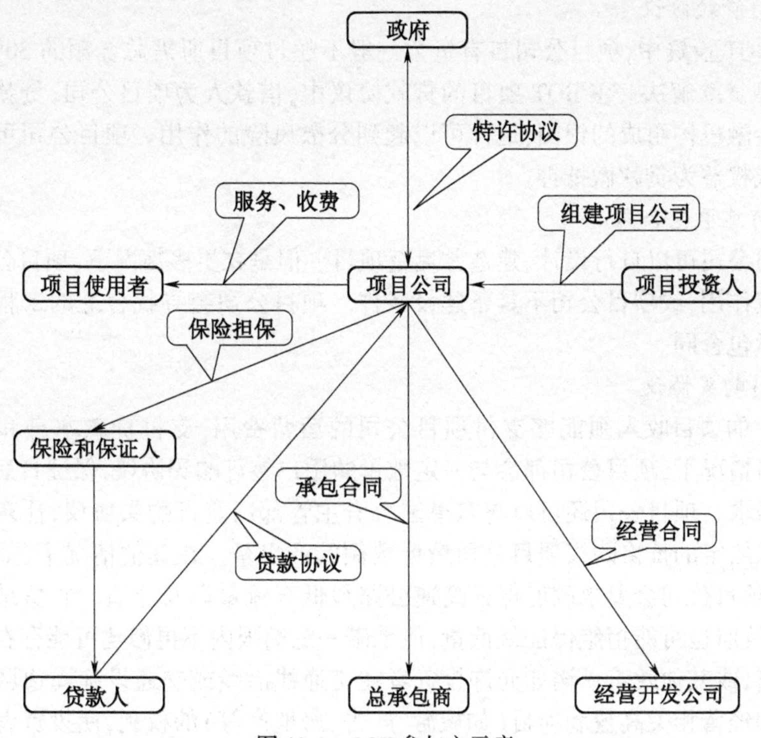

图 10-1　BOT 参与方示意

项目的立项、可行性研究,通过咨询公司来组织 BOT 项目的资格预审,编制招标文件,安排招标,评标,协助政府和项目发起人与贷款人进行谈判。所以,BOT 项目中的第一个合同就是政府与咨询公司之间签署的“咨询协议”。

(二)项目公司协议

为了实施 BOT 项目,项目发起人最终要组建一个项目公司。项目公司成员或股东可以由建设承包商、设备和物资供应商、运营商、股本投资者和金融机构等方面人员组成。项目公司的具体形式须参照并符合东道国的公司法、税法和外国投资法等法律、法规。我国管辖项目公司的主要法律是《中外合资合作法》。在我国组建的 BOT 项目公司为有限责任制,以外商独资企业和中外合资、合作为主。

(三)股东协议

BOT 项目一般所需资金数额巨大,大多数 BOT 项目是由多家公司组成国际性财团共同投资的。财团可由国际性的工程承包公司和投资公司组成。它们共同向项目公司出资而成为项目公司股东。股权的分配是通过各投资人之间的股东协议来确定。有的 BOT 项目中,东道国政府也是项目公司的参股人之一,有时政府虽未出资,但根据特许权协议规定,也享有一定比例的股权,不过政府必须承担其他方面的义务,如提供项目用地以及其他方面的保证和支持等。

（四）贷款协议

在BOT投资中，项目公司自有资金一般不超过项目所需总金额的30%，其余资金要靠贷款解决。在BOT项目的贷款协议中，借款人为项目公司，贷款人往往是多家金融机构组成的银团，这样可以起到分散风险的作用。项目公司可以用公司财产或权益为贷款做抵押。

（五）总承包合同

项目公司可以自行设计、建造并运营项目。但是在更多情况下，项目公司主要承担融资作用，或项目公司不具备建设条件。项目公司会寻找合适的工程承建商签订总承包合同。

（六）购买协议

BOT的项目收入须能够支付项目公司的运营费用，支付贷款本息和股本回报。一般情况下，项目公司都会与一定数量的用户签订购买协议，保证日后对项目的市场需求。项目公司还可以与东道国政府主管部门签订购买协议，让东道国政府保证以约定的价格购买项目公司最低数额的产出量。在其他情况下，如收费高速公路，项目公司会要求政府保证高速公路最低车流量以及合适的收费结构。双方谈判，政府也可能拒绝保证最低量，但承诺一定期限内不再修建可能存在竞争的另一条路，或其他政策承诺如允许投资者在交通线沿线或交通设施周边区域内投资开发和经营相关高盈利项目（如旅游、广告、房地产等）的权利，使投资者能够以这些项目的收益补偿项目投资。

（七）供应合同

供应合同的主要目的是确保项目公司有稳定持续的原材料、燃料和设备的供应，保证项目的正常生产运营。项目公司与原材料、设备和燃料供应商签订供应合同，寻求稳定的供应来源。有时，项目公司要求政府出具针对供应商的“履约保证函”。BOT项目中的供应合同与其他传统的基础设施建设的供应合同并没有什么实质性的区别。

（八）运营合同

在一些BOT项目中，项目的运营和维护并不是由项目公司自己来做，而是外包给有经验的项目运营维护商。运营维护商对项目的日常运营和维护负责。营运商可能是项目公司的股本投资者之一。

（九）保险合同

BOT项目需要保险公司的参与。BOT项目保险包括事故险、第三方责任险及其他的商业保险。目前国际保险市场上已开发出多种适用于BOT项目的险种。

（十）托管协议

BOT项目营运收入通常不是直接付给项目公司，而是直接汇入一个或多个托管账户（也叫第三者保管账户）。管理托管账户的通常是贷款人之中的某一家银行，它与项目公司无关。汇入托管账户的款项再按事先约定的优先顺序，依次付给应收款的各方。这是项目贷款人通常要求的一种担保安排。

(十一)特许权协议

公共基础设施项目对东道国的国民经济和社会生活有着重大影响,基础设施项目一般是由政府或国有的专营公司承担。私营部门要进行基础设施项目投资,首先要获得东道国政府的许可,这就必须签订特许权协议。

特许权协议是政府或代表政府的授权机构与项目公司签订的,关于由政府授权许可项目公司在一定期限内(特许期内)建设和运营政府专属的公共基础设施并获得合理收益,特许期满后将项目设施无偿移交给政府的契约文件或特许权合同。

特许权协议是整个 BOT 项目的依据,其他所有贷款、工程承包、运营管理、保险、担保等诸种合同均是以此协议为依据,为实现其内容而服务的。最能代表 BOT 项目特征的合同就是特许权协议。

特许权协议中的条款一般分为主要条款和普通条款:主要条款是指合同必不可少的条款,它反映着特许权协议特有的合同性质,是特许权协议成立的必要内容;普通条款是指主要条款以外的合同条款。

1. 特许权协议的主要条款

(1)特许权的范围

特许权协议在条款上一般包括以下三方面的内容。权利的授予:即由业主政府授予项目公司从事一个 BOT 项目建设的专营权利; 授权范围:一般包括项目的建设、运营、维护和移交,有时授予该主办者从事其他事务的权利;特许期限:即业主政府许可主办者对该项目建设和运营设施的期限。

(2)项目融资及其方式

本条款主要是规定 BOT 项目如何进行融资、融资的利率水平、资金来源、双方同意采用什么方式融资等内容。

(3)项目建设

BOT 项目中的普遍做法是签署“一揽子总承包”或 固定价格的“交钥匙”工程建设合同。该条款主要是规定项目公司或其承包商将如何从事 BOT 项目的建设,包括设计、土地、承包商的具体义务、 施工方法和施工技术、质量保证、工期保证等。需强调的条款有:质量保证和质量控制;雇用和培训当地员工;重大问题和工程进度改变报告制度;分包商的使用和批准;政府入场检查和测试的权力等。

(4)项目的运营和维护

本条款的主要内容是运营的主体和方式、措施,维护的主体、维护的方式和措施。

(5)设施的收费水平及其计算方法

收费水平及其计算方法条款是非常难以谈判和确定的条款。该条款的合适性与正确性将关系到整个 BOT 项目的成功与否。该条款主要是规定设施的收费水平和调整方案、收费计算方法、收费办法、收费计算货币等内容。如在收费公路项目中,该条款包括过路费结构、收费点设立距离(收费频率)、收费调整方法、托管账户的安排和收入分成比例等。

(6)项目的移交

国内外 BOT 项目移交方面的经验还不多。特许权协议中移交条款应包括:移交的范围:不仅要考虑到设备的移交,而其他一些重要事项如技术移交、运营手册、维护程序和方法、电脑软件以及其他运营设施所必需的文件、资料等的移交也应列入条款中。移交时的设施状况:一般特许权协议中规定在移交设施时,设施应处于“良好的运作状态和通常的磨损状况”(约定移交前几年必要的检查监督安排)。设施移交的方式和程序以及费用如何负担。

2. 特许权协议的普通条款

(1)合同方、前言和定义

包括签署协议的双方或多方名称,对特许权协议的简要描述,协议中使用术语的解释等。

(2)前提条件

在协议中会规定协议生效的前提条件。

(3)通用条款

通用条款是指在一般的经济合同中或涉外经济合同中通常具有的那些条款,例如合同的适用法律条款、不可抗力条款、争端解决条款、违约赔偿条款等。

(4)合同的转让

在一般的经济合同中,合同关系成立之后,合同的任何一方在未经另一方同意时不得擅自将其在合同项下的任何权利义务转让给第三方;即使是允许转让,转让的权利和范围也应是对等的。在 BOT 项目的特许权协议中,特殊性在于一方是政府或其公营机构,另一方则是普通的民事主体。双方的法律地位不同,业主政府在特许权协议中的法律地位具有一定程度的“不可挑战性”。在实践中一般规定:项目公司不得将其在协议项下的合同义务转让给第三者;但是业主政府可以以公共利益变化为由,例如政府机构改革、机构合并等原因,将其在本协议项下的合同义务转让给其法定的继承者或第三方。

七、企业参与 BOT

(一)分析 BOT 项目的适合度

哪些 BOT 项目适合建设企业参与?建设企业需要首先了解一个 BOT 项目的投融资结构,才能对其风险做出恰当的分析和判断,把握好商机。

如果一个 BOT 项目使用世界银行贷款或者外国政府贷款,那么它同时会有我国政府财政配套资金或其他财政保障,其资金相对来讲比较落实,而且招投标的规则公开透明,比较严谨。这类项目比较适合建设企业通过常规的工程投标和承包方式参与,且风险较低。但正因为其属于常规投标,风险低,竞争十分激烈。

如果一个 BOT 项目由社会投资人作为主要投资方,政府基本不给或只给少量配套资金,那么它就存在融资风险。建设企业应懂得,投资人的股本金不足以完成工程建设,只有银行融资贷款才能支持项目建设所需的巨额投资资金。所以,建设企业需要十分谨慎地分析这类项目实现融资的可能性、方法和融资来源。例如,如果投资人采用的是符合国际惯例的有限追索项目融资,并由资信度高的银行贷款,这类项目资金的保证程度将较高,融资的风险将较低。反之,如果投资人采用股东贷款或抵押的方式进行融资,或者需要发行企业债权融资,这类项目资金的保证程度将较低,不排除资金链断裂,后续资金不足的风险。建设企业可以积极参与前一类 BOT 项目,但对后一类项目需要慎之又慎。这是因为,股东贷款获得的资金在法律上很难锁定在项目上,投资人可能挪用,造成建设资金不足;在股东贷款或抵押的情况下,银行对项目本身的可融资度审查不严,可能出现入不敷出的亏本项目,此时投资人会通过拖欠工程款把亏欠转嫁给建设企业。

更有甚者,如果投资人自己融资困难,可能以许诺承揽工程为条件,迫使建设企业带资建设,从而把融资的责任和风险转嫁给建设企业。这类项目已经背离了 BOT 项目的基本理论和核心结构,可以说是假 BOT,风险是最大的。因为投资人除了投入少量股本金外,融资和建设的风险全都转给了建设企业。即便项目完成之后,如果项目的收益不如预期,投资人仍有可能不偿还工程款,导致建设企业对银行欠债或者占用自己的信贷资源,无法进一步拓展业务。所以,建设企业应当积极参加那些资金来源有保障的 BOT 项目,避开不规范或假 BOT 项目。

(二)企业参与 BOT 项目的切入点和方式

建造(建筑)企业参与项目的常规方式是参加工程投标和承包工程。除了以上提到的使用国际金融机构或外国政府贷款的 BOT 项目仍可沿用这种方式外,对于使用社会投资的 BOT 项目,企业需要按照市场的需求改变经营思路和方式,找准切入点,才能抓住商机,在激烈的市场竞争中胜出。

判断切入点的要诀是找准市场定位。BOT 项目对建筑企业主要有两种类型的定位。国内多数 BOT 项目是投资人中标后将工程在发包给建筑企业,属于间接参与。国外的项目和国内部分大型项目是政府要求建设企业作为投资人和建设运营商直接承揽项目,属于直接参与。还有某些 BOT 项目,介于间接和直接之间。

1. 间接参与

对于间接参与型的 BOT 项目,投资人负责投融资乃至运营,但需要建筑企业承揽和完成工程建设。但是,与常规的建设项目不同,投资人在拿到项目前,首先需要建筑企业的积极参与和配合才能提高其竞标能力,赢得 BOT 项目。这是因为投资人在竞标 BOT 项目时,需要向政府提交完整的投融资、建设和运营方案,并将建设期和运营期的财务模型制定好。由于建设期占用的资金量最大,风险也最大,投资人需要对工程造价和工期进行精确测算,才能将建设费用和时间控制在合理的范围内，而这恰恰是建筑企业的专长。如果建筑企业在投资人制定投标方案时就与之合作，帮助投资人准确把握工程造价和工期，不但可以在第一时间就了解项目，为日后参加工程投标做好充分准备，而且可以在客观上形成投资人对该建筑企业的依赖，增大中选的机会。可以说，在 BOT 项目的早期阶段，投资人更需要建筑企业的帮助，建筑企业介入 BOT 项目的时间较之常规项目有可能大大提前。而且，在这个阶段所有潜在投资人（除了投资人自己是建筑企业以外）都需要这类帮助，为了扩大中选的机会，建筑企业不妨与多家潜在投资人接触，选择最佳的投资人合作。

建筑企业提前介入 BOT 项目将大大增加其获得工程合同的机会，但也存在风险。因为在投资人投标的阶段，尚不知自己能否中标，虽需要建筑企业的帮助，但不想付出代价。建筑企业经常基于传统观念，也较看重日后能有机会承揽工程，对前期的工作多作为帮忙和联络感情对待，不注意保护自己的权益。曾有一家建设企业，在参与国内著名的外商投资 BOT 项目时，为外国投资人提供了大量帮助，使其掌握了国内工程造价信息，在竞标时报出了最有竞争力的价格，并最终中标。但该企业未与投资人签署任何协议，投资人在中标后将其甩掉，把工程包给了另一家公司。如果该企业懂得所谓“帮助”的价值，把它视为“服务”并签署相关协议约束投资人，日后就不会吃这种哑巴亏。即便投资人变卦，企业也可以凭借服务协议主张自己的权益。

某些 BOT 项目有可能采用一次性招投标方式，即在投资人中标后由其指定建设承包商，不另外进行工程招标。我国的 BOT 试点项目广西来宾 B 电厂和成都第六水厂，以及国外的许多 BOT 项目，都采用这种一次性招投标方式。对这类 BOT 项目，建设企业可以考虑以联合体成员的身份直接参与投标，并在中标后直接承揽建设工程。这种方式较前一种在参与时间上更加提前，参与的程度也更深，可以看作是从间接参与向直接参与过渡的类型。虽然参与这类项目使得建设企业一旦中标就可以承包工程，但是也有一些不利之处。首先，建设企业无法背靠多家投资人，谁中标就跟谁，只能跟着一家联合体走，如果该联合体落选，将无缘项目。其次，建设企业需要有一定的投资能力，日后有能力作为项目公司的股东参与部分投资。最后，建设企业的退出可能受限，因为一般政府对 BOT 项目公司的股权转让都有时间和条件限制。

2. 直接参与

直接参与型的 BOT 项目在国内较少，但都属于需要一次性巨额投资、建设工程占去主要投资资金的超大型基础设施项目，特别是交通项目。国外的 BOT 项目不论大小，对国内的参与者来讲都有可能是直接参与型的，因为国外的 BOT 招标需要投资人提交包括投资、建设、运营在内的一揽子解决方案，目前国内有能力、有积极性参与国外 BOT 项目的只有国有大型建筑企业。

不论是国内还是国外的直接参与型 BOT 项目，有能力参加竞标的国内实体风毛麟角,从而为国有大型建设企业留下了巨大的商机,参与其中可以获得巨大的经济效益和令人瞩目的业绩。然而,我国国有大型建设企业首先需要改变观念和市场开发的运作机制,从单纯的建设承包商发展成为兼作投资商乃至运营商,才能适应这类项目的需求。具体包括以下两个方面的改进:

(1)从单纯建筑商发展为建筑投资商。直接参与 BOT 项目的难点在于巨额投融资,建筑企业参与这类项目首先需要有很强的投融资能力。国有大型建设企业由于其特殊的背景、资质和建设能力,在信贷上一直得到国家和国有银行的支持。特别是参加国外 BOT 项目竞标时,有可能获得国家进出口银行和开发银行的信贷支持。一般来讲,如果有国家出口信贷的支持,项目的政治和财务风险将明显降低,建筑企业就比较容易获得商业银行跟进贷款。

当然,要真正获得银行对项目的巨额贷款,单凭自己的信贷实力还不够,还必须要成为真正的投资人,站在投资人的角度思考项目财务和投融资结构,学会作投资风险分析,以投资人的角色与银行沟通。建筑企业需要懂得,只有采用投资人和银行共赢的投融资结构和风险控制,银行才可能为项目慷慨解囊。建设企业不可只重视建设环节,忽略 BOT 项目整体的盈亏,更不应该只为了投机套取银行贷款。那样不仅会毁损自己企业的商誉,而且整个建筑行业都将受牵连,使得建设企业今后很难为参与 BOT 项目获得融资贷款。

(2)从单纯建筑商发展为建筑运营商。由于 BOT 项目不是单纯的建设项目,需要投资、建设、运营一揽子解决方案,建设企业在直接参与 BOT 项目时,不仅要解决好投融资问题,完成建设,还要安排好运营。而且,BOT 项目的建设期一般不过 2~3 年,运营期则长达 20~30 年,因此政府十分看重入选投资人的运营经验。

运营是建筑企业的软肋。在计划经济体制下组建的国有大型建设企业,仅注重发展建设工程的技能,基本不考虑参与运营。但在市场经济时代,需求决定一切。BOT 项目需要参与者具有很强的运营技能。建设企业若不能提升自己在运营方面的能力,将很难在直接参与型的 BOT 项目竞标中胜出。同样,之所以多数 BOT 项目对于建设企业来讲是间接参与型的,只能作为建设分包商分享少量的间接利润,而不能直接参与分享可观的运营利润,原因亦在于建设企业不参加项目运营。

当然,要求建设企业行行都是专家,建设一个运营一个,也是不现实的。对于不需要复杂技术和设备的 BOT 项目,例如交通建设项目,建设企业可以考虑采用联合体或分包的方式解决运营问题。在条件具备时,不妨尝试通过引进、并购的方式设立自己的专业运营公司。这类项目不需要使用复杂的技术和设备,运营较简单,后续的维护工作仍主要与建设有关。建设企业发展自己的专业运营公司,可以大大增强在市场上的竞争能力,并为日后建设项目减少,运营将成为主业的时代做好准备。

(三)企业参与 BOT 项目的实例

国有大型建设企业直接参与 BOT 项目在国内外都有先例。

1. 柬埔寨基里隆水电站修复 BOT 项目

2000 年,中国电力技术进出口公司成功竞标柬埔寨基里隆水电站修复 BOT 项目,获得项目三十年的特许经营权,该项目总投资 1 942 万美元,由中国国家进出口银行提供信贷支持。这是中国公司参与的首例境外 BOT 项目。由于国内银行不熟悉有限追索项目融资,该项目仍然采用了总公司担保的股东贷款融资方式。

2. 南京长江隧道 BOT 项目

2004 年,南京长江隧道 BOT 项目招标,中国铁道建筑总公司中标,并与南京市交通集团和南京市浦口国资公司共同出资组建项目公司--南京长江隧道有限责任公司,负责项目的投资、建设和运营。项目总投资约 30 亿元,特许运营期 30 年,建设期 4 年。中铁公司拥有项目公司 80% 的股权,其他两家公司各自拥有 10% 的股权。该项目由建设企业为主导完成投资和建设,同时吸纳了本地擅长运营的公司参加联合体,弥补了建设企业的不足。

3. 青岛海湾大桥项目

2006 年 5 月,青岛海湾大桥项目进行特许经营(BOT)招标,山东高速集团青岛高速公路有限公司中标。该项目特许运营期二十五年,建设期三年半,经营期满项目的所有权和经营权将全部转移给青岛市政府。青岛海湾大桥又称胶州湾跨海大桥,是我国自行设计、施工、建造的特大跨海大桥,属于国家高速公路网 G22 青岛到兰州高速公路的起点段,起自青岛主城区海尔路,经红岛到黄岛,大桥全长 36. 48 km,全长超过我国杭州湾跨海大桥与美国切萨皮克跨海大桥,是当今世界上最长的跨海大桥。大桥 2011 年 6 月 30 日全线通车。2011 年上榜吉尼斯世界纪录和美国《福布斯》杂志,荣膺"全球最棒桥梁"荣誉称号。青岛海湾大桥项目计划总投资为 90. 82 亿元,其中利用银行项目贷款 60 亿元,实际投资 100 亿元。工商银行、建设银行等十七家银行为海湾大桥项目办理了综合授信,各家银行累计授信额度达到 260 亿元,保证了工程项目建设的资金需求。

第二节　BOT 的衍变形式

一、BOOT

BOOT(build-own-operate-transfer)即:建设-拥有-经营-转让。

项目公司对所建项目设施拥有所有权并负责经营,经过一定期限后,再将该项目移交给政府。这一模式在内容和形式上与 BOT 没有不同,仅在项目财产权属关系上强调:项目设施建成后归项目公司所有。

BOOT 与 BOT 的区别有二:一是所有权的区别。BOT 方式,项目建成后,私人只拥有所建成项目的经营权;而 BOOT 方式,在项目建成后,在规定的期限内,私人既有经营权,也有所有权。二是时间上的差别。采取 BOT 方式,从项目建成到移交给政府这一段时间一般比采取 BOOT 方式短一些。每一种 BOT 形式及其变形,都体现了对于基础设施部分政府所愿意提供的私有化程度。BOT意味着一种很低的私有化程度,因为项目设施的所有权并不转移给私人。BOOT代表了一种居中的私有化程度,因为设施的所有权在一定有限的时间内转给私人。最后,就项目设施没有任何时间限制地被私有化并转移给私人而言,BOO代表的是一种最高级别的私有化。换句话说,一国政府所采纳的建设基础设施的不同模式,反映出其所愿意接受的使某一行业私有化的不同程度。由于基础设施项目通常直接对社会产生影响,并且要使用到公共资源,诸如土地、公路、铁路、管道、广播电视网等。因此,基础设施的私有化是一个特别重要的问题。对于运输项目(如收费公路、收费桥梁、铁路等)都是采用BOT方式,因为政府通常不愿将运输网的私有权转交给私人。在动力生产项目方面,通常会采用BOT、BOOT或BOO方式。一些国家很重视发电,因此只会和私人 签署BOT或是BOOT特许协议。而在电力资源充足的国家(如阿根廷),其政府并不如此重视发电项目,一般会签署一些BOO许可证或特许协议。最后,对于电力的分配和输送,天然气以及石油来说,这类行业通常被认为是关系到一个国家的国计民生,因此建设这类设施一般都采用BOT或BOOT方式。

二、BOO

BOO(build-own-operate)即:建设-拥有-经营。

项目一旦建成,项目公司对其拥有所有权,当地政府只是购买项目服务。近年活跃于香港资本市场的沪杭甬高速公路公司和沪宁高速公路公司对其名下道路设施就采用了类似BOO的投资经营方式。

BOT和BOO模式最重要的相同之处在于,它们都是利用私人投资承担公共基础设施项目。在这两种融资模式中,私人投资者根据东道国政府或政府机构授予的特许协议或许可证,以自己的名义从事授权项目的设计、融资、建设及经营。在特许期,项目公司拥有项目的占有权、收益权以及为特许项目进行投融资、工程设计、施工建设、设备采购、运营管理和合理收费等的权利,并承担对项目设施进行维修、保养的义务。在我国,为保证特许权项目的顺利实施,在特许期内,如因我国政府政策调整因素影响,使项目公司受到重大损失的,允许项目公司合理提高经营收费或延长项目公司特许期;对于项目公司偿还贷款本金、利息或红利所需要的外汇,国家保证兑换和外汇出境。但是,项目公司也要承担投融资以及建设、采购设备、维护等方面的风险,政府不提供固定投资回报率的保证,国内金融机构和非金融机构也不为其融资提供担保。

BOT与BOO模式最大的不同之处在于,在BOT项目中,项目公司在特许期结束后必须将项目设施交还给政府;而在BOO项目中,项目公司有权不受任何时间限制地拥有并经营项目设施。从BOT的字面含义,也可以推断出基础设施国家独有的含义:作为私人投资者在经济利益驱动下,本着高风险、高回报的原则,投资于基础设施的开发建设。为收回投资并获得投资回报,私人投资者被授权在项目建成后的一定期限内对项目享有经营权,并获得经营收入。期限届满后,将项目设施经营权无偿移交给政府。由此可见,项目设施最终经营权仍然掌握在国家手中,而且在BOT项目整个运作过程中,私人投资者自始至终都没有对项目的所有权。说到底,BOT模式不过是政府利用私人投资者在一定期限内对项目设施拥有经营权,但该基础设施的本质属性没有任何改变。换句话说,运用BOT方式,项目发起者可拥有一段确定的时间以获得实际的收入来弥补其投资,之后,项目交还给政府。而BOO方式,项目的所有权不再交还给政府。

三、BLT

BLT(build-lease-transfer)即:建设-租赁-转让。

政府出让项目建设权,开发商在项目建成后将项目以一定的租金出租给政府,由政府经营,在项目运营期内,政府有义务成为项目的租赁人,在租赁期结束后,所有资产再转移给政府公共部门。这一方式与融资租赁非常相似,仅是客体由一般的大宗设备换成了基础设施而已。

融资租赁(Financial Leasing),是指出租人根据承租人对租赁物件的特定要求和对供货人的选择,出资向供货人购买租赁物件,并租给承租人使用,承租人则分期向出租人支付租金,在租赁期内租赁物件的所有权属于出租人所有,承租人拥有租赁物件的使用权。租期届满,租金支付完毕并且承租人根据融资租赁合同的规定履行完全部义务后,租赁物件所有权即转归承租人所有。尽管在融资租赁交易中,出租人也有设备购买人的身份,但购买 设备的实质性内容如供货人的选择、对设备的特定要求、购买合同条件的谈判等都由承租人享有和行使,承租人是租赁物件实质上的购买人。融资租赁是集融资与融物、贸易与技术更新于一体的新型金融产业。由于其融资与融物相结合的特点,出现问题时租赁公司可以回收、处理租赁物,因而在办理融资时对企业资信和担保的要求不高,所以非常适合中小企业融资。此外,融资租赁属于表外融资,不体现在企业财务报表的 负债项目中,不影响企业的资信状况。这对需要多渠道融资的中小企业而言是非常有利的。

四、BTO

BTO(build-transfer-operate)即:建设-转让-经营。

项目的公共性很强,不宜让私营企业在运营期间享有所有权,须在项目完工后转让所有权,其后再由项目公司进行维护经营。这一模式与一般BOT模式的不同在于"经营"和"转让"发生了次序上的变化,即在项目设施建成后由政府先行偿还所投入的全部建设费用、取得项目设施所有权,然 后按照事先约定由项目公司租赁经营一定年限。这种模式一般用于关系到国家安全的相关产业,如铁路、通信等行业。

五、BT

BT（build-transfer）即：建设-转让。指政府或其授权的单位经过法定程序选择拟建的基础设施或公用事业项目的投资人，并由投资人在工程建设期内组建 BT 项目公司进行投资、融资和建设；在工程竣工建成后按约定进行工程移交并从政府或其授权的单位的支付中收回投资回报（可一次支付也可分期支付）；与政府借贷（国与国之间的贷款，也指政府通过融资平台取得的贷款）不同，政府用于购买项目的资金往往是事后支付（可通过财政拨款也可通过运营项目收费来支付）；民营机构用于建设的资金可以是自有资金，也可（大多）通过银行贷款。

与 BOT 模式相比，BT 省去了项目公司的运营环节，在 BT 项目建设到一定节点时或 BT 项目全部完成后，政府按之前的协议以现金或其他方式，分期或一次性返还投资人的投资成本及相应回报。BT 项目合同签订后，投资人代替政府进行项目投融资和建设，而政府只负责监督项目的质量和工程进度，项目建设过程中的一切费用开支，例如设计、勘察、原材料、人工、工程建设费用、管理费用、融资等均由投资人承担，直到项目竣工后交由政府验收。BT 项目建设完成验收合格后，投资人将 BT 项目全部移交给政府或政府指定的公共组织。BT 融资模式与 BOT 融资模式相比具有特定的政府回购模式。BT 融资项目中政府的回购方式，是政府为获得所建项目而向 BT 项目投资人支付投资成本及投资收益（资金或其他方式）。而现实中，政府常不直接支付资金以作回购，而是利用其公权力和公共资源为投资人提供政策优惠或其他优惠措施，以满足和实现投资人的投资目的；而在政府的回购时间上，政府在 BT 项目建设过程中，一般根据投资人的投资节点，即投资人完成定量投资额或完成分期投资目标时，政府按协议约定分批兑现承诺的优惠政策或分批回购投资人的投资成本及相应回报；政府回购的期限，按 BT 项目的性质和大小，一般在 1~5 年左右。BT 项目并非是投资人与政府之间就 BT 项目移交即宣告双方之间的合同关系结束，而是需到政府应付的回购款支付完毕或政府承诺的优惠条件全部实现后才结束。

BOT 模式适用的项目特点是投资较大、建设周期长以及可以运营获利的项目，比如自然资源开发项目，以及电厂、收费公路、机场等基础设施项目。BT 适用范围应该更广。关于这一点有人认为 BT 模式主要适用范围包括准公共产品项目，如地铁、轻轨等；不收费的基础设施，如公路、隧道、桥梁、港口等；以及无法经营的基础设施，如公园、学校、监狱等。其实即使是可以盈利的经营性项目，政府如果不希望由民营机构运营，也可以采用 BT 模式。

六、DBFO

DBFO（design-build-finance-operate）即：设计-建设-融资-经营。这种方式是从项目设计开始就特许给某一私人部门进行，直到项目经营期收回投资，取得投资收益。但项目公司只有经营权没有所有权。是起源英国的 PPP 方式,这里涉及到一个“影子收费”的概念。

影子收费融资模式(shadow tolling)是指对于公益性的基础设施项目,政府通过项目招标的方式确定民间投资主体,并授权后者负责项目的融资、建设、与运营,作为对该民间主体的回报,政府在授权期限内每年以财政性资金或其他形式基金向其支付一定的补偿费用,补偿其免费为公众提供服务应得的利益;授权经营期结束时,民间投资主体无偿转让项目给政府。

采用影子收费融资模式的给付结构分析:先要组建 DBFO 公司。对于交通设施项目,采取授予 DBFO(Design-Build-Finance-Operate,设计-建设-融资-运营)特许权的形式,并要求民间投资主体按照要求组建项目公司,通常称为 DBFO 公司,借此私人部门可以在规定的授权期限内设计、建设、融资和运营该项目。其次影子收费。在影子收费融资模式下,对于使用者并不直接向运营者付费,而是由政府根据设施的交通流量和预先商榷好的费率向运营者支付使用费的方式就是影子收费,也可以说补偿,补偿费用的给付结构便是影子收费结构,通常在 DBFO 合约中设定,之所以称其为“影子”,是针对于真实的,如 BOT 模式中的显示收费而言的。与 BOT、BT 等融资方式的区别在于,实质上它没有真正融得资金,最终还是由政府支付项目的建设、运营和维护费用,相当于政府购买服务,只不过政府通过这种方式将支付的时间大大延长了,通常是 20 年左右。再次分析其给付结构。影子费用的给付是为了对投资商无偿为公众提供服务进行补偿,因此其建立在过往车辆的类型和数量的基础上。影子费用的给付通常从交通设施提供服务那天开始,这样做的目的是为了激励投资商尽快完成工程,对公众开放。

七、ROT

ROT(rehabilitate-operate-transfer)即:修整-经营-转让。

项目在使用后,发现损毁,项目设施的所有人进行 修复恢复整顿-经营-转让。在这一模式中,修整是指在获得政府特许授予专营权的基础上,对过时、陈旧的项目设施、设备进行改造更新;在此基础上由投资者经营若干年后再转让给政府。这是 BOT 模式适用于已经建成、但已陈旧过时的基础设施改造项目的一个变体,其差别在于“建设”变为“修整”。类似的衍变方式还有 ROMT(rehabilitate-operate-maintain-transfer)即修整-经营-维修-转让、ROO(rehabilitate-own-operate)即修复-拥有-经营等。

八、IOT

IOT(Investment-Operate-Transfer)即:投资-运营-移交。收购现有的基础设施,然后再根据特许权协议进行运营,最后移交给公共部门。可包括 POT 和 TOT。

1. POT

POT(Purchase-Operate-Transfer)即:购买-经营-转让。购买,即政府出售已建

成的、基本完好的基础设施并授予特许专营权，由投资者购买基础设施项目的股权和特许专营权。这是 BOT 模式的变体，其与一般 BOT 的差别就在于“建设”变为“购买”。上海黄浦江两桥一隧（打浦路隧道、南浦大桥和杨浦大桥）项目就是采用 POT 模式。

2. TOT

TOT（Transfer-Operate-Transfer）即：移交-经营-移交。它是项目融资的一种形式，具体是指中方在与外商或私人企业签订特许经营协议后，把已经投产运行的交通基础设施项目移交给外商或私人企业经营，凭借该设施在未来若干年内的收益，一次性地从外商或私人企业手中融得一笔资金，用于建设新的交通基础设施项目；特许经营期满后，外商或私人企业再把该设施无偿移交给中方。因此，TOT 与 BOT 方式的根本区别在于“B”上，即不需直接由外商或私人企业投资建设交通基础设施，因而避开了在“B”段过程中产生的大量风险和矛盾，比较容易使双方达成一致。在我国经济发展的现阶段，积极采用 TOT 方式，发展直接融资，对于加快交通基础设施建设尤为必要。

TOT 融资方式只涉及经营权转让，不存在产权、股权之争。交通基础设施采用 TOT 方式融资，转让的只是特许经营期内的经营权，不涉及产权、股权这一敏感问题，巧妙地回避了国有资产的流失问题，保证了政府对交通基础设施的控制权，易于满足我国特殊的经济及法律环境的要求。因此，在现行条件下较易推广进行。

第三节 PPP 简介

PPP（Public-Private Partner-ships），即公共部门与民营企业合作模式，是指政府企业基于某些公用事业项目而形成的相互合作关系的形式。该模式兴起于 20 世纪 80 年代的英国。通过这种合作形式，合作各方共同承担责任和融资风险，使公共部门的成本和风险大为降低，既满足了民营企业盈利性的要求又提高了公用事业的服务效率和质量。

PPP 是项目融资的一种实现形式。政府可以给予民营企业相应的政策扶持作为补偿，如税收优惠、贷款担保、给予民营企业沿线土地优先开发权等。通过实施这些政策可提高民营企业投资城市基础设施的积极性，使民营资本更多地参与到项目中，并在一定程度上保证民营企业合理的盈利。

PPP 不仅是一种项目融资方式，它是在基础设施及公共服务领域建立的一种长期合作关系。通常模式是由社会资本承担设计、建设、运营、维护基础设施的大部分工作，并通过“使用者付费”及必要的“政府付费”获得合理投资回报；政府部门负责基础设施及公共服务价格和质量监管，以保证公共利益最大化。

PPP 包含 BOT、BT、TOT 等多种模式，但更加强调合作过程中的风险分担机制和各参与方的“双赢”或“多赢”的合作理念。其典型的结构为：特许经营类项目需要私人参与部分或全部投资,并通过一定的合作机制与公共部门分担项目风险、共享项目收益。根据项目的实际收益情况,公共部门可能会向特许经营公司收取一定的特许经营费或给予一定的补偿,这就需要公共部门协调好私人部门的利润和项目的公益性两者之间的平衡关系。

PFI也是PPP的一种主要方式。PFI是英文Private Finance Initiative的缩写,可译为“民间资本融资”,也有人译为“私人主动融资”,它是指政府部门根据社会对公共基础设施的需求,提出需要建设的项目,通过招投标,由获得特许权的私营部门(特殊目的公司SPV)进行公共基础设施项目的建设与运营,并按要求的标准为用户提供服务,在特许期结束时将所经营的项目完好地、无债务地归还政府,而私营部门则从政府部门或从接受服务方来收取费用以回收成本并获取合理利润的项目融资方式。PFI是继BOT模式之后又一种创新公共项目融资的公私合作(PPP)模式,最早于20世纪80年代起源于澳大利亚,但后来在英国获得最广泛的应用。英国政府于1992年首次引入采用PFI模式,并在以后的多年中将这种模式大量应用于公共基础设施建设、运营和服务,如今PFI在很多国家已成为公私合作(PPP)的一种重要模式。2012年12月,英国政府在公众咨询的基础上,于对PFI原有模式进行了修订,发布了新版PFI模式“PF2”。

对比各种模式的概念和内涵可以看出,PFI与BOT或其他PPP模式之间并无截然界限,其内涵和外延往往相互包含,一些BOT项目及衍变形式可以看作是PFI,反过来一些PFI项目运作形式也可看作是BOT,但根据各国实施PPP项目的实践来看,虽然BOT和PFI以及它们的衍变形式均可用于经营性(用户购买服务)项目,也可以应用于非经营型(政府购买服务)项目,但BOT更典型地用于面向私人终端用户的经营性项目的开发(如收费的高速公路),而PFI则更典型地用于非经营性项目以及公共部门项目的开发(如社区医院、学校、国防项目或不收费的公路等)。

第四节　ABS简介

ABS(Asset-Backed Securitization)是指以资产支持的证券化。具体讲,它是以目标项目所拥有的资产为基础,以该项目资产的未来收益为保证,通过在国际资本市场上发行债券筹集资金的一种项目融资方式。其目的在于,通过其特有的提高信用等级方式,使原本信用等级较低的项目照样可以进入高等级证券市场,利用该市场信用等级高、债券安全性和流动性高、债券利率低的特点大幅度降低发行债券筹集资金的成本。

ABS融资方式的运作过程。主要包括以下几个方面:

一、组建SPC

即组建一个特别用途的公司SPC(Special Purpose Corporation)。该机构可以是一个信托投资公司、信用担保公司、投资保险公司或其他独立法人,该机构应能够获得国际权威资信评估机构较高级别的信用等级(AAA 或 AA 级),由于 SPC 是进行 ABS 融资的载体,成功组建 SPC 是 ABS 能够成功运作的基本条件和关键因素。

二、SPC 与项目结合

即 SPC 寻找可以进行资产证券化融资的对象。一般来说,投资项目所依附的资产只要在未来一定时期内能带来现金收入,就可以进行 ABS 融资。它们可以是房地产的未来租金收入,飞机、汽车等未来运营的收入,项目产品出口贸易收入,航空、港口及铁路的未来运费收入,收费公路及其他公用设施收费收入,税收及其他财政收入等。拥有这种未来现金流量所有权的企业(项目公司)成为原始权益人。这些未来现金流量所代表的资产,是 ABS 融资方式的物质基础。在进行 ABS 融资时,一般应选择未来现金流量稳定、可靠、风险较小的项目资产。SPC 进行 ABS 方式融资时,其融资风险仅与项目资产未来现金收入有关,而与建设项目的原始权益人本身的风险无关。

三、进行信用增级

利用信用增级手段使该组资产获得预期的信用等级。为此,就要调整项目资产现有的财务结构,使项目融资债券达到投资级水平,达到 SPC 关于承包 ABS 债券的条件要求。SPC 通过提供专业化的信用担保进行信用升级。

四、SPC 发行债券

SPC 直接在资本市场上发行债券募集资金,或者经过 SPC 通过信用担保,由其他机构组织债券发行,并将通过发行债券筹集的资金用于项目建设。

五、SPC 偿债

由于项目原始收益人已将项目资产的未来现金收入权利让渡给 SPC,因此,SPC 就能利用项目资产的现金流入量,清偿其在国际高等级投资证券市场上所发行债券的本息。

第五节 BOT 应用典型实例

一、英法海峡隧道

英国的很多铁路项目,香港东区海底隧道等都是采用这类融资模式建成的。其中,最有名的 BOOT 项目是英法海峡隧道。英法海峡隧道包括 2 条 7.3 m 直径的铁路隧道和 1 条 4.5 m 直径的服务隧道, 长 50 km。

项目公司 Eurotunnel 由 10 个单位组成:英国的海峡隧道集团、英国银行财团、英国承包商、法国 France-Manehe 公司、法国银行财团、法国承包商等。

特许权协议于 1987 年签订,该项目于 1993 年建成。政府授予 Eurotunnel 公司 55 年的特许期(1987~2042, 含建设期 7 年)建设、拥有并经营隧道, 55 年之后隧道由政府收回。

项目总投资 103 亿美元。在特许权协议中,政府对项目公司提出了 3 项要求:

1. 政府不对贷款作担保;

2. 本项目由私人投资,用项目建成后的收入来支付项目公司的费用和债务;

3. 项目公司必须持有 20% 的股票。项目资金来源依靠股票和贷款筹集。其中股票 20 亿美元, 由银行和承包商持有 2. 80 亿美元,由私有机构持有 3. 70 亿美元,由公共投资者持有 13. 50 亿美元。在 1986~1989 年间分 4 次发行。贷款为 83 亿美元, 由 209 家国际商业银行提供, 其中用于主要设施 68 亿美元 , 用于备用设施 15 亿美元。

政府允许项目公司自由确定通行费, 其收入的一半是通过与国家铁路部门签订的铁路协议产生的, 用隧道把伦敦与欧洲的高速铁路网相连接;其他收入来自通过隧道运载商业机动车辆的高速火车收费。政府保证, 不允许在 30 年内建设第二个跨越海峡的连接通道。

项目公司承担隧道建设的全部风险, 并且为造价超支设置了 18 亿美元的超支备用金。

在岸上施工的部分,工程量按一个固定价格合同。

隧道则以目标费用为基础:项目公司按实际费用加上目标价值 12. 36% 的固定费向承包商支付, 该费用估计为 2. 5 亿美元。如果隧道在目标价格以下建成, 承包商将得到所节约资金的一半;如果实际费用超过目标值, 承包商将支付一项特定数量的损失费用给项目公司。

另外,由于不可预见的地质条件或通货膨胀, 合同要服从于价格调整。

二、我国第一个国家正式批准的 BOT 试点项目:广西来宾电厂 B 厂

20 世纪末的 10 年,亚洲地区每年的基建项目标底高达 1300 亿美元。许多发展中国家纷纷引进 BOT 方式进行基础建设 , 如泰国的曼谷二期高速公路,巴基斯坦的 Hah River 电厂等。BOT 方式在中国出现已有十年有余,1984 年香港合和实业公司和中国发展投资公司等作为承包商和广东省政府合作在深圳投资建设了沙角 B 电厂项目,是我国首家 BOT 基础项目。但在具体做法上并不规范。1995 年广西来宾电厂二期工程是我国引进 BOT 方式的一个里程碑,为我国利用 BOT 方式提供了宝贵的经验。此外,BOT 方式还在北京京通高速公路、上海黄浦延安东路隧道复线等许多项目上得以运用。

广西来宾电厂 B 厂位于广西壮族自治区的来宾县。装机规模为 72 万千瓦,

安装两台36千瓦的进口燃煤机组。该项目总投资为6.16亿美元,其中总投资的25% 即1.54亿美元为股东投资,两个发起人按照60:40的比例向项目公司出资,具体出资比例为法国电力国际占60%,通用电气阿尔斯通公司占40%,出资额作为项目公司的注册资本;其余的75% 通过有限追索的项目融资方式筹措。我国各级政府、金融机构和非金融机构不为该项目融资提供任何形式的担保。项目融资贷款由法国东方汇理银行、英国汇丰投资银行及英国巴克莱银行组成的银团联合承销,贷款中3.12亿美元由法国出口信贷机构(法国对外贸易保险公司)提供出口信贷保险。项目特许期为18年,其中建设期为2年9个月,运营期15年3个月。特许期满项目公司将电厂无偿移交给广西壮族自治区政府。在建设期和运营期内,项目公司将向广西壮族自治区政府分别提交履约保证金3 000万美元,同时项目公司还将承担特许期满电厂移交给政府后12个月的质量保证义务。广西电力公司每年负责向项目公司购买35亿kW·h(5 000 h)的最低输出电量(超发电量只付燃料电费),并送入广西电网。同时,由广西建设燃料有限责任公司负责向项目公司供应发电所需燃煤,燃煤主要来自贵州省盘江矿区。

三、柬埔寨基里隆水电站修复BOT项目

2000年,中国电力技术进出口公司成功竞标柬埔寨基里隆水电站修复BOT项目,获得项目三十年的特许经营权,该项目总投资1 942万美元,由中国国家进出口银行提供信贷支持。这是中国公司参与的首例境外BOT项目。由于国内银行不熟悉有限追索项目融资,该项目仍然采用了总公司担保的股东贷款融资方式。

四、南京长江隧道BOT项目

2004年,南京长江隧道BOT项目招标,中国铁道建筑总公司中标,并与南京市交通集团和南京市浦口国资公司共同出资组建项目公司,即南京长江隧道有限责任公司,负责项目的投资、建设和运营。项目总投资约30亿元,特许运营期30年,建设期4年。中铁公司拥有项目公司80%的股权,其他两家公司各自拥有10%的股权。该项目由建设企业为主导完成投资和建设,同时吸纳了本地擅长运营的公司参加联合体,弥补了建设企业的不足。

五、青岛海湾大桥项目

2006年5月,青岛海湾大桥项目进行特许经营(BOT)招标,山东高速集团青岛高速公路有限公司中标。该项目特许运营期25年,建设期三年半,经营期满项目的所有权和经营权将全部转移给青岛市政府。青岛海湾大桥又称胶州湾跨海大桥,是我国自行设计、施工、建造的特大跨海大桥,属于国家高速公路网G22青岛到兰州高速公路的起点段,起自青岛主城区海尔路,经红岛到黄岛,大桥全长36.48 km,全长超过我国杭州湾跨海大桥与美国切萨皮克跨海大桥,是当今世界上

最长的跨海大桥。大桥2011年6月30日全线通车。2011年上榜吉尼斯世界纪录和美国《福布斯》杂志，荣膺“全球最棒桥梁”荣誉称号。青岛海湾大桥项目计划总投资为90.82亿元，其中利用银行项目贷款60亿元，实际投资100亿元。工商银行、建设银行等十七家银行为海湾大桥项目办理了综合授信，各家银行累计授信额度达到260亿元，保证了工程项目建设的资金需求。

第十一章　某国际高铁工程总承包项目管理综合案例分析

本案例是以我国某海外高铁项目为基础，结合其他项目综合而成，旨在尽可能全面地分析说明国际工程总承包项目管理的相关问题。所引用信息和数据不为某个特定项目独有，也并不与某个项目的实际情况完全一致。

第一节　项目简介

该项目为某国首条连接两大主要城市的高速铁路二期工程。该国自2003年开始建设第一大城市和作为首都的第二大城市之间的高速铁路，铁路全长553 km，一期工程已于2009年由西班牙公司建设完成并运营，该二期工程建成之后，这两大城市之间便能实现高铁贯通。该条高铁线路在该国的地位相当于中国的“京沪高铁”。此前两大城市之间每日客流量约为7.5万人次，项目建成后两大城市之间的旅行时间从以前的6~7 h缩短至3 h左右，极大方便了民众的出行，加强了两个最大的城市之间的联系，促进了两大城市甚至整个区域的经济发展。另外，该高铁线路的建成还为后期其他城市之间修建高铁提供了很好的借鉴。因此，该高铁项目的重要作用不言而喻。

该二期工程全长180.7 km，线路设计时速220 km，两个标段合同总金额高达29亿美元，是中国公司到当时为止竞争中标的最大的国际工程总承包项目，该项目的成功签约，必会对两国政治、经济、外交以及双边经贸合作产生积极的推动作用。

本工程的业主为该国铁路总局，咨询监理公司为西班牙某大型跨国公司，由我国某大型国际工程承包商A公司牵头，与我国另外一家承包商B公司及当地的两家建筑公司C、D组成联营体，作为总承包商，共同负责建设整个项目，总承包的主要工程内容为实施整个二期高速铁路线路的测量、设计、采购、加工、施工、安装、测试、培训、预运营及维护等工作。另外，该项目需要由投资方融资，牵头的A公司以中标价引入中国进出口银行7.2亿美元的优惠贷款，这对于我国承包商能够成功中标起到了很大的作用。

该铁路为客货共线的双线电气化铁路，全长180.7 km，沿线设有7个车站，于2007年9月22日正式开工建设，2012年10月29日贯通运营。线路主要技术标准及设计参数见表 11-1。

表 11-1 线路主要技术标准及设计参数

序号	项　目	设计参数
1	旅客列车设计行车速度(km/h)	220
2	货物列车设计行车速度(km/h)	120
3	最小平面曲线半径(m)	3 200
4	最大超高值(mm)	140
5	最小竖曲线半径(m)	15 000
6	轨距(mm)	1 435
7	正线线间距(m)	4. 4
8	限制坡度(‰)	10

该工程具有以下特点及难点:

一、地形条件复杂

该二期工程线路所经过的地区是连绵的山地和丘陵,包括 55 km 隧道、10 km 高架桥,其中最长的隧道长达 6. 1 km,最长的桥梁长达 1. 96 km。巨大的坡度也是该工程的一大困难。地基最高点海拔达到了 870 m,而最低点仅为 20 m 左右。二期工程是整条线路建设中最复杂的。

二、该国政府、社会民众非常支持项目的建设

该高铁线路是该国第一条高速铁路线路,其能在两大城市、区域甚至全国的经济、社会等多方面产生很好的效益,而且,该线路也是该国规划的高速铁路网络的开端,该项目的顺利建设能够为后期其他高铁线路的建设提供很好的借鉴。因此,该国政府特别重视该项目的建设,社会民众对于该项目也非常欢迎。

三、工期紧迫

该国自然环境优美,自然灾害却很多,一年分旱季和雨季,其中雨季占到 8 个月时间,施工期非常短,需要完成的工程量大、工程内容多,工期压力很大。再加上当地环境保护要求极高,以至于苛刻,环境评估、设计方案以及验收等多方面的审批程序繁杂,政府有关部门工作节奏慢,施工环评、许可等各种手续审批过程漫长。另外,从初步设计、详细设计、设备和材料样品的鉴定到施工全过程的质量控制,几乎每一道程序都需要主管部门和监理的批准和认可。由于当地人员时间观念不强,大量的时间将耗费在审批程序上,监管能力低下与严格的监管程序之间的矛盾,将直接影响项目实施的效率。

四、我国的 A、B 两家公司缺乏以总承包形式在海外建设高铁的经验

A、B 两公司在我国国内是专业的大型国际工程承包商,其以总承包形式承揽的国际工程也越来越多,但是,以总承包方式承揽高铁项目,而且是规模如此大的高铁项目,还是第一次。国外建设高铁的很多方面不同于国内,两家公司缺乏足够的经验。

五、语言困难

该国的官方语言虽然是英语,但在发音、语言习惯等很多方面与标准英语的差别很大,语言成为外派员工首先要面临的挑战,为了能够顺利进行信息沟通、交流、现场协调,工作人员需要投入精力去学习适应当地语言特点。

六、整体采用中国标准建设

该工程在项目开展设计阶段前期,项目部就邀请该国政府管理当局到中国考察我国多条客运专线的建设及其运营情况,当局对中国的高速铁路发展表示赞赏,也很乐意接受并采用中国标准来建设该国城铁项目。中国铁路规范和标准在海外市场的整体“出口”,给我国总承包商实施项目带来了很多便利,但是,也为我们向该国当局乃至世界推广中国铁路规范和标准带来了严峻的考验,总承包商需要做的不是简单地把中国铁路规范和标准翻译给外界,更需要去很好地向外界解释中国标准和规范。

七、实施具有艰巨性

一是《劳动法》对当地劳工使用和管理的相关规定将严重制约当地劳工的使用。如当地法律规定:企业引进 1 名外籍员工,必须带动至少 9 名当地员工就业。外籍员工,包括工人及白领雇员,其工资额不能超过全体劳动者工资额的 20%。二是当地材料匮乏将严重制约工程的实施。沿线地材(砂、碎石、道砟)相对匮乏。当地的钢材、水泥价格与国内市场相比,钢材价格约是中国的 2.5 倍,水泥价格约是中国的 3.2 倍,地材和主材的供应将成为制约项目进度、影响项目成本控制的关键。三是较高的机械设备采购和租赁价格将严重影响项目的成本。该国不具备制造大型机械设备的能力,第三国进口价格高而且时间长,因此,本项目所需主要机械设备将从中国进口,设备的采购和运输将对项目成本产生较大影响。

第二节　项 目 授 标

一、项目授标过程

早在 2004 年 12 月,我国政府和该国政府就签署了关于在该国国家铁路网建

设领域进一步扩大投资与合作的框架协议。总承包商受中国国家发改委的委派，作为两国政府框架协议的中方执行单位与该国国家铁路局就框架协议中确定的东南、西南、中南、北部铁路开展合作，2005 年初总承包公司副总裁等第一次到该国跟踪该项目，并随后在该国成立了项目经理部，承担该项目具体的经营开发工作。在对该国全路网研究的基础上，总承包公司向该国提交了上述 4 条铁路的选线方案和项目建设时序。该国出于对本国政治经济因素和兑现选举承诺的考虑，提出优先建设北部铁路的中段，即该案例项目铁路。该总承包商按照该国家铁路局的要求，于 2007 年 1 月编制了该项目的线路方案设计文件。

2008 年 9 月，两国政府签署了两国政府经济技术合作协定关于基础设施和交通领域的补充协定，该国随后启动了该铁路项目的 EPC 合同谈判工作。总承包商与该国国家铁路局于 2009 年 4 月完成了合同谈判，并于 2009 年 7 月 30 日在该国首都正式签署该项目的 EPC 合同。2009 年 10 月 20 日，部分预付款正式到位后，项目随即开始实施。

二、项目报价

该项目土建工程 180.7 km，铺架工程 180.7 km，所包括的具体工程数量见表 11-2。

表 11-2　主要工程数量表

序号	工程类别	单位	数量	备　注
一	土建工程	正线公里	180.7	
1	路基	km	154.927	
(1)	挖土方	104 m^3	447	
(2)	挖石方	104 m^3	235	
(3)	填方	104 m^3	585	
(4)	挡护圬工	104 m^3	56	
2	桥梁	km	8.272	其中特大桥 2 座
3	涵洞	横延米	8 175	按平均每公里 45.24 横延米估算
4	隧道	m	1 514	计 1 座
5	车站	座	6	中转站枢纽 1 座，货运站 1 座
二	轨道工程	正线公里	180.7	
1	正线铺轨	km	361.4	
2	站线铺轨	km	19.9	7 座车站，按平均每公里 0.11 km 估算
3	铺道岔	组	126.5	按平均每公里 0.7 组估算

该项目按照各专业进行报价的汇总见表 11-3。

表 11-3　按专业划分总价

类别	里程	主要工程数量	预计造价(美元)	备注
土建工程	K0+000~K180+700	180.7 正线公里、6 座车站、1 座隧道 1 514 m、大桥 8 272 m	1 926 615 314	
轨道工程	K0+000~K180+700	轨道铺设,不含材料	162 812 450	
轨道物资采购	K0+000~K180+700	钢轨、扣件、道岔	114 973 489	属于轨道工程
四电工程	K0+000~K180+700	含通信、信号、电力、电力牵引	460 886 108	属于整体系统
其他系统配套工程	K0+000~K180+700	含初步工程、房屋、站场建设、给排水、机务、工务等	138 256 437	属于整体系统
机车车辆	K0+000~K180+700	9 辆货车机车、4 列动车组、1 209 个货车	101 040 849	属于整体系统
总价			2 904 584 647	

三、洽谈

总承包商在项目前期对该国国内铁路进行了全路网规划的可行性研究,并在此基础上向该国提交了东南、西南、中南、北部 4 条铁路的选线方案和项目建设时序,并提出了完全可以满足该国经济发展及运输需求的铁路技术标准。虽然最终该国政府出于对本国政治因素和兑现选举承诺的考虑选择了先行实施位于北部地区的该项目,但通过提交该国铁路全路网的可行性研究及铁路技术标准建议,显示了总承包商具有的强大铁路规划、勘察、设计技术和实力,这也为随后的合同洽谈工作打下了基础。

2008 年 9 月 24 日,两国政府补充协定的签署,为总承包商与该国铁路局在铁路建设项目上进行全面合作,启动合同洽谈提供了法律保障。总承包商立即派出了 20 多名专家团队奔赴该国现场开展合同洽谈工作。合同洽谈分商务和技术两个部分同步进行。

在商务谈判中,总承包商就报价的内容、格式、项目和条目、单价及总价等方方面面的问题,与该国国家铁路局局长及相关部门的负责人进行了多轮拉锯式的谈判。双方最终达成一致:以交钥匙的方式实施该段铁路项目,总报价 29 亿美元。

在技术谈判中,双方就项目设计及建设标准、EPC 总包工作范围等问题展开谈判。为控制合同风险,对各个环节的技术问题,特别注意周全和细节,大到列车最高运行速度,小到路基面的宽度,都与对方进行反复多次谈判。双方最终于 2009 年 4 月完成了整个技术谈判工作,并于 2009 年 7 月 30 日正式签署该铁路项目 EPC 总承包合同。

第三节　项目总体目标及项目风险分析

一、项目总体目标的制定及分解

根据该项目的性质和实际情况以及对于公司和两国的重要作用，确定项目的总体目标是：依靠先进的技术、优秀的管理、优良的质量，快速、安全并且用尽可能低的成本建成项目，造福该国人民，增进两国之间的交往，增进该国和其他国家对于公司技术的认同，增加公司以总承包商方式承揽国际大型高速铁路项目的经验，提高公司的管理水平，提高企业在世界同行业的综合竞争力。

项目总体目标的实现以各个具体目标的实现为基础，把总体目标分解，确定了项目的以下 8 个具体方面的目标：

1. 质量目标。严格执行标准化管理，做好每一个环节、每一个细节，确保工程质量合格。

2. 工期进度目标。严格执行施工组织计划，实行均衡生产。

3. 成本目标。严格执行建造合同管理办法，加强分包商管理，控制好各项费用支出，按照该国收付规则做好资金管理。

4. 安全目标。确保施工生产不出事故，确保员工包括外籍员工的人身安全，建立安全防范体系。

5. 环境保护目标。严格执行所在国环境保护法律法规，落实环境许可条件，主动配合环境验收，环境保护设施完善，处理好垃圾、污水等，不留死角，无有异味。保护环境不是为了应付检查，而是一种必须尽到的责任与义务。

6. 对外关系目标。处理好对外的各种社会关系是海外项目经营管理成败的至关重要的要素。通过详尽的调查，理清各种社会关系，包括市长、议会、国民卫队、警察，工会、农场主、分包商，还有其他方方面面，要尊重、沟通、融合、和谐，礼尚往来，合作共赢。

7. 企业信誉和人才培养目标。企业形象、企业品牌要通过企业 logo、旗帜、展板等视觉系统充分展示出来，做到大气规范，视觉冲击力强，特别是通过项目部员工的团队精神展示出来。每个人都要阳光起来，充满热情，善于与人交流，做事认真负责，讲信誉，说到做到，执行力强，培育造就一支具有海外意识、适应海外项目经营管理的人才队伍。

8. 员工身心健康目标。首先是身体健康，饮食的营养要够，住所干净舒适，乒乓球、网球、羽毛球、足球等各种体育健身场地设施完整，开展各类体育锻炼活动经常化。其次是身心健康。员工出国在外，远离亲人，天长日久，内心的寂寞孤独是在所难免的。要打破小圈子，打破死气沉沉，营造一个充满亲情友情的海外大家庭，领导要像关心自己家里人一样关心员工，让员工感到温暖温馨，从而心情愉悦快乐地工作。

8 个方面的目标中，前 3 个目标是通常所说的狭义的目标，下文中的目标控制也是指前3方面的目标控制。前4个目标是硬性的,是物质文明,后4个目标是软性的,是精神文明。在海外做项目,4软是4硬的先导,是基础,要实现硬目标,必须有软目标作支撑、作保证。

二、项目目标的风险分析与应对

项目在实现目标的过程中可能面临诸多方面的风险,根据本项目的具体情况,以下分析该项目可能面临的一些主要风险并制定应对措施。

(一)该国政府部门审批程序复杂以至影响工期的风险分析与应对

分析:该项目开展施工的第一个环节就是要通过环评和环保手续办理。当地环境保护要求极高,以至于苛刻,环境评估、设计方案以及验收等多方面的审批程序众多,政府有关部门工作人员状态散漫,工作节奏慢,施工环评、许可等各种手续审批过程漫长,很容易导致拖延施工工期。

应对:在充分认识和深入了解该国政府办事程序、工作风格和行为习惯的基础上,因地制宜发挥中方员工真诚友善、耐心细致和灵活多变的工作方法,成为项目部逐步解决项目遇到的各种困难的有效手段。项目部不等不靠,主动开展工作,用中国人的真诚和吃苦耐劳精神感动他们。比如为了加快环评程序办理,迅速打开不利局面,实现进场开工,项目部常务副总经理带领程序组的翻译租住首都简陋的民房,找环境部、国家铁路局和有关负责人协商,随身带着电脑、打印机、方便面和瓶装水,工作时间内寸步不离蹲守在办公室外耐心等待答复,中午则在大门外简单食用方便面和瓶装水将就一下,只要有关部门提出修改意见,在很短时间内就将一套新方案送上。仅进场便道施工方案就修改了20余次才最终敲定。政府部门被项目部高效的工作节奏和敬业精神打动,加快了办事节奏,环评手续较快办理完成。

(二)征地拆迁风险分析与应对

分析:该国土地属于私人所有,全线共穿越上百家农场,农场内情况复杂多样,征地拆迁是项目必须要面对的一大难题。该问题如果能顺利恰当解决不仅能使项目顺利进行,而且能提高企业的知名度,增进与民众的关系;这一难题如果解决不好,会引起当地民众的不满,阻碍项目的进行,更严重的还可能引发冲突,导致项目的停工,因此,必须高度重视该问题。

应对:项目部利用当地资源,结合项目实际情况,努力寻求一条成本最低化、法律风险最小化、效率最大化的路子来解决征地拆迁问题。结合该国农场多为牧场的实际情况,项目部主动找业主律师和农场主协商,采用项目部先期代替国家铁路局出部分资金,农场主自筹一小部分并自出人力修建房屋和围栏,待补偿款到位后再进行清算的办法,提前解决了征地拆迁补偿等问题,加快了项目推进速度,使施工队伍得以及时进场施工。

(三)财务风险分析与应对

分析:1. 项目实施阶段,对于水泥、钢材、沥青、油料等大宗材料考虑与供货商签订长期供货合同,来规避日后可能因各种原因导致的物价上涨风险;2. 在报价阶段要考虑物价上涨的因素;3. 合同报价采用美元,如果采用当地币结算,可能会产生较大的汇率风险。

应对:1. 总包公司为减少报价的风险,委托专业的财务咨询公司,专门研究解决报价文件中的财务模板,制定措施;2. 召开专题会议,充分利用业主提出的调价公式和货币指数,研究业主不同阶段付款时的本币与外币的货币比例,针对本地化采购的额度,确定本币的比例,减少汇率损失;3. 在报价中确定增加一定的风险保障费用,应对不可预测的风险因素。

(四)物资长途运输的风险分析与应对

分析:沿线地材(砂、碎石、道砟)相对匮乏。当地的钢材、水泥价格与国内市场相比,钢材价格约是中国的2.5倍,水泥价格约是中国的3.2倍;该国也不具备制造大型机械设备的能力,第三国进口价格高而且时间长;还有一些工程部件比如钢-混凝土结合梁,采用在国内工厂按设计图将钢箱梁制作成标准梁段或单元构件,运抵国外桥位拼装成整孔钢箱梁吊装就位,再现浇钢筋混凝土道砟槽板的制造与安装总体工艺方案。因此,本项目所需的主要材料和主要机械设备将从中国进口,设备的采购和运输将对项目成本产生较大影响。

应对:首先要求业主对于采购的材料、大型设备、部件等预付一部分款项;另外在合同中事先约定好双方在物资采购中应承担的责任,通过合同把部分风险分担给业主;还有在远距离的海运过程中对材料、设备等物资进行投保;聘请大型专业的海运公司承担物资运输任务等。

(五)法律及合同风险分析与应对

分析:1. 项目参与单位来自不同的国家,各国的法律和行业规范均不尽相同,会出现很大的跨国法律风险;2. 报价采用英语书写,在英中互译过程中可能会有理解偏差,造成对合同文本的理解不一致;3. 合同责任风险。合同分包商与总承包成员承担的风险与利益不均衡,总承包成员风险大于利益,而主要分包商则利益大于风险。

应对:1. 中方公司成立了项目风险管理部门,并与相关律师事务所合作,为项目提供法律服务;2. 专业律师全程跟踪项目,针对主合同出具了100多条的合同偏差表。对项目实施结构、境外投资审批、境外投资需要关注的问题、总承包成员之间的权利和义务划分、商务标段的报价文件、主分包商地位等重要事宜进行了法律分析,列出了近百项风险提示。

(六)管理风险分析与应对

分析:总承包公司从事国际大型EPC总包工程的经验较少,缺乏有管理国际大项目经验的项目高级管理人员。管理经验不足,管理人员缺乏相关知识,有可能存在控制不力,项目管理松散,成本和进度控制不严,设备投入不充分,报价缺项、漏项,投标决策失误等管理风险。

应对:1. 中方公司成立了专项项目部,根据项目部职能和规模,确定了组织机构,制定了工作制度,划分了专门的工作场地,配备了强大的后勤保障措施,较好地集中了项目参与人员;2. 聘用长期从事国际业务的项目高级管理人员作为项目高级顾问,指导项目组开展工作,并从各分公司抽调业务骨干加入项目部。通过一系列措施,确保了人员和场地设备的全部到位。各项有力措施的实施使管理风险降到了最低。

(七)雇佣当地劳动力的风险分析与应对

分析:根据该国《劳动法》的有关规定,中方与该国员工比例应为1:9。项目部中方管理人员数量不多,因此,大量工作要靠分包商、该国劳工来完成。施工初期,项目部对当地劳动保护法律法规学习不深入,在当地劳工管理上出现了一些问题:招聘的劳工使用一段时间后,发现能力和素质较差,辞退时,法律程序、工会保护和高额的赔偿让项目部伤透了脑筋,为此还诉之法庭调解;工作服、劳保鞋没有及时发放,劳工就罢工或堵营地大门。该国高达12%的失业率,每年30%的通货膨胀率,解聘需要付出高于原收入双倍的赔偿,耗费了中方人员大量的精力。

应对:经过探索,项目部发现,招聘当地管理人员、用当地人管理当地人,是解决问题的有效途径。据统计,项目部累计面试当地劳工1 800多人,雇佣最多时达到367人,其中管理人员38人。对管理类人员的招聘除了年龄要求,还要有从事铁路或类似工程的施工经验。对机械操作手和后勤服务人员的招聘,不论是当地政府或工会组织推荐,都要进行技术水平和能力的测试。所有聘用的外籍员工在进行了面试、体检合格、实际操作、岗前培训和部门考核合格后,方能上岗。例如,项目部招聘的一位现场领工员,带领40多名当地劳工先后从事主营地道路、排水、路基涵洞结构物施工,每天早晨按制度坚持点名、分工,将工作量化,很快扭转了劳工迟到、劳动纪律散漫、工作懒散的状况,涵管施工速度在各段内进度最快、质量最好,得到项目部多次表扬和奖励。

(八)公共关系风险分析与应对

分析:项目初期的公共关系风险主要体现在与业主的关系,与总承包内部各分公司参与人员关系,与当地政府和居民关系,及总承包公司与我国外交部门驻当地使领馆关系等各个方面。

应对:1. 承包公司由中国政府直接委派,该公司与业主关系良好;2. 通过政府主管部门强有力的工作和总承包公司全面周到的服务,内部各分公司参与人员工作热情高涨;3. 中方公司曾在当地以分包商身份参与过其他项目,与当地政府和居民关系良好;4. 该项目得到了外交部门的大力支持,外交部驻该国使领馆多次听取项目汇报,并给予了许多具体指导。

(九)资金风险分析与应对

分析:在国外EPC总承包项目中,最大的风险还是资金风险。如何最大程度地保护自己,把资金风险降到最低,是每个对外承包企业考虑的首要问题。在海外，有些小项目，例如货物买卖中，存在故意的欺诈行为。尤其是有些所谓的民族保护主义者，对中国公司不利。但是，在大型项目中，这种恶意的欺诈行为比较少见。

应对：在合同支付条款上，首先应坚持信用证付款，这是国际惯例。其次，向业主提供设备和材料运输计划时，前面的一些运输批次可以适当地增加货值，而后面的一些批次可以适当地降低货值，从而使采购项下的合同款可以尽量早、尽量多地收回。

(十)税务风险分析与应对

分析：该国的政治制度是带有中央集权制特点的联邦制，税务非常复杂，除了国家的税务制度外，各个联邦还有各自的税制。该项目总价合同中要求承包商承担因为国家法律引起的税率变化以及征税范围变化引起的风险，这样的风险实在太大，作为承包商也没有能力预测这样的风险。

应对：在与业主洽谈合同的时候聘请熟悉当地情况的会计师和律师作为顾问，设计合同结构，计算税率，达到合理避税的目的，将不可预见的税务风险转移出去。

第四节　项目组织机构的制定及人员管理

一、总承包组织管理模式

为了加快建设速度，提高项目建设质量和水平，实现项日在2012年建成通车的目标，根据该国的请求，总承包公司向该国提交了铁路EPC建设项目管理模式建议书。建议书建议该铁路项目建设管理模式借鉴中国京沪高速铁路模式，即成立强有力的决策、协调和管理机构，健全管理制度，强化管理手段，建立以建设主体为核心、以共同目标和共同利益为纽带、责任分明、运转有序的铁路建设管理机制和项目建设实施EPC总承包模式。其具体管理模式如下：

1. 成立该国铁路建设领导小组(简称领导小组)；
2. 国家铁路局承担铁路行业管理职能；
3. 国家铁路局组建建设单位(项目公司)；
4. 建设单位选定优秀的监理单位；
5. 中方的该总承包公司负责EPC项目建设实施。

项目建设实行领导小组对建设过程指导、监督和协调，国家铁路局承担铁路行业管理职能，建设单位严格履行建设单位职责并就建设过程中出现的重大问题及时向领导小组和铁路局报告，监理单位履行监管职责，EPC项目实施主体负责项目建设的建设管理机制。项目建设组织管理关系如图11-1所示。

在建议书中，还具体提出了该铁路项目建设管理的运行机制：

1. 领导小组作为项目的最高决策和协调机构，建议由该国负责基础设施建设的副总统级领导担任领导小组组长，相关部委和各州人员参加组成。领导小组下

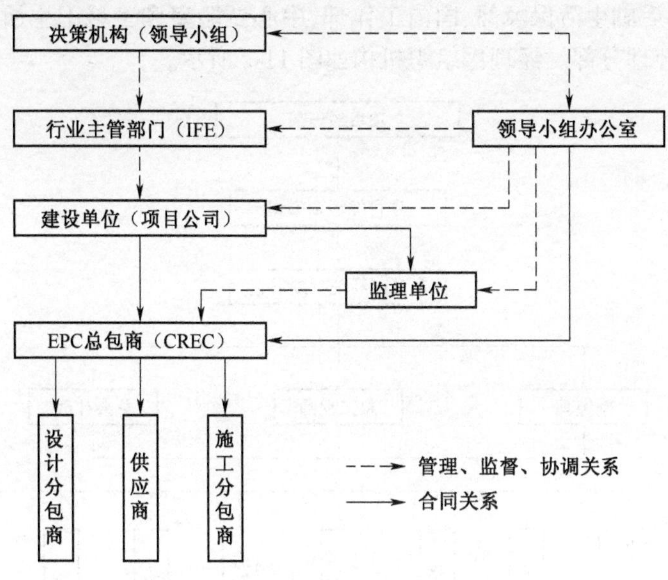

图 11-1　项目建设组织管理关系

设“××铁路项目领导小组办公室”，办公室设在公共工程和住房部。铁路沿线各地方政府成立相应的铁路建设协调机构，配合解决相关事项。

2. 国家铁路局作为该国铁路行业主管部门，承担铁路行业管理职能，负责组建该铁路项目建设单位，对该铁路项目的建设进行行业指导、监督和协调。建议聘请中国高级铁路管理顾问为国家铁路局高层管理提供全面管理咨询。

3. 建设单位履行项目建设单位职责，选定监理单位。建议建设单位聘请中国高级铁路管理顾问为该项目铁路建设提供全面管理咨询。

4. 监理单位受建设单位委托，作为建设单位施工现场管理的代表，负责项目实施的过程管理和监督。建议选用熟悉中国铁路技术标准和规范，了解中国铁路工程建设管理模式，具有中国铁路工程建设管理实践经验的监理公司，以缩短“磨合期”，加快项目实施。

5. 项目的 EPC 总承包商，在两国有关协议规定的范围内，全面履行 EPC 合同规定的责任和义务，以“先进的技术、优秀的管理、优良的质量”，确保项目按照合同工期完成任务。

在该铁路项目实际建设过程中，该国全面接受了该建议书的内容，并根据建议建立和实施了该铁路项目的建设管理模式。

二、总承包商项目经理部组织机构设置

总承包公司成立了该铁路项目建设项目经理部，由副总经理担任项目经理兼党工委书记，设常务副经理 1 人，党工委副书记 1 人，副经理 2 人，总工程师和总会计师各 1 人。经理部内设综合部、工程管理部、安全质量监察部、物资机械管理部、

计划财务部、后勤生活保障部、国内工作部、中心试验室和工地卫生所。项目经理部下设4个经理分部。经理部组织机构如图11-2所示。

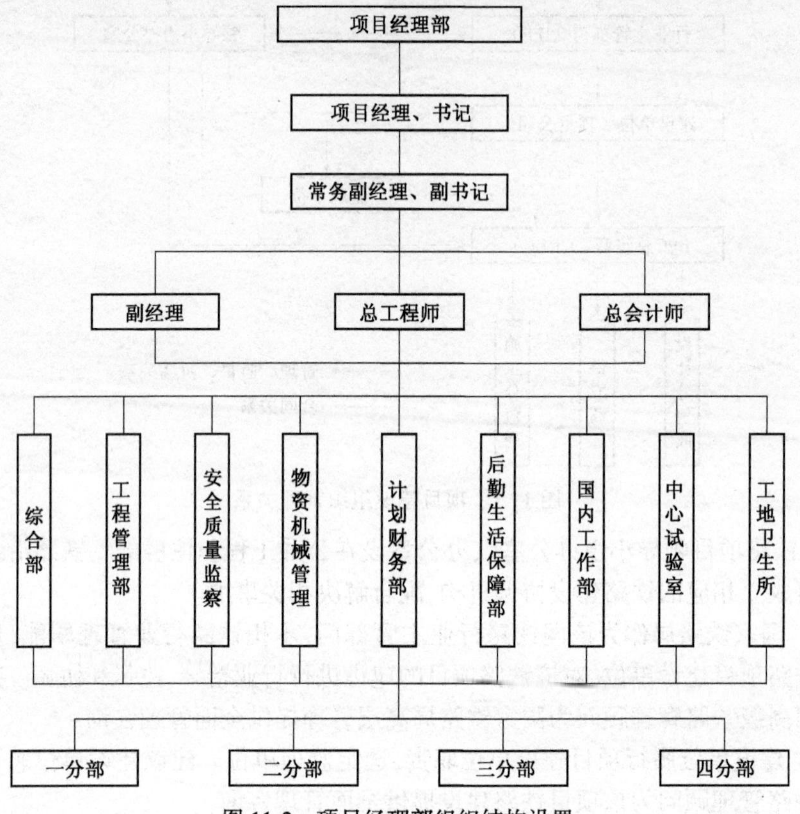

图11-2 项目经理部组织结构设置

项目经理部还把任务划分给各经理分部,各分部任务划分见表11-4。

表11-4 各经理分部任务划分

分部名称	里程段落	长度(km)	主要工程内容	估价(亿美元)	实施单位
一分部	K0+000~K121+000	51	51正线公里 客运站:第贝纳思 桥梁:6座1 054 m	4.1	A公司
二分部	K121+000~K180+700	59	59.7正线公里 客运站:多斯卡、圣保雷罗 中转站(枢纽):多斯卡东站 桥梁:8座3 254 m 制梁厂:1座(K133处)	7.2	B公司

续上表

分部名称	里程段落	长度（km）	主要工程内容	估价（亿美元）	实施单位
三分部	K0+000~K70+000	70	70 正线公里 客运站：迪那科 货运站：迪那科东站 桥梁：18 座 3 963 m 隧道：1 514 m	6.6	C 公司
四分部	K0+000~K180+700	180	铺　轨 含：轨枕厂、轨排场、焊轨厂、道岔组装厂等	2.6	D 公司
合　计				20.5	

三、基层人员管理

根据该国《劳动法》的有关规定，中方与该国员工比例应为 1∶9。项目部中方管理人员数量不多，从中国国内聘用的基层工作人员见表 11-5，大量工作要依靠当地的分包商、劳工来完成，当地劳工价格与国内派遣劳务人员相比，价格相对低廉很多，选好、用好当地劳工，实现本土化管理，有效降低工程成本，成为海外项目施工管理的关键。

表 11-5　国内聘用的基层工作人员数量统计

序号	工种	数量	拟进场时间
1	电工	8	首批进场人员 8 人
2	发电工	10	首批进场人员 10 人
3	电焊工	25	首批进场人员 10 人
4	木工	25	首批进场人员 10 人
5	架子工	20	首批进场人员 10 人
6	钢筋工	16	首批进场人员 16 人
7	修理工（汽、机械）	10	首批进场人员 5 人
8	挖掘机司机	15	首批进场人员 10 人
9	钻机操作员	60	（有专业队伍）
10	搅拌站操作员	4	首批进场人员 4 人
11	运输司机	4	首批进场人员 4 人
12	平板车司机	2	首批进场人员 2 人
13	拖车司机	1	首批进场人员 1 人
14	叉车司机	2	首批进场人员 2 人

续上表

序号	工种	数量	拟进场时间
15	油罐车司机	4	首批进场人员 2 人
16	货车司机	4	首批进场人员 4 人
17	铲车司机	8	首批进场人员 8 人
18	吊车司机	8	首批进场人员 8 人
19	罐车司机	12	首批进场人员 12 人
20	泵车司机	2	首批进场人员 2 人
21	车载泵司机	1	首批进场人员 1 人
22	粉料罐司机	2	首批进场人员 2 人
23	推土机司机	4	首批进场人员 4 人
24	自卸车司机	30	首批进场人员 15 人
25	洒水车司机	2	首批进场人员 2 人
26	压路机司机	4	首批进场人员 4 人
27	平地机司机	4	首批进场人员 4 人
合计		288	首批进场人员 191 人

施工初期，项目部对当地劳动保护法律法规学习不深入，在当地劳工管理上出现了一些问题：招聘的劳工使用一段时间后，发现能力和素质较差，辞退时，法律程序、工会保护和高额的赔偿给项目部带来很大压力，该国高达 12% 的失业率，每年 30% 的通货膨胀率，解聘需要付出高于原收入双倍的赔偿。甚至为此还诉之法庭调解。此类工作由于工作服、劳保鞋没有及时发放，劳工即罢工或堵在营地大门等，所以对于当地劳工的管理，是参建单位必须面对的一个难题。

项目部经过探索发现，招聘当地管理人员、用当地人管理当地人是解决问题的有效途径。当地人熟悉当地劳动法律法规、劳工生活习惯和秉性，是项目部最好的向导和管理助手，而当地人的语言优势和亲和力是项目部任何人都无法比拟的。项目部管理机构设置中，工程、物资、设备、试验、财务、机械、人力资源等职能部门，都招聘了当地的管理人员。

项目部还根据自有机械设备情况，成立了以中方操作手为主的机械施工作业队，作为施工力量的有效补充，避免了分包商以停工相要挟，要求提高承包单价的状况。项目部累计面试当地劳工数千人，雇佣最多时达到数百人，其中管理人员数十人。对管理类人员的招聘除了年龄要求，还要有从事铁路或类似工程的施工经验，勤于下施工现场进行技术指导和服务。对机械操作手和后勤服务人员的招聘，不论是当地政府或工会组织推荐，都要进行技术水平和能力的测试。所有聘用的员工都要进行面试、体检合格、实际操作、岗前培训和部门考核合格后方能上岗。对于招聘上岗的员工，项目部严格实行考评制度，根据不同岗位确定一个月至两个月的试用期,各部门对试用的外籍管理人员、机械操作手、后勤服务人员进行项目管理制度执行情况、服务现场意识、技术水平、实际工作能力、劳动态度等情况综合考评,试用期内综合考评合格,岗位职责完善明确,并写进劳动合同后,才能签订最终正式的劳动合同。施工现场管理由该国管理人员配合项目技术人员共同管理。

经过这样的调整和磨合,理顺了对当地劳务的管理,当地员工们表示,中国企业到该国修建高速铁路后,和他们已经是朋友关系,工作起来心情非常舒畅。

第五节　项目合同管理

合同管理工作从大的方面可以分为业主方、分包商的合同管理和采购合同管理两大部分,这里介绍的合同管理主要是第一大部分,采购合同管理在采购管理部分中介绍。另外,工程索赔也是合同管理中非常重要的一部分,所以这里也对项目的索赔管理进行介绍。

一、与业主方的合同管理

项目所在国属于欧美体系,业主与总承包商之间采用的合同条件是 FIDIC 合同条件,这里主要介绍项目合同管理组对于项目支付情况的管理。

工程进度款的申请工作主要由项目部工程管理部根据工程进展准备相关证明材料,提交业主的造价咨询公司审查,并负责与造价咨询公司进行核对。在工程款申请过程中,往往会发生某些款项双方意见不统一而造成争执,此时,项目合同管理组负责出面协调。合同管理组负责检查和监督进度款申报工作按照规定的流程进行。

在项目竣工后,仍然由项目部工程管理部与造价咨询公司进行各项内容的工程结算工作。合同管理组对各项结算款的协助类似于工程进度款申请的指导与协助,当出现比较难处理的设计变更或者各段共性结算问题时,由合同管理组组织与业主、造价咨询公司进行商务谈判。

二、分包合同管理

(一)设计分包管理

该铁路项目勘察设计工作量大、任务急,仅依靠现场设计组来开展项目的勘察设计工作,根本无法满足项目的工期需要,还必须大量依靠国内的各单位、各专业的大力支持和主动配合。因此,成立国内、国外双配制设计总体组尤为重要。各级计划、技术审查全面跟进现场工作需要,满足和适应计划目标的要求。根据项目的工期要求,采用边勘察、边设计、边施工的做法,按照项目的总体实施计划,分段交付施工图。在满足合同中的技术条款的前提下,狠抓设计优化管理工作,严格控制项目成本。

根据合同要求,该铁路项目的设计分为概念设计、初步设计和详细设计三个阶段,每阶段的设计都必须通过国家铁路局指定的设计监理审查批准后才能进入下一阶段的工作。由于该国在技术上是属于欧美技术体系的国家,本项目在技术上与国内项目相比存在较大的差异,尤其是需要处理好与当地规范接轨的问题,同时,该国在审批程序上也比国内项目更为严格,每个设计细节都需要得到设计监理的批准才能交付施工。

基于外部条件允许、技术条件可行基础上,以满足设计质量和工期目标为前提,精心勘察、精心设计,对该项目采用的技术标准和技术方案进行深入研究比选,创造性地开展设计,最大限度优化设计,以降低项目运作成本、实现效益最大化。

该项目主要从以下方面着手开展了设计优化工作:

1. 切实转变观念,加强工程投资控制意识:设计人员要改变国内项目的传统做法,避免设备配备大而全、设计富裕余量大的情况。

2. 充分发挥 EPC 项目的优势,密切融合设计与施工的关系:设计要统筹考虑现场施工、材料和设备采购,深入开展系统的优化设计。比如桥梁梁型的选择、路基填料方案的选择、永久工程与临时工程的结合等,要突出设计和施工的协调一致性,做到设计和施工的系统优化。

3. 根据本线路地形、地质条件,优化线路方案及站前各专业工程措施,严格控制工程数量和工程投资。

4. 贯彻"资源共享"理念,优化站后段、所布点及规模,以满足功能需求为前提。

5. 站前、站后要协同设计,做好设计衔接和系统优化。

6. 根据该国现场情况和项目特点,选用成熟、经济的技术方案和机电设备,降低工期风险、技术风险和投资风险。用最经济的方案,交最优秀的作品。

7. 根据本项目特点和该国政府的要求,对整体系统(通信、信号、信息、电力及电气化工程)创造性地开展系统集成工作,包括系统设计、系统优化以及系统主要关键技术的适应性研究等。特别是在该项目中采用以中国列车控制技术为代表的标准体系,这是中国铁路"走出去"的重要表现。

8. 加强设计优化的过程控制:在设计过程中要及时掌握设计情况和已交付详细设计图的工程量情况,预测和评估全线工程及投资,以指导后续的设计优化、有效控制工程投资,并密切跟踪施工进展情况,结合施工中出现的问题及时调整和优化设计。

通过努力,该项目的设计优化工作取得了显著的成果,比如大幅降低了桥梁比重。特别是设计和施工融为一体、协调一致,做到设计和施工的系统优化,为保证项目工期、控制项目成本打下了良好基础。

(二)施工分包管理

对外籍分包商的管理,坚持分包队伍"引进慎重化、管理精细化、考核制度化"

原则，项目部出台了《项目部合同管理办法》《分包商奖罚管理办法》《计价管理办法》《分包商计量流程》等规章制度。对外籍分包商的考察、引进和管理、承包方式、风险分担、考核使用和劳工使用等方面提出具体要求。项目部先后引进外籍分包商100多家，当地施工作业人员高峰期达3 000多人。分包商结算必须保证结算款首先支付劳工工资，避免产生劳务纠纷和工会介入问题。对分包商执行制度化考核，每周由工程部和安质部对项目施工质量、安全、进度、环保和劳工管理等情况进行综合检查，根据检查情况，按照《分包商奖罚管理办法》执行奖罚。

三、索赔管理

国际EPC项目索赔难度较大，但不能不重视索赔，同时也要注意防止业主的反索赔。该铁路项目从设计阶段开始就高度重视为今后可能存在的工期延期或索赔做好相关的准备工作，注意收集资料和保存原始记录，特别是注意收集合同中规定为对方义务但未按期履约的证据，为后期成功索赔保留证据。

在项目具体实施阶段，会出现业主未将施工场地按时移交的等诸多问题，导致工期拖延。为了保护承包商自身利益，项目部合同管理部门组织各分部项目经理部将上述问题进行整理、拍照，以书面形式在合同规定时间内将索赔通知发送给业主的相关负责部门。由合同管理索赔组组织计算、申请工期索赔工作，并与业主和咨询公司进行工期索赔的商务谈判。项目部合同管理部门从研究业主文件和合同文件入手，根据现场实际情况聘请资深的专业索赔公司，精心策划和部署工程索赔工作，为成功实现工程索赔，防止反索赔打下坚实基础。此外，项目部组织形成了以合同管理部为主线，其他部门协助的一条龙式的工程索赔组织机构，同时强化全员参与索赔工作的意识，实现了随发生、随处理、随索赔的良好工作循环，成功地实现了工期索赔和反索赔，保护了项目部的合法权益。另外，项目部还和业主联合共同管理当地各分包商从而降低了工期反索赔风险。

四、合同管理的收尾工作

（一）对项目分包商的评估管理

为了达到择优汰劣、减少今后工程中由不良分包商造成的不必要问题，更好地控制工程的质量、安全、进度、成本，项目部在工程竣工移交后对项目分包商进行了评估。根据合同管理部门提供的分包商统计表，由各相关人员（部门代表）对工作上有联系的分包商在相应的评估项上给出自己的观点。参评部门包括了工程部、项目经理部、商务部、安全部和技术部，对如下项目进行考评：

1. 材料运送计划（施工计划）的执行情况；
2. 满足测试标准的情况（验收）；
3. 对总包指令的反应情况；
4. 质保书、保证书；

5. 管理上的承诺履行情况；

6. 接收的货物/服务的质量；

7. 价格竞争力；

8. 安全、环境保护执行情况。

通过各部门对每一个分包评分结果汇总，可找出表现差、列入“黑名单”的分包。此外通过让各个部门重新参与一次分包确定的过程，做到了有始有终，更加深刻的理解和把握确定分包商的程序和标准，为以后在当地继续承揽类似项目做好基础。

（二）价格数据库（Cost Data）的建立

进入结算阶段后，根据项目分包合同，合同管理部门重新梳理、记录在该项目实施过程中各项材料、分包的价格，并按照建筑、结构、安装、现场服务等各个工种进行了价格汇总，建立了价格数据库，对今后招投标工作具有指导作用。

第六节　项目采购管理

一、采购准备

通常设备、材料采购的费用约占工程项目总费用的50%～60%，对于高速铁路项目，加上“四电”设备和车辆，所占比例更高。所以对于EPC工程总承包项目，如果采购管理工作做得好，就会存在很大的利润空间；如果采购管理工作做得不好，可能对项目整体造成不好的影响，甚至危及项目。采购工作在EPC工程总承包项目中，对设计和施工起承上启下的作用。

EPC项目物资采购的关键程序包括：采购计划的制定、物资设备质量标准的确定、供应商的选择、物资设备的到场。由于是设计施工一体化，一般在设计确认的同时就要进行材料设备的确认，把材料和设备在图纸中确定下来，这也是决定项目成本和造价的一个关键步骤。在做设计方案和设备选型时，需要有懂得国际工程预算的人员参与。

鉴于采购管理对于项目整体的重要性，该项目在开始采购工作之前做了如下工作：

1. 将采购纳入设计程序，具体的实施过程如图11-3所示。

将采购纳入设计程序，这也是EPC工程总承包模式的优势之一。由于该国国情特点该项目的材料、设备的供应是项目的一大难题，及早把采购工作纳入工作程序，能够提前进行采购工作的规划、准备工作。从项目后期实施的实际情况可以看出，这一点对于实现采购工作适时适量、保证质量和成本最低的目标起到了相当大的作用。

2. 采购与施工管理的衔接，具体的实施过程如图11-4所示。

3. 施工、设计、采购、试运营的衔接，具体的实施过程如图11-5所示。

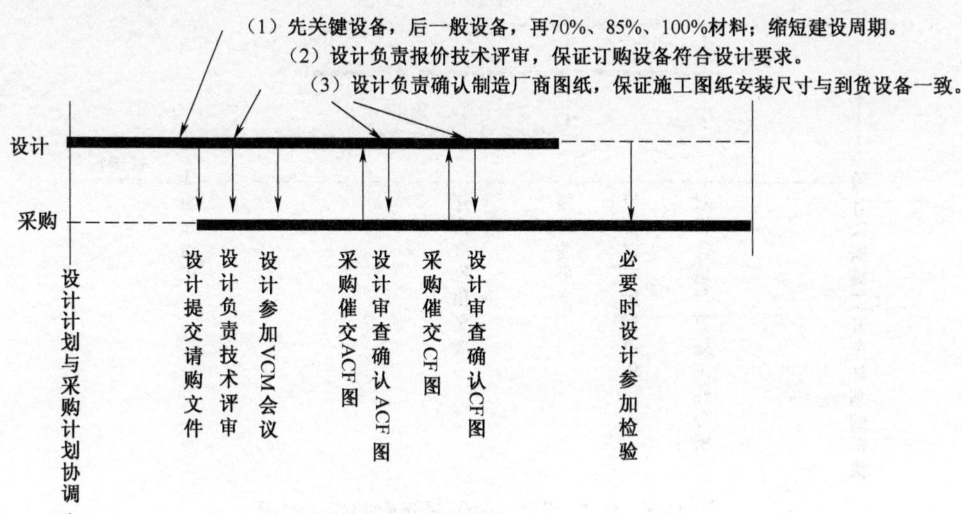

（注：VCM—Vendor Coordinative Meeting，厂商协调会；
ACF—Advanced Certified Final Drawings，先期确认图纸；
CF—Certified Final Drawings，最终确认图纸）

图 11-3　采购纳入设计程序的实施过程

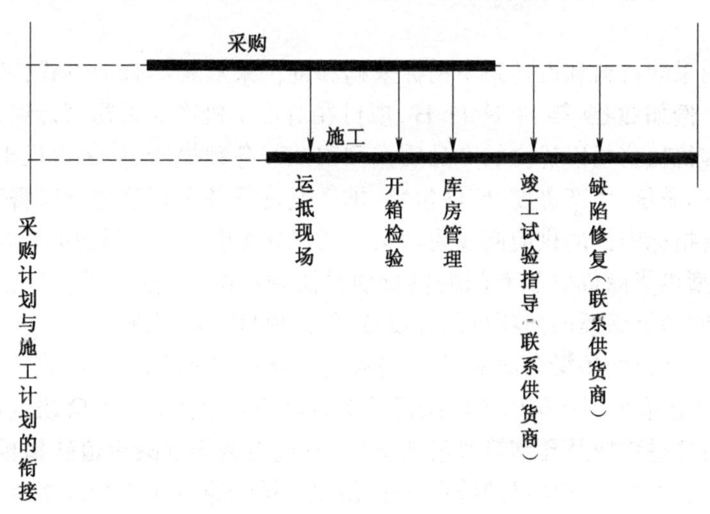

图 11-4　采购与施工管理衔接的实施过程

二、材料设备的采购与运输

该国的经济并不发达，全国铁路营运里程总共 400 km 左右，铁路施工需要的施工机械设备、周转料、钢模板、土工布、焊轨设备、钢轨等大量物资机械设备奇缺，当地生活物资、办公用品、部分材料匮乏，价格普遍比国内高出 3~4 倍，大量物资都要从国内集中采购；该项目需要的重型施工机械该国也很少能够生产，也需要从

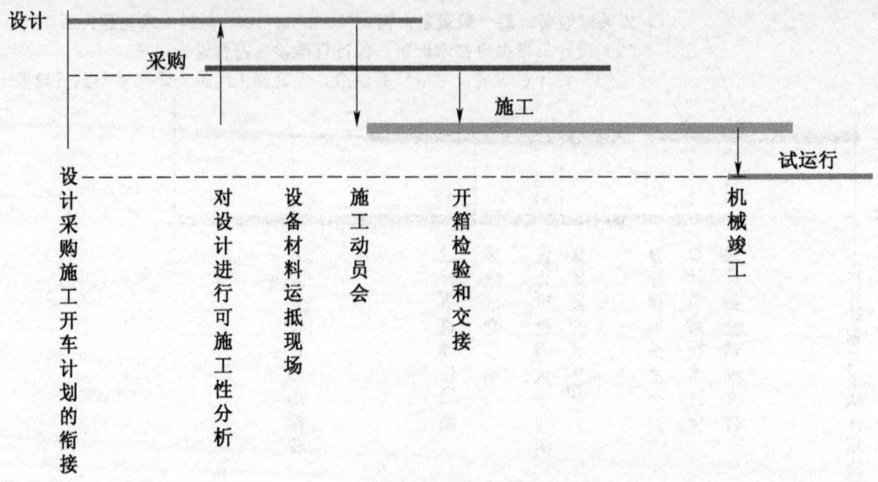

图 11-5　施工、设计、采购、试运营的衔接过程

国内采购，然后集港乘船漂洋过海 1 万多公里，经过一个多月时间才能到该国港口。再由汽车运输至施工现场，在基地和各施工点建立临时料库贮存。当地料本着"就近采购、合理组织、适当储备"的原则，在沿线就近采购并储备，利用汽车运至各工点。

在国内采购材料和设备采用招标采购和询价采购相结合的方式，其中以招标方式为主。例如 2009 年 11 月 11 日，项目在对推土机产品采购招标项目中，国内某知名工程机械公司以优良的产品质量和团队服务独揽所有 43 台推土机的招标项目，对产品质量、生产进度、配件包装、排产发货等各个环节进行监督和推进；对于其他设备招标中标的供应商多为两家至三家分摊供货。总承包商对各供货商要求严苛，大型供货商成立了专门的供货项目协调小组，严格按照供货合同要求执行，保证适时适量保质的向项目供应设备，保证项目的顺利进行。

另外，该项目的桥梁全部采用钢-混凝土结合梁，综合国内外的施工现场调查，钢-混凝土结合梁采用在国内工厂按设计图将钢箱梁制作成标准梁段或单元构件，运抵国外桥位拼装成整孔钢箱梁吊装就位，再现浇钢筋混凝土道砟槽板的制造与安装总体工艺方案。该项目的数百孔钢-混凝土结合梁分布在全线多座桥梁上，其钢箱梁全部采用国内工厂制造（由几个厂家分别制造）运抵国外架设。

由于该项目需要从国内采购大量的材料、重型机械设备，所以项目的物流成本很高。对于物流环节的成本控制主要是物流分包方式的选择。设备国内段运输采取由厂商负责运到指定港口，车板交货。为了减少货物在途中的相互交接，避免因为总承包商对于该国清关等政府手续的不了解以及减小在该国国内面临的物流风险，该项目的物流采用 DAP（目的地交货）贸易方式，在达到该国港口之前由国内的物流贸易公司统一负责货物国内的物流、装船、报关、海上运输等工作，到达该国港口后，在卸船之前把货物交接给业主，业主负责该国国内的物流，以此尽可能降低物流成本,减小货物长途运输中可能面临的风险。

三、项目采购管理的措施

1. 做好前期当地情况调查

为了做好采购招标工作,总承包公司专门组织专题设计小组,前往该国调查既有铁路运输能力、电力供应情况、道路桥梁以及港口的吊装能力等,做到未雨绸缪、谋在事先。同时这项工作也得到原铁道部协调小组的大力支持。

2. 超前准备以确保国内物资集港运输到位

该项目总工期40个月,工期压力非常大,从国内采购物资发往项目所在地是该项目能否顺利进行施工,保证总工期实现的关键环节。项目部采购管理人员和其他管理人员一起千方百计做好物资信息调查、招标采购、价格谈判、合同签订、物资运输到港等工作,安排专人负责联系厂家客户。为尽快把采购的物资集港、商检、报关,负责人员提前学习掌握国际海运业务流程,提高工作效率,以高度的责任心和使命感,确保整个物资供应不出错误,各种手续完备齐全。经过近两个月的紧张筹备,首船运输物资包括机械设备128台套、试验仪器112台套、活动板房6 300 m^2、周转料500 t、集装箱66个等价值5 800万元的物资按期全部集港到位,并顺利通过商检和海关检查。这为后期从国内顺利地进行大批量的采购材料、设备做了很好的开端。

3. 学习适应海外工程对物资管理的特殊要求

该项目物资需求品种多、批次多、采购量大、质量要求高,加之该国物资紧缺,周末和节假日工厂和商店都要休息,增加了采购难度。为保证物资供应,采购管理人员强化物资供应的计划性,加快工作节奏。主动与相关部门保持联系,带领物资人员经常到现场收集信息,加强与施工作业队的沟通,密切关注工程进展情况,及时把握物资需求时间和需求量,物资供应力求超前考虑,准确快速,避免疏漏和差错,确保物资尽快有效到位。例如2010年6月,采购经理通过认真分析当地的气候特点,判断雨季河砂供应将会受到影响,及时和项目经理沟通,取得同意后,在河砂场提前预订了5万 m^3 的河砂,并运到项目营地储备起来。果然,8月份当地遇到40年不遇的洪水,河水暴涨,砂场全部封闭,幸好有预先储备的砂料,项目的结构物施工才没有受到此事影响。

4. 千方百计保证各种紧缺物资及时到位

项目对材料的需求不能完全依靠从国内采购,在一些时候,为了不影响项目进度,对于急需的材料,虽然价格贵也需要从当地采购。当地物资属于卖方市场,为保证项目施工钢材、水泥、石材等紧缺物资的供应,采购管理人员跑了全国大小几十个城市,了解调查100多个厂家的生产能力、价格水平和信誉度。在货比三家的基础上,与厂家签订供货合同,提前做好物资储备。例如2010年8月,项目全线进入路基涵洞、桥梁桩基、承台等结构物施工阶段,钢材供应十分紧张,厂家准备停止供货待机涨价,采购经理得到信息后,马上带领物资人员赶到钢筋生产工厂,连续三天三夜守在工厂办公室,顾不上休息吃饭,困了就在车上将就,找销售领导谈判,据理力争,厂家终于答应继续按合同原价供货,经过一个多月的运输,5 000 t 钢材陆续到场,满足了施工现场需要。

第七节　项目三大目标控制

这里的目标控制主要介绍案例项目对于质量目标、进度目标、成本目标这三大主要目标的控制。

一、质量控制

由于 EPC 项目是承包商设计施工一体化,业主虽然也有监理的班子,但总承包商必须要更多地从自身把好质量关。制订完善的质量管理体系和制度,从设计到施工,都要有完备的自我检查和自我监督体系,以责任制的形式把质量问题落实到单位和人。为了保证质量,在项目部内部分成相对独立的两个部门,一是设计兼内部监理部门(沿用一些西方国家设计兼监理的模式);二是施工部门,施工部门同样建立一套完整的质量监督保障体系。

对于高速铁路项目,最重要的也是最容易损坏的部位就是路基工程,所以路基工程质量控制是关键。在技术标准使用上有国际铁路联盟(UIC)标准、中国标准、该国国家铁路总局铁路线路标准,经项目部与监理及国家铁路局反复沟通,路基施工技术标准最终以中国标准为主,在路基承载力试验检测方面采用 K30、EVD 和核子密度仪,试验结果双方均予以认可。质量内控方面,项目部坚持按图施工、按标准施工,路基施工从测量、试验、路基填筑、涵洞结构物施工,每道工序严格把关,确保质量受控。

二、进度控制

(一)进度计划

1. 总工期计划

总工期:2009 年 8 月 6 日 ~2012 年 12 月 6 日,共计 40 个月。

准备阶段:2009 年 8 月 6 日 ~2010 年 2 月 6 日,共计 6 个月。

路基工程:2009 年 12 月 8 日 ~2011 年 11 月 17 日,共计 24 个月。

桥梁工程:2010 年 3 月 1 日 ~2011 年 10 月 1 日,共计 19 个月。

涵洞工程:2010 年 4 月 1 日 ~2011 年 10 月 1 日,共计 18 个月。

房建工程:2010 年 10 月 1 日 ~2012 年 5 月 30 日,共计 20 个月。

隧道工程:2010 年 6 月 1 日 ~2012 年 1 月 1 日,共计 18 个月。

四电工程:2011 年 4 月 1 日 ~2012 年 8 月 31 日,共计 17 个月。

轨道工程:2011 年 4 月 15 日~2012 年 8 月 15 日,共计 16 个月。

总体验收:2012 年 8 月 15 日~2012 年 12 月 6 日,共计 4 个月。

2. 施工详细进度计划(见表 11-6)

表 11-6　施工详细进度计划

项　目　内　容	开始时间	完成时间	工期控制节点	备注
一、前 6 个月计划				
1. 多斯卡段 20 km 的路基施工准备	2009. 10. 1	2009. 10. 30		
2. 多斯卡段 20 km 的路基施工	2009. 11. 7	2010. 2. 16		
二、后 34 个月计划				
(一)路基工程(包括涵洞工程)				
1. 多斯卡段 20 km 的路基主体完工	2010. 2. 17	2010. 4. 1		
2. 迪那科段 10 km 路基主体施工完	2010. 4. 1	2010. 8. 1		
3. 管段中部 K90 段 10 km 路基主体完	2010. 4. 1	2010. 8. 1		
4. 管段内其他段路基主体完	2010. 6. 1	2011. 11. 17		
5. 附属工程完	2010. 6. 1	2011. 11. 17		
(二)桥梁工程				
全线内桥全完	2010. 3. 1	2012. 3. 31		
(三)隧道工程(1#隧道:1 514 m)				
1. 施工准备	2010. 6. 1	2010. 6. 30		
2. 明洞开挖	2010. 7. 1	2010. 7. 31		
3. 暗洞开挖初支	2010. 8. 1	2010. 12. 31		
4. 衬砌	2010. 10 初	2011. 12. 1		
5. 交验、退场	2011. 12. 1	2012. 1. 1		
(四)制梁				
1. 厂建并形成生产规模	2010. 3. 1	2010. 9. 1		
2. 正常生产	2010. 9. 1	2011. 12. 31		
(五)站场房建				
1. 多斯卡站房建	2010. 10. 1	2011. 11. 1		
2. 多斯卡站场给排水	2010. 10. 1	2012. 3. 30		
3. 其他站场房屋建设	2011. 7. 1	2012. 5. 30		
4. 其他站场给排水	2012. 1. 1	2012. 5. 30		
(六)四电工程	2011. 4. 1	2012. 8. 31		暂定
(七)轨道工程(180. 7 正线公里)				
1. 厂建、临时存料筹建并形成生产规模	2010. 3. 1	2010. 9. 1		

续上表

项 目 内 容	开始时间	完成时间	工期控制节点	备注
2. 轨排基地内轨排、焊轨、道岔组装	2010. 9. 1	2011. 12. 30		
3. 制枕	2010. 9. 1	2011. 12. 30		
4. 180. 7 km 预铺砟、架梁、铺轨、上砟整道、4 个车站站改	2011. 5. 15	2012. 5. 30		
5. 其中的迪那科、多斯卡站	2011. 5. 15	2011. 9. 30	两个站场作业队先分别施工完,然后再施工其他站	
6. 正线铺设长钢轨	2012. 4. 1	2012. 6. 1		
7. 正线单元轨节焊接、应力放散及锁定	2012. 4. 1	2012. 7. 1		
8. 轨道整理及钢轨打磨	2012. 4. 1	2012. 7. 1		
9. 线路有关工程	2012. 4. 1	2012. 7. 1		
10. 验收	2012. 7. 1	2012. 8. 15		
(八)总体验收	2012. 8. 15	2012. 12. 6		

3. 主要节点工期安排

制梁厂:2009. 9. 27~2010. 6. 30;

制梁工程:2010. 7. 1~2011. 12. 31;

制枕厂:2009. 10. 15~2010. 9. 1;

制枕工程:2010. 9. 1~2012. 4. 30;

隧道工程:2010. 6. 1~2011. 12. 31;

1#、2#特大桥:2010. 3. 1~2011. 4. 30;

铺架工程:2011. 5. 15~2012. 5. 30;

无缝线路施工:2012. 4. 1~2012. 8. 15;

多斯卡车站前后 20 km 的路基:2009. 10. 1~2010. 4. 1;

多斯卡站房建:2010. 3. 1~2010. 11. 1。

(二)进度计划的实施与检查

按照上述制定的进度与计划,根据组织结构的安排,由相关人员直接进行项目的实施,在具体实施过程中制定定期和不定期的进度计划检查安排,下面详细介绍项目在 2010 年 12 月底进行的年终进度计划实施检查的情况。

1. 初步工程:土建工程 180 km 的初步工程,完成 80%,为 1. 22 亿美元。

2. 土建工程:土建任务 180 km,完成 40%,为 6. 336 亿美元。

合同外三项费用及其他:完成 1. 444 亿美元(估列)。

合计:2010 年产值为 9 亿美元。

3. 隧道工程:起讫里程 K26+325.55~K27+895.5,长 1 572.95 m。2010 年 6 月 1 日开工,2010 年完成 40%,双头掘进,月成洞 100 m,计 600 m。

4. 其他工程:

(1)制枕厂、道岔组装厂、焊轨厂及制梁厂进度情况:

2010 年 6 月 30 日完成制梁厂厂建。2010 年 8 月 31 日完成轨枕预制厂、轨排厂、道岔组装厂厂建。2010 年 9 月 1 日开始制枕。2010 年完成制枕 20%,20 万根。

(2)2010 年 6 月 1 日开始运输道砟并储存。2010 年完成道砟储存 15%,计 10 万方。

(3)2010 年 7 月 1 日第一批钢轨到货。2010 年 9 月 1 日开始焊轨。2010 年完成焊轨 17%,计 100 km。

(4)2010 年 10 月 1 日开始站场房建施工。2010 年完成房建 20% 计7 000 m^2。

5. 临时设施计划:

(1)主营地办公区、DOS CAMINOS 营地:

2009 年 11 月 1 日开工,2010 年 2 月 20 日基本完成。

(2)主营地生产区:

2010 年 3 月 1 日开工,2010 年 6 月 30 日完成制梁厂,2010 年 8 月 31 日完成轨枕厂。

(3)其他营地:

迪那科营地 2009 年 12 月 15 日开工,2010 年 3 月 20 日基本完成。小营地 2010 年 1 月 15 日开工,2010 年 3 月 20 日基本完成。

(4)铺轨基地:

2010 年 12 月 8 日开工,2010 年 6 月 30 日基本完成。

(5)施工便道:

加固港口至主营地、四厂的道路。基本拉通线路纵向施工便道和横向引入道路。2009 年 12 月 8 日开工,2010 年 3 月 31 日基本完成。

(6)搅拌站:

建混凝土搅拌站 7 个,三个土建分部各设 2 个搅拌站,其中二分部一个大型混凝土搅拌站设在梁厂,四分部制枕厂设一个搅拌站。搅拌站拟设在工程量较大的特大桥、大桥、车站等位置,考虑运距经济,每个混凝土搅拌站供应混凝土范围为 10~20 km 运距。2010 年 1 月 10 日开工,2010 年 3 月 31 日完成。新建或迁建级配碎石拌合站 3 个, 2010 年 4 月 1 日开工,第一个级配碎石拌合站在 2010 年 4 月 30 日基本完成。

(7)水电贯通:

2009 年 12 月 8 日开工,2010 年 3 月 31 日基本完成。

(8)物资储存基地：

2009 年 12 月 8 日开工,2010 年 1 月 10 日基本完成场地硬化和围墙。

(三)进度计划的调整

通过对实际进度实施情况的检查与汇总,发现实际进度绝大部分与原始的进度计划相符合,在项目部整体团队的努力下,有的项目还有一定程度的提前,个别项目有小幅的拖后,在相关责任人的及时调整之下,拖延的部分也得到弥补,整条线路各段落实际开工日期及实际实施主体见表 11-7。

表 11-7　各段里程实际实施情况

序号	开工次序	分段起始里程	长度(km)	实际开工日期	施工单位	备注
1	4	K0+000~K4+500	4.5	2010 年 1 月 8 日	三分部	客运车站
2	9	K4+500~K10+500	6	2010 年 2 月 8 日	三分部	
3	13	K10+500~K31+090	20.6	2010 年 4 月 8 日	二分部	
4	10	K31+569~K69+063	37.5	2010 年 2 月 8 日	三分部	
5	11	K69+243~K94+900	25.7	2010 年 3 月 8 日	一分部	
6	5	K94+900~K96+900	2	2010 年 2 月 8 日	一分部	客运车站
7	6	K96+900~K111+500	14.6	2010 年 2 月 8 日	一分部	
8	2	K111+500~K121+000	9.5	2010 年 1 月 8 日	一分部	
9	3	K121+000~K127+800	6.8	2010 年 1 月 8 日	二分部	
10	1	K127+800~K131+200	4.4	2009 年 12 月 8 日	二分部	客运车站
11	8	K131+200~K164+500	6.8	2010 年 2 月 8 日	二分部	
12	7	K164+500~K166+700	2.2	2010 年 2 月 8 日	二分部	客运车站
13	12	K166+700~K180+700	14	2010 年 4 月 8 日	二分部	

三、成本控制

(一)成本估算

项目成本费用包括项目管理服务费(如勘测设计费、技术服务费、项目管理费等)、设备材料费、土建费、安装费和试验调试费等。其中项目管理服务费和试验调试费所占比例较小,并且是承包商自己控制的费用。设备材料主要在国内采购,设备采购的原始价格与国内的价格相当。安装中的技术工作主要由国内公司承担,其报价也可以参照国内项目以适当系数调增进行估算。根据当地情况,该项目雇佣的当地的工作人员和管理人员很多,当地政府对于工人的保护规定很多,所以人工费会比较高。另外如上所述,当地的钢材、水泥价格与国内市场相比,钢材价格约是中国的 2.5 倍,水泥价格约是中国的 3.2 倍,使用当地材料的成本也会很高。所以,在估算成本费用时,应认真收集当地的人工、材料等价格和费用的信息,还需考虑经济发展的趋势，物价指数的上升趋势等。

(二)成本控制手段

该铁路作为国际EPC总包项目，主要从设计环节、物流环节和施工环节三方面进行成本控制。

1. 设计环节的成本控制手段

在设计方面充分发挥EPC项目的优势，将设计和施工融为一体，施工单位提前介入和参与设计，结合施工的场地、施工工艺、人员和机具配备、施工组织等提出优化和改进设计的意见，杜绝国内项目常见的设计和施工不融合、甚至脱节和矛盾的现象，协助设计单位做好系统优化工作，具体手段如下：

(1)争取有利的设计标准。说服业主采用中国标准，通过向业主介绍中国已经建成并良好运营的高速铁路客运专线项目的设计、设备安装、施工、运行业绩，对中国标准进行深入分析，使业主和咨询公司更加了解中国的高铁技术和水平，使其相信我国的技术标准完全能够满足其要求，从而最终接受了中国技术标准。相比欧美的铁路标准，总承包商对于我国标准首先更加了解和熟悉，建设难度也更小，从而在满足业主项目使用功能的前提下大大降低成本。

(2)在初步设计阶段，做好方案优化工作。EPC总承包项目，最大的优势就在于可以通过总体设计优化，在保证系统安全、可靠、稳定运行的前提下，最大限度地降低工程造价，节省投资。初步设计方案的优劣，在很大程度上将决定项目最终的经济效益。

(3)在施工图设计阶段，实施限额设计，分部分控制投资。制定相应的奖惩措施，工程造价控制在限额设计以内的给予奖励；工程造价超出限额指标的，必须说明原因，必要时进行修正。

2. 物流环节的成本控制手段

因为该项目需要从国内采购大量的材料和重型机械、设备，所以项目的物流成本很高。对于物流环节的成本控制主要是物流分包方式的选择。设备国内段运输采取由厂商负责运到指定港口，车板交货。为了减少货物在图中的相互交接，避免因为总承包商对于该国清关等政府手续的不了解以及减小在该国国内面临的物流风险，该项目的物流采用DAP贸易方式，在达到该国港口之前由国内的物流贸易公司统一负责货物国内的物流、装船、报关、海上运输等工作，到达该国港口后，在卸船之前把货物交接给业主，业主负责该国国内的物流，以此尽可能降低物流成本，减小货物长途运输中可能面临的风险。

3. 施工环节的成本控制手段

结合各个段施工特点和当地钢材、水泥、砂石料等生产能力较低、劳动力缺乏等实际情况，超前谋划，合理制定生产计划和组织施工，并做好人力、物资、设备等各项资源储备；“量入为出”，充分预估和评价项目实施过程中存在的困难和风险，比如项目建设资金的不确定性，最大程度地避免资金投入风险；以资金为主线，以

“质量、安全、工期、成本”为目标，抓好项目实施过程中各个管理环节的工作，尽可能减低项目运作成本。

另外，因该铁路项目为总价包干合同，经和国家铁路总局协调，采用了相对于按工程数量验工计价更为方便的按进度百分比进行验工计价的方式。在项目实施过程中，从有利于验工计价的角度考虑，有针对性地制定各级施工生产计划，并合理安排施工工序，及时组织完成单元工程以达到验工条件。

第八节 项目安全管理

根据“PDCA”控制流程运行模式，在该高速铁路项目施工过程中，安全管理流程运行模式如图 11-6 所示。

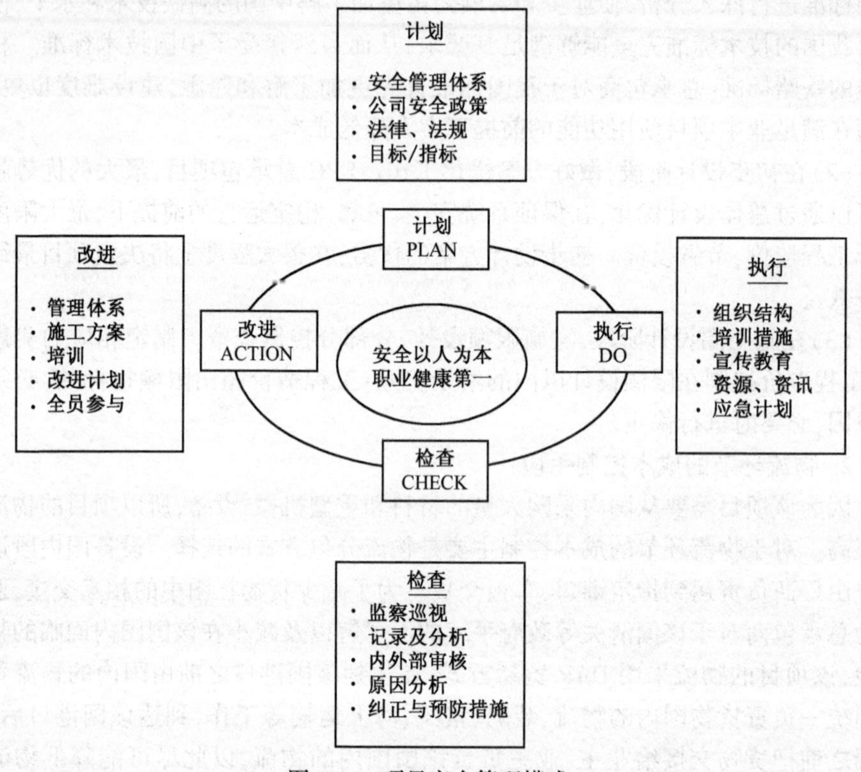

图 11-6 项目安全管理模式

一、组织结构

安全管理实施之前，首先建立以项目经理为领导的安全管理组织架构，作为工程安全生产的组织保证措施。一般包括两种组织，一是以项目经理为首，由承包商和分包商联合组成的安全生产管理委员会，由安全主任主持日常工作；另一个是在项目经理直接领导之下,由项目管理成员构成的安全管理小组。安全管理委员会,通过各成员(承包商和分包商的单位负责人、安全负责人等)传达、落实项目的各项安全规章制度,并定期总结、改进。安全小组,在项目经理的领导下,通过项目各部门的负责人,发挥部门的安全管理职能,完善、传达、落实各项安全规章制度,保证工程顺利进行。组织结构如图 11-7 所示。

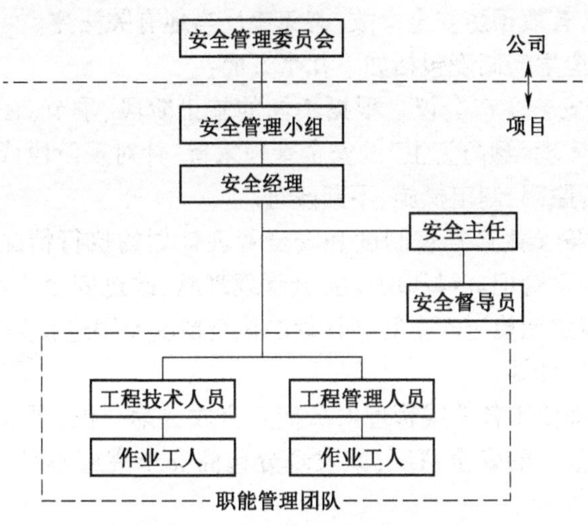

图 11-7　项目安全管理组织结构

无论是安全管理委员会,还是安全管理小组,都要在项目经理的领导下,但日常的管理工作主要由安全主任专职负责。安全主任是保证工程安全生产的重要角色,必须具有足够的专业知识、经验和职业精神。在国际工程合同以及安全法规中,关于安全主任的资质包括学历、专业经验等方面的要求,必须予以满足。

二、安全管理措施

(一)物质保证

安全管理需要足够的物质保证,需要投入。有的工地安全表现差,往往是项目经理出于对工程成本的片面考虑,未做到合理适时投入而造成的。安全事故的发生具有偶然性,但当投入不够时,偶然可能成为必然。总承包商不但自己要做出物质保证,同时也督促分包商做出应有的投入,保证安全物资所需足够,且符合标准。安全物资包括如下内容:

1. 急救设备。规模较大的工地甚至设立设施比较完善的医护室。工地应具备紧急初步处理伤情的能力。

2. 个人防护用具。针对不同施工环境佩戴相应的个人防护用具,如安全帽、安全鞋、口罩、护目镜、耳塞、安全带等,减少施工工作对人的身体及器官的损害。

3. 消防器材。按照有关的规定,购置足够的消防灭火器具,如消防泵、灭火罐、消防龙头等。设置安全仓,摆放易燃易爆物品。对于炸药仓库等,要设专职警卫。

4. 培训设施。购置多媒体培训设备和教材,安排足够桌椅和场地。

5. 安全措施材料。如购置合乎安全要求的高空工作平台、出料台;具有防漏电功能的临时电设施、照明设备、安全围栏、临时安全通道、安全吊具等。

(二)制度保证

项目应有一套完善的保证安全生产的规章制度,并严格实施,确保安全管理计划得到持续实施,有效预防安全事故,避免违反当地有关法律。

最基本的安全生产制度包括如下几个方面:

1. 定期召开安全生产会议。根据不同的施工阶段、季节,有针对性地预先安排,并组织落实,体现"预防为主"的安全管理宗旨;针对现阶段或以前发生的安全问题或隐患,分析原因,制定措施,不断改进。

2. 定期检讨安全生产管理制度和安全管理计划的执行情况。项目经理组织人员,定期检查安全管理资料和现场安全管理现状,改进安全生产管理的同时,注意完善制度;不断定期检讨安全管理计划的执行情况及跟进相关法律政策的变化,及时调整安全管理计划。

项目经理明确要求各前线管理人员把安全放在第一位,要求安全负责人在开工前先评估管理范围的安全情况,如发现分包商安全措施不足,立即要求分包商改进。

安全经理或安全主任每天上午及下午会不定时到各区巡查,一旦发现不安全情况,即时制止并拍下有关照片,以便跟进及中午会议上讨论。

每天下午 1:00~1:30,由项目经理/副经理、安全经理、安全主任定期与前线管理员工包括:总工、副总工及技术员们召开会议。会议内容包括检讨安全部门发现不安全状况的照片,让各区前线管理人员了解并要求该区管工解释。此举可提高各前线员工安全意识并明确公司安全要求。

同时,建立定期分包商会议制度,除每月一次安全工作小组会议外,项目经理安排各分包商负责人/代理人每周召开三次会议,逢星期一、三及五在下午 1:30~2:00 举行,会上将检讨各分包商的安全表现并讨论安全部门发现的不安全部位和情况,各分包商须对有关违例情况做出解释及承诺改善方案。

3. 牢固树立"安全第一"的意识,贯彻"安全第一,预防为主"、"生产须安全,安全为生产"的指导思想,在安排工作时,首先对安全工作进行交底和布置。

4. 安全培训制度。制定、实施安全培训制度,通过入职培训、工地座谈、专题培训、管理培训及演习,提高安全意识;通过组织工人参加工地早操会,舒展工人肌体,提高注意力,清楚当天工作的风险,避免和减少工伤事故的发生。

项目安全部门随时安排,在工地会议室为新入职的工人进行入职安全培训,确保工人在入职第一天内就可进行安全培训。

每天早上完成安全施工训导会后,安全部门会根据编排的时间表为工人提供安全工具箱使用方法培训。

5. 落实奖惩制度。从经济和精神上对安全表现好或对安全工作做出突出贡献的个人或团体进行奖励,对违章作业者进行处罚,奖惩有据可依,及时到位,做到制度化,从而激励员工和工人注重安全工作。

(1)分包商奖励

项目安全管理小组每月对有良好表现的分包商发出奖状以鼓励其继续保持良好纪录。

(2)工人奖励

项目安全管理小组每周定期评审最佳项目工人。评审条件是施工工作表现和安全工作表现突出,由所属组班全体工人推选,并由安全部门和工程部门核实其安全表现。最佳工人第一名可获五百元,第二名可获三百元,第三名可获一百元的奖励。公司希望以此推动所有工人主动去执行项目安全守则。

(3)前线管理人员奖励计划

为了加强前线管理员工的责任心及增加其归属感,项目安全管理小组特别制定评审标准,奖励前线管理人员。每周分别选出三名最佳前线管理员工,一等奖一名可获五百元,二等奖一名可获三百元,三等奖一名可获二百元。各得奖员工除奖金外并可获嘉许状。

6. 安全违例警告书制度

(1)工人违规警告书

为改善工人的不安全行为,安全部门及前线管理人员对违规工人执行签发违例警告书,分包商工人在第二次收到违例警告书时,项目经理会要求工人离开工地不准再进入该项目工作。

(2)分包商违规警告信

安全部门对违反安全要求的分包商发出黄色和红色警告信并征收行政费用,有关不安全情况会在每周二次例会上讨论,限期内如未有改善,总承包商将安排代工处理。费用由该分包商负担,有即时危险的工作部位和情况安全部门会发出红色停工令要求分包商立即暂停有关工序工作并立即改善。

(三)技术保证

对于高风险的工作,如高空工作、密闭空间工作、垂直运输等,需要做出专门风险评估,对于其工作环境需要做出特别安排,必要时,需要制定安全工作方案并经专业安全顾问公司或合格的专业人士确认。例如,塔吊重叠调运区的操作,需要做出特别安排,如配置预警系统,制定专项安全工作程序,建立专门的上下通信联络系统,并对塔吊操作人员、调运指挥员等做出特别培训和技术交底。

三、安全管理计划的检查与评估

(一)安全管理计划的检查

检查评估工作是安全管理计划实施过程中的经常性工作,目的是确保在项目上从事建造工作的所有人员的人身安全，维持健康安全的工作环境，保持安全生产，人人有责的安全意识和氛围。

实施检查包括以下三种组织形式：

1. 政府部门

该国的工业安全部门“劳工处”是一个在安全方面十分强劲的执法部门。对该项目的安全生产方面，他们工作重点是：

(1)协助和指导承包商做好安全管理计划和安全管理体系，协助总承包商对员工进行安全生产知识技能、认识方面的培训和宣传教育。

(2)制定相关职业健康、安全生产政策。

(3)不定期巡视地盘，对工地上违反安全生产法例、法规的人或事提出检控，对不安全的行为和隐患提出书面警告。

(4)对已发生的安全事故个案赴现场视察情况，收集证人、证物、证据，同相关部门和单位一起分析事故原因，提出处理意见。

(5)定期(一般一个月左右)巡察地盘，总结承包商在该项目上前阶段安全生产情况，检查各种安全措施是否足够，体验员工的安全意识是否强烈，对下阶段工地安全生产实施计划和改善措施，提出意见和建议。

例如在本项目开工初期，当地政府安全部门检查人员在一次检查中发现，现场施工人员脚上穿的都是国内购买的轻便胶鞋，而不是规定的安全鞋，责令承包商立即改正。承包商随即为所有现场工人采购发放了符合安全规定的安全鞋。

政府部门一般都是督察级人员巡察地盘，项目上都由安全经理、安全主任陪同巡察，由于事先不通知，到现场后，最容易发现真实情况，实施检查的组织形式如图 11-8 所示。

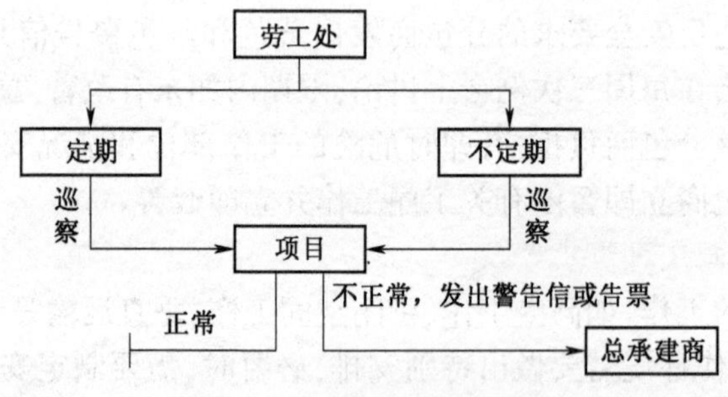

图 11-8　政府部门的安全检查

2. 总承包公司

这是安全生产非常重要的检查形式，如无特殊情况，它的检查频率为一个月一次，可根据项目的安全生产情况调整、缩短或延长，实施检查的组织形式如图 11-9 所示。

例如在一次总承包组织的安全检查中，发现钢筋加工班使用的弯筋机和切筋机缺少保险装置，存在安全隐患，及时要求予以整改。

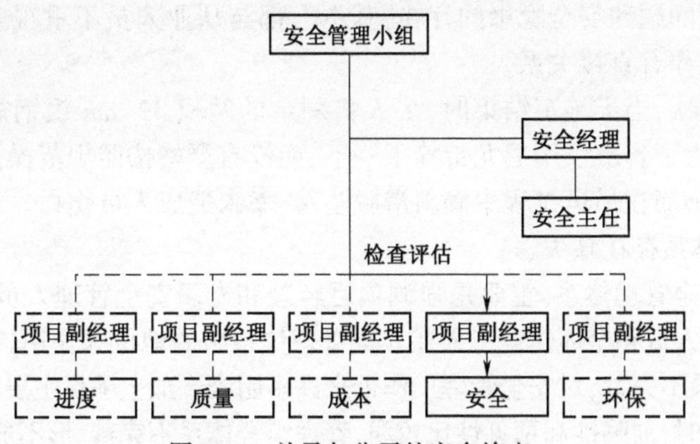

图 11-9　总承包公司的安全检查

3. 总承包商项目部

这种检查形式,实际上就同进度计划、质量管理计划一样,它是伴随整个工程项目实施全过程中的一种经常行为,是项目管理的重要组成部分。

这种检查是确保项目安全生产最主要的环节,实施检查的组织形式如图 11-10 所示。

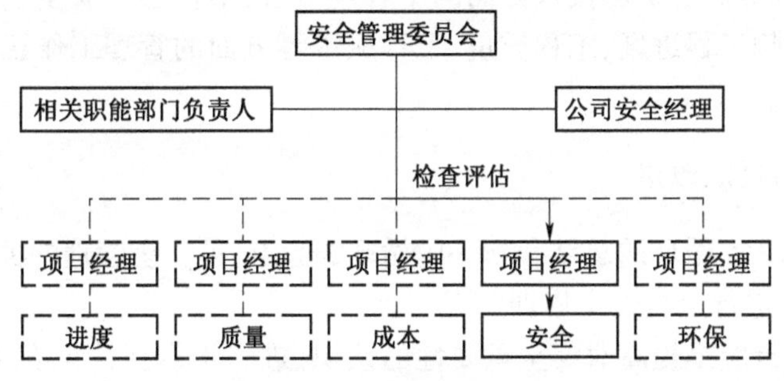

图 11-10　项目部的安全检查

例如,有一次一个桥梁工班的几位工人要到超过 60 m 高的墩顶进行设备安装施工,因临近傍晚,时间较紧,他们准备搭乘吊运货物的吊车升至墩顶,被施工安全检查员及时制止,并当即做出处罚。

(二)安全问题的原因分析

对项目安全管理的检查、评估结果,会发现许多安全隐患和安全管理方面的问题,检查小组须同项目管理班子一起分析原因,研究对策,提出改进措施。安全管理存在问题的原因为:

1. 全员的安全教育和安全意识不足

"安全生产,人人有责"。安全事故发生的偶然性和必然性交织在一起,致使安全事故可以在任何时间、任何地点和任何部位发生,也可以在任何人身上发生。所以,只有所有从业人员从思想认识上和实际行动上都重视安全管理工作和安全生产工作,安全管理工作和安全生产工作才会有真正保障。

安全管理问题和安全隐患的存在,基本上都与从业人员不重视安全管理工作和安全生产工作有直接关系。

例如有一次,当天施工结束时,工人将剩余的两根 32 mm 粗钢筋用塔吊吊离施工场地,但为了省事仅用尼龙带拴了一下,而没有严格按照规范操作手册设置两个系点,导致钢筋在吊运过程中倾斜滑脱坠落,幸未造成人员伤亡。

2. 管理体系存在缺失

一般的安全管理体系,主要是强调项目经理和专职安全管理人员的职责,而忽略了全体管理人员和全体作业工人在安全管理体系中的地位和作用,存在盲点和误区,使管理体系不完善,对安全管理工作带来许多困难。加上项目主要负责人在实施安全管理工作时,前瞻性和预见性比较弱,管理组合体系不完善,形不成团队作用。

3. 安全管理措施不足

安全保证措施是一项有形的、具体的工作,必须做到各项到位,消除死角才可防患于未然。

4. 资源投入不足

资源投入包括专职安全人员的数量和质量,安全防护用具的数量与质量,宣传广告,人员培训等。在资源投入方面的不合理节省,不仅会给安全生产造成隐患,还会干扰和影响工程进度、工程质量、工程成本等方面的管理工作正常进行,甚至造成很大损失。

四、安全管理的改进

改进是 PDCA 循环的总结和新一轮循环的起点,是安全管理的关键。

1. 进一步进行全员安全培训

培训的重点应是提高对安全重要性的认识,进一步掌握认识安全操作规程和安全防护知识。培训的方式可以多种多样。如集中时间分期学习培训,广告宣传,结合实际的专门安全工作交流会、工作坊,编写印发安全生产手册,人手一册等。

2. 改进管理体系

包括调整项目组织管理架构,改善管理流程,修改部分不适合的管理制度,调整部分岗位的管理人员和岗位职责等。

3. 改进资源的配置计划

对于确保安全生产所必须的人员要配置足够,所需的资金要全数投入,对于无效的资源投入应予以撤离,避免造成浪费。

4. 对多发性的安全问题和重复多次发生同一类型的安全问题,要组织专人进行分析和研究,制定专门改进措施,专人跟进,限期改善。

总之,通过把安全文化引入到国外施工现场,把当地劳工的安全管理纳入项目安全管理体系,由安全工程师负责对劳工岗前进行安全培训,班前进行安全讲话,项目部先后组织当地劳工开展了安全质量宣誓、安全质量签名等一系列的安全活动，增强了个人安全防护意识和质量意识，项目的安全质量全面受控。

第九节　项目沟通管理

一、入乡随俗

总承包公司项目部在该铁路项目管理实践中，认真学习了解该国法律法规和国情习俗，积极适应，主动融入，“本土化”经营理念在探索中逐步走向规范和成熟。所谓“本土化”经营，即全球适应主张。是企业力图融入目标市场，努力成为目标市场中的一员所采取的策略。它要求企业不是把自己当成外来的市场入侵者，而是当作目标市场中固有的一员融入当地文化，它强调企业以适应环境来获得更大的发展空间。“本土化”通俗地讲就是“入乡随俗”，适应当地经济、文化、政治环境，在人力资源、物资、机械设备、技术等方面实施当地化政策，将生产、营销、管理和人事等营销诸要素全方位融入当地经济的过程。

项目部要求国内管理人员：到哪里就唱哪里的歌，思想和行动要因时因地而变化，要放弃国内思维，适应当地国情。当地人民人热情奔放，性格外向，崇尚人格平等，大胆、脾气暴躁，容易激动，因此，与他们在工作、生活中的沟通和交流，显得尤为紧迫和重要。

按照该国交往礼仪和风俗，见面拥抱和微笑成为项目部管理干部们到项目部后的第一课。在“拥抱运动”倡导下，我方管理人员人放下东方人内敛羞涩的面孔，以大大方方的拥抱、握手和微笑，让该国人感受到了中国人的真诚和友善。前期初来乍到的工作人员用简单的拥抱赢得了租住宾馆老板的好感，房租打折优惠，享受当地国民待遇。入乡随俗，只发声音亲吻接触面颊，轻拍背部式的拥抱，就像中国人握手一样，成为新老朋友见面打招呼的基本礼仪，很快拉近了双方的距离。

为了和当地人沟通更加顺畅，提升大家的外语水平，项目部还购置了专门的外语教材，由翻译在业余时间担任老师，对全体人员进行培训，每周 2 次，每次 1 小时。在主管领导的带领下，从操作工、修理工到管理层人员都积极参加培训，每次，教室都座无虚席。几个月下来，连修理工都可以和当地员工进行比较流利的对话了。

中国和该国的重要节假日，也是促进双方文化融通交流的平台，“复活节”、“狂欢节”等重要节假日，项目部主动参与当地政府组织的庆祝活动，提供标有企业标志的游览观赏性的彩车、花车，使海外狂欢节融入企业文化。

此外，项目部还在主营地搭建了具有当地风情的咖啡屋、茅草棚和具有中国特色的“三秦椰园”，每逢节假日或重要活动，项目部都会邀请政府官员、部队军官、分包商、农场主、工会代表进行联欢聚会，唱中国民歌，跳当地舞蹈，加深友谊，增进了解。

二、处理好公共关系

在劳工管理过程中，当地工会组织对当地劳工过多干预，维护劳工权益的法律和项目利润最大化之间出现矛盾,是劳工问题出现的根本原因。项目部在处理工会和劳工问题上重点解决好了以下三个基本问题:一是项目部和工会组织的关系问题;二是当地员工思想认识的转变问题;三是项目部对维护当地员工劳动法律法规的正确认识、学习和操作的问题。通过这三个关键问题的解决加强了对于当地劳工的管理。项目部在管段内有针对性地接触当地的工会,选择引进相对友善和理性的工会代表,并与工会代表建立较好的私人关系。比如在 CAM(地名),项目部主营地临建未完成前,办公区租住在当地一位卡车工会领导家里,近半年的共同生活,双方成为了朋友, 帮助项目部解决了许多实际问题,特别是负责全线路基填料运输,项目部未发生一起罢工事件,高峰期组织各种运输车辆 400 多辆,创造了日填方 3.8 万 m^3的全线最高纪录。

项目部在主动与工会建立良好关系的同时,与当地政府、国民警卫队、警察及军方建立合作关系。项目部定期邀请当地政府官员、警察局长和空军部队的将军到营地进行沟通交流,介绍工程进展、项目管理、存在的问题等情况,建立预警防范机制,保证现场施工人员和设备的安全。项目部在该铁路各项施工管理工作中,特别是对该国环境部、石油部等部门和地方政府、部队、社区、分包商和工会组织关系的处理上,做得非常好,关系处理得非常和谐。

第十节 项目总结

本项目结合项目所在国的国情,发挥总承包公司设计、施工、制造及科研四位一体的综合优势和专业化的管理优势,减少项目风险、控制项目成本和工期,从而确保项目顺利、高水平地建成,达到了国外铁路项目建设的质量控制、安全控制、工期控制、投资控制、环境保护、技术创新等多方面的管理要求,对今后实施国外铁路总承包项目具有重要参考意义。

一、合同是前提

国际项目往往存在合同风险,在合同洽谈阶段就要高度重视风险防范控制。该铁路之所以到目前为止能够获得该国政府的高度认可,总承包公司的履约也取得一定的企业效益,这和项目前期的努力、细致工作密不可分。精心洽谈合同、界定好合同边界是项目顺利实施、控制项目风险的前提条件。

二、设计是关键

EPC 项目实施的成功与否,很大程度上取决于设计是否成功。EPC 项目设计的突出问题是要将业主的功能性要求、当地的设计规范、项目的实施成本三者进行成功的融合。同时,要为施工过程提供尽可能多的细节依据,尽量减少施工过程中的不确定因素,避免业主"找后账"。在施工设计时,既要满足功能和当地规范的要求，又要尽可能地使用调研阶段确定的施工和材料采购方案，以求有利于施工和降低造价。在该铁路的实施过程中，总承包公司拥有设计权，充分做好设计优化工作是项目能够较好地控制投资、成功运作的重要环节。

三、合理的施工组织是脉络

该铁路在施工过程中面临诸如当地工会阻工、环保条件苛刻、建筑材料匮乏、建设资金短缺等多种困难。因地制宜、量入为出、动态地制定施工计划、合理的施工组织是项目顺利实施的保证。

四、合同理解与管理是基础

该铁路项目 EPC 合同是实施项目的依据，认真解读、熟练掌握，充分利用该合同规定的条款，是加强项目的风险防范和控制，为项目的顺利实施创造更为有利条件的前提和基础，同时也是实现项目目标的关键。此外，紧紧围绕效益最大化这一核心目标，加强“质量、安全、工期、成本”的目标管理，是充分展示企业形象、体现企业水平，实现企业预期目标的核心内容。

五、设计施工一体化是优势

设计要统筹考虑现场施工，材料和设备采购，优化施工组织。施工单位提前介入和参与设计，提出优化和改进设计的意见，从而使设计和施工融为一体协调一致，做到设计和施工的系统优化，这是 EPC 项目得以顺利实施的最大优势。

六、验工计价是效益

针对国际 EPC 总包项目验工计价特点，从资金快速回笼、规避后期风险的角度出发，制定合理的验工计价方式，并在确保关键工序和节点工期基础上优化施工组织，以利于各单项工程形成快速验工计价，保障承包商应得效益。

总之，中国企业在“走出去”的过程中，不仅要注重谋求自身的经济效益，而且要充分发挥企业的社会责任感，为项目所在国的经济、社会发展及公益事业等做出贡献，得到项目所在国政府和人民的理解和认同，从而为更进一步的市场开拓提供良好的外部舆论环境。

附录　部分与铁路行业相关的国际标准和规范简介

一、IRIS

IRIS 是欧洲铁路行业协会(UNIFE)制定的《国际铁路行业标准》(International Railway Industry Standard)的简称。这是一套针对铁路行业的质量管理(评估)体系标准,于 2006 年发布实施,旨在通过改善整个供应链,来提高产品的质量和可靠性。在 IRIS 的制定和推广过程中得到了四大系统制造商 ALSTOM(阿尔斯通)、BOMBARDIER(庞巴迪)、SIEMENS(西门子)和 ANSALDOBREDA(安萨多布雷达)的大力支持,并取代它们各自的评价方法,成为统一的评价标准。

IRIS 是一套完整的标准体系,它整合了项目实施过程中的众多管理标准和方法,他们之间的关系可以用公式简单表示为:

IRIS=ISO9001+PM+RAMS+LCC+定型+认知

即 IRIS 以国际上公认的 ISO 9001 质量管理标准为基础,将铁路行业的特殊要求融入其中,更加注重对客户导向、投标管理、项目管理、成本管理、知识管理、首件检查、RAMS/LCC 管理的程序化要求。既体现了质量管理的原则,又体现了以产品全寿命周期为核心的管理思想,增加铁路产品在安全性、可靠性及质量上的特殊要求。

(一)IRIS 管理体系的特点

1. 覆盖面广

IRIS 管理体系不仅包括 ISO 9001:2000 中的所有要求,而且针对铁路行业的要求增加了如投标管理、项目管理、绩效管理等内容;不仅包括质量管理,还涉及成本管理、环境管理、职业健康安全管理等,几乎包括了企业管理的各个方面,可以说是包罗万象,面面俱到。

2. 深层次管理

IRIS 在管理深度上有很高的要求,不仅仅是达到基本的管理标准,比如要求企业以最终消费的顾客为关注的焦点,既需要企业能够全面、系统地识别顾客明确和潜在的需求,又要求在产品的整个寿命周期内提供完善的服务,使产品的性能持续发挥。

3. 强制要求多

IRIS 管理体系强制要求增多,它规定了一些企业必须满足的基本要求,当企业不符合这些强制性要求时,现场审核流程将被终止而且需要重新申请 IRIS 认证。这些强制性项目主要集中在:体系要求、项目管理、质量控制、设计与输入、设计和开发确认、生产过程和服务的规范等。

4. 针对性强

铁路的终端客户即乘客对铁路交通服务的要求主要包括安全、舒适、正点、经济等方面,这些要求体现在制造、运营过程中就要求产品的性能、安全、成本、效率达到一定的标准。IRIS 标准正是基于铁路行业的特殊要求,总结多年的经验而提出的系统化规范,可操作性强。

(二)IRIS 管理体系的核心理念

1. 遵守八项质量管理原则

IRIS 是在 ISO 9001:2008 基础上发展起来的,采用系统方法,通过全员参与,实现全过程的管理与控制,遵守了八项管理原则:以顾客为关注焦点、领导作用、全员参与、过程方法、管理的系统方法、持续改进、基于事实的决策方法、互利的供方关系。这八项管理原则体现了质量管理内在的基本规律。

2. 实现产品全寿命周期管理

IRIS 管理体系根据铁路产品在安全性、可靠性等方面的基本要求,围绕产品的寿命周期,展开对整个供应链的管理,以确保最终的顾客满意度。

3. 体现高度人文关怀

IRIS 体系的人文关怀主要体现在两个方面:第一个方面是针对铁路装备供应链中制造产品的人,要求企业要保障员工在工作环境中的安全和健康;第二个方面是针对使用产品的的人,要求企业所制造的产品应该具备安全、环保和人性化的特点,保证使用这些产品的顾客能够安全、舒适、便捷。

(三)IRIS 管理体系的作用

1. 对整个行业的作用

IRIS 管理体系的出现为铁路业提供了一个统一、公认的质量规范标准,极大地推动了世界范围内的铁路器材制造一体化进程,对于世界铁路行业具有划时代的意义;通过 IRIS 在全球范围内的推广,采用一致的评价标准对世界各地的供应商进行评价和控制,可以提高产品的品质和整个行业的运作效率,同时可以降低供应链的风险。

2. 对企业的作用

IRIS 是企业走向世界的通行证,企业通过了 IRIS 管理体系的认证,可以增强企业在全球范围内的竞争力,给企业带来更多的机会。

IRIS 明确提出了对成本控制的要求,质量和成本两手抓,使企业能够做到低成本下的高质量。

通过采用 IRIS 管理体系,可以推动企业管理升级,学习国际上先进的管理方法,提高企业整体的管理水平。

执行 IRIS 管理体系还会促进企业员工素质的提高,提升企业的整体素质,提高企业的经济效益。

二、UIC

UIC 标准指由国际铁路联盟(Union Internationale des Chemins de Fer,UIC)制定的铁路行业标准体系。国际铁路联盟成立于 1922 年,总部设立在法国巴黎,迄今已有五大洲的 200 多个成员,是唯一一个在联合国具有观察员资格的国际铁路合作组织,也是全球最大和最具权威的国际铁路非官方组织,我国是 UIC 的成员之一。UIC 涉及国际铁路合作的各个领域,以“促进全球轨道交通的发展,应对机动性和可持续发展的挑战”为使命,以推动国际铁路运输的发展,促进国际合作,改进铁路技术装备和运营方法,开展有关问题的科学研究,实现铁路建筑物、设备、技术的标准化为主要目的。

UIC 制定的标准也称为国际铁路规范(International Union of Railways Codes,UIC Codes),涉及铁路活动的各个方面,主要包括:科学技术研究、经济管理、政策研究、线路制定和维修、基础设施建设、铁路服务、大众运输、国际联运等。该组织经过多年研究和试验制定出机车车辆、工务、工程、通用信号、铁路器材等一整套的技术规范及检验标准和方法 1 000 多项,不仅通行铁路联盟各成员国,在全世界均得到广泛认可。

UIC 秉承与时俱进的精神,不断更新和完善所制定的标准,使标准能适应社会发展的需要,并加强与其他组织的合作,为国际铁路行业的发展做出了很大贡献。UIC 组织定期出版《国际铁路》杂志,为各成员国或其他组织提供帮助。

三、EN

EN 标准即欧洲标准,它是欧洲最主要的标准制定机构 CEN/CENELEC(共同的欧洲标准制定机构)制定的标准出版物中的一类。CENELEC 主管电工技术的全部领域,而 CEN 则管理其他领域,两个机构的联合使得 CEN/CENELEC 制定的标准覆盖了社会经济的大多数领域,并在 1988 年将它们的标准出版物分为三类:EN(欧洲标准)、HD(协调文件)、ENV(欧洲预备标准)。

按照 CEN/CENELEC 的规定,EN 标准是指:按参加国所承担的共同义务,通过此 EN 标准将赋予某成员国的有关国家标准以合法地位,或撤销与之相对立的某一国家的有关标准。也就是说成员国的国家标准必须与 EN 标准保持一致。相关产品只有通过 EN 的测试标准,才可以拿到 CE 欧洲统一标准认证。

EN 标准覆盖面非常广,几乎涉及社会生活的各个方面,如材料、食品、医学、电信、能源、生物、铁路等,其中 EN 50121 至 EN 50129 都是针对铁路设施和应用的。

四、ISO 9000

ISO 即国际标准化组织(International Organization for Standardization,ISO),是

目前最大、最具权威性的国际标准化组织机构,以“在全世界范围内促进标准化工作的展开,便于国际物资交流和服务,并扩大在知识、科学、技术和经济方面的合作”为宗旨,制定统一的国际标准。ISO 9000 质量管理体系由国际标准化组织 ISO/TC 176 技术委员会在总结和参照世界有关国家标准和实践经验的基础上,通过广泛协商于 1987 年发布,是世界上第一个质量管理和质量保证的系列国际标准。

ISO 9000 质量管理体系不是一个标准而是一组标准的统称,它的核心思想在于预防,即如何预防犯错、减少犯错和不创造犯错的机会,这也是 ISO 9000 族标准的精髓。随着该体系的不断更新和改进,ISO 9000 经历了 1994 版、2000 版和 2008 版,最新版的 ISO 9000:2008 是现在通用的申请认证标准,包括四个核心标准:ISO 9000:2008《质量管理体系—基础和术语》、ISO 9001:2008《质量管理体系—要求》、ISO 9004:2008《质量管理体系—业绩改进指南》、ISO 9011:2002《质量和(或)环境管理体系审核指南》。

ISO 9001:2008《质量管理体系—要求》通常用于企业建立质量管理体系和进行认证,证实企业或组织有能力提供满足顾客要求和法规要求的产品。它所采取的主要方式是通过对申请认证组织的质量管理体系提出各项要求来规范组织的质量管理体系,这些要求分为五个方面:质量管理体系、管理职责、资源管理、产品实现以及测量分析和改进,针对每一方面又制定了许多分条款。

ISO 9000 认证属于第三方认证,不受产销双方经济利益的影响,具有公正性和科学性,是各国对产品和企业进行质量评价和监督的通行证,得到的世界大多数国家或组织的认可。当一个企业取得 ISO 9001 认证后,就证明该企业有能力提供满足顾客要求和适用法规要求的产品。

五、TSI

TSI(Technical Specification for Interoperability)译为“互联互通技术规范”。自欧盟成立以来,为了实现欧洲铁路技术和标准的统一,通过颁布设计各方面的互通互用性技术规范 TSI,允许基础设施、能源、车辆、控制指令和信号、维护和运营系统相互兼容,以实现欧洲境内跨国界无障碍的铁路运输服务。最早的 TSI 标准由欧洲国际铁路互通协会(European Association for Railway Interoperability AEIF)编写,并于 2002 年 12 月 1 日经 EC(欧盟委员会)颁布实施。欧盟 2004 年设立 ERA(European Railway Agency)后,由 ERA 负责 TSI 编写和更新。任何进入欧洲或者执行 TSI 标准国家的铁路产品必须具有 TSI 证书。

TSI 包括若干相关指令与技术规范,如:96/48/EC 高速铁路、2001/16/EC 传统铁路、2004/50/EC 高速铁路和传统铁路指令的更新、2004/49/EC 铁路安全、2006/66/EC 传统铁路噪声技术规范、2006/861/EC 传统铁路货车技术规范,等。

参考文献

[1] 张水波,陈勇强.国际工程总承包 EPC 交钥匙合同与管理[M] .北京:中国电力出版社,2009 .

[2] 张守健,台双良.国际工程招标与投标[M].北京:科学出版社,2011.

[3] 田水承,景国勋.安全管理学[M].北京:机械工业出版社, 2009 .

[4] 昝云龙.安全管理[M].北京:原子能出版社,2002 .

[5] 崔国璋.安全管理[M].北京:中国电力出版社,2004 .

[6] 特里·E·麦克斯温(美).安全管理:流程与实施[M].北京:电子工业出版社,2008.

[7] 郑兴山.跨文化管理[M].北京:中国人民大学出版社,2010.

[8] 陈晓萍.跨文化管理[M].第二版.北京:清华大学出版社,2009.

[9] 成虎.工程合同管理[M].北京:中国建筑工业出版社,2005.

[10] 吕文学,张水波. FIDIC 设计-建造和运营(DBO)项目合同条件导读与解析[M].北京:中国建筑工业出版社,2010.

[11] 何伯森.国际工程合同与合同管理[M]. 北京:中国建筑工业出版社,1999.

[12] 汤礼智.国际工程承包总论[M].北京:中国建筑工业出版社,1997.

[13] 梁监.国际工程施工索赔[M]. 北京:中国建筑工业出版社,1996.

[14] 梁监,潘文,丁本信.建设工程合同管理与案例分析[M].北京:中国建筑工业出版社,2004.

[15] 张水波,何伯森.FIDIC 新版合同条件导读与解析[M].北京:中国建筑工业出版社,2003.

[16] 丛培经,张书行.工程项目管理[M].第三版.北京:中国建筑工业出版社,2006.

[17] 尹贻林.工程项目管理学[M]. 天津:天津科技出版社,1997.

[18] 雷胜强.工程承包与劳务合作案例剖析[M].北京:中国建筑工业出版社,2000.

[19] 安国栋.高速铁路施工组织设计[M].北京:中国铁道出版社,2009.

[20] 王志毅.建设工程项目经理风险管理指南[M]. 北京:中国建筑工业出版社,2011.

[21] 国际咨询工程师联合会.生产设备和设计-施工合同条件[M].北京:机械工业出版社,2002.

[22] 鹿丽宁.国际工程项目物资采购[M].北京:中国建筑工业出版社,2010.
[23] 中国建筑业协会工程项目管理委员会.中国工程项目管理知识体系[M].第二版.北京:中国建筑工业出版社,2011.
[24] 吕文学.国际工程承包[M].北京:中国建筑工业出版社,2008.
[25] 李启明,邓小鹏.建设项目采购模式与管理[M].北京:中国建筑工业出版社,2011.
[26] JosephA. Huse. Understanding and Negotiating Turnkey and EPC Contracts (Second Edition), Sweet&Maxwell Limited, 2006.
[27] Andrew Baldwin.International bid preparation.International Labor Office Geneva,1995.
[28] FIDIC.Conditions of Contract for Construction.1st Edition,1999.
[29] FIDIC.Conditions of Contract for Plant and Design-Build.1st Edition,1999.
[30] FIDIC.Conditions of Contract for EPC/Turnkey Projects.1st Edition,1999.
[31] FIDIC.Conditions of Contract for Design, Build and Operate Project.1st Edition,2008.